U0586743

李一氓回忆录

高石 题

人民出版社

再版序言

李一氓同志的女儿苏苏近日告知,人民出版社决定再版重印《李一氓回忆录》,并要我为之写一篇序。我爽快地答应了他们的要求。这不仅因为我和一氓同志有四十年亲密交往的情谊,更重要的还是我以为他的回忆录别具一格,与众不同,很值得推广和流传。

在我看来,李一氓的《回忆录》具有以下几个重要特点。

第一,亲自动手。自己写自己的传记或回忆录,似乎是不成问题的问题。但对当时和以前的一些老领导人来说,却是少有的。过去所看到的一些领导人写自传或回忆录的情况,多是组织一个专门班子,在领导人自己或指定的专人(如长期跟本人工作的秘书)主持和指导下,分头搜集材料、核查史实、执笔起草、集体讨论、一再修改、经本人审阅订正后出版。这除了年老体衰和还有其他工作外,资历和地位也是重要因素。按道理,李一氓也应属于这样的领导人。他1925年入党,此后即轮番在文武两条战线上担负一定的领导工作,最后于1985年9月在新设立的中央顾问委员会第五次全体会上当选为常务委员。而按当时的规定,中顾委常委的政治地位和物质待遇,相当于中央政治局委员。但李一氓写回忆录,却是以八十多岁的高龄,既无班子,也无助手,单枪匹马,亲自一笔一画地在稿纸上爬格子。只是最后剩下一小部分,由于白内障发展迅速,才不得不找了一位并非专业的年轻人帮助录音整理。即使如此,除了以前亲自所写有点属于业余爱好的第十章《过眼云烟》外,整个回忆录也只写到1949年6月由大连来到北京(当时称北平),此后的经历就都付之阙如了。

第二,严于律己。列宁说他从来不相信人们的回忆录,因为不但人们的记忆力终究有限,对过去的事很难记得准确,而且许多作者还往往在回忆录中夸大个人作用,显示一贯正确,功劳归自己,过错推别人。在中国,上世纪八十年代开始刮起的写回忆录之风中,果然出现了这种情况。时任总书记的胡耀邦,曾有针对性地发过一个中央文件,提出写回忆录一定要实事求是。不过李一氓的回忆录却破除了列宁的这一武断概括,不仅没有列宁指出的这类毛病,还显得特别谦虚,在叙述工作成绩和错误时,多是对己严对人宽,绝不夸功诿过。特别使我感动的是,皖南事变中,军部被打散后,他仿效新四军主要领导人项英、袁国平的做法,自行离开队伍,试图逃出敌人的包围圈,结果没能成功,就又回到部队,前后时间不到十小时。在外人看来,这似乎算不得什么大问题,因为既有当时被围剿的严峻形势,又有领导人项、袁等可视为榜样的行为,自己只是领着几个同志效法而已,况且最后还失败了。可是一氓同志却看得十分严重,认为这是自行脱离部队,因而是他有生以来犯的一个最大错误,每次提起都会脸红(他的夫人王仪认为提得过重,出版时改为"总是一个这一生都感到遗憾的错误")。组织上安排的两个通读校订的人,钱李仁和我也没提出不同意见,就这样出版了。

还可指出一个严于律己的例子,就是抗战前夕,作为毛泽东的特使,一氓同志带着毛的亲笔信去四川见刘湘,做刘的工作。但是不巧,他到成都时,刘湘却去了武汉,并最后死于武汉,毛泽东交的任务是没法完成了,他只好回延安复命。可是一氓同志事后仍觉得做的不够,并检讨说,去四川的工作"不一定限制在刘湘这个范围,应该同时进行刘文辉、田颂尧各处的统战工作,还应该通过我三哥的老关系做老'一军系'熊式辉部下的工作……"。对此,他感到是个遗憾。

第三,实事求是。这早已成为人们的口头禅,但在写回忆录时却最不容易做到。比较普遍的毛病就是夸功诿过,编造情节,讨好领导,宣扬自己。例如和《李一氓回忆录》同一时期出版的一本比较权威的回忆录,就不够实事求是。写到长征途中,陈云奉派去上海(后赴苏联)就不仅违背事实,还添油加醋。如说陈云是和潘汉年一起离队(实际上是分开走的),还编了一些活灵活现的情景,说两天后陈云的妻子于若木找他问,陈云到哪儿去了?而事实是,于若木并未参加长征,她和陈云结婚也是两三年以后在延安的事。《李一氓回忆录》不但没有这类荒诞的编造,而且就是一般经历的描述也都是照实写来,丝毫没有夸大或缩小的斧凿刀痕之处。中国修史的一个优良传统是"尊重史实,记史以实"。这一点,《李一氓回忆录》是完全做到了。

第四,朴实无华。现在有些回忆录或自传、传记,写的像小说,对已过去多年的史实和经历,凭现在的认识和想象描写得非常生动,有声有色,对没有第三人参加的已故去的两个人的谈话,也可以编得长篇大论,对双方讲的话还打上了引号。其实,在没有速记和录音的条件下,作者又不在场,所有打引号的话都是靠不住的。就是本人自己多年前说过的话,也不可能记忆准确到打引号的程度。即以被人们称颂了两千年的司马迁的《史记》,就不能完全信以为史,而有更大的文学成分。所以鲁迅在肯定其为"史家之绝唱"的同时,也指出它是"无韵之《离骚》"。旅美历史学家唐德刚更干脆说它只是文学著作,而不是历史,并列举对吕不韦和嫪毐的描写为例,说明不可全信。李一氓曾被称为昔日"创造社(上世纪二三十年代以郭沫若为代表的文学团体)健将",有雄厚的古文底子(尤以熟谙诗词歌赋著称)、很高的文字水平。但他在《回忆录》中却没有特别表现,而是平铺直叙、如谈家常;不但让人好读好懂,而且还会确信无疑。

第五,"不攀领导"、"不挟名人以自重"。这是一氓同志的为人之道,贯彻了一生,在本书的"自序"中还特别作了说明。他和党的许多领导人很熟,有些人还长期共过事,但他全是淡然处之。有事时提到(也多是一笔带过),没事时根本不提,绝不渲染,更无专门的铺陈描绘。例如他当过毛泽东的秘书和为统战去见四川军阀刘湘的特使;跟周恩来从北伐到上海、再到中央苏区工作多年,还在长征前夕共同介绍郭沫若入党;跟刘少奇和陈毅在苏北工作过一个时期;和邓小平也熟,长征时遵义会议期间还同住一屋,等等。但《回忆录》中却很少写他自己和他们之间的接触和来往,更没有哪怕一半句带引号的对话。他认识和接触过不少文化名人包括鲁迅,也只是有事时提一下,不作什么议论,没事时根本不提。有一次我曾建议他把在上海从事文化工作时有关同鲁迅、"左联"等的接触写详细点,他也拒不采纳。还说,同鲁迅的来往是党和鲁迅的关系,非关个人的事;在文委,他只是打杂跑龙套,没什么好说的。

最后,再交代一下我和这部《回忆录》的一点关系。一氓同志在"自序"中最后提到,"关于全稿,我请何方和陈易同志审阅过"。陈易同志,我不认识;他是怎样审阅的,我也不知道。至于说到我的"审阅",就实在担待不起了。我同这部《回忆录》的关系,只可指出以下几点:

一是我属于建议和推动写这部《回忆录》的一个积极分子。由于一氓同志平等待人，毫无架子，所以 1950 年我们一同调入驻联合国代表团后，他很快就交上了我这个小朋友。同在代表团一年半，我们已称得上莫逆之交，此后仍保持着密切的联系。特别是上世纪七十年代，党中央指定他出任国务院古籍整理出版规划小组组长，他就一直坐在家里，或是翻阅古籍，或是练习书法，很少外出。在这最后的十年里，我们更是经常见面，海阔天空，无所不谈。如果有一个月左右，我因工作忙而没有去看他，他就会打来电话，或真或假地问道："你是不是生病了？"他有什么新的重要消息，也会直截了当地让我去他家，听他的转告或传达。这都说明他对我的完全信任。我对他也极为尊重，崇拜他脱离了低级趣味的为人和拥有广博深邃的学问。正是这种亲切的忘年交和相互信任，使我在他进入晚年时，总是担心他把脑子里的好东西带走，所以力催他以回忆录的形式留给后人。

二是一氓同志在写《回忆录》时，我多少有些参与。这是指除经常的商谈外，还有几个似成定规的做法，就是他写一大段（通常为十数八页）后，立即将打印好的稿子送我阅读修改；我也毫不客气地阅提意见。而且这并非走形式，除了文字的某些修订外，内容上也提过重要意见。

三是他的《回忆录》写完后，指定我通读两遍，对整个文章结构和各处文字做最后的校订和统改。我按他要求做完后交卷。

这就是我和《李一氓回忆录》的关系。

何　方

2014 年 10 月 7 日

自　序

　　我从 1925 年起参加革命,但在中国革命整个历程中,是很平庸的,说不上有什么成就和贡献。作为一个知识分子,1919 年的五四运动,开始引导我走向革命。1925 年加入中国共产党,直接参加了 1925—1927 年大革命和南昌起义。

　　大革命的失败,给中国革命事业带来了很大的损失,也留下了惨痛的教训。作为战士中的一员,我幸好还能顶得住,没有在失败面前意志动摇,1928 年到 1932 年,在上海做了五年的地下工作。这五年中,我在马克思主义理论的学习上,在意识形态方面得到一点认识。后来在江西苏维埃运动中,经受了农村工作实践的锻炼。这是中国革命的一个急风暴雨时期。今天想来,如果当时能直接参加前线的武装斗争,对自身的锻炼可能更有益处,可惜把这个机会错过了。而后是长征,这是中国革命武装的一个伟大的战略转移。正如上面所说的那样,这次也没能直接参加前线的武装斗争。长征是伟大的,但我只能说是长征幸存下来的一个战士而已。"不到长城非好汉"。此后我就在长城内外的陕西、甘肃、宁夏三省的黄土高原上奔驰了两年。

　　1936 年的"双十二"事变促进了抗日战争的到来,也使红军得到一个最大的战略转机。我就身不由己地来到山明水秀的皖南,参加新四军的工作。可是 1941 年,发生了皖南事变,给我留下一个终身难忘的遗憾。还好,我又来到了抗日根据地苏北淮海地区,竭尽了我的中年力气,周旋敌后。抗日战争胜利了。我一直怀念那个地区对敌斗争的人民,跟我共同度过这场苦难的干部和那么一支英勇善战的军队。

　　经过三年的第三次国内革命战争，终于推翻了国民党的反动统治，统一了全中国。全国人民都高呼"我们解放了！"，五星红旗升起来了，宣布中华人民共和国成立了。

　　我自己历来没有写日记的习惯。长征当中有一本日记，按天记下了晴雨、行军里程，经过什么省、什么县。曾根据它写过一篇长征记事——《从金沙江到大渡河》。但是这个日记本子在皖南事变中埋在长满茅草的山上了。后来担任驻缅甸大使，写过一个五年(1958—1962)之久的《驻缅日记》，在"文化大革命"当中烧掉了。但我的这个回忆录，只记录到1949年为止，即或那本日记没有烧掉，对于我这个回忆录也没有什么帮助。

　　同时，我又没有做记录的习惯，参加任何会议都不做记录，因为第一怕不准确，第二怕丢掉。因此当我动笔的时候，没有什么亲笔的记录可供作回忆的具体依据。

　　近几年来，许多同志对于从党的创立到1949年全国解放这个时期的回忆著述很多，也出版了许多历史文献，已经使人目不暇接。但还有许多过去的文献在革命过程中已大量丧失，某些历史争议一时也难以判断。我这个涉及四十多年历史的回忆记录，也仅仅是我自己的回忆记录；无非是我参加大革命、苏维埃运动、抗日战争三个历史时期，自己所能记忆的个人经历的记录。

　　原来自己并不想找这个麻烦，写什么回忆录。首先是时间、地点这两者，我现在记录下来的，就很难说是准确的；有许多稍为涉及一点议论的地方也很难说是有道理的。特别是有些事情，作为历史来讲，应该由党史学家去解决。我并不是党史学家，我只能表达一种极为疏浅的、简单的意见。

　　"文化大革命"的时候，有一个专案小组，要我写自传，我奉命写了，共一万多字。"文化大革命"后，这个自传退给我了。但经过党内审阅之后，党组织不知为什么看上了它，据说抄了一个副本留在组织部门了。既然这样，不如把它充实一下，让它更有内容一些，更有历史趣味一些。所以从1983年起，拖拖拉拉，字数虽然增了三十倍，时间却费了八年之久。

　　在专案组要我写自传的时候，提了三个条件：第一，不准"丑表功"；第二，不准"攀领导"；第三，不准"安钉子"。既然是受审查写的自传，这个自传自然就是"供词"。供词是供认你有什么罪、你有什么错，当然不是要供你有什么功、你有什么劳。所以他的第一条不准，是有它的道理的。供词是要作为判刑的依据的,假如你供的那些罪、那些错,都跟领导牵连上(不是说已经是"资产阶级当权派"的那些倒台了的领导),就把你的罪、你的错减轻了,或者说是淡化了。所以第二条不准,也是有它的道理的。所谓"安钉子",大体上就是写文章的一种手法,即"伏笔"。譬如供词中有一句话,粗看起来并没有多大意义,但却可以在将来作为翻案的依据。他要把你的罪和错定死,使你没有改口的余地。所以第三条不准,更是有它的道理了。这三个不准的条件,我在写那个自传式"供词"的时候,大体上是照办了的。因为我想过,我在党内这几十年来确无功劳可说,上依党的方针政策,下靠群众,自己原无什么功劳。"丑表功"也好,"美表功"也好,都无可表之处。至于"攀领导"更说不上,我只是一个普普通通的党员,我并不想挟某一位领导以自重。要是有什么罪、什么错的话,我都愿意自己承担起来。至于"安钉子",我有"钉子"就安,而且是明明白白地安上去的。没有"钉子"我也没有瞎安,以图侥幸。

妙得很,我的那个专案组的王组长,看了我的自传以后,居然当我的面,大为表扬,说我这一万多字的"供词"确实没有"丑表功"、没有"攀领导"、没有"安钉子"。对此我的印象很深,感觉到写自传应该承认有这么三条原则。1983年我开始提笔写回忆录的时候,就认定这三条原则还是应该遵循的。虽然它不是供词,谁也不能凭它来定罪,但总不能写成一本自己夸耀自己的功劳簿。因此在写作过程中,我时刻都注意到,作为一个诚实的共产党人,应该老老实实的,做了什么工作就写什么工作,犯过什么错误就写什么错误。当然在字里行间我决不会无缘无故地去攀哪一位领导。至于所谓"安钉子",现在更说不上了,有什么"钉子"好安呢?

这样,1983年我就开始动笔了。第一章童年、学生时代,第二章大革命,第三章上海地下工作,第四章瑞金、苏维埃运动,最后第十章过眼云烟,这些篇章都是我自己动手的。写得很慢,直到1985年才写完。后来精力不济,还要搜求材料,就请李克同志协助,我口授,他笔录。大概1986年补完大革命一章,也补完瑞金一章。1987年写了第七章皖南,第八章淮海抗日根据地。1988年补完皖南一章,写了第九章大连。1989年写了第六章陕西、甘肃、宁夏。1990年写了第五章长征,但《从金沙江到大渡河》一段,是早在1936年写的,后来收进《中国工农红军第一方面军长征记》。这样全书就算写完了。

1986年到1989年写得比较集中的时间是利用暑假。1986年的暑假是在上海金山化工厂的宾馆度过的,1987年到1989年的三个暑假是在北戴河度过的。其他的时间之所以不能集中,因为在这些年份内,我曾两次出国,每年还要大大小小生点病,住一两个月医院。特别是时间间隔最长的有六十年,最短的也有四十年,回忆起来不容易。有时还得去翻阅些文献、档案资料和个人著作,或写信给同志们问清情况,这样来引起思路,订正事实。最后还得通过一个逻辑思维的过程,才能形成互相照应的、有机的章节。这就占据了比写作还要多的时间。

因为有些同志在我写的某些章节的特定时间内共同工作过,个别同志正在研究历史上的某一课题,熟悉情况,所以我曾请胡立教、王辅一、李志光同志审阅过有关皖南事变的一章,请杨纯、谢冰岩同志审阅过有关淮海抗日根据地的一章,请韩光同志审阅过有关大连的一章。至于全稿,我请何方和陈易同志审阅过。1989年又请王泽军同志把全稿做过一次文字整理和体例统一。最后为郑重起见,我把整理过的稿子请崔高维同志再以他做编审的学力和经验,从头到尾在文字上,在逻辑上,并尽可能地在历史事实上,最后在行文体裁上,加以审订。我感谢他们提出许多宝贵意见,形成现在这个规模。

当然全书的写作责任要由我个人承担。时过境迁,现在所能检索出来的东西,不过是一面模糊的荧屏而已。

一九九〇年立秋,于北戴河

目　　录

第一章
青年时代，上海学生生活

1903—1926

一

我出生在天府之国——四川的彭县。

这个县在唐宋时期叫"彭州"，不隶于成都，而是与蜀、汉各州等齐名，政区级别是很高的。州官叫刺史，唐诗人高适因为做过彭州刺史，所以人称高彭州；宋诗人陆游当过彭州推官，写过《天彭牡丹谱》，盛称"牡丹在中州，洛阳为第一；在蜀，天彭为第一"。至今县北犹有丹景山。

这个县在清朝末年，虽然还是土地租佃制为主的封建社会经济，但手工业和商业已相当发达，文化教育事业也相当开展，这些都与那个时期的洋务运动和戊戌变法有关。

这个县的西北山既产铜、又出煤。四川的铜货币，当十（即10文铜钱）的，当二十（即20文铜钱）的铜元，就是用西北山所产铜铸造的。煤，为了运输方便，都先在山里焦化以后，才搬运下山，即焦炭，彭县人称之为岚炭，主要用作家庭燃料，也用来炼铁。

这个县的商业和小手工业大都是本县人经营，但有两个大行业,却掌握在外省人手中:(一)钱庄(经营汇兑、存放等)都在道地的陕西(可能是三原、泾阳一带)人手中;(二)盐店,当时实行票引制度,独家专卖,掌握在安徽桐城的方姓盐商手中。

这个县基本上还是以农业生产为主,大地主少,中小地主多,更多的是富农。农田的产量不低,因为属于都江堰的内江灌区,水利好,有条清白江横穿县境。一年两熟,分小春的蚕豆、豌豆、小麦和秋收的玉蜀黍、稻子。即或没有地面水,地下水亦极丰富,挖成大泉,用大鹅卵石砌一周,旁建水车,清泉便汩汩而出。但山区就不然,地很薄,只能种红薯(四川人称为红苕)和玉蜀黍(四川人称为玉麦)。

清白江由新繁县一路奔流而来,江上有座长木桥,名卧龙桥,桥上建瓦顶走廊。平时可以遮阴避雨,逢场赶集也就利用桥廊做生意。就在那里,还有一个清白江镇,为彭县到成都的必经之地,又恰是半路,我春秋两季去成都上学,寒暑假由成都回家,一定经过清白江镇。镇上有个好菜馆,炒的菜真是味美价廉,来回总在那里"打尖"(吃午饭)。现在这座木桥已改建为水泥公路桥,桥上的瓦廊已踪迹皆无了。现在桂林漓江上还有这么样一座桥。贵州、云南的瑶区或苗区,也还有这样的木桥。

这种桥的建筑形式,国外亦有,如意大利威尼斯的高桥(Rialto),佛罗伦萨阿尔诺河(Fiume Arno)的老桥(Ponte Vecchio),桥上都有店铺房屋,不过不是廊,而是一条街。只因为这些桥都在城市里,老桥上的店铺全是金银首饰店,颇为特殊罢了。泰国曼谷的桥也有类似的情况。

这个县城里,东南西北四条大街,交叉成一个十字路口。当时的商品布局:东街是坛坛罐罐(主要是陶瓷器),北街是绫罗绸缎(主要是丝棉织品及丝业),西街是菜馆客栈(主要是酒饭馆和各色熟食品),南街是黄糖挂面杂货铺。说也奇怪,七八十年过去了,今天彭县城里的店铺,大致还是这个格局。经营方式是很古老的,如对顾客给一个"折子",凭折子拿货记账,一年分三季(端阳、中秋、年终)清账。届时如不还清,可以部分延到下一季。我记得我家就有好几个折子,如药店的、绸布店的、杂货店的等。这个经营方法可能带有全国性,以前北京琉璃厂旧书店、旧字画店、旧陶瓷店并不现买现卖,一样的三季清账,不过不用折子罢了。

县城人口的构成,颇为奇特。据说真正的四川人只有杨姓一家,其他则为福建人和陕西人。福建人有福建会馆,其神庙建筑就是"天后宫",福建本地供祀海神,统名"天妃",到了四川,没有海,反而升级称"天后"了。它还用庙产公款办了一个小学,取名"闽省公立小学",在南街。陕西人有陕西会馆,其神庙建筑就是"三元宫",也用庙产公款办了一个小学,取名"秦省公立小学",在北街。而四川人也有一个会馆,叫"川主宫",明显地自命为"主人",但没有办小学。某些地方又有湖北麻城人、孝感人,但没有会馆神庙。

乡下有个别村落,是广东的客家人,在自己内部还说客家的广东话。这些移民是怎么一回事,也无法去深考了。四川流行的人事表格都另加"原籍"一项。譬如我不只填彭县人,还要加"原籍陕西泾阳"。

我的祖籍是陕西泾阳——有名的"龙女牧羊"之乡(《柳毅传》)。幼年读小学时就上的是秦省公立小学,对本籍人免收学费。彭县,除了福建、陕西两个小学之外,还有一个利用原九峰书院办的彭县小学。在变法运动影响下,这两省移民自办小学,利用神庙多余的房屋,没有发生打菩萨的事。但办中学要有相当规模,就把南门外距城十多里的普照寺的菩萨打了,把整个寺改造为"彭县县立中学"。八九十年前这种改革举动是很惊世骇俗的了。中学办得不坏,数、理、化课程都是从日本请来的日本教员,还有理化实验室,这在当时说来,可谓现代化极了。我的大哥、二哥、三哥都是这个中学的学生。

这个县受戊戌变法的影响,看来民族(汉族)主义和民主思想正隐隐约约地在那里酝酿和扩展。手工业虽比较发达,但封建的土地租佃制还是当时的基本经济形态,所以从上层建筑上表现出来的反动的落后的东西,还很不少。辛亥革命时才又受到一次冲击。

1911 年,辛亥革命,当时我才八岁。

四川的辛亥革命是在"保路同志会"的名义领导下进行的。在洋务运动的影响下,全川地主根据各自拥有土地的多少,摊派股份,筹集资金,铺设民办的川汉(成都至汉口)铁路。现在想来,这原是中国资本主义发展的一条正规的道路,是地主向产业资本家转化的一个尝试。清朝政府忽然看上了这条铁路将会带来的经济收益,而又不能筹集政府资金,就强迫把地主资本转为官僚资本,美其名曰:"收归国有"。于是地主绅士集团就利用哥老会组成保路同志会,进行保路斗争。在清末政治混乱、经济萧条、列强多次武装侵略所形成的赔款割地的情况下,丧失土地的农民,自然就成为哥老会在农村的基础。哥老会本来就跃跃欲试了，再加上同盟会在哥老会中有意识的活动和组织，其势遂不可挡。三方联合，地主士绅只要保路；哥老会恐怕自己也弄不清楚它有什么一定目的；倒是同盟会的主张比较清楚。这支保路同志会，扩大了斗争目标，不仅保路，而且进而要推翻清政府。因此辛亥革命在四川所表现出来的形式和内容，和其他各省都不大一样。就拿江湖好汉来说吧，浙江出了一个王金发，湖南出了一个焦达峰，而四川哥老会的大小头目很多，组织也遍布远近码头，其人数和范围，远比浙江、湖南要多得多，大得多。吴玉章的回忆录《辛亥革命》，李劼人的小说《死水微澜》，都可以说明这个问题。他们比我年纪大，记录翔实，我那时还是个八岁的孩子，何回忆之有！

保路同志会兴起时，大家亦不知是何阵仗，家里为照顾方便，把我送到山里的一个亲戚家里。城里小孩初看见山，颇感新鲜，视野奇特，活动面的立体范围大了。不过只住了两三天，大概社会秩序已经风平浪静，又把我接回家了。回家后一个大的感触是三哥已剪掉了发辫，并且忙于替同志会干什么。据说，这个县城里最先剪辫子的就是我这位三哥。他那时刚十八岁，文笔不错，同志会的上上下下都是文盲，就由他自愿去当文书，替他们干些起草文件、写写布告一类的事情。这位小青年居然在县城里轰动一时，成为造反派的积极分子。他大概心里也在考虑什么，认为这些人不行，成不了什么事业，不久就退出，到成都去，考进了四川军官学堂，从此走上职业军人的道路。

这个革命一开始，反满的意义恐怕占首位。我们家里挂在门口的旗就是一大幅方白布，中间写个大"汉"字，"汉"字周围有一圆圈，作车轮状，表明革命旨在推翻满族王朝，恢复汉族的统治。但后来又正式改为红黄蓝白黑五色长条拼在一起的五色旗，解说为汉满蒙回藏五族共和，一个色代表一个族。大概有识之士，发觉这个"汉"字既不符合我国民族构成的现实，也不能代表多民族国家的体制，看来这个国家有必要把才被推翻的满族亦要包括进来。只是那个代表清帝国的黄龙旗永远作废了。

大概在1912年，县里发生一件至今想来还是令人毛骨悚然的事件，那时作为一个九岁小孩的我，怕极了。在彭县经营汇兑业务的都是陕西人，一家钱庄里陕西来的店员张某和一个哥老会骨干徐如廷的妻子私通。东窗事发，张竟设法将徐杀死，并立刻雇轿携徐妻向回陕西的大路逃跑。事情被县城的哥老会头子，俗称"总舵把子"（哥老会头子的通称，当为掌舵之意）的徐图南知悉,当即派人将这一男一女追回,张某在半路就被杀掉了,徐妻则被押回县城。徐图南在东街九皇宫自设公堂,审判这个女人,判处活剐。她被抬在一座敞轿上,五花大绑,游街示众,然后在西门城外执行。什么叫"剐"?我不想加以描述,不知字典上对这个字是怎么解释的,总之是极为残酷罢了。这只能发生在一个极端封建的社会里,可能是哥老会的儒家思想和法家思想的混合产物。更可怕的是因此而产生的一连串的谣传。街头巷尾,都在议论,说是每天黄昏时候在那里听到过有女人叫哭声:"要火"——这是四川的葬俗,死者下土后的当天下午要去送一次火,否则,在阴间他或她就无法烧饭了。当然,哪里有人敢去送火?于是一到黄昏就叫开了。最后还是有一个胆大而心善的人去送一次火,谣传才逐渐熄灭了。真可怕,弄得我一到下午就不敢出门。最后,这个事件惊动了成都警察厅长杨维(莘友),一个同盟会要人,带了武装,来到县城,一下把徐图南捉起来,宣布罪名,加以处决。这一来,声势很大的彭县哥老会,遭到这次打击,特别是那些所谓"舵把子"都销声匿迹了。这件小事,对我的童年刺激很大,因而印象特别深,现在还记得清清楚楚,而别的什么就都忘记了。

二

此后就开始进秦省公立小学念书了。当时的小学学制是初级小学三年,高级小学三年。课程是国文、算学、格致(今自然)、地理、修身、手工、体操,高小加英文。课本除体操、手工外,都是用商务印书馆的本子。教员就不大记得了,只记得国文教员有位弓子和老先生,会写钟鼎文。一个小县城的小知识分子,能写钟鼎文,而且有兴趣于写钟鼎文,可能还有点学问。在学校的空地上,他又勤勤恳恳地种上千株菊花,从育苗、打叉、施肥、上盆、扎枝,都是一人动手,雅兴不浅。我开始写五言绝句、七言绝句,平平仄仄,就是向他学的。我那位二叔祖以秀才资格当小学国文教员,亦教过我。教国文仍然是私塾办法,要朗声诵读,读熟后还要站在教员身边背。再就是一周作一篇什么说、什么论。其实懂得很少,作文的第一句总是"今夫人生天地之间",随便乱接下句,不知所云。但亦能得到个八九十分。上午三个小时,下午两个小时,上完课就了事,并无现在所谓"留作业"之说,那时的小学比现在轻松多了。因为历史、算学、格致等都用不着复习。高小的英文也不过是"来是 Come 去是 go,开门就叫 Open door",虽觉新鲜,亦无什么趣味,总之是学得很差。整个小学时期的学习都不怎么样。这有自己的原因,而学校水平当时也就是那个样子。几弟兄都不农、不工、不商,实际上家庭也不是世代的知识分子家庭。所以从中学到大学,数、理、化最差,小学基础就没有打好。

小学同学中,却出了一个早期的共产党人,这就是五卅运动中在上海牺牲的何秉彝烈士。

童年的生活,我还记得一件对我后来有直接影响的事。我家的男性成员,父亲、二哥、三哥(大哥早死不算),都会喝酒,而且酒量相当好。我却一直不会喝酒,滴酒沾唇,就脸红心跳。七八岁时有过这么一件事。有一年春节,五六个年纪差不多的男女小孩,相约各自在家偷些酒,偷些菜来,这在过年时是很容易偷到手的。偷来后集合到一个亲戚夏季乘凉的船厅,大吃大喝一顿。酒是多种来源,因此是杂酒。这批小孩真所谓顽童,不知酒的厉害。可能还仿效大人的拼酒、闹酒,开怀畅饮,于是所有参加者都不知不觉地一个一个醉倒了。隔了一段时间,各家不见自家的小孩,才这家问那家,那家问这家。虽经四处寻找,亦无踪影。那个船厅,是夏天纳凉的地方,谁也没有想到这批小醉鬼倒在那里了。时间大概已过了大半天,拼命寻找,才偶然发现都倒在船厅的大木炕上,醉死过去了。据说我被领回家后,又整整过了一天一夜才醒过来。长大后不会喝酒,这可能是一个直接的原因,使得这一生不能尽情地领会饮酒的乐趣。

那个时代,那个地方,这个家庭是很落后的,保存不少迷信的风俗习惯。幼年时候,偶然有个头痛脑热,母亲必然要"叫魂"。方法是点炷香,把一个鸡蛋平放在手心里,然后走到门外,大叫其"某某回来了",我则随答一声"回来了",直到这个鸡蛋直立为止。如此连叫几天,最后把这个鸡蛋蒸给我吃,魂就附体了。魂就是鸡蛋。还记得我生过一场大病,发高烧,什么病,很难说,可能是肺炎。中医开方用的药有犀角、羚羊角,中药中的特大凉药。但总认为有鬼,药靠不住,就请一场端公(四川专门从事做法事捉鬼的职业巫师),大锣大鼓,大唱大闹,真有鬼的话,图个安静,吓也吓跑了。这且不算,做一大阵法事之后,那个端公头子,来到我床前,拿一把剑东指西刺,大叫几声,就听见房屋瓦顶上沙沙地响,响声渐小渐远。然后宣布小病人出街带回家里的鬼,已被捉走了。法事到此结束。当然,因为吃了犀角、羚羊角,退了烧,病亦好了。是不是捉鬼这个法术也有份,就很难说。别的我没有什么印象,但屋瓦上沙沙大响一阵,我确实听见。直到现在,偶尔讲关于捉鬼治病的迷信时,我还很有兴趣地讲起童年时代的这个故事。问题是我始终不解那屋瓦上沙沙之声是哪里来的?所以巫师也把我迷着了。可惜的是,七八十年后的现在,还有这样的鬼,还有这样的端公,能够叫人相信,藉以谋生。

三

我出生和成长的家庭,已是一个小职员家庭,没有土地,没有店铺,没有自己的房屋。我不清楚,父亲或许会做点不显眼的小的高利贷。这一点,颇使我在国务院外事办公室的"造反派"同事们大为失望。"文化大革命"中,他们千辛万苦,派了几个人去我的家乡搞"外调",总以为我是一个大地主子弟。他们失望了。我虽然在上海读教会大学——沪江大学和东吴大学法科,可我既不出身于富豪家庭,也不出身于书香门第,不过是上无片瓦、下无立锥之地的穷小子而已。

当然我的祖上是阔过一阵子的,不过是要拿考古学的眼光去看了。我的曾祖父、祖父时代是这个县的大地主之一,有好几百亩土地,一处大宅院,还兼商业资本家,有一处绸缎店和一处杂货店。曾祖父开始无后,过继郭姓外甥作儿子,即是我的祖父。我的父亲(我记得他的名字叫李钟润,号滋生)生得早,这个家业就由我祖父、我父亲直接经营下来。但是曾祖父后来又讨了一个继室,一连生了三个儿子,年长的一个和我父亲年纪差不多。这位二少爷不参加农业、商业的经营,改行作八股文,还考了一个秀才,一个很迂腐的秀才。三少爷读新学,一直在成都,后来到北京,参加过研究系或政学系,但没有混出个什么名堂,后来回到彭县,很潦倒地死去。四少爷专当地主,搞得很不错,一直是县里有名的绅粮。这就埋下了这个家庭以后不断纠纷的隐患。

曾祖父过世,立刻分家。分家时,土地是分五份,四个儿子四份,继曾祖母一份。两家商店当然无法继续经营,停业分掉。由于所有家产都是长房父子经手,所以商业上未了的人欠、欠人两部分,二叔祖以下的三房就采取这样的对策:一、概不承担欠人部分;二、人欠部分不管能不能收回,都要照账面取得四分之一。他们的理由很简单,因为他们不对这些商业行为负有直接的责任。加上长房是郭姓外甥过继来的,连"同父"都说不上,实际的血缘关系,不过是姑表兄弟。长房自然形成了一比三,或者一比四的绝对劣势的局面。没有别的办法,只好承认下来:欠人由长房负责偿还,人欠照账面由长房付二、三、四房每房四分之一。分家的结果,这个长房惨败下来,因此祖父亦跟着谢世了。而我父亲为长的四兄弟,亦跟着分家。我的三位叔父根据同样的理由,采用同样的对策,我父亲就不得不重蹈了我祖父的覆辙。因此我们这个长房亦同样的惨败下来。最后把什么都卖光了,房产没有了,地产没有了,商店的存货亦没有了。留下来的只是一大木柜账簿,现在看来那可是十九世纪初四川极好的经济资料。当时确无用处,都拿来撕成单张,再翻过来,被我们几弟兄练习书法用了。特别是我,得益很大。因为这就不必出钱买纸,用之不尽,可以临习颜真卿的《多宝塔》和何绍基的《黄庭内景经》了。日必几页,正经楷书。为了节省,用四川特有的"土红",一种红泥,用水一泡即成红浆,代替墨,蘸笔练字,所费极省。同时还有一个很好的临帖工具,红木的帖架,比音乐家用的乐谱架讲究多了。这种木架,可拆成零件盛在小木匣里,用时加以组装,架身向后倾斜,极便于放置字帖。现在找不到这样的东西了。

我父亲从此只以当小职员谋生,还当过县立中学的庶务,县劝学所(类似县教育局)的庶务,一月不过挣十几块钱,有时还失业。大哥(李国龙)生肺病,早死。二哥(李国柱)中学毕业后当小学教员。三哥(李国纯,后改李经纬)稍好一点,四川军官学校毕业后,当过排长、连长、营长、旅参谋长、刘文辉的副官长、工兵学校校长。

我在县里生活十五年,在成都读书不到三年,住家的房子始终是租的。辛亥革命时,租住在东街的一家三合院的左侧,瓦房四间,加搭成的两个偏间,有个后院。还有一个用土墙围起来的小空地,种了十来株佛手。至今我还对佛手有兴趣,是很雅的小摆设。其时家庭生活非常清苦。六七岁的小孩不免想吃点零食,如十文钱一个的珍珠包子,但就是没有那个十文钱。母亲在一个老式柜子里东翻西翻,不知道翻出一个什么玩意,送到当铺,去当了二百文铜钱,才勉强去买个什么来吃。当然这件东西自然亦无力去赎回,而是死当了。后改租住东街大盐商安徽桐城方家的后房，共十间，有天井，无后院。天井较大，种了一株茶花，还有些牡丹、夏兰等等。

这时又发生了一个我童年时代不懂的纠纷。继曾祖母，一直同四叔祖生活，病死，照例要发一个讣闻。我的父亲抢着要以"承重孙"的名义作为讣闻的领衔，而二、四叔祖极力反对，要以"不孝男"二、三、四叔祖的名义领衔，把承重孙放在不孝男之后，并不准用"承重"二字。闹到大打官司，二、四叔祖并反告我父亲是"异姓（郭）乱宗（李）"。怎么了结的，我当时不懂，现在也无法记得。因此，我家与这些叔祖辈的家，除了过年时礼节性的照例拜年和偶有婚嫁不得不去祝贺之外，一概没有来往。郭姓外甥过继给李姓舅父，大概不假。我记得在家里供祖父牌位的神龛，有副对联，上联是"郭汾阳富贵寿考"，指唐代名臣郭子仪；下联是"李邺侯忠孝神仙"，指唐代名臣李泌。郭李两姓都照顾到了，好像颇有来历似的。这也不是什么大事，我们从未要求归宗，改回原姓，姓李也就一直姓下来了。

不要说祖父一代有那么多纠纷，就是父亲一代四弟兄，算亲兄弟了吧，也是貌不合，神更离。二叔父是个小地主，一生谨守家业，和我们很少来往；三叔父嫖赌皆来，闹哥老会，辛亥革命参加同志会打县城，还未爬上城，就从攻城云梯上坠地身亡；四叔的经历，已无印象。

我这一家，父亲当然很不得意。他不打牌，不抽烟，水烟都不沾，更不要说鸦片了，但每天总喝点酒。有小职员当还好，没有小职员当时，成天就坐茶馆混日子。由于当过小老板兼店员，特长是打得一手好算盘，亦爱整齐干净。这大概是在绸缎店久了，习惯于手拿一把鸡毛掸子，什么地方有灰尘，就掸除到什么地方。桌子上有点小摆设，也拿鸡毛掸子横比顺比，力求位置妥当、协调雅观。至于洒扫庭除，就更不用说了。所以我家虽穷，却很整洁。如问我的父亲对我有什么影响？我要说其他的都没有什么影响，只有这一点有相当影响。至今我还是愿意花点工夫把前后左右弄得整整齐齐的，窗明几净，才心安理得。

大哥早死，已提了。二哥当小学教员，但颇有绘画天才，临摹过一幅西洋画，是拿破仑抱个小孩上马的铅笔画，大幅，神情不坏。在县里裱画店裱时，被县城的传教士看上了，非买不可，我二哥自己也很得意，就是不卖。教士是哪国的，是天主教的还是基督教的，和我的回忆无关，就不去考订了。他还有幅小画，在中学考试上得一百分。画题是柳宗元的一首五绝："小娃撑小艇，偷采白莲回。不解藏踪迹，浮萍一道开。"

对于这首诗我一直记得是柳宗元的。写这段回忆的时候，为准确起见，去查对了《柳宗元集》，但柳集上并没有这首诗。我想它无论如何是首唐诗，唐诗那么多，不知从哪里查起。1988年初，知道深圳大学已经把唐诗全部输入电子计算机，我就把这首小诗托他们代为检索，看是谁作的，他们不久就告诉我，见中华书局版《全唐诗》卷四百五十五，白居易《长庆集》第三十二卷《池上二绝》之一。我把《全唐诗》拿来一翻，果然不错。电子计算机真有用处。二绝的另一首我也把它抄在下面："山僧对棋坐，局上竹阴清。映竹无人见，时闻下子声。"作为一个说明附在这里，上面"柳宗元"三字也不改它了。

这幅命题画，二哥画一个大白莲池，中露出一道无莲、无萍的白水道，白莲盛开，但水面露出几根花被摘去的花茎。画幅正面靠左，有一水榭，水榭柱上挂一小牌，书"主人告白，不准采莲"。这幅画主要描写了那个"偷"字。图画教师是从成都请来的名画家，大为欣赏，我二哥由此在县城里以画出名。后来专画花鸟及草虫，刻意求工。如画蝴蝶，则去捉活蝴蝶，把翅膀上的有色粉末剥扫下来，画蝴蝶时，先在翅上着鳔胶水，然后把粉末弹洒上去，画的蝴蝶就像真的了。成都一带都是木结构房子，取光的窗子是用白纸糊上，当时很少玻璃；作为装饰，窗心则用宣纸画画贴上去。我家的窗心，过年换新的时，都是我二哥画的。他还应别的亲朋好友的要求，替他们画窗心。全国解放后，我曾多方向彭县搜求他的遗画，前后不过才二十多年，可是连半幅都没有找到，真为之歉然了。

三哥是辛亥革命的参加者。四川军官学堂毕业后，就离家当小军官去了。1919年我到成都进中学，他恰巧在熊克武办的讲武堂当区队长。后来讲武堂停办，就一直在熊克武的部队当营长、团长。熊克武部队被刘湘赶出四川，到湖南后，他离开熊部回四川，当刘文辉军的副官长兼工兵学校校长。我的三哥在军官学堂时，学的是很陈旧的步、马、炮、工、辎五个科，他以工兵科毕业。因为在成都锦江架浮桥，这个校长被木材撞伤，内出血，不治，以此故世。他在熊部时和刘伯承同志熟悉，刘伯承当第二混成旅的团长，他当旅参谋长。由于他是职业军人，从未失业，收入比较好，我1921年出川就学上海以后，到1926年离沪去广东参加北伐，这一段约五年时间，在上海的生活和学习费用都是他供给的。1930 年时，他因事到上海，那时我正在上海做地下工作，我们还同住了一个月。他看我那时情形是困定在上海了，但没有泄气。他知道我是共产党员，可并没有提出异议，只嘱咐我遇事小心。一方面，经过辛亥革命，他又参加过许多四川各种性质的战争，思想比较开明；另一方面，不要说我不愿回四川，即或他把我勉强拉回去，他也难以处理。因此我们之间也从不去涉及这些问题。

我兄弟共四人，但我还有一个大姐。她在兄弟姐妹中，排行应属第几，无从记忆。估计她比我大二十来岁，因为她出嫁后生的第一个孩子与我同年。不幸的是她以媒妁之言，父母之命，嫁了一个杨家大少爷，地主家庭，本事就是抽鸦片烟。我这个姐夫很少到我家里来，我去杨家，他都踡睡在烟床上。关于鸦片烟的知识，我就是从他那里得来的。如烟盘、烟灯、烟枪、烟斗、烟签、烟泡等。烟是"云土"，即由云南出产的鸦片烟最好。买来"生土"后要自己熬成"熟土"，还要炼成烟膏，然后才能抽。一榻横陈，一个人可以整天不离开烟榻。抽烟、打盹、看小说（利用烟灯光）、吃点心（因为晚上还要抽烟，因此吃点心为必需），甚至吃饭，都在这一榻之地，自觉逍遥自在。同时，为了什么事情，要会亲晤友，亦在这一榻之上，主客相对而卧，相对而谈，有时主人亦敬客两口。我亦乐于上床去看姐夫抽烟，因为我可以翻他的小说看，还大吃烟盘里放的点心。四川的土财主有个理论，宁愿子弟讨小老婆，被小老婆缠在家里；也宁愿子弟抽鸦片烟，亦是被缠在家里，哪里也不去了。这两者都花不了多少钱，动摇不了这份家产的根基。最怕子弟不安分，成天去外面赌钱，不要一年半载，那就把一份家当赌光了。这可以说是我们中国典型的地主所独有的儒家思想。

我家与杨家亲戚关系并不坏，虽然不满意于女婿抽大烟。我们这位亲家叫杨西亭，是个老秀才（举人？），又是地主，多多少少还有点社会活动能力，当过多年的县劝学所所长。他就把我父亲请去当劝学所的庶务，两亲家，彼此都很信任。我家就靠这个小职员的职业挣扎着活下来。然而这个家庭也有一件怪事。老亲翁的亲兄弟死了，留下一个年纪轻轻的弟媳。这位弟媳，人长得很体面，我那时是个十来岁的小孩，都觉得看来顺眼。由于社会地位和封建礼教，年轻的寡妇不好嫁人。但成天住在家里，逐渐被大伯缠上，两厢情愿，顺理成章，这位亲翁就公然在弟媳妇房里过活了。杨家大院内已成为公开的事实，亲戚朋友之间，也就默认而无所避忌。封建制度虽然是祸根，但社会已开明到对这种事情采取容忍的态度，也可见那个时代的特点了。

四

1919年春天，我到成都考中学，没有考上"成都联合中学"，暂时改进一所私立中学，名"储才中学"。读了半年。因为时间短，又恰逢五四运动，学校亦没有很正式地上课。所以，上过些什么课程？校长是谁？有哪些教员？至今已回忆不起来了。就说五四运动在成都引起的反应，参加的有成都高等师范，有四川的八大专门学校——如法专、工专、农专、医专，还有成都联合中学、成都中学、华阳中学等，而私立中学在这场斗争中的位置却是非常次要的。除了附和着游行示威，烧日本货之外，恐怕没有什么可以记述的了。但是就在这个中学，同是新入学的，同一班，我认识了李叔薰（后更名硕勋），并且成为拜把兄弟，我们的友谊一直维持下去，直到他于1931年在海南岛海口牺牲为止。

五四运动，是个什么性质的运动，年轻的中学生当然说不出什么名堂来。不过现在有些人把五四运动概括为民主与科学，所谓"德"先生与"赛"先生者，并把这二者当成运动的目标，可能不符合实际。合于实际的，并且一直是中国革命之所以坚持并为之奋勇斗争的，恐怕还是以反对帝国主义为主要目标。不反对帝国主义而空谈科学与民主，则五四以后的许多社会变革的运动，甚至包括1921年中国共产党的成立，就都无法作逻辑和历史性的说明了。

说起成都，那可是一个很有文化传统的地方。汉代就有扬雄、司马相如和卓文君，唐有女诗人薛涛，撰写《碧鸡漫志》的五代王灼，编辑《花间集》的赵崇祚，写《宫词》的王建、花蕊夫人等，这些历史上的墨客骚人都在成都。有一年寒假，我提早到成都，学校还不能住，借住在一个亲戚家里，度过元宵灯节。成都灯节，除悬灯之外，凡书香门第都打开大门，大摆春灯谜。一般的谜是明显写出什么，暗示相对的打个什么。成都春灯谜不是猜谜语，而是诗谜。做个大而扁长的纸灯笼，挂在大厅上，中燃蜡烛，把一条条的诗谜贴在灯上，看得很清楚。一个长灯，多则贴上百来条，少亦四五十条。人人都可以进这家大门，到厅前看那些灯谜,然后以自己的古诗水平,向主人提出某条的某一缺字,应是五个单字中的某一个字。如答对了,主人即酬以精印四川宣纸花笺两张;说错了,也不受罚。所以不妨多去试一下,总可以碰巧,于是一个晚上,弄二三十张花笺,总是有把握的。爱面子的富家,也会附庸风雅,因为做这种灯谜不难,送出百十张花笺亦所费不多。因此走了一家又一家,一条街总得有这么两三家。两条街一走,会看见有几条很有意思的诗谜,也会遇见一些相熟的朋友。主人好客的,还在厅上泡一壶茶,摆点小点心招待来猜灯谜的人。也偶有六十来岁的长者,携小姐丫环,观看灯谜,雅兴不浅。用这种春灯谜的办法来加强元宵节的节日气氛,不知始于何地何时。大概明朝就有了,地区也比较普遍,否则阮大铖就写不成《春灯谜》这样的传奇来了。具体地说,春灯谜就是用一句七言或五言诗,中间任意抽出一字打圈,如"春风○度玉门关";另列五个单字,如已、难、将、不、早。读者在上列五个单字中,选定一字,以当画○处之字。如猜"不"字,即中了,得花笺两张;如猜"早"字,即不中。有时猜者对没有猜中不服气,认为他猜得不错,主人还得把印本翻出给他验看。不过使用的底本,都是些很生僻的诗集;如用《唐诗三百首》,就没有什么趣味了。

我同我那家亲戚的子弟,就在那个元宵晚上,跑过好几家,弄回来好几十张花笺,也很够风雅了。

不知现在成都元宵之夜,尚有此雅况否?

成都每年旧历二月,以西门外二仙庵和青羊宫为中心,举行花会。名之曰花会,大概是取春天来了,百花盛开,有这么一个临时集市,向城里人出售花卉之意。这是一个盛会。但实际这个会不仅出售花卉,附近县镇的农民和手工业者都来出售一切木、竹、铁的农具和进行牲畜买卖;也有商人来摆摊,出售京广杂货;城里的菜馆和小吃店(如包子、元宵、粉蒸牛肉等)也搬到会上,租个篾席篷做生意;城里的戏院也搬到会上,搭个野台子演戏。总之是很热闹的。届时,中学生每星期天必然去混过一天。成都春天来得比较早,年轻人赶时髦,已着单衫,手拿折扇。可以说在这会上,倾城仕女都到青羊宫赶花会来了。中学生来趁这个热闹,无非是到茶馆喝茶,逛青羊宫朝拜太上老君,有戏癖者就去看戏,上小吃店吃东西,或者游荡于花市或京广杂货摊之间。都不买什么东西,直到夕阳西下才怀着余兴未尽的心情返回学校。

五

同年下学期,考入成都联合中学。这所中学原为成都锦江书院,变法维新,改为成都府中学堂。辛亥革命,取消了行政建制的府,改为成都联合县立中学。因为原书院是由属于成都府属十六县公款办的,联合中学的办学经费,仍来源于此。还有每年的学费收得很少,成都各县学生只收十元,外县学生只收十四元。解放后改为成都市第四中学,现又改为"石室中学"。说来,历史很玄,秦时文翁入蜀主持文教事业,其机构所在"文翁石室",一直延续下来,就是今天的石室中学。改名时中学曾来信要我题词,我就写了一副对联,用杜诗的"锦江春色来天地",对上一句自拟的"石室文风烁古今",无非是为对对子而对对子罢了。

就是这个石室,还跟汉唐石经有点关系,孟蜀广政元年(938年)刻了一套石经藏在这里,石头是没有了,但在文化史上成为它的一种骄傲。

校长张铮(重民),一位日本留学生,同盟会中属于政学系的政客,官架子很大。他最出名的一件事是,四川有个接近孙中山的资本家,叫康心如,在上海办了一个半月刊《雅言》。我们这位校长,在那上面发表了一篇抨击袁世凯擅改《约法》、"违宪叛国"的文章,《雅言》甚至因此被迫停刊。他办学的着重点很明确。一重英语。二年级后,世界地理用英文教,数学的代数、几何、三角都用英文教。英文文法教的是今天已很少人知道的《纳氏文法》(Neisfield Grammar)。四年级的英文还请在成都的传教士,英国的,加拿大的,专教会话。二重数、理、化。四年级就学到高等几何,有专门的理化教室。三重汉语作文。不学四书五经,但开了许慎的《说文解字》和王引之的《经传释词》的课。在学完《经传释词》后,还加学马建忠的《马氏文通》。什么名词、代词、动词、静词、状词、介词、连词、助词、叹词等,完全与英语文法相通。把汉语加以类似的处理,实在感到新鲜。大概学校认为这是学好文言文的基本功所在,所以特别开了这门课。这个学校的毕业生,绝大多数升学时都能考上北京、上海、天津、南京的大学,如北大、清华、南洋(即今上海交通大学)、南开、北洋(今天津大学)、东南(今南京大学)。但四川中学毕业生考北京的燕京或上海的圣约翰这类教会大学的比较少。

中学教员中,我记得的仅有教《经传释词》的余舒(苍一),学生中把他叫成"余苍蝇",此人写一手好苏字。还有一位王伯宜,专学黄山谷,写得剑拔弩张,很有气派。这些书家,即在成都,现在亦恐不为人所知了。照例,学生总是替教员起外号,我们很简单,一般的以他所教的课程为某教员的外号。如教体操的教员姓罗,就叫罗体操,诸如王代数、王英文,等等。三位学监,一位年纪大约在六十岁左右,则呼之老太婆;一位很年轻,大概三十岁左右,姓任,则呼之为任幺妹;一位有两撇胡子,姓李,则呼为猫胡子。

六十多年过去了,这些教员的名字很难记忆了,幸好从石室中学复印来一本《石室纪事》,差不多有全部教职员名单,但凭记忆所及,教过我的教员,能够确指的,并不多。如上边所说的学监,任幺妹为任星海(仲涵),老太婆为周玉璞(璧卿),猫胡子为李开绵(甦生)。教国文(当年这门课就叫"国文",不是汉语或古汉语)的除余舒外,有祝同曾(屺怀)、彭举(云生)。教英文的是王敬先(叔驹)、吴炜(昭华)。教地理的是彭昌南(少东)——这位先生自己编一部中学地理教材,内容详尽,条理清楚,学起来非常顺手,深受学生欢迎。教数学的是王伯宜(伯宜)、周澧(子高)。教博物(动植物和矿物)、理化(物理和化学)的教员,就难以确指了。教图画的是张钧(衡之)。教体操的是罗汝霖(仲渠)。这位罗体操在成都很有点名气,因为他兼成都其他中学的体操课。对新入学的学生上第一课时,他必有几句一成不变的话:"鄙人留学东京,一无所长,唯有体操一科,略有所得,愿和大家共同研究。立正!"当然课程的内容,如器械体操的哑铃、浪桥等,完全是日本式的。

戊戌变法前后建立新学制的中学,都作兴请日本教员。我们县的中学一开始就请有日本教员,主要教理化。这所成都联合中学,我入学时,已没有日本教员。早期是有的,在史地有过两个日本教员,数学有过四个日本教员,博物有过六个日本教员,理化有过五个日本教员。那时虽然没有日本教员了,但教员亦大半是日本留学生,所以基本上还是受日本学风的影响。

我是1919年下学年考进联中,1921年暑期离校的,查《石室纪事》附录四,《修业学生》三十一班有我的名字,李国治,这是我们四弟兄的"国"字排行。到上海后进中学、大学,改为李民治。1928年大革命后回上海做地下工作及写东西用笔名李一氓,迄今。但在江西苏区两年多,却又用一氓的谐音,改为叶芒,用的时间很短。

由于两年的同学,在毕业生部分,从第二十六班起,我认得的,有些还很熟悉的,计二十六班有李国华、陈体善、何恩宽、谢灵石、陈述修,二十七班有任世贵、余模、门启昌、王季甫,二十八班有黎光明、龙文光,二十九班有朱瑞、高尚志,三十班有林昌恒,三十一班有蒋留芳,三十二班有王明哲、罗永正、游雪程。在修业学生部分,从二十九班起,我认得的,有些还很熟悉的,计二十九班有贺昌隆,三十一班有毛筠、夏昌槐、周惠元、龙启翔、郑福海等,三十三班有孙良。三十一班是同班同学,毕业的是二十二人,修业的是五十二人,前后共有七十四人,但真正记得起来的,是很少很少了。上边这些有名有姓的同学,可以简单的作一点追记:

——谢灵石,在南京东南大学学习,我在上海时,相互还有来往,后下落不明。

——陈述修,后改陈述民,北大毕业,大革命时在武汉当过短时期总政治部秘书,后一直在北方教中学,抗战时回四川。四川解放后我到成都,作为老同学,还看望过他,当时在四川师范学院教书。

——任世贵,字爵五,后改为觉五,以字行了。1921 年初到上海时,一同进浦东中学,他不久考进东南大学,1925 年进黄埔军校,是第四期学生。原为很熟悉的朋友,大革命失败后无来往。1938 年夏,我以毛泽东同志私人代表身份回成都,他已任四川三青团头子。尽管如此,还是见了面,许多在成都的联中同学,大摆宴席,宴请了我。不久,我回西安,他亦调任陕西省三青团的头子,由成都到西安搭的同一架飞机。到西安的当天晚上,林伯渠同志以中共驻西安代表的身份,请他吃顿饭,他来了。恰巧我在西安下飞机后,少了一件行李,说是中途误卸在汉中了。吃饭时,我同他开了一个小小的玩笑,说:"你是我的老同学,你还不知道我是干什么的,怎么把主意打到我身上来了? 有点什么的话,难道我不能有别的什么办法。"他只好涨红了脸。嗣后,我们就再无来往。全国解放后,听说他跑到台湾去了。

——王季甫,在上海同济大学学医,毕业后回了四川,在成都开私人门诊所。我同他朋友关系很好,1928 年以后,我在上海工作,还有来往,因为可以找他看病,不要诊费。1938 年我回成都,因为他搞自由职业,没有国民党的政治关系,我顺当地通过他对付了那些当时在成都有实力的国民党同学。1949年四川解放,他离开成都。那时正是柯灵接任广州中山医学院院长,他们是同济大学同学，就聘请他当副院长，我极力赞助。当时，潘梓年正负责中南政务委员会的教育行政，经过他同意，就到广州去搞医学教育去了。王季甫一直与柯灵合作，直到1959年逝世。他在同济肄业时入党，大革命失败后脱党，在中山医学院时，重新入党。

——黎光明，这是同学中最随和、又最用功的一个人，回族，但已不忌嘴，表示解放。1938年我回成都亦相遇在酒席筵前。他是灌县人，后来听说当灌县县长（此人实在不是一个县长材料），热心于铲除鸦片，自己下乡去铲烟苗，被种烟的农民打死。无缘无故跟着复兴社跑，只好如此下场。

——龙文光，中学毕业后加入国民党空军，1930年驾机轰炸鄂豫皖苏区（四方面军根据地），机械发生故障，机人都降落在根据地，机为我所得，人为我所俘。飞机修好后，还在武装监视的情况下，驾这架飞机上过天。四方面军主力转入川陕时，他在路上跑掉了。后又参加国民党空军，作为同学，他同我私人交情还很不错。

——蒋留芳，同济大学医科毕业，毕业后回四川，主要在成都当各中学的校医。这是成都中学的医疗制度，请一个医生，包括携带简单药品，每一周按时（大约一周两个半天）到校给学生看病。学生都是住宿的，这对学生很方便。一直到解放以后，还是如此。这个人在校和我同班，关系特别好。桃园三结义，我和李硕勋之外，另一个人就是他。但1927年在广州，那时有一批革命的同济医科学生，转到广州大学医科，其中就有柯灵、王季甫、沈其震和他。一次会面，人很多，我好像没有来得及同他打招呼。他还是大学生，我已穿军服当上个小军官，他说我架子陡然大了。于是就在这样一场误会中绝交，从此不相往来，甚至解放后我几次回成都都未和他见面。不能只说是误会，渐渐的，意识形态的分歧恐怕还是主要的了。

——罗永正，这是同学中的一个老共产党员了。大革命时当过贺龙军部的警卫连长，解放后当过江西的副省长，现已离休在北京。最近写了一本回忆录《从武汉到潮汕》，他要我题了书名，由人民出版社出版，即记录南昌起义时他在贺部的经历，署名黄霖。可惜重校此稿时，他已因心脏病去世。

——游雪程，武汉军校毕业，应排为黄埔六期。毕业后入武汉国民政府警卫团，后转入井冈山，在井冈山某次战斗中牺牲。

从二十八班到三十三班，正是五四运动把这批青年学生推向革命大潮流的时候,但加入共产党的不多,一大部分都跑进国民党去了。当然,别的中学的学生,在同一时期入党的,还有李硕勋、欧阳继修(阳翰笙)、余泽洪、阚尊民(刘鼎)这些同志。成都联合中学却只有罗永正、游雪程和我三数人。

——贺昌隆,即史学家贺昌群。他出川后,进南京东南大学,后来可能遇到什么问题,书读不下去了,就到商务印书馆当校对。他利用商务藏书的方便,自学成才,成为历史学家,专攻汉唐土地的封建关系问题。他还苦学马克思主义,颇能运用历史唯物论的观点和方法,因此著作很有成绩。全国解放后,他当过科学院图书馆馆长,历史所的研究员。我们在北京还有过几次见面,可惜那时我无意学问,大家只叙友情而不及文艺,不久他亦去世。其著作除《论两汉土地占有形态的发展》、《汉唐间封建土地所有制形式》两书外,现已辑为《贺昌群史学论著选》,准备出版。同学中有学术成就的,恐怕就算他了。

——孙良,即孙元良,在中学时,谐音被叫作"绅粮",地主之意。他和我一样,未毕业即出川,到南京进东南大学附中,他比谁都先到广州,进黄埔军官学校,为第一期学生。学校全名应为"中国国民党陆军军官学校",因设在广州黄埔,遂简称"黄埔军校"了。1927年春夏之际,北伐,他已任第一军第二师的团长,师长刘峙。他先带队出发,我还在广州为他饯行。北伐军打湖北,占领武汉的同时,打江西,他在孙传芳军面前打了一个败仗。蒋介石下令到江西,要依当时军队所施行的《连坐法》就地枪决。因为同学多,武汉、江西都有人透漏消息给他,他就孤身离开部队,跑到武汉来。他先找到了我,还要找邓演达,想法向蒋说情。邓不愿见他,要我告诉他,快回四川去躲一个时期,以后再说,蒋决不会现在接受任何说情。我替他作了回四川的安排,还送了他一笔路费。我和他的交情到此为止。以后此人重新得到蒋的重用,在日本士官学校毕业,抗战时当过旅长、师长,淮海战役时已是杜聿明指挥下的第十六兵团司令。淮海战役,国民党军全军覆没,孙事先只身逃跑,未被俘。

我为什么除本班同学以外,还认识了从二十八班到三十三班的同学?那是因为有五四运动的关系。尽管是中学,当时也已酝酿了一股自由民主的空气,学生自由结合,成立一个书报阅览室,叫求是学社。我在这里提出的这一批名单,都是当时在校的活跃分子,主持和参加学校的许多社会性活动。同时大家又都有一股莫名其妙的锐气。以前,中学不毕业,不会到上海、北京、天津等处去想法升学的,而现在半途就跑到上海、北京、南京去,亦成常事了。很显然,这是那个时代所自然形成的。至于后来这些青年人之所以分道扬镳,也是那个时代所自然形成的。

1921 年夏,王季甫、任觉五他们毕业到上海升学,我也没有和家庭打招呼,向一个家住成都的亲戚,借了一百块钱,同他们一路跑到上海去了。

这是我离开家庭,独自生活的开始,已是六十五年前的事了。

六

那时中学课程虽多而杂,但不留什么"作业"。中学生时代,从不知"作业"这一名词。星期六下午就无课,加上星期天,没有人留在学校里用功。食堂里星期六晚饭,星期天早饭、午饭,几乎没有人吃饭,都玩去了。因为兴趣不大一样,有的约好几个爱好运动的则去南校场(今已建起成都军区所属的被服厂)踢足球,随便踢而已,更少球赛。球类运动很不发达,学校里也没有什么篮球、排球。所谓运动也不过是上面提到的浪桥、哑铃,顶多再加天桥、杠子(也无所谓双杠、单杠),还有个跳远的沙坑,非常简单,和成都学生今天的运动状况不能相比。我不爱运动,所以既不旁观助威,更不参加,一直到今天。只有 1939 年到 1940 年,在皖南新四军军部时,那里有个小学的操场,既平坦又宽敞,我们开辟了一个网球场,晚饭后,总在那里打个把钟头。我是毫无成就,但胡立教却从此打上瘾了。

有时四个人相约去打麻将牌,学生都是外县人,不容易找到打牌的地方。中学附近总有几处人家,替学生洗衣服,以获取微薄的劳务费。有的学生同这些人家弄熟了,就借这些人家打牌,付一点头钱。我没有参加过这种牌局。

有时几个好朋友相约去游山玩水,无非是出东门去逛望江楼,凭吊薛涛井,或者出南门去武侯祠,连带去昭烈庙(刘备),或者出西门去草堂(即今杜甫纪念馆)。去了,亦并无研究三顾茅庐或高吟《茅屋为秋风所破歌》之意,左右不过喝茶而已。奇怪的是昭烈庙两庑的武将并不是刘备、张飞的同乡河北涿县人,而大半是湖北襄阳樊城人。这些都是当时地主武装的头领,诸葛亮在那里时团结了这个武装集团,后来都整编为刘备的基本队伍,所以入川打刘璋时,就依靠这个实力。这些所谓成都附近的风景名胜,一个学期去一次也就够了。

有的则去悦来茶园(即今锦江剧场,地址在华新街)看戏。中学生对看戏亦实在外行,有的人根本没有去过,只有少数人爱看,每星期天上午或下午必跑戏院。那时成都有名的旦角是杨素兰、周慕莲,还有一个小知识分子下海的老生,艺名天籁。我到后来才对川戏、京戏,甚至河北梆子发生兴趣,抗战时期在苏北组织京剧团,在北京还大写其《程砚秋论》。其实中学生时代,甚至在上海的大学生时代,我都不大爱看戏。

成都城北还有一座大庙叫昭觉寺,是个好去处,但距离成都约十多里,太远,徒步去不容易。我记得学校曾组织过一次所谓"远足旅行",全校学生由学监带着,去玩了一整天,路上来回就花了三个小时。午饭,照和尚吃素的规矩,在斋堂里吃了一顿百分之百的素餐。一排一排地坐在长条桌旁边,面前放一双筷子、一个茶碗、一个饭碗、一个菜碗。坐定后,一个小和尚提壶茶,给你倒碗茶;接着第二个小和尚提桶饭,给你盛碗饭;跟着第三个、第四个小和尚提两桶菜,给你在菜碗内加两样素菜。如此,又照样来第二次。来第三次时则看你的碗里情况,或添点茶、添点饭、添点菜,或不添。真是一顿粗茶淡饭的出家人生活。这个昭觉寺,我1961年秋天还去过一次,是在去缅甸回任的时候,由北京飞到成都住两天,李宗林同志陪我去的,不须走路,汽车居然开到山门。已没有一个和尚,而是什么管理处,很难找到足以流连的幽静的意境了。

我在成都的中学生活,星期天大致是两三个同学在锦华馆、劝业场的楼上或少城公园的茶馆里喝茶度过的。喝茶时,租茶馆的各种报纸看,还可以在茶馆里理发,叫点心吃。在茶馆里,什么都可以谈,谈学校的事,也谈国家大事。喝茶的人也可以变,三几个人,走了一两个,又补上一两个,还是那么多人。北京、天津都有劝业场,一直维持到现在。北京还有东安市场。这和成都的锦华馆、劝业场极相类似,都是洋务运动的产物。因为有各种各样的商店,即或不喝茶,也可楼上楼下地瞎逛。茶喝够了,则去青石桥商务印书馆看有什么书可买,在青石桥顺便还可以吃金钩(大虾米)包子。下午回校前,很多人都在文庙前街附近的丁字拐一家小铺子吃粉蒸牛肉和粉蒸肥肠,既饱腹,又极有味。然后回校。时间还早的话,就不定进校门,而是前街转后街,转一两趟。这大概因为省立女子师范和省立女子中学同在文庙后街,是一个校门的缘故,而我们这个中学则在文庙前街。那时中学还没有男女合校之说。

七

1921 年暑假，我到了上海，了解到上海并没有很多好的中学。较好的都是私立的，一个是民立中学，一个是澄衷中学，一个是浦东中学，还有几个大学的附属中学（复旦、南洋、圣约翰都有附中）。其中只有离上海较远的浦东川沙的浦东中学的秋季名额未满，其他中学的名额都满了。因此，我们暑假到上海的四川学生，无论是准备考大学补习的，还是继续上中学的，就一起进了浦东中学。

从上海十六铺董家渡渡过黄浦江，上岸的地方叫塘桥。再步行六里路，有一个小镇叫六里桥。浦东中学就设在那里。浦东中学是 1907 年由一个从工人发迹的资本家名叫杨思盛的创办的。这个学校在浦东的乡下，交通非常不方便。在浦东上岸以后，有一条很狭窄的石子路，除步行外，还可以坐江南独有的大独轮车。现在这种车子在上海已经绝迹了，当时却是上海郊区特有的交通工具。石子路高低不平，平时还可以，下雨特别难走。

同时进浦东中学的四川学生，有任觉五、王季甫、叶维、张述周、孙实先和吴大成（在成都读中学时又名吴大猷，即曾涌泉）等。开学后，我们最大的困难是语言问题，当时的教员无论上什么课都是用江浙方言（我们都把它当成是上海话），因为这些教师全都是江浙人。至少在七八个星期内，在课堂上，全听不懂他在讲什么，只靠自学。后来逐渐地适应了这种情况，到一学期终了，教员在课堂上讲些什么已能听懂十之八九。

我没有语言天才，但是为着和同学来往和回答教员的提问，勉强学着说很生硬的上海话，发音很不准确。此后长期在上海上学和生活，就不得不靠这一点上海话了。

记得当时的国文教员有王西神，还有张叔通，英文教员有吴保丰、芮岭先。因为我在学校的时间很短，教员上完课之后就返回上海，所以和这些教员很少接触，即使查教职员表也很难准确地回忆了。奇怪的是，这个学校还增设第二外国语——德文，并且很注重这门课。所以，四川同学就加学德文，以便于考入德国人办的同济大学。我也跟着学了一学期德文。

同来的四川同学,有的已在四川中学毕业,他们并不想再取得一次中学毕业文凭,而是作为1922年夏季考大学的准备。所以到1922年,这些同学有的考上了上海南洋大学或同济大学,有的考上了北京大学。有些同学则是在四川还没中学毕业的,希望能在浦东中学修完学业。但有的人并没有考大学,却于1922年春悄悄地脱离了学校,不知去向,这就是吴大成(曾涌泉)。后来才知道他到苏联去了。他大概是最早的一批社会主义青年团员。他在苏联学的是军事,解放后,从事外交工作,任过外交部副部长。我照理应该在浦东中学读完,1922年上学期以后,继续读第四学年。哪知道由于发生了一个小事件,我又离开了这个中学。

这个学校的商业气味很浓,上学期一完,宣布放暑假,学校就全部停电,不能马上搬出学校的学生,必须自己买蜡烛过夜。我那时年少气盛,就写封信给教务处,指责这种做法太不合情理,不过蜡烛我还是买了。等到要开学的时候,我才知道这个学校向我家里发了个通知书,大概就是为了那封信开除了我的学籍。我家里曾拍了一个电报给学校道歉,学校又答应我可以继续上学。但我还是年少气盛,不服气,宁肯不进你这个浦东中学。这时,上海许多好中学都已开学上课,我万不得已,只好到南京去,进入江苏省第一中学,地址在南京八府塘。这个学校清末为文正书院,后改江宁府中学堂,现为南京第七中学。

这个中学没有四川学生,我也没有住校,借住在一个小宿舍里面。平常来往大都是东南大学及其附中的四川学生。我学习得很懒散,情绪不高,因为终究还是想回上海进大学的。因此,关于南京这段中学学生生活,实在平平常常,早已忘记得干干净净。

现在事情已过去六十多年,是不是事过境迁就不在意了呢?没有,我依然对那个浦东中学不满,它未免太欺负人了。

1923年春季,我又从南京转到上海,考进大同大学。这是一个私立大学,不知为什么它根据《礼运篇》的大同思想,取名大同大学。校名的正式英文译名就为UTOPIA UNIVERSITY,再把英文名字翻成汉文就成了乌托邦大学。可无论从学校的生活组织和课程安排来看,都找不出一点乌托邦的影子。大同大学注重英文、数学、物理、化学,教员都是英美留学生,完全是适合上海那种半殖民地情况的一所科技学校。这个学校在华界南车站路,校舍很平常,学生不过两百多人。正如我上面所说的,它注重英文和数、理、化,而以数学为更有名。胡敦复、胡明复是把持这个学校的两兄弟,他们都是搞数理的。

我知道自己搞数理化不行,也没有多大兴趣,在这个学校继续下去,学不到什么,所以又存一个转学的念头。因此,在大同大学我只读了一个学期。

现在想来是非常后悔的。其实数学这门科学是所有科学的基础,学理工科不说了,即或学文科,历史、地理、经济学、哲学甚至于文学都要有比较深厚的数学基础。不懂数学,你能看懂马克思《资本论》当中的商品学说、剩余价值学说吗? 学历史涉及到国家的财政制度、田赋、租税,没有数学基础行吗? 哲学更是一门思辨的科学,没有深厚的数学基础,不论从认识论还是方法论方面来说,你都不能达到有系统的思辨的程度。可惜当时自认为不适合于学数学,除加、减、乘、除、分数、代数以外,三角、几何不过听完了事,甚至于高等数学包括微分、积分都没有涉及。当时还不感觉什么,以后在工作和学习当中,就渐渐感觉得自己在这方面太欠缺了,吃亏不小。在数学上甚至连这种普遍的理论数学"模糊论"、"博弈论"都看不懂。归根到底,连马克思的剩余价值学说也是似懂非懂。对于中国历史上的土地问题就不敢下手,更不要说黑格尔的《逻辑学》这类著作了。要是当年对数学稍微用点功夫,坚持学到高等数学,对后来担负的一些工作和文史哲方面所涉及到的一些理论问题,可能不至于像现在这样犯难。现在来提这个问题,真是追悔莫及了。

1923 年我转考入沪江大学。这是一个美国浸礼会(BAPTIST)教会办的学校。校舍在上海杨树浦尽头军工路(黎平路北),靠近黄浦江边,在校园内就可以眺望黄浦江上来往的船只。这个学校 1906 年就创办了,1915 年才正式取名沪江大学。它在上海的教会学校中没有圣约翰那样有名。我进该校那年,它虽然是教会学校,但宗教课已是选读课,学生可以选读,也可以不选读,我就没有选。它管得比较严,两个星期才给一天假,可以去上海。但是每星期日早晨的礼拜,学生都必须参加,使我一直到现在还记得赞美诗中这样的句子:CHRISTIAN SOLDIER MARCHING AS TO WAR。学校生活条件比较好,有游泳池、体育馆,还有图书馆。我不好运动,但规定的体育费还得照交。这个学校因为有很好的生物教授,它就注重生物学,也无非是分类学和形态学这些初步的东西,有时也搞一点小动物的解剖。可惜对于这门科学我也不喜欢,于是就专心念英文,什么狄更斯的《双城记》、朗费罗和惠特曼的诗,都是那个时候学的,但成绩并不佳。教会学校有教会特点的流利的英语会话,我还是不喜欢。校长是美国人,叫 DR.WHITE(汉译名魏馥兰)。副校长是郑章成,他是搞生物学的,我还记得他兼大学附中的校长。同班的学生,有现在社会科学院文学研究所的陈友琴。还有左宗棠的曾孙左景峦,印象比较深,因为 1926 年北伐经过长沙时,我还到他家看过他。在同一宿舍还有一个无锡人,姓秦,名字忘记了,因为他无事就弹曼陀林,所以我现在还能记住他。其他的同班学生就弄不清楚了。由于五四运动和世界及中国发生的很多重要事情,即使在教会学校,学生的思想也不能不引起很多的波澜,学生会有时甚至请来邵力子做全校的课外讲演。新生学宗教课的人也越来越少。

我在这个学校读了两年,见异思迁,又转到东吴大学法科。

沪江大学 1952 年因院系调整而撤销了。1986 年我还去旧校址看过一下,现在是上海机械学院,里面增建了很多和以前建筑风格大不相同的宿舍、图书馆和教学楼,原来很开阔的校园现在弄得很挤,江边筑了堤,也看不见黄浦江了。我还记得的老建筑,就是我住过的宿舍和小教堂、小健身房、女生宿舍,其他就都不认识了。游泳池也填掉了。六十年了,有这些变化,也没有什么奇怪。这个学校在抗日战争爆发后,很有名气,因为它的校长刘湛恩被南京伪政权和日寇所谋杀。原因是汪精卫和日寇强邀他当南京的伪教育部长,他坚决拒绝了。对此,广大的爱国知识分子都予以同情。

东吴大学本校在苏州,法科在上海北四川路昆山路,在一个小教堂——景灵堂的对面。这个法科,正科三年毕业,入学时是收普通大学修业两年的学生。它是个半日大学,下午和晚间上课,因为那些教员都是上海的律师。中国教员有陈霆锐、吴经熊、江一平。也有一堂英文课,是一位美国老太太教的,姓名都忘记了。她很简单,用上海《密勒氏评论》(Milard's Review)周刊作教材,因此接触的都是国际、中国、上海的政治经济情况。每周还搞一点小辩论,教得比较活。此刊 1922 年后由鲍威尔(Powell)接办,改名 The Chinaweekly Review,但中文刊名袭旧,不过叫《密勒氏评论报》,这是美国资产阶级在上海的喉舌。学生学英文的时候利用这个报纸有几大好处,它的语言是当时的报刊语言,不是文学语言;它有时还有一些社论,可以学到一些政论的现代风格;同时还可了解一些比较系统的国际情况。这个周刊还有一栏"读者来信",为着练习英文写作，我记得我曾对这个报纸投过两次读者去信，都刊登了。后来，据说在抗日战争期间，它有亲华反日的倾向。1941 年珍珠港事件后，日军就把鲍威尔捉起来，《评论》也就停刊了。1945 年抗战胜利，鲍威尔的儿子约翰·威廉·鲍威尔（John William Powell）又在上海把它复刊了，改为月刊，名 *China Monthly Review*，基本同情中国共产党，所以这个刊物一直办到 1953 年。因为当时的中美关系，他就把《密勒氏评论报》的固定资产移交给我们，回了美国。因有亲共的嫌疑，他回国后被牵连进麦卡锡法案里。中美建交以后，他曾多次来中国访问。不知为什么，在法学的专业上我选了商法（COMMERCIAL LAW），今天看来是一事无成。什么叫商法？要我说一条，也说不出来。至于这个学校的同学，我更没有什么认识的，因为下午上课在同一教室，晚上七时下课大家就散了，也没有一个统一的宿舍。因此，同班同学中没有熟悉到现在还可以记忆得起来的。

在上海的学生时期大约五年，虽然转了几个学校，但是和外省同学认识很少，来往也不多。来往的还是四川同学。这些同学中，又基本上以四川成都联合中学的同学为主，所以交际面是非常窄的。除了参加成都同学的学生会外，也不参加其他社团。因此五年中新结交的人很少。寒暑假，除南京、杭州和无锡，我也没去过什么别的地方。星期天为着摆脱城市的嚣嚷，就乘从上海到吴淞的小火车找同济大学或中国公学的那些同学玩。偶尔也邀几个同学逛公园。

那时，上海租界有几个比较大的公园。一个是兆丰公园（今之中山公园），一个是法租界的法国公园（今之复兴公园）。兆丰公园坐落在沪西，那里虽不处于外国租界之内，但由于通往那里的马路是英国人修筑的，因此马路两旁也属于租界管理，这叫作"越界筑路"。去那里路太远，不方便，我们不常去。法国公园当时不对中国人开放。因此我们星期日或假日，有时就去半淞园，它在南市高昌庙附近。半淞园有一条人工河，是引来黄浦江的水，因此便依古诗"剪去吴淞半江水"的意思，取名"半淞园"。园内的风景建筑，有苹香榭、江上草堂、水风亭、剪淞楼，但也有服务性的设施，如杏花村酒店、湖心亭茶室，以及照相馆、跑马场等。它更合中国人的习惯，所以星期天只要有几个同学相约的话，总是去半淞园。南市的有轨电车可以一直坐到它的门前，交通还算方便。

1932年一·二八日寇进攻上海,从闸北南市开始,半淞园就在日寇的炮火下炸为废墟。至今在其遗址上仅仅留下"半淞园"、"花园港"这些道路名字,园是没有了。有时也逛当时的新世界和大世界。星期天和假期大概如此混过。

春节的时候,阳翰笙他们在四川会馆组织川剧清唱,我也没有兴趣。在五卅运动的末期,四川人在上海组织了一个同乡会,我参加了。这个同乡会的正式名称叫"上海四川旅沪学界同志会"。

因为支援五卅运动,上海组织了各种人民团体,同乡会就是各种人民团体的一种形式。这个会就是在这种情况下组织起来的,不过成员限于知识分子。带头的人都是比我年纪大的,有国民党的谢持,有熊晓岩,有留法的数学家何鲁,有留日学生王兆荣(宏实)、漆树芬(南薰),有国家主义头子曾琦,有《神州日报》的主笔郭步陶,也有郭沫若,这是我认识郭老的开始。至于其他人,同志会一完,也就没有来往了。虽说旅沪学界,但究竟是同乡,其成员是鱼龙混杂的。我们当时不过是学生,也没什么社会地位,仅仅是为了支援五卅运动,所以都参加了。这个同志会还出过一个刊物叫《长虹》(月刊),我在上面写过一篇追悼何秉彝的文章,一篇论闻一多三首爱国诗的文章。它于1925年10月创刊,11月出第二期,只出了两期,和同志会活动的停止而一起消失了。同志会的《五卅案宣言》、《对四川同胞宣言》等有关五卅运动的文件亦刊登在这个刊物上。

这些四川同学分别考入大学后,我住的大学却没有四川学生。跟我来往的四川学生大体上是以下各学校的:南洋大学,原名南洋公学,当时设电机、机械、铁路管理三科,现为上海交通大学;复旦大学,原名复旦公学,当时设商科、中国文学科、理工科和社会科学科目;同济大学,是用德文的医工学校,地址原在法租界辣斐德路(今复兴中路),一次大战后校址被法国没收,当时设机械学系、土木工程系、医学系;中国公学,地址吴淞;中法工艺专门学校,即是一次大战后,利用原同济校址(辣斐德路)由中法双方合办的;上海大学,1922年成立,地址在西摩路(今陕西北路),校长于右任,副校长邵力子,教务长邓中夏,社会科学系主任瞿秋白,1927年被国民党封闭。这个上海大学虽然存在不过六年时间,但它是二十年代中国共产党培养青年进入革命队伍的一个摇篮,很多青年都是在那里入党,开始革命工作的。当时上海还另有两个有名的教会大学，圣约翰大学和震旦大学，但都没有四川学生。

和我同时在上海上大学的四川同学，大概有彭县小同乡何秉彝，初进成都在储才中学同学半年的上海大学的李硕勋。此外，在成都联合中学的同学在同济大学学医的蒋留芳、王季甫。还有是在成都认识的不是成都中学的同学或者到上海后认识的，有南洋大学的朱代杰，上海大学的欧阳继修、何成湘。也还有一些在四川成都的中学同学，他们入了什么大学，已记不大清楚了，如任觉五、王元辉等。此外，和北京大学的陈述明，东南大学的李琢仁、孙元良有通信来往。这些四川同学的情况，我现在就第二类、第三类中简单地介绍几位。

一、何秉彝，和我是同县人，小学同学，但中学没有同学。他到上海来的时候，是想学工科，搞工业救国，但终究因为时代的影响，进了上海大学，从事学生运动。我估计他是1924年入党的，不幸1925年5月30日在英租界被巡捕开枪打死，牺牲在南京路上，成为有名的五卅运动的第一个殉难者。

二、朱代杰，到上海以后认识的，1924年南洋大学毕业，也是上海学生运动的活跃分子，南洋大学学生会会长。我估计他是1925年入党的，1926年到广东后任总政治部秘书长，与我同事一年多。因为蒋介石不喜欢他，就到苏联留学去了。解放以后，任铁道学院的教授。

三、李琢仁，成都华阳中学的学生。考入南京东南大学（现南京大学），是位CC分子，解放前夕，跑到台湾，现还在台湾任立法委员。

四、何成湘，是我入党的介绍人之一。

五、欧阳继修，现名阳翰笙，南昌起义后，是同郭沫若和我一起在8月4日赶到南昌的。现在是著名剧作家。

六、李硕勋，他晚我一年到上海，进了上海大学。我们俩在成都虽然不同校，但交谊甚厚，来往极多。他1924年入党，1925年五卅运动时，任上海学生联合会会长，又被选为全国学生联合会会长。我1925年入党，他是我的介绍人之一。大革命失败后，他在上海做过一个时期的地下工作，有时我们住在一起。不幸的是，1931年他到海南岛视察游击队工作时，被捕牺牲了。1986年，海南党委特别为他在海口竖立了一尊石雕像，我去参加了揭像典礼。忠骨难收，断魂何处，来一趟海口，也就稍微心安了。

这些同学中，有的人在上海分手后，也就没有什么来往了；有的大革命当中一起共事,交情极好,如朱代杰;有的分道扬镳去了台湾,如李琢仁、任觉五、王元辉;个别的现在退休在北京,尚有来往,如阳翰笙;有的早就为革命牺牲了,如李硕勋、何秉彝。其中对我在学生时代的思想有极大影响的是李硕勋。

八

寒暑假既不能回四川,就只能在上海租房子度过假期。当学生的,租房子住的时候,一个人租一间的很少,大多是三四个人合租一间,都是普通的弄堂房子,房租每月不过三四元,几个人合住,每人只摊到 1.5 元到 2 元钱。当时上海有专门出租学生家具的,无非是两个木架子和棕绷子的床,再租个小四方桌,两个小写字桌,几把椅子,几个人合用,一个月一个人分摊几角钱也就够了。至于伙食,可以包给附近的所谓"包饭作",一个人包,一个月普通饭不过3 元。通常我们四个人住一间房间时,不是包四个人的饭,而是包三个人的饭四个人吃。从分量上讲,四个人吃三个人的饭菜,有时还有剩余。四川人嫌上海菜味太淡,有时也自己弄火油炉烧些带辣味的菜。一个人的伙食费一个月3 元多钱就差不多了。连住带吃一个月的花费不超过 6 元。在伙食上,四个人包三个人的饭也是可以说得过去的。当年上海有所谓"小瘪三"者,凡是这种包饭,吃过以后,无论剩下饭菜多少,由包饭作的送饭人提出弄堂时,一批小瘪三一涌而上,包饭作的送饭人毫无保留地把剩下的饭菜全部分倒给他们。这已成为上海下层社会的生活习惯,谁也不奇怪。这样,我们四个人包三个人的饭,对包饭作来说并没什么损失,反正包多包少剩下来的他都得倒给别人。四川学生在上海的假期生活就是如此,也没有什么可感到寒酸的。

寒暑假既不上课,也不回家,四个人住在一个房子里干什么呢?这么七八个寒暑假,我只有三次离开过上海。一次是寒假,四川同学七八个人,相约去苏州、无锡。大概在苏州住了三天,无锡住了两天。无非是苏州到了留园、虎丘,无锡到了太湖边上的鼋头渚。当时苏州、无锡的游览风景点,并没有现在这样多。冬天出来这么一趟,实在是对风景也没有多大兴趣。天气冷,也不是什么桃红柳绿的时候。只记得在苏州几个人吃过一次船菜,可算是第一次享受了江南风味。

有一年的暑假,全假期都是在杭州度过的。也是有三四个四川同学,一同到了杭州,借住在西湖孤山广华寺。寺内有一个六一泉,是为纪念欧阳修而取名的。寺址在楼外楼的右侧,现在这庙子已经没有了。这庙子里连包饭(素食)不过是 5 元钱一个月。当时交通极为不便,去灵隐寺、九溪十八涧、黄龙洞、虎跑,都是十里、二十里路,都要步行。因此在西湖度暑假的整个时期,这类风景点去得很少,甚至现在看来很方便的六和塔、城隍山,当时都没有去过。庙里自己有一只小帆船,是和尚们去旗下买东西的交通工具。和尚们把它作交通工具,不去游山玩水,所以它闲的时候很多,这只小帆船几乎被我们独占了。暑期中杭州青年会一个星期演几次电影,我们下午就划这只船去看电影。晚上只要天晴无风,月色好,我们就从楼外楼叫几样菜拿点酒,把船划到湖中用篙杆固定起来,一面吃,一面瞎说,一面赏风景。这批青年中没有人唱歌,没有人弹琴,也没有人赋诗,可这也就算很风雅了。

有个四川老和尚,在一个庙子里挂单。他会弹古琴,有时晚上几个同学跑去,以同乡关系请他弹一曲。但我实在听不懂。

第三次就是一个暑假在南京。下面详细追述一下这段经历。

暑假寒假离开学校,几个四川同学住在一起,无论在上海,在南京,在杭州,都没怎么学习,没专门看一本什么书,或研究什么问题。恐怕较多的时间是去打麻将了。都是些学生,也没有什么钱,输赢不过一二元钱,赢家还得请客,所以不能算是赌博,更多的意义恐怕是消磨时光。

1921 年到北京、上海、南京、天津上学的四川大学生,或迟或早,1925—1926 年都要毕业。他们无论学文科,还是学理科,回到四川都有一个就业问题。而且这批学生比以前在省外上学的人数要多得多。因为都是同年代的,回到四川又面临共同的问题,就有人酝酿成立一个松散的集团。所以在 1924 年暑假期间,北京、上海、南京、天津的要毕业和已毕业的四川学生,约三四十人,群聚在南京,寄住在东南大学的学生宿舍,开了几天会。具体的日程是什么,主持会议的人是谁,现在都说不上来了。上午开座谈会,下午自由活动。涉及的问题大概有两个:第一,是回到四川就业的问题,包含着怎么分配成都各校教书的地盘和其他行政机关。四川学生有一个特点,只要跟军队师长以上的军官有关系,就什么地方都能去。因此,这批同学回四川后,还要找他们熟悉的军人关系。主要意思是回四川以后,大家都要想尽办法,彼此帮忙,互相吸引。这样形成一个同年代的、有各方面人才的、共同发展的小集团。因为我距离毕业时间还远,对于这些讨论没有发生很大的兴趣。第二,既然是一个集团,即使是很松散的,也有一个政治倾向的问题。当时的政治形势要求这批学生要有一个比较一致的进步的政治态度。因为学生人数多,在这批学生中还说不上什么共产主义的思想问题。但是经过五四运动,经过共产党的成立,经过国民党的改组和中国职工运动的发展,使得这批青年大体上可以有一个共同接受的亲国民党的态度,实际上就是亲广东的态度。不过讨论的时候,互相也有争论,少数人主张不过问政治,只想确定回四川的职业问题,因此最后并没有形成组织就散了。好处是由于这次讨论的影响,好多四川同学都到广东去了,大部分进了黄埔军官学校。可惜其中的大部分后来紧跟蒋介石,成为反共的反动分子。但是他们去广东那个时候的动机,可以说还是纯正的。

在省外的联合中学的同学(基本上是北京和上海)曾经有过一个旅外石室同学总会的组织,并且编印了一个不定期刊物,叫《石室学报》。我曾在1923年的第三期上,写过一篇有关张炎的词的文章,记得那是在沪江大学当学生的时候写的。1925年第四期,我写了一篇讲哲学与科学的文章,记得那是在东吴大学法科当学生时写的。这两篇东西我没有存稿,几乎要忘记了。最近有同志从旧杂志中复印出来给我,重新翻了一下,感到实在是信口开河,不知所云,不过也表明当时课外有些什么思想活动。这两个题目要是现在还要写的话,对张炎可能会有另外一个写法;对哲学与科学,老实说,就没有胆量动笔了。对于后一篇文章我曾经加了一个赘记说:因为一个朋友找我替他做篇东西来当课卷,打发教哲学的教授,他出了八个玄而又玄的哲学题目,我选了其中的一个做了起来,也就是发表在学报上的这一篇。至于那个朋友是谁,现在我也想不出了。

现在看这两期的目录,作者的姓名是很少认识的,因为他们年级一般比我高,离校时间比我早。如北京大学的哲学教授贺麟,他就在这个学报上发表过一篇《人类表现欲之研究》的文章和几篇小品翻译。

当时在上海上学,费用不能算贵,节省一点,一年二百元钱就够了。当然要多花也有多花的地方。上海离四川太远,交通不便,到上海上学后,我就没有回过家。因此,八九个寒暑假都只能在上海度过。上学的费用由我的三哥接济,每年大概少则二百多元,多则三百多元,这种状况从1921年一直持续到

1925 年。但是中间也有两次得到特别的津贴。

清朝末年搞新政，修建铁路就是新政之一，于是四川、湖北的官僚地主就集资拟修建川汉铁路即四川成都到湖北汉口这一段，并成立了川汉铁路公司。

铁路建设投资的资金除极少数官股以外，绝大部分的股金，在四川来说，是根据田亩摊派的。凡是被摊派的地主就自然变成了川汉铁路的股东。这部分资本共约银 950 万两，它有一个特殊的名称叫"租股"。租股之外，官民购股有 260 万两。鸦片商、盐茶商两项商股有 120 万两。还有杂收入 330 万两。总股为 1660 万两。股金筹募后，分别存入中国交通银行、汉阳铁厂、上海汉口电报局。这笔资本当时开支和损失不少，如宜昌到重庆的路线勘测，派学铁路建设和铁路管理的留学生，但也有管理人员的贪污和投机蚀本。

清政府看到这么大一个股金数目字眼红了，美国又趁机要求建筑这条铁路，盛宣怀首先提出把川汉铁路收归国有。实际上是想把这条铁路的建筑权卖给美国，同时又没收这笔现金。这引起了四川地主的反对，成立了四川保路同志会，成为四川辛亥革命人民武装起义的导火线。四川那些官僚地主后来也不反对铁路国有，而是针对盛宣怀，反对把铁路权卖给美国。同志会下层的参加者，大多是哥老会的成员。领导层的地主利用了他们，又出卖了他们。现在四川成都公园里，还立有一个很高的"辛亥秋保路死事纪念碑"，就是为这次起义的牺牲者建立的。这座碑是直立长方体，四面均题字，一面是一个名翰林颜楷（雍耆）用魏碑题写的。其他三面则是赵熙（尧生）、吴之英（伯颎）、张学潮（夔生）写的。颜书在正面，容易看见，我认为也写得最好。当时没有放大、缩小的技术，要写那么大的字，是很有功夫的。

这条铁路应是民营还是国营的性质，辛亥革命并没有解决。北洋军阀时代还是把它收归国有了。但这笔地主资金，北洋政府也发了他们的股票。主要股金照样存在交通银行。参加管理的有招商局的董事长赵铁桥，他是四川人，大概也代表四川的股东。

这笔股金并没拿去修建铁路，每年都有存款利息。在北京、上海、南京、天津上学的四川学生，联名要求在这笔利息中分一部分做学习津贴。因为这批学生大部分是地主家庭，他们保有租股，要求分得利息，是很合法的。他们一闹，赵铁桥等只好同意拿出一部分利息，分给在省外的四川大学生。记得每人大概分到一百来块钱。我家里不是地主，我也不保有任何租股，这笔股金实在和我没有多大瓜葛。但是作为四川学生,我还是照样领到了这一百块钱。我在上海就学五年,其间大概领过两次这样的津贴。这对于我在上海的学习和生活,不无小补。这笔股金后来是怎样一个下落,我就无从说起了。

中国人自己出钱修铁路,其意义在于:一,抵制列强的经济侵略,不把铁路的修筑和经营权让给外国资本;二,这些出股份的地主,在铁路民营的名义下,可以逐渐向资本家转化。假如这成为事实,中国经济的发展将是另一个面貌。可惜一个外来列强,一个封建势力,竟严重阻碍了中国民族资本主义的发展。

成都那座纪念碑,也可以算是中国民族资产阶级初步觉醒、为自身阶级利益进行武装斗争尝试的见证,它应该是纪念辛亥革命的最有历史意义的建筑了。

九

我没有研究什么专门学问,也没有读什么成套的四书五经。五四运动以后,一直爱看各种杂志,这种泛览杂志的习惯一直保留到今天。五四运动的时候,就开始看《新青年》、《新潮》、《少年中国》。在上海读书的时候,继续看《新青年》。这时的《新青年》已经从北京搬到上海,成了中国共产党的机关报。同时也看胡适他们的《现代评论》和《努力周报》,商务印书馆的《东方杂志》和《小说月报》,鲁迅他们的《语丝》,创造社的《洪水》、《创造周报》,以及国家主义派的《醒狮》、《孤军》和鸳鸯蝴蝶派的《紫罗兰》等。报纸副刊就看上海《民国日报》的《觉悟》,它是邵力子编的,多讨论政治问题。还看《时事新报》的《学灯》,它是张东荪编的,多涉及文艺问题。后来就看共产党的《向导》(1922年创刊),社会主义青年团的《中国青年》(1923年创刊)。

看的这么杂,思想也不能算稳定,主要倾向什么,自有一个筛选过程。可能倾向《新青年》,也可能倾向《现代评论》,也可能倾向《醒狮》。我觉得乱七八糟这么一看,经过这么一个长时期的筛选,对我来说是很重要的。加上世界和中国政治、经济形势的变动,我认识到必须走一条正确的能够解决中国社会问题的道路。因此,在思想上否定《现代评论》派,否定《醒狮》派,逐渐形成一个倾向,走《新青年》和《向导》的道路。

当然，同时我也念了一些涉及共产主义的小册子。那时还在读书，见闻有限，这些书只能是在上海出版发行的。记得其中有布哈林的《共产主义ABC》(*Азвука коттунизта*, Вухарин)，有陈望道译的马克思、恩格斯的《共产党宣言》，有李汉俊译的《资本论入门》，有恽代英译的考茨基的《阶级斗争》，有李季译的一部篇幅很长的《社会主义史》，有考茨基的《马克思经济学说》。此外还有中国青年社自己编译的《马克思主义浅说》，新青年社编译的《社会主义讨论集》，瞿秋白写的《社会科学概论》，李季写的半本《马克思传》。这些书只是现在所能想到的，可能看过的东西不仅这些，但也无从追忆了。这些东西，从马克思主义体系、社会主义体系来讲，虽然是极为简单的，可也未必全看得懂，但对于当时一个青年学生的思想发展来说，却是极为重要的。它给我打开了一个通往未来世界的前景，虽然还是一个云雾般的憧憬，一个模糊的轮廓，今后的实践如何，还是一个未知数。但是就是这些书刊，已经把我推到前进的行列了。

当然，只有这点理论是不够的。一个青年知识分子，从理论上接受共产主义，固然十分重要，但要真正觉悟，并决心为这一事业而奋斗，则必须有比理论更为重要的直接影响他的客观实际。上海是一个典型的好几个帝国主义统治的半殖民地，它既反映各个帝国主义的侵略，也反映中国买办资产阶级和封建残余力量附着在帝国主义身上的剥削，因此反面就有游离于农村经济以外的工人阶级和失掉生活手段的流氓无产阶级。以帝国主义为首，画成一幅社会各种力量的矛盾极为复杂的画卷。作为一个青年学生，在上海居住久了，他被迫要认识这个社会，进入这个社会，亲身取得深切的感受。特别是，1921年中国共产党在上海宣告成立；1922年的直奉战争，联省自治运动，中国共产党的机关报《向导》的创刊；1923年的曹锟贿选总统，中国国民党改组；1924年列宁逝世，黄埔陆军军官学校建校，等等。这些都是我上面所说的，以帝国主义侵略为主要的各种社会矛盾的不同形式的爆发和表现。

1924年国民党改组，正式宣布国民党和共产党成立统一战线，1925年孙中山逝世。这使国民党的威信大为提高，一时被看成一个除共产党以外的极为庞大的左派力量。在1924—1925年时期，许多青年学生，由于各种原因，他们先加入国民党，然后才加入共产党，这是一个合理的觉醒过程。由于国共合作，某些共产党员为着工作关系，同时兼有国民党党籍，这是当时一个特殊的政治现象。自广东形成一个中国民主革命根据地以后，许多有思想的青年都跑到广东去了，大部分进了黄埔陆军军官学校。四川学生也去了不少。

以上海大学的同学为主，在四川学生中形成一股左倾力量，他们大部分是CP、CY。当时上海的左倾学生有许多暗语，如用"商务印书馆"来代替共产党。因为共产党简写作CP，而商务印书馆英译名（COMMERCIAL PRESS）的简写也是CP，所以如说某人是共产党时，就说他是商务印书馆的。CP和CY之间还有另一种称呼法，既有趣，又非常学生气。共产党员互称为"大学同学"，而把青年团员称作"中学同学"。其实，整个党都是很学生气的，如当时的中央通告正文前的称呼，不写"同志们"，而写成"各级同学们"。团中央转发党中央的通告时，写作"转发大学讲义"（某某号）。还有一个词，虽然不是暗语，几十年后却成为一个非常不恰当的用语，就是"爱人"两个字。六十年前，这些共产党员都很年轻，都没有结婚，有了男女朋友，彼此互称为"爱人"，根据当时的潮流，这完全是可以的。以后把这个词表达的关系固定下来，沿用至今。夫妻六七十岁还称"爱人"，说者既难开口，听者也觉好笑——但这却留着年轻共产党的历史痕迹。

我在上海的整个就学时期，可以看出来，并没有专心当学生，心情总不是那么稳定的。从浦东中学转南京一中，又转大同大学，又转沪江大学，又转东吴大学法科，没有真正埋头读书，总觉得不如意。而客观外界，特别是上海这个十里洋场，总是非常复杂地影响着我。总是想在课堂以外找出另一个天地来自由活动，政治的天地，不是学术的天地。当然首先遇到的问题不是国民党的问题，而是共产党的问题。一些亲近的朋友，特别是一些共产党员，大体上已经看准了我这种思想脉搏，因此动员我参加共产党。于是1925年五卅运动以后，由李硕勋、何成湘介绍，我就加入了中国共产党。

五卅运动已经过去六十多年了。早些时候的五四运动，一般地是促进了中国青年的民族觉醒，范围主要在青年学生。而五卅运动，就它的规模和性质而论，则一般地是促进了中国青年的民族觉醒，但更多的是促进了中国青年的阶级觉醒。因为，中国工人阶级对这个运动起了领导作用，而运动的影响，又波及到了中国社会各阶层。

我当时还关在学校里面，并没有实际地参加这个运动。但除了一般意义以外，它对于我有直接的、深刻的影响，使我在五卅运动后，非加入中国共产党不可。因为五卅运动发生以后,我的那些四川同学,在运动中非常活跃。还有全国学生联合会的会长李硕勋,他是我青年时期最好的朋友。还有一位五卅运动的牺牲者,牺牲在南京路上的上海大学学生何秉彝,他是我同县人,又是小学同学,他的牺牲对我有很大的影响。这就成为我要求加入中国共产党的思想上发生突变的两个原因。李硕勋、何成湘两个同志自愿承担了我加入中国共产党的介绍人。1925年秋天我正式加入中国共产党。

由于加入中国共产党,就注定了我要结束在上海的学生生活。现实的革命,要求青年党员脱离学校进入社会,所以我要不要等到大学毕业才去参加工作,已经不是一个问题了。

第二章

大革命——北伐和南昌起义

✝

我准备离开上海,脱离学生生活,去的地方当然是广州。因此 1926 年 3 月初,我就不再去东吴大学法科注册上课了。去广州有两个同路人,一是欧阳继修,他离开上海大学;二是朱代杰,他辞掉淞沪铁路实习站长的职务。就是我们三个人,坐的是英商太古洋行的一只客货船。我们连普通统舱也买不起,只买了统舱的散铺,这是没有固定铺位的,临时在什么地方加一个帆布床。虽然我们都取得了中国共产党去广州的介绍信,但去广州的路费,党组织并不发给,要由自己负担,我们只好买船票中的最贱最贱的那种散铺了。我们的帆布床就放在船头一个拉船锚的船位中,是全船最颠簸的地方。当时刚二十出头,还经得住这种颠簸,居然以乘风破浪的气概,度过了几天海上生活。

到了广州,和广东区委接上头,我们被安置下来,等候分配工作。就在这个时候,3 月 20 日,发生了所谓"中山舰事件"。十几天前我们还是大学生,还在上海,对广州政治情况一无所知,对广州政治人物上上下下一个也不熟悉,这种事变,对我们来说,更是莫名其妙。与"中山舰事件"直接有关的几个人物,如李之龙、王柏龄、欧阳格、陈肇英就一个也不认识,以后也不认识。两方面的对手,周恩来、蒋介石,我们那时也不认识,中山舰是什么样子也没看见过,黄埔码头也没有去过。虽然当时有正式的解释,但也有非正式的传说,直到现在,我对这个事件还是缺乏准确的历史的了解。从事情发展的大体过程来看,我认为是蒋介石设下一个圈套,诱使李之龙上当。在蒋介石的政治生涯中,只要对他有利,他就会使用这种圈套陷害人。这次他甚至扩大到认为共产党对他有不利的行动,便施展诡计。于是就从李之龙开刀,压迫共产党,也压迫国民党左派,轻而易举地取得了国民革命军总司令的职位,而且经过国民党中央的改组,兼任了国民党中央组织部长和国民党中央军人部长。对共产党,则把黄埔军校和他的第一军中的共产党工作人员全部赶走,还要求把参加国民党的共产党党员名单交给他。从当时的形势说,共产国际不得不对蒋介石妥协,中国共产党也不得不对蒋介石妥协。最后究竟应该怎么论定,只好由历史学家去评断了。我们的工作,因为这次事件没有能够很快分配,耽搁在那里,在广州又多闲逛几天。

事件解决后,我被约到文明路75号广东区委会所在地,同陈延年谈了一次话,决定我去政治训练部接替吴明当宣传科长。政治训练部主任是陈公博。那个时候国民革命军没有总司令部,因此,这个政治训练部就隶属国民政府,叫国民政府政治训练部,管理国民革命军各军师的政治工作。办公地点就设在国民政府里面。今广东纺织路仲凯农学院就是它的旧址。

吴明,湖南人,留法勤工俭学学生。原姓陈名公培。可能受当时一种无政府主义思潮的影响,不要自己的姓名了,而自称"无名"。但是,实际上行不通,又把"无"改成"吴",把"名"改"明",叫吴明。但1928年以后,还是又叫陈公培了。当时他为什么离开政治训练部,我至今仍不清楚。后来他也没有为党正经工作,逐渐地跟党脱离了关系。1928年,我在上海见过他,那个时候他的政治观点还不坏,说中国革命要依靠武装斗争,而这个斗争的队伍必须是自己的;大革命时候的武装斗争完全附属在国民党身上,国民党一反动,这个武装就解体了。可见他还有一定革命气魄。1931年,我因工作到北平,正是九一八的时候,在北平看见他。那时他已消极脱党了,在北平赋闲,没做什么事。1933年他参加了"福建事变"。1948年全国解放前夕,他到了北平。此后一直住在北京当国务院的参事,很消沉的样子。在北京,我们之间虽然偶尔还有来往,但已经没有什么话好说了。

我接替他工作的时候,是个刚出学校大门的学生,没有在军事机关工作过,也没有办过报。这个同志虽然卸职了,却在这两方面给了我很大的帮助,使我能够顺利地从他手上把这些工作接受下来,而且逐渐熟练地去完成这些工作。在我参加工作的开始,能够遇上这么一个人,也可以说是运气了。我们之间虽然不能算是深交,且为时甚短,但一提到他,我总是非常怀念和感谢他的。

我在政治训练部,名义上叫宣传科,实际上就是编那份《革命军报》。因为北伐的关系,这个政治训练部很快就改组了,陈公博也不当主任了。因此,对这个政治训练部的一些工作人员,我记忆的很少。当时的组织科长是周逸群,在大革命失败,我回到上海后,就和他没有来往了。此外,也没有什么人同我建立起朋友关系,所以活动范围是很狭小的,基本上还是四川同乡,如当时在广东大学医学院的王季甫、蒋留芳,在黄埔教书的欧阳继修。这样扩展开去,就认识了医学院的柯麟,在黄埔认识了熊雄、余洒度、周恩来的兄弟周恩寿(黄埔三期学生)。因为开会关系,还认识了陈乔年。这些都是能够记忆的。所有这些人,到广州以后,各有各的命运和道路,有的同志英勇地牺牲了,除王季甫、柯麟、欧阳继修以外,我同其他人也就没有什么来往了。

一个人日常生活的食宿总是一个问题。在广州,我一个人租住在高第街一个商店的楼上。午晚两餐,包给财政部(现财政厅)附近的一个云南馆子,菜不坏,价钱也可以。这样就顺当地直到北伐离开广州。

十一

北伐时把国民政府政治训练部改组为国民革命军总司令部政治部,邓演达当主任,进行了一次全面的改组。但后来一直叫"总政治部"。孙濬明当驻广州的总政治部后方留守处主任,朱代杰当秘书长,章伯钧当组织科长(他才从德国回国,是共产党员,安徽人),郭沫若当宣传科长(他辞去广东大学的文科学长）。这里所谓的科和下面的股，就是我们现在所说的二级部的部处级。后来加上江董琴（福建人）的党务科长，李合林的社会科长，还有一个郭冠杰当总务科长。我就改任秘书。

广东国民党武装力量准备北伐的方针确定以后，除了确定参加部队的战斗序列以外，新的部队的政治工作就提到议事日程上了。因此，就由邓演达主持，开了四天的政治工作会议，解决北伐军政治工作上的一些原则的和具体的问题，时间是6月21日到24日，中央党校存有一份当时会议的原记录。它的重要性在于这是中国近代武装仿效苏联红军所建立的政治工作机构。后来，中国工农红军把它认真地继续下来了。

这次政治工作会议，无论在中国近代军事史上，还是在中国共产党领导的人民军队的建军史上，其草创之功，是不可泯灭的，影响所及也是相当深远的。

会议自始至终由政治部新主任邓演达主持，李富春任大会秘书。参加会议的，除邓演达、李富春外，还有包惠僧、郭沫若、梁绍文、鲍慧僧、恽代英、余程万、丁默村、伍翔、朱克靖、朱和中、陈公博、黄仲翔、熊雄、陈雁声、林祖涵、关学参、铁罗尼（苏联顾问）、罗清扬、陈璠、贾伯涛、酆悌、甘乃光、李朗如、褚民谊、熊锐、王志远、顾孟余、邓颖超、邓福林、缪斌、杨麟、周恩来、余洒度、彭熙、方德华、李合林、欧阳继修（阳翰笙）、李笠农、曾扩情，前后参加会议的总共四十多人，几乎包括了当时在广州的直接和间接参加过军队政治工作的所有主要人物。

会议的主要目的，是在总政治部隶属于国民革命军总司令部，一切行动都要以总司令部的指令为依据的新形势下，建立一套与新体制相适应的、统一的、系统的全军政治工作的原则和规章制度。

会议主要对军队政治工作的体制问题进行了讨论，议定了总政治部的编制、军队政治部的编制和团连建立特派员和指导员的制度。同时，还对政治工作人员的考评、纪律、任免作出了规定。军师的政治工作以及团以下的经费全部由总政治部统一经理，与军费分开，这样就使政治工作经费不受部队经理制度的束缚，既方便政治工作，又避免了军政首长之间的矛盾。

其次是解决北伐军队的群众宣传工作，因此着重研究了宣传队的问题。由李富春主持制定了宣传队组织条例，并请周恩来主持制定有关宣传队的考选和训练方案。同时，由总政治部拟定了许多北伐宣传标语，在广州大批印刷,分发各军师团连使用,这样做,收到了很好的效果。即使国民党的那些旧军队,经过政治训练和对群众的宣传工作,也多少解决了军民关系问题,使北伐进军途中,大受群众欢迎。

会议末期,邓演达还请蒋介石到会训话,题为"战时政治工作人员应注意之点"。蒋介石主要讲了总政治部是隶属于总司令部的,因此一切都要听总司令的。总司令既然给了总政治部应有的权力,总政治部就应该负起责任。

会议最后一天,邓演达作总结讲话。他对会议取得的成果表示满意,认为这次会议是有历史意义的。他认为政治工作距革命需要尚远,希望大家努力工作,贯彻好会议的各项决定。

会议记录正式宣告了新的主任主持会议,陈公博由于两个政治部接交的关系,仍然出席会议。我们看见,两三次邓演达说陈公博的好话,说陈公博开辟了部队的政治工作,而邓是在这个基础上把政治工作这个机构接受下来的。这也是事实。

这个《会议录》看起来是解决了好多技术问题,当然北伐的政治工作在重新调整的情况下,是有很多技术问题要解决的,如编制、经费等等。由于这个会议是讨论准备北伐的政治工作,也就是北伐时期的战时的和战地的政治工作,所以会议第三天蒋介石来这个会议发表演说,说总政治部要统管战时、战地的国民党党务的建设和发展,及工农青妇等群众团体与群众运动。这在蒋介石来说,虽然是符合他一贯的集权思想的,但当时北伐军的政治工作所承担的任务,也需要有这一条来肯定它在战时、战地的法律权威。因此在新的总政治部的编制当中,除了原来的组织、宣传科股以外,新增加了党务和社会科股,就是为解决这个新任务而添设的新编制。

广东的政治工作是从苏联学来的,而在这次北伐当中,军事上有一个加伦将军当顾问,政治部也有一个苏联顾问铁罗尼,据说是苏联红军炮兵出身,北伐从广东到武汉,他都和总政治部一起行动。现在流传比较广的一张照片,就是邓演达、郭沫若、铁罗尼三个人在武昌城外照的。就是这个铁罗尼,在《会议录》上可以看出来,他出席了第一天和第三天的会议。好像听郭沫若说,抗日战争中他去苏联时,还在莫斯科见过这个顾问。

这个会议讨论了宣传队的问题,但这个问题在广州并没有解决,因为在广州很难招募学生参加宣传队,广东学生多了,进入湖南以后,语言上也会发生困难。可能各军、各师的政治部招了那么一点,但并没有能够组成一个宣传大队。真正招青年学生编成一个宣传大队,是在湖南长沙进行的。湖南的青年学生,经过党的动员,很多人加入了这个宣传队。但是谁当宣传大队的队长,却引起了我们和邓演达的争论。邓演达想要季方当队长,而我们则是推荐胡公冕当队长,两个人都是保定军官学校出身,但胡公冕是共产党员。最后,邓演达还是同意让胡公冕当队长,这已经是进入武汉以后的事情了。

这个会议的出席人,除邓演达以外,都是各单位的党代表或政治部主任;还有的是准备进入新政治部,还没有到任的,如郭沫若;有的是非军队单位,带顾问性质的,如顾孟余、邓颖超;有的则以前是政治工作的负责人,现在已退职的,如周恩来、陈公博。总政治部各单位的负责人,都算列席,不算出席。我也是列席的。在第二次会议上,把我补为印刷委员会的委员,即《会议录》上那个李民治是也。但在广州因为语言关系,我也并没有参加什么具体工作。总政治部出发离开广州以后就没有这个委员会了,但宣传标语的印刷一直还是由我负责。如到了长沙,利用长沙的石印店,印了很多标语;到了武汉,也在印刷厂印刷了标语,这些都是由我主管的。当时各军、师不自己印刷标语,都由总政治部印好了发下去。标语的样子有一尺宽,四尺长,顶上有一个青天白日的图案。

对于参加会议的人,有些比较有名的,不管他们最后政治生命如何,在这里都不说明了,如邓演达、郭沫若、恽代英、陈公博、林祖涵(伯渠)、褚民谊、顾孟余、邓颖超、周恩来。其余的人,我现在还能记忆到的,简单的做一个注释。

1. 熊雄(1893—1927),江西人,早年参加辛亥革命和讨袁战役,失败后随孙中山赴日本;1919年赴法国勤工俭学,后转德国和苏联学习,回国后任黄埔军官学校政治总教官、政治部主任,1927年在广州被国民党杀害。

2. 熊锐(1894—1927),广东人,曾留学日本、法国、德国。1927年被国民党杀害。

3. 朱克靖(1895—1947),湖南人,法国勤工俭学学生,回国后任朱培德第三军党代表。抗日战争时,任新四军战地服务团团长。1947年作为新四军代表派到徐州郝鹏举部队,后被郝鹏举暗害。

4. 鄺悌(1903—1938),湖南人,黄埔军校第一期学生,第一师党代表。抗战中任国民党长沙警备司令,后因长沙大火案,被蒋介石枪杀。

5. 缪斌(？—1945),江苏人,第一军政治部主任。抗日战争时期当汉奸,任汪伪政府考试院副院长。日本投降后,以汉奸罪处死。

6. 欧阳继修,即阳翰笙,四川人,当时任黄埔军校入伍生队政治部主任。

7. 李合林,四川人,留法勤工俭学学生,回国后任总政治部社会科长。

8. 包惠僧,湖北人,1920年在武汉加入中国共产主义小组,曾代表广东区出席中共一大。先后任黄埔军校政治部主任,黄埔军校教导师党代表兼政治部主任。北伐开始时任战时政治训练班主任。后脱党。

9. 李朗如,广东人,南京陆军中学毕业。广东商团的军事干事。北伐时任国民革命军第五军党代表。

这个名单作为回忆是全不了的,虽然都是当时在广州做政治工作的人,但我在广州的时间很短,和他们很少往来,离开广东后就更说不上了。而且有相当一部分人是广东人,如今可说是下落不明。所以鲍慧僧、伍翔、朱和中、黄仲翔、陈雁声、关学参、陈璠、邓福林、杨麟、彭熙、方德华、罗扬清、李笠农等人,就只好留作空白了。至于梁绍文、余程万、丁默村、贾伯涛、甘乃光、王志远、余洒度、曾扩情等,其中后来一些人是改组派,一些人是蒋介石的特务军官,费点力气去查一下,也会有些收获。但这里缺掉这些人物的简单注释,也并没有什么不妥。照样留作空白吧。

十二

在蒋介石的口气里,北伐好像是他提出来的,并且在"中山舰事件"中间,诬称苏联顾问某某等三人阻挠北伐。这三个顾问也确实在"中山舰事件"后辞职回国了。

对于北伐,党中央特别会议的3月14日通告(第79号)已经提出这个问题,说:"这个会议提出党现时政治上主要的职任是从各方面准备广东政府的北伐,而北伐的政纲必须是以解决农民问题做主干。"跟着又说,"……准备广东政府北伐,不仅是广东的军事准备,更要在广东以外北伐路线必经之湖南、湖北、河南、直隶(即河北)等省预备民众奋起的接应,特别是农民的组织。"3月20日中共中央《为段祺瑞屠杀人民告全国民众》最后说:"真正爱国民众尤应集中于广州国民政府革命旗帜之下,助成他们的北伐使命。"

但是 5 月 7 日的中央通告(第 101 期)又说,"目前只要广州政府及北方国民军能守住现有的实力,等待直奉冲突之到来,已是很大的胜利。"6 月陈独秀致信蒋介石承认:"我和某几个同志有不同意见……主张目前广东要积聚北伐的实力,不要干极冒险尝试;我以为要乘吴佩孚势力尚未稳固时,加以打击,否则,他将南伐,广东便没有积聚力量之可能。"奇怪的是 7 月 7 日陈独秀发表一篇《论国民政府之北伐》的文章(《向导》161 期),他不认为革命有力量向外发展,而是要防备吴佩孚进攻湖南对广东的威胁。他着重地在文中说了一长段这样的话:"因为在国民政府内部的政治状况上,在整个国民政府之实力上,在国民政府所属军队之战斗力及革命意志上,都可以看出革命的北伐时期尚未成熟。现在的实际问题,不是怎样北伐,乃是怎样防御,怎样的防御吴佩孚之南伐,防御反赤军势力之扰害广东,防御广东内部买办土豪官僚右派的响应反赤。"并且最后说:"所以现时国民政府的职任,已经不是北伐而是'防御战争',广东民众的口号,也已经不是北伐而'防御战争',全国民众的口号,也已经不是拥护北伐,而是'拥护革命根据地广东'。"

在广东和中共有关系的群众组织怎么样呢? 4 月 20 日,中国共产党致第三次全国劳动大会的信,同日致中国第一次农民大会的信,没有涉及北伐的内容。5 月,第三次全国劳动大会宣言,广东省第二次农民代表大会宣言,也没有涉及北伐的内容。

但 4 月 10 日的广州第一次工人代表大会的政治报告决议案,最后口号的第二条却有请愿国民政府出师北伐。好像北伐这件事,国民党还没有什么想法,而我方提出了要求。5 月,广东省第二次农民代表大会宣言,它的口号的第二条却提出拥护国民政府出师北伐。就是这个农民代表大会,在其全国政治状况和社会状况报告的决议案后,又提出三条口号:革命的出路是广州政府北伐! 拥护广州政府,扶助广州政府北伐! 打倒张吴,北伐成功! 这就是说,我们拥护或者赞成北伐了。可是这些在 4 月、5 月提出口号赞成北伐的,都是广州或广东的地方工农组织。直到 7 月底中华全国总工会才发表了《对国民政府出师的宣言》。全总宣言对北伐的态度稍微积极了一些,但基调和陈独秀的文章大体相当。它提出:"国民革命军应宁为拥护民众利益和自由而败,不肯牺牲民众的利益自由而胜,因为这是国民政府北伐与一切国内战争不同之点……"依照陈独秀的说法,就是北伐的时机没有成熟,不仅广东是个被动挨打的局面,而且南方的劳动群众也没有起来打倒北洋军阀的要求。

7月31日中央忽然发出《通告》第1号,改口说:"现在吴佩孚不但是没有力量去南征,而且其自身之存在亦尚成问题。"又说:"而革命潮流则随北伐军之进展而上涨,广东政府之北伐已成为全国民众最注意的一个问题。"又说:"在一个目前还是为防御吴之南侵必须北伐,现时吴既失势,更是革命力量伸张之机会,更须北伐。不过我们虽极力赞助广东政府之出兵,同时须预防过分宣传北伐之流弊:1. 全民众坐待北伐军之到来……;2. 对北伐预有过分之希望……;3. 为北伐而先牺牲民众之自由利益。"更奇怪的是规定"在此时期中我们总的政治口号"是国民会议,而不是和北伐直接有关的,争取最后胜利的什么方针政策。

国民会议的问题是1923年中共中央《第二次对于时局的主张》中提出来,要求国民党牵头、号召全国商工农学派代表参加的全国会议。因为国民党不行,就要上海总商会来当发起人。这个主张并没有得到多大的反应。1924年利用孙中山北上,中央又提出各地应组成国民会议促成会并开展活动,同时党中央和团中央联合发出通告,定出开展促成国民会议运动的方针。这个口号一直延续下来,到1926年北伐已经开始还是丝毫不变。大革命失败之后,这个口号才自然消失了。

从所有上面有关文件看来,对北伐这一带号召性的军事行动,党基本采取消极态度。对北伐的总的看法是,这是国民党的事情,几乎与共产党无关。指导思想是,资产阶级革命是资产阶级的事情,不是无产阶级的事情。对于无产阶级及其政党来说,最多不过是"扶助"、"拥护"而已。这种指导思想,表面上看来是很有群众立场的,是保护了群众利益的。但是它只突出了北伐与工农群众的矛盾,没有看到军事上的胜利也是革命的胜利,军事上的失败也是无产阶级与资产阶级共同的失败。至于说时机不成熟,更是一种对当时社会形势的错误估计。否则,我们何以解释北伐会获得那么大的胜利,人民群众会给战斗部队以那样积极的支援。在北伐路线上,简单地定下湖南、湖北、河南、直隶四省的农民工作,而事态的发展是直隶并没有去,河南仅在后期去打了一个奉军,随后便撤下来了。而军事行动所涉及的地区如江西、安徽、福建、浙江、江苏这些省却一字未提。对于战争的结局,甚至分析到可能出现蒋(介石)冯

(玉祥)孙(传芳)联盟,这将是一个进步的局面。从上述情况可以看出,党中央在整个北伐过程中,对好多关键问题,其方针政策要么是摇摆不定,要么是模糊不清,以至最后导致蒋介石、汪精卫的彻底叛变,夺取了胜利果实,中国人民重新陷入灾难的深渊。对此,党的主要负责人陈独秀应该负重要责任,从反对加入国民党这个问题开始,他一直是错误的。

这些事件,今天是比较清楚了,但当时并不如此。土地问题,农民问题,独立的军事力量问题,汪精卫、蒋介石的性质问题等等,作为一个普通新党员的我就是不懂,非常幼稚,听命于中央,听命于上级。急风暴雨的一年,哪想到会变成这个样子!

十三

北伐开始的时候是夏初,部队已发现霍乱,特别是进入湖南郴州和衡阳一带,尤为厉害,很影响部队的战斗力。在郴州传染得特别厉害,成为心理上的一种负担。除了多带一点酒精棉以外,对个人来讲,也没有什么别的办法。至于说行军准备,如水壶、指南针、图囊、雨衣、油布,或者陆军呢的绑腿等等,都可以在广州买到。那时广州的百货商店里都是从香港进口的外国货,陆军呢的绑腿就是英国货。个人装备总算应有尽有了。

7月中旬总政治部离开广东北上,在出发前,廖夫人何香凝为总政治部科长以上的干部设宴饯行。参加宴会的,以邓演达带头,另外还特别邀请了周恩来、邓颖超。廖夫人发表了一篇鼓励大家争取北伐胜利的即席讲话,但还没讲上几句,就一边讲一边哭,为廖仲恺诉冤。据说廖仲恺牺牲以后,每当遇到这种场合,廖夫人总是要哭一场。当然这也不会影响饯行。最后由邓演达带头向她道谢。

广州市公安局长李章达也为我们送行。他是以前大元帅府警卫团团长的身份为我们送行的。为什么他要出面给政治部的人送行,我说不出什么理由。可能是因为他和邓演达的关系不错的缘故。就是这位李章达,皖南事变以后,他帮了我很大的忙,以后还会谈到,就不在这里叙述了。

孙濬明,四川同乡。他同邓演达在德国就认识。总政治部开赴前方以后,邓演达就委托他当总政治部的留守处主任。他也为总政治部的四川同乡饯行,同时请了一些其他的同志,地址在原财政部附近的八景酒家。参加宴会的有周恩来、郭沫若、陈莘农(启修)、吴明(陈公培)、朱代杰、李陶(硕勋)、欧阳继修(阳翰笙)、周逸群。这是我记得的。据说还有段雪笙、张斗南。另外还有些什么人就记不得了。1927 年 4 月,因为广东形势已开始恶化了,孙濬明离开了广州,到上海后被白崇禧逮捕,据说 4 月 25 日就在龙华牺牲了。1927年 5 月,我从上海回汉口后曾写了一篇哀悼他的文章,发表在《中央日报》上。

出发时,少数人坐火车,从广州黄沙车站上车到韶关,大多数人是步行,要经过花县、源潭、连江口、英德、马坝才到韶关。到了韶关以后,连我们坐火车去人,也要徒步前进了。大体上沿京广线的南端向北,由韶关到乐昌,翻过大瑶山,这个山现在由于修衡广线的复线,已打通了一个三十多里长的隧道。不过当时确实是徒步上山、下山的。下山就进入湖南境内的郴县,而后奔耒阳,进衡阳。这已是六十年以前的事了,县与县之间究竟渡过什么水? 经过什么市镇? 每天在哪里宿营? 已经不能确指了。假如凭地图填上几个山水、城镇,实在没有多大意思。现有的印象是,在徒步行军中,很少进入村庄或民家,都是露天宿营。营地都选在周围人口少的地方,高敞的地方,水源清洁的地方,主要为了避免霍乱的传染。看来还生效,在这支队伍中,没有发现霍乱症。到衡阳以后,沿湘江坐木船到长沙。那时湘江的水流不畅,木船行驶起来经常搁浅。虽然是顺流而下,并不很快,但总比徒步行军省力多了。我们还是勉强坐木船到了长沙。邓演达、铁罗尼、郭沫若和我都在一只木船上。

到长沙以后,住了几天,无非是一些交际往来。唐生智早已在长沙成立国民革命军第八军,并自任军长。我们前去拜会,他请我们吃了饭。我们还去找了湖南省委的同志,因为有些事情要请他们帮忙,有些事情要跟他们通气。我认识了省委的负责同志夏曦(曼柏),这个同志看起来很潇洒,并且一口就答应了我们的要求。总政治部在长沙招了两百多人的宣传队员。其中有好多青年团员和党员,都是由省委动员来的。他还开了一个名单给我,凡是他名单上有的,我们都录取了。此外,利用长沙的印刷条件,又印刷了一大批标语。这对长沙印刷业来讲,是很大一笔生意。那些印刷店的老板,接受了印刷任务以后,大包小包的,给我送来了好多礼品,里面还有没有见过的人参。当时认为,这是向我行贿,侮辱了我,于是大训了他们一顿,把东西都退回去了。用一句现在的北京话,真可谓"不要白不要"了。当时有两个办法,一是把东西退回去,要他们对印刷费再减些价,二是收下来交公。简单地退给他们,实在是便宜了这些小业主。

这时,前线的军事发展很快,第四军独立团、第七军很顺利地攻下了汀泗桥、贺胜桥,打垮了吴佩孚的部队,迫近武昌城。因此我们赶快离开长沙,向武昌徒步前进。我们到了汨罗以后,没有沿铁路线到岳阳,而是向右走通城,直插羊楼司、羊楼洞,再沿铁路线到蒲圻。到了蒲圻,邓演达、郭沫若就丢下我们搭一辆军车,经过汀泗桥、咸宁和贺胜桥,直奔武昌。剩下的人,由我带队,骑上他们丢下的马,跟在他们后面,赶到武昌去。

大家都知道,消灭吴佩孚的队伍,是在汀泗桥和贺胜桥打了两个非常激烈的大胜仗,占领汀泗桥是 8 月 27 日,占领贺胜桥是 8 月 30 日。由于白天黑夜地赶,当我们经过的时候,战场还没来得及打扫,击毙的吴佩孚士兵,有的横躺在铁路边上,有的浸泡在两个桥下面的水里,空气中散发着死人的气味。马遇到了死人挡路,竟不肯前进,还得勒住马,躲开这些死尸。而死尸又是成片的,完全是一个刚结束的战场景象。至今想来,既有胜利的气氛,又有战场的惨状。我们没有打扫战场的任务,目标是向武昌迅速前进,也就管不了那许多了。等到过了贺胜桥,才平静下来,策马向武昌前进。我当过学生,没有当过军人,更没有参加过战斗,这是我一生军事生活的开始。

接近武昌以后,武昌还有吴佩孚的陈嘉谟、刘玉春固守着,没有打下来,我们就暂时设营在从前南湖的陆军小学的旧址。这时也无所谓政治工作,邓演达是个军人,是个指挥员,有很浓厚的兴趣去参加制订打武昌的军事计划或者去指挥打武昌的战斗。对武昌的强攻有过两次,9 月 3 日晚上是第一次,邓演达、郭沫若都去了。但准备不足,敌情不明,所以没有能够攻进城去,自己反而颇有伤亡。第二次是 9 月 5 日晚上,准备组织敢死队架云梯爬城,由李宗仁指挥。但是城墙太高,梯子绑得太短,连城垛都靠不上。绑梯子的事情,总政治部的人也参加了。但是这次的攻击仍然没有奏效。

这时,对武昌改为围而不打的方针。其他的部队都调到江西前线去了,只留下第四军围武昌。想用挖地道爆破的方法破城,铁甲车上加沙包作为掩护,迫近城墙,请煤矿工人来帮忙挖地道。但这样毫无掩蔽的作业,自然为城里的敌人所侦悉。9 月 16 日,敌人强力突击,这个计划也就继续不下去了。但敌人被围困已经有二十多天,既没有什么援军的希望,城内粮食又开始发生恐慌,弹药消耗得也差不多了,士气也更低落了。所以到了10月10日反而轻而易举地就攻占了武昌。邓演达从中和门随攻击部队进入武昌。至此武汉三镇就全都克复了。

在攻打武昌的时候,邓演达、郭沫若、苏联顾问铁罗尼、俄文翻译纪德甫和我,都迫近武昌城下去观察敌情。大概我们隐蔽得不好,被陈嘉谟的士兵在城墙上发现,就开枪向我们射击。纪德甫中弹受重伤,不幸牺牲了。当时只草草掩埋在洪山脚下。洪山东麓有国民革命军第四军独立团北伐功臣阵亡官兵烈士墓。不管怎么样,就把他算在这个墓里面吧。现在这座墓当然没有了。第二年,也就是1928年3月,我在《流沙》上写过一首诗,叫《春之奠》,就是献给这位同志的:

前年的春天,
我们在炎炎的南国相见;
今年的春天,
我高举起一杯苦酒相奠。
武昌城外怕已生磷的枯骨之魂哟!
生机之能灭了,
一般这便是"死"。
但他们说你永生,
你负有"烈士"之名。

我亲眼看见是
你的血并未染出半朵自由的鲜花,
从棺材中把一点一滴的尽浸入泥沙。
至今有谁记着?
土冢中怕只有子弹与枯骨相亲地长眠,
唱不出"不朽"二字,白杨树上的啼鹃。
模糊的影像里,
高不过五尺,圆径不过一丈的馒头一个,

不是丰碑,是细长的木牌上题着"阵亡战士之墓"。

前年的春天,
我们在炎炎的南国相见;
今年的春天,
我高举起一杯苦酒相奠。
武昌城外怕已生磷的枯骨之魂哟!

北伐,我只亲身参加了攻打武昌的战役。打湖南、打江西以及打湖北等其他的地方,我都没有亲身参加。这次军事行动,一个在中国军事史上最为突出的现象是,军队比较守纪律,人民群众支持这支军队。当然,这支军队还不是新军队,还有很多旧军队的成分和习气,但在普通老百姓看来,这支军队和旧军队不一样。军队在行动中,不需要怎么强迫,就有本地的群众组织,如工会、农会等派出向导。有什么弹药、粮食要运输的,也有群众组织帮忙。军队不需要去讨人怨恨地拉夫。在战争中,也有群众组织起来,自愿去打探敌情,而且报告的消息准确。伤员,群众也会组织起来,把他们运送到后方救护站。这种情况,就是那些旧军队出身的军官,也颇为感动。其中的原因就在于,中国共产党的地方党组织,做了大量的群众工作。同时部队里面的政治工作人员,发挥了军队和群众之间的桥梁作用,并直接对军队做了有效的政治工作。这个政治工作是从苏联学来的。它在部队本身,调整了官兵关系,吃空额的现象,大大减少了,打骂士兵的现象,也大大减少了。它也调整了军民关系,减少了军队压迫人民的现象。群众拥护这支军队的现象,极为显著。这种情况在以前中国的军事史上是没有过的。那些史书上所载的"箪食壶浆,以迎王师"的说法都是不大靠得住的。中国工农红军继承了这个传统,并更大程度地加以完善和发展,所以能够取得土地革命战争、抗日战争和第三次国内革命战争的胜利。

虽然9月5日没有打下武昌,但9月6日连下汉阳、汉口。为着开展工作起见,总政治部基本上搬到了汉口南洋兄弟烟草公司大楼(地址在今汉口路中山大道)办公。只有邓演达等少数人,留在南湖参加军事指挥。邓演达搞了个专用渡轮,从武昌经过鹦鹉洲到汉阳,又从汉阳过浮桥到汉口。武昌克复以后,因为湖北省政府设在武昌,他仍然用这个渡轮来往于武昌、汉口之间。我们有事去武昌也乘他这个渡轮。

邓演达在总政治部也有一个主任办公室,因为他要照顾省政府和武汉行营的工作,他到总政治部的时间很少。说是主任办公室,还不如说是我的宿舍。我在里面架了一个行军床,办公、吃饭、睡觉,一天二十四小时都在那里。晚上十一二点的时候,还走到江汉路一个咖啡店,去喝一杯咖啡,吃几片三明治,作为宵夜。

那个时候我什么也不管,只管文电处理。汉口电报局在总政治部里面设了一个分机,可以直接收发电,处理起来比较快。至于说文件处理,开始我完全是外行,有好多当时实行的文件规格,如像什么叫"等因准此",什么叫"等因奉此",都得从老文书股长那里请教,他懂的东西很多。幸好在文件处理上他已做了个初步的加工,如来文的摘由,发件是由八个字拟定即所谓"由头"。同时,文件本身带有很浓的官僚主义性质,或准或驳都有往例可寻。我只是对来文核定处理意见,或对发文稿加以改定。最后的手续是"画行"。照理这些画行都应是主管长官的事,譬如说总政治部的发文,画行的应是邓演达。其实这些例行公事,主管长官也管不了,因为太多。事情当然就落到了秘书的身上。画行既然不是邓演达,就由我来写个"行"字,但一定要在行字下,加"李代"两个小字。更重要的是,要盖一个我的图章。但是也有极少数的极重要文件,抽出来由主管长官自己画行。"李代"的意思,就是李某人代替邓某人,等于还是主管长官自己签署的。代画行的人对于那个文件既没有法律地位,也没有法律责任。至于画行的"行"字,现在看来是很可惊异的,每个人的画法都不一样,可以说是五花八门,有好多派。有的人写楷书,有的人写行书,有的人写草书,有的人写狂草。字的大小也不一样,有的人写得很小,有的人写得很大,大到跟文件稿的字不相称的程度,还有的人写得很长,长到占满直行文件的上下格。画行都是用毛笔,比现在人用圆珠笔、用铅笔画圈圈,麻烦多了。不过,当时也有当时的好处,只要我画了行,签了字就算数,不需再找第二个人去画圈圈,除非这件事是两个机关、三个机关出面,才会出现两个圈圈或三个圈圈。

公文的处理,我是要求快速,稿案无留牍。当时的文牍主义很厉害,芝麻大一点事情都要上行下答变成文件,数量就很多。幸好分类、摘由、拟稿、誊抄、监印、入档等等都在文书股,我只画行。但那也不得了,每天少则一百多件,多到三百多件。在画行下笔以前,你总得大体上看看,这就变成了很繁重的劳动。每天有时还要开会,有时还要商量点什么事情,所以为了画行,我就搞到半夜去了。当时年轻,还有那么一股劲,也不觉得苦。搞这个东西,我顶怕弄得不好,文书股来挑眼,因此费尽心力,适应文牍主义的要求。最后,那些老文书都不得不佩服我对有些问题比较复杂的文件处理得比较精明,特别是稿案无留牍,更加使他们惊异。邓演达因为事情多,又是行营又是省政府,也信任我代他处理这些文件。从进入汉口到离开汉口赴南昌这几个月,在文件画行上没有出过什么大的事故。以后我在工作中,处理过不少机关文件,也起草过不少机关文件,这段文牍主义的学习和经历,给我打下了一个基础。

总政治部有两辆汽车,一辆归邓演达专用,一辆归科长级公用,但实际上是郭沫若用得多。那个汽车的派头,完全是从北洋军阀那儿学来的。现在讲来可能没有人会相信。当时汽车门下面,有一条长的踏板,打开门后先踏上这个踏板才能进去。车门关了以后,这个踏板还依然露在外面。现在的汽车没有这个踏板了。北洋军阀利用这个车子的踏板,再在车前挡风玻璃左右的钢柱上,焊上两个把手。车主人的警卫人员,在左边的就站在左边踏板上,右手拉住把手,左手提驳壳枪;反之,在右边的,一样地站在这个踏板上,左手拉住把手,右手提驳壳枪。车子在汉口市上开起来好威风。有时我和邓演达或郭沫若坐这个车子时,也分享了这个威风。现在闭起眼睛一想实在好笑。这种军阀架势已成过去了,但军阀利用汽车摆威风,让两个警卫员站在车门的左右,也可算是"西学为体,中学为用"了。

湖北和江西的战事结束以后,10月20日在武汉举行了一次盛大的阵亡烈士追悼会。这是由总政治部主持,与武汉各团体联合举行的。这个会是由邓演达代表总司令部讲的话,蒋介石在南昌没有来。但郭沫若代蒋介石写了一副挽联,一共十六个字:"嗟尔忠魂,恢弘党国;存吾浩气,涤荡河山。"我想这是郭沫若代笔当中最好的作品了。这个口气当时只能是一个总司令的口气,蒋介石是不是当之有愧,那就不去讨论它了,只有凭郭沫若的才华才能写出来。

总政治部的构成从党派来讲,基本上就是国民党左派和共产党。从籍贯来讲,主要的干部四川人最多,原宣传科长、后政治部副主任郭沫若,秘书长朱代杰,秘书李民治,社会科长李合林,都是四川人。其中郭沫若那时还不是党员。此外,很多党员,他们不是四川人,如章伯钧、胡公冕;还有一些党员的股级干部,如袁文彬。其他则以广东籍干部为多,主要的有郭冠杰,属于邓演达系统的。当然也还有江苏人如季方,福建人如江董琴。总政治部内部逐渐地就有了四川和广东籍贯上的矛盾,也表现为郭沫若和邓演达的矛盾,实际上是共产党和国民党左派的矛盾。这个矛盾,虽然有这么一个错综复杂的表现形式,但实际很简单,不是政治上有什么分歧,政策上有什么分歧,而是集中在两个人事上。(一)在提级和定级问题上,即军阶问题,邓演达对于四川人,对于共产党员总是想把军阶定得低一点。如把中校定为少校,把上校定为中校之类。我们就极力反对,甚至于原来定为少校就可以的,我们也力争定为中校。(二)许多重要工作,他首先照顾的都是广东人,都是国民党员。譬如说宣传大队长,他的提名是季方,我们的提名是胡公冕,争了好久定不下来。胡公冕并不是四川人,但他是共产党员。这种情况,引起邓演达的极大不满,认为这几个四川人太跋扈,认为四川人在这里有意培植四川势力。其实情况不是这样,我们不想培植什么势力。我们每个人都有每个人的工作能力,拼命工作,不偷懒,邓演达本人也并不是不知道。

十四

武昌克复以后,武汉统一,也就是湖北统一。加上蒋介石亲自率队打江西,并把他的总司令部设在南昌,1926年冬季到1927年夏秋季,邓演达的政治、军事地位和权力都有提高和扩大,除了任总政治部主任以外,还兼任蒋介石的武汉行营主任,湖北省政府主席。这样,总司令部和总政治部,就一个在南昌,一个在武汉,给工作带来很多不便。折中的解决办法是,武汉总政治部不动,另外组织一个小总政治部,到南昌同总司令部在一起。因此,就任命郭沫若为总政治部副主任去南昌,随同总司令部主持政治部的工作,编制比武汉总政治部小,级别低一级,譬如武汉总政治部有科股两级,而南昌总政治部只有股没有科。编制大概是组织股长陈必睨,宣传股长潘汉年,社会股长袁文彬,党务股长辛焕文,我当秘书长。机关就设在南昌百花洲的江西总商会。政治工作主管的范围就是江西,包括国民革命军第二军谭延闿部,鲁涤平代军长,党代表兼政治部主任李富春;第三军朱培德部,党代表兼政治部主任朱克靖,朱培德后来兼江西省政府主席;第六军程潜部,党代表兼政治部主任林祖涵(伯渠)。

这个时期江西基本没有军事行动,部队只是处于戒备状态。党中央为了统一南昌部队党的工作,成立了一个南昌军委,李富春为书记,成员有林伯渠、朱克靖和我。但有时朱、林不在南昌,开会时就由党员的政治部秘书出席。后来朱德任第三军教导团团长和南昌公安局局长时,他也参加了这个军委。因为没有军事行动,部队就处于一个半平时状态。所以在军委来讲,也没有什么重大的问题要讨论,开会的时间不多,每个月大概一次,都在晚上。成立南昌军委这件事对郭沫若也不保密。我去开会以前,总是征求他有什么意见;回来以后,除必须保密的以外,我也向他简单地报告讨论内容。譬如蒋介石突然开条子,要给郭沫若每个月发两百元津贴,就是他提出来,征求党的意见,要不要接受。军委讨论过后,认为他可以接受,就由我转达了讨论的意见。

我们住在南昌,必须和中国共产党南昌市委取得密切联系。陈奇涵是市委书记,他原是黄埔第一期学生,因为他是江西人,就没有参加军队工作,到地方上来了。这个时期我同他的工作关系非常好,一直到南昌起义。在九江时,我还把我们带不走的一箱新驳壳枪、两箱子弹交给他。后来他又做军事工作,解放后一个时期,曾在人民解放军里任军事检察长。

在南昌我还要提到另一个人,蒋先云。这时他任蒋介石的机要秘书,陈立夫也任机要秘书,一武一文。他是湖南人,考入黄埔第一期时是第一名,黄埔第一期毕业时也是第一名。蒋介石非常器重他。“中山舰事件”之后,蒋介石强迫黄埔有国民党和共产党双重党籍的工作人员和学生,宣布只留在一个党,要么留在国民党脱离共产党,要么留在共产党脱离国民党。蒋先云是宣布留在共产党脱离国民党的第一个。虽然如此,蒋介石对他还是始终抓住不放,留在身边。相反,对别的共产党员,蒋介石却任其一走了之。所以北伐时就任命他当总司令部的机要秘书,并不在乎他保留共产党的党籍。在南昌的时候,我经常代表政治部参加总司令部所属各单位的例行会议,这个例行会议,一般由参谋长白崇禧主持。蒋先云也经常出席,所以我逐渐同他熟悉起来。他有时也到政治部来闲谈。时间久了,同志们当中有一种看法,认为他情绪比较低沉，有的同志甚至于怀疑他被蒋介石收买了。我则认为他心理上的烦恼在于他还保有共产党人的立场，而对于蒋介石也不无那么一点知遇的感情。这种心理烦恼，在他一时也很难解决，我们也无法明白地加以劝说，因为这些都是不露痕迹的。直到蒋介石出师东征，他才断然弃蒋回到武汉，坚决要求参加打奉军的河南战役。他出任第十一军第二十六师七十七团团长兼党代表。1927年5月在临颍前线，勇敢杀敌，三次负伤，不下火线，最后牺牲在战场上。这消息传到武汉以后，我总觉得（今天回想到这件事情的时候，我还是觉得），他是下了决心，牺牲在战场上，以表示他对党的忠诚。他认为只有这样，才能使那些怀疑他的人，最后相信蒋先云没有被蒋介石收买。无端的猜疑是很可怕的。

住南昌的三个军的党代表李富春、朱克靖、林祖涵，还有新认识的总司令部的秘书处长李仲公，加上郭沫若，还有我，每个星期总有那么一两次，上南昌有名的菜馆"小有天"相聚晚餐。由他们五个人轮流出钱请客，我白吃。在晚餐上，也谈全国新闻或南昌内幕。

那时年轻，因为闹革命，没有游山玩水的兴趣，虽然知道青云谱近在咫尺，也没去过。有一天，鲁涤平请我们吃饭，骑马到了他的军部，没想到他的军部就设在青云谱，那是很清静、很幽雅的一个道观。当时也不知道什么叫八大山人，有兴趣的倒是鲁涤平的厨房端出来的是很有味道的湖南菜。确实了解青云谱，了解八大山人，那是二十年以后的事情。

李仲公，贵州人。他的兄弟李侠公是共产党员，还在苏联留学。他好像在北方住得很久，爱唱京戏。在小有天聚餐时，李仲公有时情绪很好，还清唱几句谭鑫培。同时他也告诉我们一些总司令部的内部动向。不知为什么，有谁在蒋介石那里告了朱代杰（总政治部秘书长）的状，蒋介石就打电报到武汉逮捕他。李仲公很快地向我们透漏了这个消息，我们又很快地通知了武汉，所以朱代杰能够迅速离职，后来党就送他到苏联留学去了。李仲公大概在蒋介石那里不大得意。1949年全国解放以后，他一直任国务院参事室参事。

蒋介石两三次向郭沫若提出，要找一个文笔好的秀才替他起草文稿。那时的两位秘书一个蒋先云，一个陈立夫，对于起草文稿，从中文底子上说都不行。他不惜重李仲公，原因不知道，李的文章我们当时没有看过，很难说他的笔下怎么样。政治部有一个人写东西比较快，楷书小字写得也比较好，但古汉语基础比较差，也无法推荐。在南昌当然不能解决这个问题，一下就想到了

《上海商报》的主笔陈布雷,近两三年以"畏垒"署名的商报的社论,文笔清新锋利,这是大家都看过的,看来古汉语的水平也不低。于是郭沫若就把陈布雷这个名字向蒋介石推荐了。其实我们大家都不认识他。果然蒋介石约见了他,他就到南昌来了。陈布雷后来在蒋介石那里一直得到重用,居然高就为蒋介石的幕僚长,这是我们当初没有意料到的。蒋介石是不是告诉了陈布雷,他是郭沫若推荐的,陈布雷是不是了解到原是郭沫若向蒋推荐的,都很难说。郭沫若自己当然不好向人讲陈布雷到南昌是他向蒋提名的。但是1941年在重庆,郭沫若五十寿辰的时候,陈布雷却写了一封感情洋溢的贺寿信和一首贺寿诗。

这里还应当提到蒋介石的夫人陈洁如。总司令部在南昌安置下来以后,她大概也从广东到南昌来了。南昌当时是一个很落后的城市,而且在军事状态下,大概她住在总司令部也很无聊,蒋介石就介绍她给郭沫若,要郭沫若请她到政治部去玩。郭沫若当然只好照办,请到政治部吃一顿丰盛的午饭,让政治部的摄影员替她照了各种姿势的照片。在整个南昌时期,这种情形大概有三次。这应该算是蒋郭关系的一个侧面。

1927年3月,赣州发生一件新一军党代表倪弼伙同赣县县长,枪杀赣州工会委员长陈赞贤的事件。这件事情实际上是南昌的国民党右派和孙文主义学会分子联合起来制造的一个反共行动,后台是蒋介石。事先两方面已经有很多明显的纠纷,因为涉及到部队,南昌政治部就不得不去干预,曾经派胡公冕去进行调查,并准备处理。但处理不下去,因为中间横梗一个蒋介石。为了釜底抽薪,郭沫若曾多次向蒋介石提出要求把倪弼调走,这本是一个妥协的办法。但蒋介石一直拖延着,让倪弼把陈赞贤打死才满意。可惜我们把它当成在江西发生的个别事件,没有把它和北伐的军事进程和政治进程统一起来分析,所以一个月以后四一二,蒋介石就在上海大规模地重复演出了。这是整个局势的变化,政治部起不了什么作用,郭沫若也无能为力。

倪弼这个人后来一直在国民党担任反共工作,非常反动。全国解放后还在镇江本地活动,一直到1958年才被江西发现,送到赣州去法办。虽然时间迟了三十年,郭沫若和我后来听到这个消息,都非常快意。

看起来北伐是胜利了,但原来没有解决的和新引起的一系列的矛盾,都正在影响大局。其中主要的有:共产党和国民党之间的问题,国民党内部左右派之间的问题,正在发展的群众运动和共产党、国民党的问题。此外也还有:帝国主义者和东南的买办阶级与国民党的问题,冯玉祥和共产党与蒋介石的问题,还有和奉系军阀张作霖的关系问题等等。这些错综复杂的关系与矛盾,最后形成决定后来政治形势发展的两个局面:首先是共产党的联汪反蒋,其次是蒋介石的联合一切反动派(包括汪精卫)反共。当时的政治术语就是"宁汉分裂"和"宁汉合流"。从 1927 年 4 月 12 日上海事变到八一南昌起义,这几个月的事变,都可以归结为这个形势促成的。当然,在四一二以前,蒋介石还有一个叛变革命的过程。

1927 年初,庐山还很冷,蒋介石在牯岭召集会议,我和郭沫若也去了,邓演达也早从汉口赶来了。这是我第一次上庐山,实际上是个冬季,我们还在旅馆里大烧壁炉,外面很冷,也不敢出去。会议大概是讨论要把国民政府定在南昌的问题。我们不知道邓演达和蒋介石争吵到什么程度。邓演达要我们在牯岭多住一两天,他本人却悄悄地下山,回武汉去了。我们等他走了以后,才回南昌的。大概邓演达怕蒋介石对他不客气,我们多留一两天会对他起一点掩护作用。

十五

我带着总政治部的先遣队,由九江乘轮船先到南京。这个先遣队大约三十多人,其中多数人对南京、上海比较熟悉。社会股长袁文彬,是上海同文书院的学生,松江人。当然还有别的什么人,事隔六十多年,要一一列名颇不容易了。到南京后,正碰上第六军程潜(颂云)、林祖涵(伯渠),他们要去上海,要了一列专车。我就想法加挂一辆二等客车在他们专车上,把先遣队全部带到上海。到上海后,我们在高昌庙制造局路找着一幢大房子,就安营扎寨,宣布总政治部开始办公,时间大约在 1927 年 3 月底,地址在西门斜桥路制造局路 164 号。4 月 4、5、6 三天,连日在上海各大报纸发了通告,并附有一个电话号码。这个制造局路,现在还在,最近我去看了一下,但已找不着那幢房子,164 号也是间小铺面了。那时政治气候已处于低气压的开端,已有点变化莫测的样子。从"中山舰事件"以来,蒋介石是怎么一回事,不是值得怀疑而是大可怀疑了。到了上海,当然要找党的领导,具体地说就是周恩来,他是当时在上海主持军事工作的负责人。我同他见面后,报告了总政治部这次行动的安排,我是先遣队,郭沫若主任率本部随后来。但在郭未到以前应做些什么,他的指示如何,现在难以说清楚了,至少有两个行动是根据他的指示。一是在上海各报以广告形式登载总政治部署名的标语,二是召集到沪部队的政治部开会,组织欢迎汪精卫的工作。

所以从 4 月 1 日起,就在上海各大报纸刊登了二分之一版面的政治标语广告,用的名义是"总政治部"。标语的内容和次序都是经过精心安排的。4 月 1 日是"建设革命的新上海";4 月 2 日是"打倒帝国主义";4 月 3 日是"肃清奉系军阀";4 月 4 日是"铲除封建势力"。第五日起署名改为"中央军委总政治部布",意思较明。因为单提总政治部,当属于国民革命军总司令部,现加上"中央军委",意即这个总政治部属于中国国民党中央军事委员会,摆脱了蒋介石。4 月 5 日的标语是"欢迎汪精卫同志复职",从前四天的属于外部斗争的口号,转为内部斗争的口号。4 月 6 日是"一切权力属于党,党权高于一切"。就在这同一天,国民党上海特别市党部,亦以同样大的二分之一版面,刊登了"欢迎我们的领袖汪精卫同志"的标语。

第二个行动:现将 4 月 5 日上海《申报》所刊登的一则消息,照抄如下:标题是"各级政治部人员联席会议"。

"昨日下午二时,总政治部召集驻沪各级政治人员,假上海特别市党部三楼开联席会议。到会者有第十二师政治部、二十六军政治部、东路前敌总指挥部政治部、总政治部、第二十二师政治部,及驻沪各军师以下指导员、党代表共三百余人。由总政治部秘书长李民治(我当时姓名——一氓注)主席,宣读遗嘱(指总理遗嘱——编者注),后即由主席报告开会宗旨,请愿蒋总司令释放蒋有谅,讨论发起欢迎汪主席大会。至此遂由主席宣布散会。"

我们 4 月 4 日在上海各大报纸刊登启事,是召集上述各单位政治工作人员开会的通知。按:上海特别市党部在西门林荫路;二十六军即周凤岐军,东路军前敌总指挥部即白崇禧部;至于十二师、二十二师是哪两师,却难以注明。加上总政治部的同志,"共三百余人"。但这三百余人是谁,已很难记忆,甚至每个单位的主要参加者是谁,也难记忆。至于要求蒋介石释放的蒋有谅又是谁?为何被蒋拘捕?也无从回忆。会议内容当然是以准备欢迎汪精卫为主,但具体做法是什么,也记不起来了。这个会是 4 日开的。同日,上海特别市党部又通知于 5 日召集上海各机关、团体包括驻沪各部队政治部在内,在市党部开会,讨论欢迎汪精卫复职大会的事宜。这个会总政治部是谁去的? 会议结果如何? 现在亦说不出什么了。总之为时已久,六十年之后,没有文字记录可据,特别是那些印象不深,事过境迁的烟云,单凭所谓记忆力,只能是一片茫然了。情况是当时的工作中心是寄希望于以汪精卫为代表的所谓国民党左派,对抗以蒋介石为代表的国民党极右派。其实对汪精卫也缺乏认真的了解,而是无端轻信。从《汪精卫陈独秀联合宣言》(4 月 5 日)开始,就一步一步地走向难以挽救的局面了。我不想当事后诸葛亮,二十四岁的小青年,恐怕当时也是模模糊糊的。

4 月 6 日下午,周恩来同志在工人纠察队队部(湖州会馆,今会文路中兴路,已毁于抗日战争,现新建铁路职工宿舍),召集到沪各军全体党员开会,总政治部的党员都去了。会议室里坐了一屋子的人,有认得的,有不认得的。即使认得的,是哪些人,已无从回忆起了。会议的主要内容当然是当前的政治形势和部队里的同志应该怎样工作,但具体的是怎么一回事,也已无从回忆起了。这里我只追记会议过程中的一个重要插曲。不是插曲,是蒋介石四一二叛变革命的前奏曲。会议大概三点钟开始,六点以后才结束。四点钟左右,东路军前敌总指挥部里我们的同志,知道今天下午的会议,匆匆跑来,报告前敌总指挥部刚才的一个可疑行动,即派出一个连,乘四辆汽车,全副武装匆匆离开指挥部,去向不明,可能是要捉什么人。恩来同志听后,默想了一会儿,判断说:"可能是两个地方:一是什么地方,我不告诉你们;二是你那里。"他说"你"的时候,把手指了指我。他要那个同志立即回白崇禧部,如有新的情况,马上来报告。然后,仍然主持会议继续开下去。很难说这个会议得出什么结果,即或有什么结果,也在很大程度上,被刚才讲的白崇禧的这一行动干扰了。临散会时,恩来同志又重复指着我说:"你回去时小心些。"会场距制造局路不太远,我们是走路回去的,我把同志们分为四起,一起两三个人,互相间保持十几二十步的距离。约定:一起走到将近一六四号时,要十分注意,先不要进去,可通过大门前面,看大门里是何情况。如有异常现象,可折回来报告。其实,在将到一六四号时,已发现大门前的汽车,有个同志沿大路前行,通过大门前面,看见大门电灯全开。于是大家都停下来,稍为聚合一下,立刻断定总政治部已出问题,大家不要再进去。并决定立刻转进租界,当地有亲朋好友的借宿一宵,没有办法的去住旅馆。同时指定两个联络人员,某个人联系某几位同志。我决定去一个朋友家里,约定好第二天早晨两个联络员来找我。大家提高警惕,立刻分散。

第二天一早,翻看《申报》,果然有这么一则消息,标题是"总政治部昨日被封"。文照抄如下:"国民革命军总司令蒋介石,以总政治部本属于总司令部,惟该部到沪多日,并未向总司令部报到,擅自在外发表言论,认为反革命分子。特于昨日下令东路前敌总指挥部派队发封。总指挥部奉令后,即派兵一连,于下午四时,分乘汽车四辆,前往制造局路,将该总政治部发封,并逮捕办事人员。该兵士一连,于下午六时许回总指挥部呈报。详情待续。"

罪名两条,第一没有报到,即是用国民党中央军委的名义,没有用他蒋介石的总司令部名义;第二是擅自发表言论,即刊登那些大标语,伤害了蒋委员长,断语是"认为反革命分子"。这完全是蒋介石的逻辑:"我蒋某是革命的,反对我就是反革命。"事情明摆在那里,已无法工作,经过请示恩来同志,决定除我外,其余同志都折回到安庆一带去找郭主任报到。他们很快就都离开上海了。对十九个被捕的工作人员,因为全是国民党员和非党工作人员,没有一个共产党人,所以关了不到一个月,就全都释放了。这次最幸运的是预先有个前敌总指挥部出动一连武装的情报,使我们有所警惕,所以连一个共产党员也没有捉到。

4月8日,《申报》又刊登了一则消息,标题是"总政治部被封后新闻":"高昌庙制造局路之中央总政治部,前日下午被蒋总司令下令总指挥部,派兵一连前往发封,并逮捕办事职员,各情已志前报。兹悉该部发封后,并捕获办事人员十九名,内有两名系妇人,即晚押解龙华总指挥部营房内,一面呈报蒋总司令办理。昨据总指挥部办公处潘主任云,此十九人尚非重要人员,现一面派员往各处调查此十九人之行为如何,若非十分严重者,即可由负责之人担保开释,从轻发落云。"

白崇禧奉蒋命令的行动在于对付总政治部这个机构,也明显地在于对付总政治部的共产党员,更主要的是在捉拿我。消息上说"尚非重要人员"是很含蓄的。事后若干年,我在上海遇见某人,一个中学同学,当时在总政治部任秘书,国民党员,是那次被捕者之一。他对我说:"你那次好危险。一拉进前敌总指挥部,潘宜之就跑出来问:'李民治捉来没有?'若是那次把你捉去,你就没有命了。"他说得不错,蒋、白、潘是反共反定了。尤其是潘宜之(即消息上的"潘主任"),在反共上是个老手,"中山舰事件"中就早已不是什么好东西。他当时是陈肇英的副官长。这个混蛋的所作所为,真是残暴已极,罪恶多端,毫无人性可言。特别在四一二后,我党许多同志惨遭杀害,他是为首的恶棍。当时所谓"杨(森)虎陈(成)群"是反共最猖獗的,实则其混账之处,都赶不上潘。我活到现在,没有死于潘宜之之手,可算福星高照。福星有两位:一就是来报告白部一个连武装出发这个消息的那个同志,可惜始终未注意到他的姓名;二就是周恩来同志,他分析这个消息后就判断我是其目标之一,这就提醒了我,并嘱咐我回去时一路小心。假使没有周恩来同志的精确判断,即或我知道那个消息,也不会放在心上。反正,在这个事件上,我感谢那个同志,更感谢恩来同志。

我率总政治部先遣队先到上海,这个决定在武汉定下来之后,邓演达知道第一师将进入上海,师长薛岳(伯陵)是他的同乡好友,为了使我有更多活动余地,他写了一封亲笔信,要我到上海后,拿信去见一次薛岳。4月初,我拿信去找了薛岳,他那时也深为不满,因为蒋介石不信任他,要把他这一师调离上海。他只表示情况不好,要我谨慎。南昌起义失败后,我又从流沙转回汕头,听说驻军是薛岳,我也稍为放心,在汕头住下来,等买船票去香港。这是后话。当时,国民革命军第二十六军政治部仍在我们手中,就用二十六军政治部的名义,4月8日在报上登出"欢迎革命领袖汪主席"的标语,但也只登了一天。刚好汪精卫离上海去武汉是7日的事,10日汪到了武汉。不几天,我们的同志全都从二十六军政治部撤出来了。

这时上海的政治形势已是山雨欲来风满楼。青帮的中华共进会,以黄金荣等为核心,在蒋介石的指使下,登报宣布恢复活动,甘心充当蒋破坏工人运动的鹰犬。国民党上海特别市党部宣告它只管党务,政务事情请去找上海市政府。上海总工会紧急宣告"收回租界问题,愿协同军界商界一致为国民政府外交政策之后援,绝不自由单独有冲入租界之行动。关于治安问题,愿协同军界商界,合力维持。"一方面攻势很紧,一方面则采取妥协的策略。从7日开始到12日,仿标语登广告的办法,东路前敌总指挥部政治部刊登了:"打倒破坏国民革命的反动派"、"反三民主义即反革命"、"打倒篡窃党权的阴谋分子"、"我们的士兵在前线拼命牺牲,良好的工友们,决不会在后方要挟罢工,扰乱秩序"、"巩固农工商学兵大联合战线,努力实现三民主义"等条反革命标语。

到了4月12日,事情就一清二楚了。白崇禧发布了一个布告:

国民革命军东路军前敌总指挥部布告

为布告事:本早闸北武装工友,大肆械斗,值此戒严时期,并当前方用兵之际,武装工友任意冲突,殊属妨碍地方安宁秩序。本总指挥职责所在,不得不严行制止,以保公安。除派部队将双方肇事工友武装一律解除外,并派员与上海总工会商妥善办法,以免再启斗争而维地方秩序。所有本埠各厂工友,务各照常工作,毋得轻信谣传,自贻伊戚。为此布告,仰各界人等,一律知悉。此布。中华民国十六年四月×日总指挥白崇禧。

其阴谋手段是先派共进会组织的流氓队伍,冒充工人,于12日晨分头进袭各地工人纠察队,随后白部即跟至,向两方包围,其实是向工人纠察队武装进攻,强迫缴械。现将13日《申报》刊载的消息,抄录于次:

淞沪工人纠察队昨均被缴械

国民革命军总司令蒋介石,以淞沪地处重要、外交形势严重,当东路军占领上海之际,全沪工人均以武装响应,故对于总工会之纠察队,认为保护工人应有之设备,曾言如服从军事当局之节制,则纠察队之枪械,决不收缴。不意军事当局,以工人冲突名义,将纠察队全部缴械,所有纠察队之驻扎处所,俱由军队占领。故昨日上午自四时起至九时止,所有南市、闸北、浦东、沪西以及吴淞、江湾等处,发生枪声甚密,直至上午九时止,完全解决。据军事当局方面消息,计被缴械之纠察队,共有十四处之多。总工会并不封闭,并由军队保护。

所谓十四处,具体的地方当时有烂泥渡、陆家嘴、杨家渡、洋泾桥;此外则为闸北的商务印书馆总厂、东方图书馆,南市的华商电车公司,这都是党的群众基础很好的企业。此外还有工人纠察总队队部所在的湖州会馆。

当时的《申报》对事变的发生,使用了"不意"两字,对事变的原因,则使用"以工人冲突名义"字样,说出了事变的真相。蒋介石背叛革命,坚决反共,以迎合帝国主义、南方买办资产阶级,和国民党极右派合流,从此公开。此一反革命行动,使历史倒退二十年。14日起,白崇禧部政治部在报上开始大造反革命舆论。而以共进会为骨干的所谓上海工联总会,又组成所谓上海工会组织统一委员会,替蒋介石打先锋,公开提出"打倒共产党"的口号。

15日,陈群、潘宜之、罗家伦、吴倚沧自称为中国国民党上海特别市党部指导员,说是奉上海临时政治委员会命令,于14日接收国民党上海特别市党部。至此,我们就完全失掉了上海总工会和国民党上海特别市党部两个权威的可以公开活动的机构。撤退时,我们的同志没有能及时离开上海的,就开始被国民党反动派所跟踪和逮捕。凡被捕的,除少数叛变外,都遭到屠杀。

郭沫若在南昌写了《请看今日之蒋介石》后,不知上海先遣队情况如何,又偕同辛焕文同志从九江到安庆,到南京,到苏州,还想到上海。他派辛焕文来找我,我就要辛回去把他接到上海来,我原在静安寺路沧州饭店开有一个房间,就把他安置在那里。他又见了恩来同志,并提出要求武汉出兵东下,趁蒋介石立足未稳,先讨蒋介石,成功后,再北伐奉系军阀的主张。这和恩来同志的意见颇为一致。可是武汉中央没有同意。至此,大家都没有再住在上海的必要了。

我在上海已没有什么工作可做,恩来同志要我立即回武汉。他说他安排一下,亦将去武汉。我回到武汉的时间是4月25日。

这里还要追叙一件事情。4月12日上海工人纠察队被武装缴械解散后,蒋介石还辗转找恩来同志去谈话。蒋介石这一举动,是何用意,很难揣测。恩来同志曾召集少数同志征询意见。我们一致认为凶多吉少,老蒋既已翻脸,不会讲什么交情,劝恩来同志不要去,坚决拒绝他。恩来同志有不同的看法,自信不会有什么大问题,即或谈不出什么名堂,也还不至于要加害他。所以他还是去和蒋介石见了面。后来知道谈话没有什么结果,蒋装模作样,表示不得已而为之,说工人纠察队要成为第二种武装,他无法让其存在下去,除工人纠察队问题外,其他没有什么问题。这简直是诈骗。

　　我大约在 4 月 20 日左右离开上海回武汉，4 月下旬，我党就在武汉开第五次全国代表大会，这是一次公开会议，开幕时还请汪精卫等国民党中央的代表参加了。周恩来则留在上海，他没有参加五大。

十六

　　大革命虽然失败了，但我党在政治上、军事上取得了许多教训。在军事上，主要是共产党必须有一支自己的武装，而不能依附在国民党底下，只当政治工作人员，因为情况一变，政治工作人员就没有立足的余地了。大革命时候的第一军是蒋介石自己掌握的，第五军是广东的土军阀队伍，没有参加北伐，我们就不必说他了。参加北伐的二、三、四、六军，我们党派去的都是政治工作人员，连师团级的指挥员都没有（叶挺除外）。南昌起义，在军事上主要还是靠几个有直接指挥权力的师长或团长，但还是发生了蔡廷锴那样的事情。他一出南昌，竟然把政治工作人员和一些中下级指挥员礼送出部队，自己开回广东，投靠张发奎，我们这个师也就没有了。可见掌握部队只有政治工作人员是不行的，必须有从上到下的军事指挥员。可惜当时政治上对军队的作用尚认识不清，军事人员也很少，所以吃了亏。这件事情共产国际后来也很清楚，说是中国革命是以革命的武装反对反革命的武装。井冈山红四军的建立和它的斗争，逐渐形成了毛泽东的军事思想。党觉悟到这一点，对中国共产党领导民主革命具有决定性的意义。同时这支部队，不仅要有觉悟的指挥员，而且要有广大觉悟的战斗员。大革命后期，党员最高军级是师长，而党员政治工作人员早就是军党代表或政治部主任。没有革命群众，而只有一些军政干部，不能形成一个革命的武装集团。当时，军队开党员会议时，到会的绝大部分是校、尉级军官，士兵党员很少，有几个独立团的党员士兵在座是非常显眼的了。士兵党员如此之少，支部就无法建立在连队上，只有独立团少数连有支部。井冈山朱毛会师以后，士兵党员才多起来，普遍把支部建立在连队上。这样，自然形成了一支真正为人民解放事业而战斗的群众武装。不管发生什么情况，这支队伍都能够确保是中国共产党领导的武装力量。

　　我想大革命失败的军事教训，总的来说，第一，要有一支各级指挥员都是共产党员的武装;第二,这支武装要把党的基层建立在连队上。

郭沫若脱离了总政治部,改任第二方面军的党代表兼政治部主任,总指挥是张发奎(向华)。以南昌政治部的班底成立这个政治部,时在 7 月底。那个时候武汉是乱哄哄的,党虽开了第五次代表大会,但方针并不明确,思想并不统一。我在武汉已经无事可做,要在武汉等出个什么名堂是等不出来的,而且好多人都已经离开武汉去九江、去南昌。这时张发奎在九江,郭沫若也在九江。我只好离开武汉,去九江报到。到了九江,首先感到的倒不是政治危机或者军事危机,而是经济危机。在九江,武汉中央银行的钞票一天一天的不值钱,一个人吃一顿饭要十多块钱。拿那时九江生活水准来说,吃一顿好饭一块钱也就很够了。物价高涨、市场混乱,对这种情况,我们是什么办法也没有。至于政治军事问题,究竟怎么搞法,在党内也是各说各的,一下也弄不清楚。

郭沫若带了几个人上庐山去了。8 月 1 日下午张发奎通知我,要郭下山。郭下山后就去找张发奎,张告诉他:南昌已经成立国民党革命委员会,名单上有你也有我,但是我是不会去的。他问郭何去何从,并表示可以继续留在他这个方面军,当党代表兼政治部主任。张希望他留下来,但又说,假如郭想到南昌去,他也不勉强。郭沫若当时表示,他不好留下来,既然南昌中国国民党革命委员会的组成有他的名字,他就应该去。张发奎答应郭沫若把这个政治部带到南昌去,并且派一只汽船,从湖口经过鄱阳湖进入赣江,把我们送到南昌。但是,当我们回来正在打行李准备上船的时候,张发奎又打电话来,变卦了。托辞没有汽船,只能派一辆摇车(铁路上用的手摇的急救车,只能坐四五个人),送我们去南昌。至于哪些人去,由郭沫若自己选定。这下就没办法了,所有交通工具都在张发奎手里,我们也搞不到什么汽船,这个政治部,连人带物,就只好全交给张发奎了。虽然群龙无首,但我们也不能把政治部的党员留在张发奎那里。于是决定,政治部里的党员全部撤出来送回上海,由潘汉年带队。政治部里非党的工作人员都留给张发奎。政治部的主要物资,特别是一些枪支弹药,我们就交给当时在九江负责地方工作的陈奇涵了。

摇车到手以后,上摇车的人只有五个。郭沫若带一个警卫员,我,加上欧阳继修,他那时是第四军(军长黄琪翔)政治部的秘书,加上梅电龙,他那时是第四军第十一师(师长是缪培南)政治部主任。这样,我们坐上这辆摇车,沿南浔路(南昌——九江)到南昌去了。但是路上起了两个波折,并不顺利。

一是当天傍晚的时候,来到张发奎部队的警戒线(德安),被当地驻军拦住,不准我们通过。我们把张发奎的手令(张亲笔写的一个小条子,通知前线部队让我们出境的一个命令)给他看,他也不相信。我们就被扣在那个地方,找连长也不行,找营长更不行,营长以上就没有人了。天一黑,只好守在摇车上。第二天天刚蒙蒙亮的时候,才放行。这时已经是8月4日的早晨了。

二是我们的车子到涂家埠以后,在车站上停下来,这时车站上有一辆火车头。我们想要求火车站站长,把这个火车头向南昌开,比我们坐摇车快。但是这个车头上趴的全是在南昌缴了械的第三军朱培德部的散兵。这就引起了一个矛盾。我们要向南昌,他们要向九江。这些散兵又跑到摇车上抢我们的枪,并且打我们的人。众寡悬殊,我们当然打不过他们,幸好我们躲进了站长的房间,才免于吃大亏。那个站长很机灵,他立刻吹哨子叫开车,火车的汽笛一响,这些散兵立刻把我们甩掉争着跑回去,爬上那辆火车头。但究竟我们还是挨打了,郭沫若和我,还被抢去了两支驳壳枪。我们也只好依然坐摇车离开涂家埠前进。

要是没有这两番周折,我们可能早就到南昌了。摇车到牛行车站的时候已经是下午了。在军事情况底下,牛行车站没有什么人,赣江上也没有渡船,也弄不清楚为什么南昌的警戒线不放在牛行。想了好多办法,才和南昌打通关系,南昌才放了一只渡船过来,把我们接过赣江。

到了城里才知道部队明天早晨就要离开南昌向广东前进,因而大家都忙忙乱乱的。南昌前委只简单地听了一下我们脱离张发奎部队赶到南昌的情况。郭沫若作为革命委员会委员兼宣传委员会主任,兼总政治部主任,当然跟着革命委员会的建制行动了。欧阳继修被委任为第十一军第二十四师的政治部主任。师长是古勋铭,国民党左派军人。梅电龙任二十四师第七十团的党代表,团长是刘明夏。我任参谋团秘书长。当晚,四个人就分开了。参谋团主任是周恩来,参谋长是刘伯承。现在一些记录说周只是参谋团的成员,完全不对。主要因为只有一个政治上的革命委员会,没有一个军事上的总司令部,而刘伯承用参谋长的名义也不能指挥整个部队。参谋团主任周恩来,又是党的前委书记,所以实际上他就是这支起义军的总司令。在整个起义过程当中,我还经常和郭沫若见面,但同欧阳继修和梅电龙就没有见面了,一直到起义失败大家回到上海。

这支起义部队其实也并不稳定。参加起义的第十一军十四师师长蔡廷锴出了南昌到进贤境内，就脱离了指挥，带着这个师单独向广东去了。直到他这个部队的共产党员被他礼送出部队以后，我们才知道。这又少了一个师的兵力。朱德的番号叫第九军，任军长，实际上他并没有自己的部队，只有一个空的军的番号。在部队进入广东韩江地区，留下十一军周士第师住大埔的三河坝，向梅县方向警戒，归有军长衔的朱德指挥。所以这个师在南昌起义失败以后，经过许多的周折和战斗，一直由朱德带领着，1928年才和毛泽东的秋收起义部队汇合，成为开始有红军的工农红军第四军。

部队向广东前进的时候，在江西会昌和广东的钱大钧部队打了一仗，把广东军队击溃和消灭了一部分，并占领了会昌城。陈赓就是在那次战斗中负伤的。这次胜利，保证了这支部队向广东的顺利前进。钱是敌南路指挥，所辖为第二十师、第二十八师、新编第一师，共十个团，还有桂军黄绍竑部七个团。我方由朱德指挥的是教导团和第二十军的一部分；叶挺指挥的第十一军的第二十四师和二十五师；贺龙率领的第二十军位于瑞金附近。

南昌起义部队离开江西入福建以后，驻在汀州上杭地区。当时邓子恢、张鼎承正在那里搞农民运动，渴望得到一支军事力量的支持。若是这支很整齐的武装，不去打广东，而是留在闽粤赣这个三角地带，一面巩固，一面扩大力量，是会取得很大的成果的。可惜当时只有军队进行武装斗争的概念，没有农民进行武装斗争的概念；只有建设城市根据地的概念，没有建立农村根据地的概念。虽然后来仍然建立了以瑞金为中心的赣闽粤苏维埃根据地，但已是南昌起义和广州起义失败以后，经过很大牺牲才取得的胜利了。在这点上，我们都要佩服毛泽东同志搞农民战争的战略指导的远见卓识。对于农民这个阶级的社会地位、生活情况、心理状态和它的历史渊源，当时中国共产党内，没有人比他在这方面有更好的真知灼见了。

离开南昌以后，经过抚州（临川）。那时候还是夏末，抚州还有很好的西瓜。过宜黄、广昌、石城到瑞金，都是平路，或稍微有点丘陵，全靠步行。在瑞金的时候，周恩来同我商量，要介绍郭沫若入党。究竟是郭沫若提出在先，还是组织上要他入党在先，现在无从说起。我看这不是一个重要问题，因为当时对郭沫若来讲，入党的时机已经成熟了。

瑞金到汀州要翻一个武夷山脉，也不觉得很高。只是后来走得太疲劳，见了水就想坐船,全不了解汀江的上杭到永定这一段全是礁石,而且水的落差很大、很急。我们拉到一只船,强迫他向下游开,老船夫向我们做了许多解释,全是福建话,听不大懂,也不想懂,只一个劲强迫他向下游开。船是开出去了,不久就发觉这个船已落到急流当中,下流全是礁石,要想靠岸也不可能了。我们前面有的船已经打碎了,有的人趴在礁石上,毫无办法。我们也无法停下来救他们。所幸我们这个老船夫本领很大,熟悉水路,把那些礁石绕过了,很快地到了永定,水流才平缓下来。我们这几个坐船的丘八对于这个船夫真是感激不尽。现在有漂流黄河的英雄,有漂流长江的英雄,经过这段急流,我们也可算是漂流汀江的英雄了。

从永定进入广东,到达大埔的三河坝时,我得了急性肠胃炎。在三河坝镇上,找到个卖药的医生,也没有什么药,他给了我一杯白兰地,居然酒到病除。至今我还相信白兰地可以治这类肠胃病。在三河坝没有停留,直奔大埔。我们住进大埔城里的一户民家,弄午饭吃。一打听,这是邹鲁的家,不管三七二十一,就拿他家里的米菜弄了一顿饭吃。部队南下经过潮安到汕头以后,向揭阳、普宁方向攻击前进,企图进入海陆丰地区。在丰顺的汤坑地区就跟敌人遭遇了,9月27日、28日连打了两天很激烈的仗。因为二十五师留在大浦的三河坝了,还有一个二十军的第三师留在潮安了,我们参战的只有叶挺一个师、贺龙两个师的兵力,人数不过六七千人。敌人却有一万多人。虽然在汤坑一带作了很大的牺牲,还是打不过敌人。

在汕头的时候,传来的前线消息并不利,部队大约在9月29日、30日分别撤下来。同时也不能够孤守在汕头,因此汕头的人马和部队集合起来,避开敌人,还是向海陆丰地区前进。因为那里经过杨殷和彭湃工作,群众基础好。但是部队组织比较松散,纪律不严格。我虽向刘伯承同志提起,我以为他是参谋长,说话会算数的,但他也无可奈何地摊开双手,说他也指挥不了什么人。这支部队,那支部队,互不统属,行军速度很慢。10月4日下午部队行军到揭阳流沙,前面的山头上,聚集了一些人,人数不多,向我们开枪。这下部队就乱了,各不相顾,没有部队担负掩护,没有部队向山头反击,也看不见一个指挥员站出来指挥部队的行动。时间是很快的,一转眼就到黄昏了。这时我周围除了一个参谋团的参谋和几个潮州同志以外,更无别人。我是四川人,不会讲广东话,那参谋(大概黄埔四期或五期学生)是山西人,也不会讲广东话。我们只能听这几个潮州同志的安排了。因为他们都会讲客家话,也有群众关系,还熟悉社会情况。确定的方针大体是我和山西同志经过香港回上海,他们则把我们送离广东以后各自回家。犯难的事情是我们两个人身上都没有一个钱,怎么筹到回上海的路费。我突然想起我们进入汕头的时候,曾和郭沫若去过创造社在汕头的出版部,可以冒一个小险,回到汕头,去向他们借几个钱,大概不会有什么问题,而且汕头去香港交通也方便。因此大家都同意,我们一起去汕头。我和山西同志夹在几个潮州同志中,什么话也不说,不分昼夜地向前赶,不知在一个什么小站赶上了潮(安)汕(头)铁路去汕头的火车,我们就大摇大摆地坐上去了。这条路是1904年到1906年,由华侨资本修成的,是条窄轨铁路,全长共39公里,1939年日寇侵入汕头,把它拆毁了。

我们到了汕头一打听,汕头驻军是薛岳,我想不怕,即或出问题,我们还有一面之缘。当然最好不去碰他。去创造社的汕头出版部(地址在汕头外马路张园15号二楼),找到他们的经理梁海生直说,想借几个钱去香港。看在郭沫若的面子上,或者出于对革命事业的同情,他慷慨地借给我们三十块钱。潮州同志还帮忙,给了我们一个广东省委在香港的通讯处。谢谢潮州同志也谢谢梁海生。这样,我们就告别了他们,去了香港。那个香港省委通讯处还是很灵的,接上关系,发了我们两个人每人一张去上海的三等船票,又发了二十块钱的港币,可以买点什么东西。广东穿来的衣服是根本无法穿到上海的,那是在流沙的那天晚上把军服脱掉,潮州同志从老百姓那里收集来的广东式的普通布衣服。再向省委要钱,省委就不给了。省委书记叫黄平,原是鲍罗廷的英文翻译,后来这人怎么样,就不值一提了。我们只好勉强先回上海再说。在船上我碰到了李立三、林伯渠。大家也不好打招呼,只好点点头,笑一笑。大概这一路很疲劳了,一倒在铺上,就睡熟了。等到醒来时,已经睡了二十多个钟头,以为是第二天,其实已经是第三天了,一直也没有吃饭。

从1926年春天离开上海到广州,现在1927年秋天又从广东回到了上海。那个同路的黄埔参谋,山西同志,他接上党的关系以后,单独回山西去了。可惜我现在已经忘掉了他的姓名,一个在革命战争失败的最后时期和我共患难的同志。

后来才知道在流沙袭击我们的是当地的地主武装民团,人数并不多,武器也不好,但是我们却被他们打散了。南昌起义的希望寄托在朱德同志身上。

南昌起义失败了,大革命也失败了。这是中国政治局势的根本变化。党作为当时中国社会的一股政治力量,自然会在成败之间、生死之间,引起它的成员的分化。大革命最高潮的中共党员有七万人,到 1928 年就只剩下一万人,减少了 85%,这还包括在农村中进行武装斗争的党员,他们恐怕比在城市里坚持地下工作的党员的人数还要多。

脱党的情况在武汉极为明显。8 月初,武汉国民党颁布了《清查共产党员办法四项》,其中第三项就规定:"有共产党嫌疑者,令其于三日内登报声明反对共产党或发表文字反对共产党。"甚至登脱党声明的人多了,汉口《中央日报》还专门登一个启事说:"奉中央命令,关于党报登载脱离共党或声明非共产义务启事,非经汉口特别市党部改组委员会审查盖章,不得登载。因此,本报自即日起,凡不合上项手续的启事,一概不代刊登。"

这种启事报上天天都有,少则一两人,多则十来人。启事的格式大概是这样:

(一)我曾误入 CY,旋因该团不合国情,已于 4 月间脱离关系,特此声明。

(二)敝人曾经由人介绍,加入中国共产党,旋因政见不合,早已退出,特此声明。

(三)我以前被人引诱加入共产党,我本是不知道什么叫作共产主义。现在看见中央命令,晓得共产党是一个叛国害民的党,特此登报声明,决与该党脱离关系。

当然,这些人都是湖北本地的一般的党员团员,形形色色就不去说他了。

既脱了党,又在这时候跳出来反共的,其丑恶无过于周佛海了。所谓《逃出了赤都武汉》,就是把对武汉内部情况制造的许多谣言写成一篇东西,料到可能在上海被捕,一搜身,这篇东西就会替他作保证,证明我周佛海早就反共拥蒋了。果然靠这篇东西救了他的命。这种人后来当汉奸也就没有什么奇怪的了。

在脱党的人数中,第一位的当是那些消极分子,自谋职业,隐姓埋名,对党亦没有什么危害。虽然如此,其中也有少数人自觉"高明",认为革命失败都是你们这些人搞"左"了,甚至说出"为什么像苍蝇那样向窗玻璃片上盲撞便算不落伍?""这出路差不多已成为'绝路',现在不是已证明得明白?"第二位的就是脱党分子找着一些门路,投降蒋介石,跑到国民党那里去;也有些人去参加汪精卫的改组派,或者邓演达的第三党。但是也有少数人,即或留在党内,特别像陈独秀这个小集团,搞分裂活动,也自然只有被开除党籍一个下场了。总之,聚变在一起了,一霎时的风云变幻,又裂变为多种形式的社会成员。聚变和裂变交替不断的变。正如毛泽东所说,"从此以后,内战代替了团结,独裁代替了民主,黑暗的中国代替了光明的中国。但是,中国共产党和中国人民并没有被吓倒,被征服,被杀绝。他们从地下爬起来,揩干净身上的血迹,掩埋好同伴的尸首,他们又继续战斗了。他们高举起革命的大旗,举行了武装的抵抗……"

右下　学生时代的李一氓。

上图　1930 年的李一氓。

右上　1939 年 2 月在皖南。

上图　北伐军占领南昌后，部分政治工
　　　作人员合影。前排左二为总政治
　　　部副主任郭沫若，左三为第三军
　　　党代表朱克靖，左四为第二军党
　　　代表李富春；后排左二为总政治
　　　部秘书长李一氓，左三为第六军
　　　党代表林伯渠。

下图　1930年秋天，李一氓（左）与三
　　　哥李国春在上海的合影。

上图 1938 年，新四军主要领导人在皖南云岭新四军军部。左起：陈毅（新四军第一支队司令）、项英（东南局书记，新四军副军长）、袁国平（新四军总政治部主任）、李一氓（新四军军部秘书长）、朱克靖（新四军战地服务团团长）、粟裕（新四军第二支队副司令）、叶挺（新四军军长）。

下图 1939 年，皖南云岭新四军军部领导与周恩来合影。后排左起，袁国平、陈毅、周恩来、项英；前排左起，李一氓、粟裕、王集成、邓子恢。

左上　1939年，李一氓（右）在皖南新四军军部和陈毅合影。
右上　1938年，李一氓（左）与张爱萍于武汉合影。
下图　1939年，新四军领导同志在泾县云岭合影。前排左起，周子昆、袁国平、叶挺、陈毅、粟裕；
　　　后排左一为赖传珠，左三为李一氓。

上图　1942年秋，淮海区党委副书
　　　记、行署主任李一氓。

下图　1942年冬，淮海区党政军主要
　　　领导在阜宁参加华中局扩大会
　　　议时留影。右一为李一氓；右
　　　三起，刘震、金明、吴信泉。

上图　1943年冬，李一氓（左）与苏北区党委副书记、淮海地委书记金明在泗沭（今属泗阳）县爱园合影。

下图　1944年春，淮海区各支队长、政委以上干部在泗沭（今属泗阳）县庄圩整风学习时与新四军三师师长黄克诚合影。前排左起，张克辛、吴信泉、邵幼和、刘震、钟伟、李少元；中排左起，覃健、沈启贤、黄克诚、金明；后排左起，黄忠诚、杨纯、张彦、田养泉、冯志湘、刘述周、吕镇中、李一氓。

上图　1946年，担任苏皖边区政府
　　　主席的李一氓。
下图　苏皖边区政府办公旧址。

李一氓在泗沭（今属泗阳）县庄圩留影。

第三章
上海地下工作
1928—1932

十七

南昌起义失败后,我于 10 月初回到上海。

当时,党中央开始办《布尔塞维克》周刊,10 月 20 日出第一期。到 1928 年 9 月 10 日为止,为第一卷,共出了二十八期。第二卷起改为月刊,但前六期为十六开本,后五期为三十二开本,共出十一期。第三卷出六期,二三期、四五期均合刊,实为四期。第四卷出六期。第五卷只出了一期,时 1932 年 7 月。以后就停了。该刊自第二期以后,曾用国民党的《中央半月刊》的封面,后来的三十二开本,又用《新时代国语教科书》的封面,有一期用《中国文化史》封面,以便于公开携带。自创刊起它就变成了党员必读刊物。陈独秀那时还为《布尔塞维克》按期写杂文《寸铁》数则,署名"撒翁",大概表示撒手之意,一直写到 1928 年 2 月的第十九期。因为每期都读,看到上面也有一些译稿,征得编辑部的同意后,我为这个周刊翻译了两篇文章。

《布尔塞维克》第二卷第一期(1928 年 11 月)的《共产

国际第六次世界大会宣言》，就是我从英文翻译的，载第一页到第七页，共约一万一千字。文后于"1928年9月1日于莫斯科"之下有"民治译"三字，"民治"即是我的原名。

又《布尔塞维克》第二卷第六期（1929年4月）的布哈林关于《共产国际纲领》的报告，也是我从英文翻译的，载在五十四页到八十二页，共约四万五千字。文后于"世界共产主义万岁"下有"治译"二字，治即为"民治"二字的缩写。报告分为八点："一、纲领草案的特点"；"二、我们的世界观是辩证法唯物论"；"三、共产国际纲领的世界关键"；"四、世界革命的多样进程"；"五、一些经济问题"；"六、新经济政策与军事共产的问题"；"七、社会民主党与法西斯主义"；"八、决定纲领为本届大会之任务"。

现在不想去研究这两个文件的内容，按当时要求，却有译出宣传的必要。我个人对于共产国际的知识了解得比较少，但从中国共产党是共产国际的一个支部来说，有及时了解共产国际有关世界革命的指导原则的必要。

译文是根据英文本《共产国际通讯》（INPRECORE，即 INTERNATIONAL PRESS CORRESPONDENCE 的缩写）所载原文翻译的。当时在上海四川路黄浦江北岸有个小外文书店，除普通书外，还代销 INPRECORE，我是按期去买的。除整篇文件外，还载有全世界各地革命运动的消息，我们基本上从它了解到许多国际问题。譬如瓦尔加（YEVGENY SAMUL LOVIEH VARGA）的每三个月一次的世界经济形势分析，也以特刊的形式发表在这个《通讯》上。

我还翻译过一本《新俄诗选》（NEW RUSSIA POETRY），英文本的译编者是 BAHETTE PENTSCH 和 AVRAHM YARMOLINSKY，出版者是美国的国际书店。译好后曾请郭沫若校阅过，所以封面上是《新俄诗选》，L.译，乜乜校。上海光华书局出版。L 是我的姓"李"字拼音的第一个字母，乜乜是广东话的什么什么的意思，是郭老当时随便开玩笑的署名。老实说，我从外国文翻诗不行，因为一是外国文，二是诗。其所以勉强翻了，无非是认为翻译诗简单，见效快，可以解决一个暂时的生活问题。诗共二十四首。作者自布洛克（BLOCK）以下共十五人，其中我只知道叶赛宁（YESENIN）、马雅可夫斯基（MAYAK-OVSKY）、爱伦堡（EHRENBURG）等少数几个人。这些人中，只有爱伦堡一人在五十年代和我在世界和平理事会中有些接触。这个人可算是积极的自由主义分子。从影响来讲，这个时期翻译的几本书和共产国际的文件，使我多多少少学到些东西,增加了这方面的知识,也为这方面的学习打下基础。但对《新俄诗选》,它只收到宣传效果及一定的生活补助,在文学上我却没有吸取到什么。即在当时,我亦写过几首语体诗,但我总是有自己的想法和自己的笔法。

1928 年时,上海南京路东头靠四川路口处,有个美国书店别发洋行(KELLY WALSH AND COMPANY),专门出售英、美出版的英文书籍,亦出售美国共产党办的国际书店出版的一些马列著作。这些著作基本是从俄文翻译成英文的。上面我译的《新俄诗选》的英文本,即是国际书店翻译出版的,原书亦是从别发洋行买来的。

1928 年我又着手译《马克思与恩格斯合传》,1929 年江南书店出版。原作者为梁赞诺夫(LEAZANOV),我当时译作李阿萨诺夫。此人的全名是:达维德·波里索维奇·梁赞诺夫(戈尔登达赫),是俄国社会民主工党早期的理论家,苏联马列研究院的创建人。他的著名著作是《第一国际史》、《马克思主义史概论》等。前者叙述第一国际的历史兼及俄国社会主义思想的发展,特别是马克思主义在俄国的发展。后者则是作者有关论述和分析马克思思想的发展和转变的论文汇集。这本《马克思与恩格斯合传》,是他在苏联社会主义学院的讲稿,不完全是马、恩的传记。作为由英国产业革命(1760 年)到恩格斯之死(1895 年)的一百三十五年中的欧洲劳动运动史,作为欧洲共产主义运动史,对我这个才开始在理论上接触马克思主义的人来说,还是很有意义的。意义在于我翻译这本书时,距产业革命已一百六十八年,距恩格斯之死已三十三年。中国社会在这段时期,因为鸦片战争,受国际列强的掠夺,已从纯粹的封建社会沦为殖民地市场。封建的手工业的生产关系开始崩溃,中国工人阶级开始形成了。中国的劳工运动已进入国际工人运动的行列。

《马克思论文选译》亦是美国国际书店出版,由俄文编定本转译为英文的。我于 1929 年着手翻译,1930 年由社会科学研究会出版,海滨书店经销。书的封面在"李一氓译"之次行,有"乜乜校",是郭沫若随意用广东方言以充笔名。这书的目录如下:列宁的《马克思主义引论》(代序),一、哥达纲领批评,二、工钱劳动与资本,三、经济批判导言,四、资本积蓄的历史倾向,五、蒲鲁东,六、法兰西的唯物论,七、中国革命与欧洲,八、6 月的日子,九、1848 年革命与无产阶级。上述目录除一、二、三是专著之外,其他四至九皆选录自《资本论》第一卷、《神圣家族》等书的一些章节。虽然其中有些部分,当时已有熊得山、李达、李春蕃、朱应旗、朱应会、刘曼的译本,但我都不知道,未能用作参考。这些短篇就其立意来说,是马克思主义的重要论述,但从数量上,比起今天已译印的四十几大本的《马克思恩格斯全集》,就不值一提了。

1930 年我们又出了一个名叫《社会科学讲座》的刊物,并且学习日本共产党的机关杂志,直接加上一个英文名字 *Under The Banner of Marxism*(《在马克思主义的旗帜下》),但只出了一期,就被国民党查禁了。它的作者,我记得的有郭沫若、朱镜我、吴亮平、王学文、林伯修、杨贤江、冯乃超各位,还有我本人。所做的工作,大体上都是马克思、恩格斯、列宁著作的片断译文。如郭沫若的《经济学方法论》,实际就是马克思《政治经济学批评导论》。我翻译的是列宁为全俄农民第一次代表大会(1917 年 5 月 17 日—6 月 10 日)所写的《土地问题决议草案》和他所做的土地问题的演说。这两个文件后来合印为一本小册子,书名为《土地问题材料》(见《列宁全集》中译本第 24 卷 445—464 页)。翻译这篇材料的目的,在于可为我们当时对中国土地问题的讨论和解决提供参考。

《共产国际通讯》,每季出一个专号,刊载瓦尔加的《世界经济与经济政策》。自 1928 年起,我按期译,大约译过两年。在 1928 年 10 月的《思想》第四期上,1929 年 11 月的《新思潮》第一期上发表过部分译稿,后来依年份合印为 1928—1929 年《世界经济与经济政策》一书,由水沫书店出版,钱君匋为之装帧。底页把著者的名字译为"伐尔茄"。书中第一季度中的《中国现状》为石英所译,第二季度中《农业化与工业化》、《一般之部》两段为宰木所译。《中国现状》是从德文译出的,我想石英会不会是朱镜我,至于宰木是谁,现在很难回忆起来,不胜惋惜之至!瓦尔加是苏联有名的经济学家,我翻译他这个时期的著作,正是他任苏联社会科学院世界经济与世界政治研究所所长的时候。我从它学到一些世界经济地理、国际金融、国际贸易和世界市场等基础知识,自以为得益不少。当然后来还学了列宁的《帝国主义论》。据说他后来的写作,特别在《第二次世界大战后资本主义经济的变化》(1946 年)一书中,犯了资产阶级改良主义的错误,受到苏联经济学界的批判。他自己在苏联《经济问题》(1949 年)上还写文章,作了自我批评。这是怎么一回事,我就毫无所知了,因为我没有机会读他那本书,亦从未去研究过这些问题。

《世界经济与经济政策》基本上属 1928 年度,当时中国大革命刚一年。

瓦尔加写这些季度经济报告,体例极佳。每季度先选一个专题进行理论上阐明,如第一季度为《资本主义合理化的危机》与《中国现状》两个专题,第二季度为《农业化与工业化》,第三季度为《帝国主义者间的矛盾的加紧与赔偿问题》,第四季度为《新罗马尼亚问题》。第二部分则为该季度的世界经济的一般情况,第三部分则为该季度内英、德、意、法、美、日等资本主义国家的经济形势。现在还值得提一下的是他的《中国现状》这一专题。大革命失败后,中国经济(或者说社会)的发展过程将是资本主义这一论点,外国资产阶级学者,国内的资产阶级学者及其他分子,皆大力散播。这也是三十年代中国社会性质论战所波及的一个方面。瓦尔加在《中国现状》这一专著上,从帝国主义、半殖民地、军阀制度、土地制度、买办资产阶级和民族资产阶级等各方面加以论证,否定了这个论点,并得出结论说:"劳动大众——劳动者、农民、手工业者联合的民主革命的胜利","革命正在进行中。它能够忍受过去的失败,假使它不再犯巨大的过失,它将取得决定性的胜利,是无可怀疑的"。

搞这些翻译工作,当时有两个困难:一是英语的文字水平不高,二是马克思主义的知识极为贫乏。这些译本究竟有些什么错误,今天已不想再去检查了,但由于花力气去翻译这些共产国际文件,这些马列著作,这些世界经济分析,我从相反的方面得益不少。捉摸字句,多翻字典,这就提高了我的英语水平,也就是提高了英译汉的水平。从翻译两个共产国际文件中,我不但了解到共产国际的许多问题及其争论,而且丰富了我对共产国际本身活动的许多知识。至于翻译《马克思与恩格斯合传》和《马克思论文选译》,使我认识到国际工人运动的许多关节,了解到马恩的生平和他们的革命活动,也认真学习了某些马克思主义理论的基本观点和方法。提到翻译瓦尔加的 1928 至 1929,和 1929 至 1930 两年的《世界经济形势》,则受益更大,可说是打下了我对有关世界经济进行分析的一般知识的基础。不管瓦尔加本人对世界经济的分析——当然是对资本主义世界经济的分析——后来有什么不正确的地方,但我能够搞点世界经济的研究,提出看法,都靠这一点基本功。只能说学习太少了。所以我在 1983 年为纪念马克思逝世一百周年时,撰文说:"从一本书学来的马克思主义的观点、方法、立场,确实为我以后对事物的认识和实际工作,打下了一个初步的基础。"事实也确实如此。同时,在 1927 年大革命失败之后,为了进一步宣传马列主义,宣传共产主义思想,确实需要许多必要的启蒙的理论书籍,这有利于巩固自己的队伍,也会促进青年知识分子的意识觉醒,从而扩大自己的队伍。我们这样做了。最后,借助于这些翻译工作,取得必要的生活费用,因而能够在上海这个阵地上坚持下来。

1931 到 1950 这二十年来,就没有机会去搞翻译工作了。但 1951 年我又翻译了一本英国共产党经济学家伊顿(JOHN EATON)著的《马克思反对凯恩斯》,副标题是"给慕里孙先生的'社会主义'一个答复",我译出时改名为《英国工党的假社会主义》。因为解放不久,我们大学的经济学课程,基本上是凯恩斯的天下,大学中很少人知道马克思的政治经济学。翻译这本书,或者有某种意义。那是 1951 年初,我代表党中央去参加德国共产党代表大会,在会上遇见英国《工人日报》的副总编辑高兰(JOHN GOLLAN),后来是英国党的总书记,他作为英国党的代表,提到这本书才在伦敦出版,我向他讨了一本。收到后,我在北京颇有一段空闲,因此着手把它译出来,由世界知识出版社出版。我还为译本写了一个长的《后记》(见《一氓题跋》),意思就是上面那个意思。这是我 1949 年进北京城后的第一件文字工作。

1973 年我从监狱"解放"出来——这个词意和原来的解释不同,现行辞书似应增添这一新的义项——住在东交民巷外交部招待所。无所事事,赋闲,翻阅三联书店(原为人民出版社副牌)出版的《赫鲁晓夫回忆录》(KHRUSHCHEV REMEMBERS)的中译本。但其中第十八章《毛泽东和分裂》涉及中国,涉及毛泽东,没有被翻译出来。大家出于好奇,总在那里嘀咕究竟那里面有哪些内容,真不真实。于是我向陈忠经同志借到一本英文原书(英国安德烈·伊奇出版公司出版),大致翻了一下这没有译出的一章。其他一些同志知道我看了原文,要求把它翻译出来给大家看。我看这章内容没有值得避讳的地方,也没有什么了不起的国家机密。涉及的问题无非是新疆矿产的合营,百花齐放的口号,战争与和平的估计,无线电站的管辖权等,赫鲁晓夫把所有引起中苏分歧的方面,都推到斯大林身上,推到尤金身上,而他自己则装成颇有远见,颇具政治家风度的角色;同时对毛泽东同志本人加以诬蔑和嘲笑。我着手把它译为中文,谁愿意看谁就拿去看。我到中共中央联络部工作后,于 1979 年,把译稿交给刘克明同志,他用中联部苏联研究所的名义把它单印了几百份。从 1928 到 1975 年这若干年中,总结起来,我就做了这些翻译工作。

十八

回到上海后,因为生活关系,由郭沫若提议并主持,在创造社由我和欧阳继修(华汉,阳翰笙)去编一份三十二开的小杂志《流沙》,刊名即是南昌起义部队最后在潮汕失败的那个地方的地名(属广东揭阳)。每月编辑费六十元,我和欧阳平分。

这半月刊,1928 年 3 月 15 日出第一期,4 月 1 日出第二期,4 月 15 日出第三期,5 月 1 日出第四期,为五一特刊,5 月 15 日出第五期,5 月 30 日出第六期。我用了两个笔名,写诗用 L,写杂感《游击》用氓,这是仿《布尔塞维克》上撒翁的《寸铁》,写短文章用一氓或李一氓,几乎都是些马克思主义启蒙文字。其他的供稿者,据现有目录当为:王独清、黄药眠、邱韵铎、龚冰庐、华汉、成仿吾、许幸之、李铁声、朱镜我、顾凤城……。有几个名字,今天已不能记忆为谁了,如谷音、振青、唐仁、N.C.、弱苇、启介、鹿子……。第一期的第一篇为《前言》,署"同人"。这个《前言》今天看来是相当"左"的,但还不是"可怕"的。我们反对中国式的文人,什么浪漫王子的歌者、发梦的预言家、忧时伤世的骚人等,自称为新生活中的战士、斗争中的走卒;我们反对风花雪月的小说、情人的恋歌,自称为粗暴的叫喊;并且侈言春雷没有节奏,狂风没有音阶,我们处在暴风骤雨的时代,因此应该是暴风骤雨的文学;而且确信"只有无产阶级才最能知道他自己的生活,唯有受了科学洗礼的无产阶级才最能有明确的意识"。就当时来说,这个《前言》,作为这本小杂志的指导方针,恐怕太伟大了一点,但还是立得住脚的,意思是正确的。可惜由于当时的环境,国民党的极端反动,这本小杂志只出六期就夭折了。

在办这个小刊物的同时,章乃器,当时是上海一位银行职员,亦办了一个小刊物叫《新评论》,其有关阶级斗争的言论,观点实在模糊。如说:"第一是在中国历史上,找不出阶级斗争的痕迹。第二是我们需要阶级斗争么?不过斗争总先要识清谁是压迫阶级和谁是被压迫阶级。像中国的情形,说是资产阶级对于无产阶级的压迫,或治者阶级对于被治者阶级的压迫,都是不透彻的。因为乡间的劣绅和城市间的帮匪,往往都是无产阶级,他们不但压迫无产阶级,同时也压迫资产阶级,甚至还压迫治者阶级……"因此在《战线》上,弱水作文加以批驳。在《流沙》上，我在一篇叙述马克思学说的短文后，也捎了一句，劝他们"不妨去读几本社会科学入门书"。

《新评论》把这两件事联系在一起，写了一封信给《战线》和《流沙》，说我们批评态度不好，避开问题的实质。看来要求他们去懂马克思主义是不行的，他们是当时上海少数资产阶级职业青年知识分子，同国民党没有联系，用不着去同他们对立。我们分开来，由潘汉年代表《战线》，答复他们一信，"流沙同人"代表《流沙》答复他们一信，认为他们的来信有诚意，很好，不纠缠这些争论，说这些争论由弱水和李一氓他们分别答复。一封公开信和两封复信，同意由《新评论》刊出（见《新评论》一卷十期，1928 年 4 月）。因此我在《流沙》第六期上，写了一篇《我的答复》。因《新评论》的信上，有"区区社会科学平凡人都能懂得"的话，所以我还是劝他们"不妨去读几本社会科学入门书籍"。至于弱水是不是有答复文章？弱水又是何人？现在也难于考证了。我们和《新评论》的论争没有继续下去。这个刊物是个小三十二开本，章乃器个人署名的文章，每期都有两三篇。它和 1940 年到 1944 年在上海刊行的《新评论》，是两回事，恐怕现在只有上海图书馆藏有几本了。

《流沙》，一本小杂志，存在不过三个月，上边也没发表过什么长篇大论。因此，无论在当时和现在，它都没有闪出什么火花，可以影响当世，留给后人。不过它和我个人的生命，却有这么一瞬的牵连，虽然在"文化大革命"中，有人曾苦心地去翻阅这个小刊物，想断章取义地从中找出一些攻击我的文字罪过。现在我重温少作，也没有什么可以后悔的。有幼稚的地方，但自认为这正是一个年轻的共产党人的气概。要自我欣赏的话，那些《游击》栏的杂文，那些涉及马克思主义的短文，倒无所谓，而《太阳似的五月》、《春之奠》那几首诗，还是有真情实感的。大革命失败了，自己怎么想的，自己应该走什么道路，都多多少少反映在这份小刊物上。这三个月没有白活。

《流沙》是 1928 年 6 月停刊的，几经酝酿，又从 1928 年 11 月起，仍用创造社的名义，出版《日出旬刊》。这也是一个短命的刊物，只出了五期，到 1928 年 12 月 15 日就停刊了。这个刊物是一张报纸的十六开大小，全部横排。内容偏重于国际国内政治经济情况，很少涉及文艺，没有发表过一首诗。写稿的人有沈起予、华汉、李初梨、李一氓、龚冰庐，其他有些署名已很难对上号，只有沈绮雨当即沈起予。我又另用"孔德"的笔名，写过几篇短文，因为要用孔老二后代的名义和林语堂开个玩笑,所以用了这个带孔姓的笔名。在《新思潮》第二、三合期上,也用这个笔名,写过两篇书评。《流沙》和《日出旬刊》之间有四个月的空白,这个旬刊是否仍由欧阳与我合编,是否仍向创造社拿编辑费,已不能记忆。旬刊仅出了不到两个月,这些问题的是或否,也就没有弄个一清二楚的必要了。

1930 年 4 月至 5 月,我又负责编了一个小刊物《巴尔底山》。五十年之后,1980 年 4 月,我写过一短篇回忆录《记巴尔底山》(见《一氓题跋》)。我在这小刊物上也写了些短文,其笔路和在《流沙》上的《游击》差不多,刊物取名也类似。因此也就不再另行重述了。因为是巴尔底山(即 Partisan,游击队之谐音),所以把撰稿人冠以"队员"之名,有一个三十个队员的名单,附在第一期末。即"现在就将基本的队员,公布如后:德谟、N.C.、致平、鲁迅、黄棘、雪峰、志华、熔炉、汉年、端先、乃超、学濂、白莽、鬼邻、嘉生、芮生、华汉、镜我、灵菲、蓬子、侍桁、柔石、王泉、子民、H.C.、连柱、洛扬、伯年、黎平、东周"。我的笔名,没有用先前用过的 L、一氓,而是另用了"德谟",即为我原名民治英译汉,德谟克拉西之前两字。还用了"鬼邻",因为我那时住在静安寺路东头赫德路(今常德路)的某里某号,紧靠万国公墓(今静安公园),与洋鬼子为邻。但此一笔名后来并未在他处用过。

十九

大革命失败后,一个很重要、很迫切的问题提出来了:中国向何处去? 这个问题更紧密地联系到中国社会性质的问题。其实这个问题在党的六大(1928 年)决议上,是解决了的,因此而形成的政纲也基本上是正确的。六大确认"中国现在的地位是半殖民地","中国革命现阶段的性质是资产阶级民主革命",并指出:"如果以为现代中国社会经济制度以及农村经济,完全是从亚洲生产方法进于资本主义之过渡的制度,那是错误的。"但中国当时的反动党派,竭尽一切诬蔑和歪曲之能事,反对我党。国民党、国民党分支的改组派和第三党、国家主义派,其他的资产阶级知识分子集团如新月派、现代评论派,以及托陈取消派,都在不同程度上认为帝国主义势力已不存在;认为在鸦片战争后,中国已建立资本主义;认为中国的封建制度早已消灭,现在不过是"残余的残余"。这么一幅美好的景象,无非是要证明:反对帝国主义是错误的,反对买办资产阶级是错误的,进行土地革命是错误的。那么,什么是正确的呢?一言以蔽之,拥护国民党现政权,搞改良主义。

因此,中国共产党对上述各派和他们的各种反动论点,加以批驳,就成为当时理论战线上的重要任务。于是,一场关于中国社会性质问题,亦即关于中国革命性质问题的论战便于1929年开始了。我们办的《新思潮》月刊,在1930年4月,出了一个专号,从各方面论述这个问题,正面阐明我们的观点。其中有向省吾的《帝国主义与中国经济》,王学文的《中国资本主义在中国经济中的地位,其发展及其前途》,吴亮平的《中国土地问题》等。我写了一篇《中国劳动问题》的文章。

当时,有个回国不久的美国留学生陈达,在商务印书馆出了一本大书《中国劳工问题》(1929年),提倡对中国工人阶级实行改良主义。认为中国劳动问题最紧要的是工作时间和工资两点,抹杀帝国主义在中国劳动问题中的重要性,甚至把五卅罢工亦列入劳资纠纷。这正是当时反动政府所亟须的,貌似同情工人,而实际是有利于反共的言论。在中国劳动问题上,我们如不反对改良主义,则我们的革命职工运动,不但不能前进,反而会垮台。那时我们自己缺乏劳工统计,只能利用不完全、不系统的统治阶级公布的资料,来说明问题。首先,我叙述了《中国劳动问题的根本性质》,确认中国劳动问题与帝国主义剥削的关系,它的殖民地性质。其次,我叙述了《中国劳动的一般状况》,涉及工资、工作时间、女工、童工、劳动保护、罢工、失业、劳动法等具体数字和事实,来证明中国工人阶级既受帝国主义的压迫和剥削,也受买办资产阶级的压迫和剥削,其残酷程度,在国民党统治下和北洋军阀没有两样。再次,我论述了《中国劳动运动与中国革命》的关系,认为中国劳动阶级的革命对象是帝国主义、封建势力和资产阶级,它的同盟军则是劳苦农民。——在这里我没有把民族资产阶级同买办资产阶级分开,统称为资产阶级,认为大革命的失败,是民族资产阶级向买办资产阶级投降造成的。经过一个长时期,为了阶级利益的关系,民族资产阶级才逐渐从买办资产阶级中分化出来,但那是1930年以后,大致是九一八事变开始以后的事了。

第四为批判改良主义,我写了《社会改良主义与中国无产阶级》一节,在国际上批判了有代表性的国际劳工局的多玛,在国内则批判了有代表性的官方的黄色工会。宣传革命,反对改良。

最后,我着重地批判了陈达关于中国劳动问题的解决办法。陈提出:(一)消极办法是节制生育;(二)积极办法(1)治标是给谋生的机会(如兴工业),(2)治本是调查生活费,研究生活状况,改善工作条件,实行养家制度,合作制度,失业保险,科学管理。对这种意见,我当时确实认真地去一一加以说理的驳斥,现在看来,也是有必要的。

我的结论是,中国劳动问题必须从中国革命这个角度来理解,因此不得不从打倒帝国主义来解决。旧中国的劳动问题不是用改良主义所能解决的,必须用打倒帝国主义的革命来解决。这个结论是正确的,并且我们为它奋斗了。

1931年国民党公布了工会法和工厂法。因为我写过有关中国劳动问题的文章,中央宣传部就要我写一篇文章《反对工会法与工厂法》,这就是1931年3月刊载在《红旗周报》第二期的那一篇。我认为国民党的工会法和工厂法,从根本上说是反革命的东西。虽然它在工厂法中加入了一些改良欺骗的条文,但根本无法实现,因为帝国主义反对它,资本家反对它。至于工会法,它的出发点就是把革命的工会改变为黄色工会,使工会为资本家服务。因此,中国工人阶级,必须以反对工会法和工厂法来进行日常斗争。

这个《红旗周报》1931年3月创刊,1934年3月停刊,共出了六十四期。这是一个中央和江苏省委合办的宣传刊物,不能说是中央的机关报。前期,多有以思美和洛甫署名的张闻天的文章,我在这个刊物上只写过这么一篇东西。

刊头"红旗周报"四字看来是杨度写的。

在此以前,我曾经做过两三个月的职工工作。我一个人搬到杨树浦,租一个亭子间,和当时在杨树浦纱厂的负责党员建立联系。他们有什么重要的会议我也去参加。主要的,我是去找比较激进的工人,做调查工作,了解他们在工厂的劳动情况、工作条件、工资报酬和他们的生活状况,并了解厂方的管理办法。建党前期,大家都是从搞工人运动开始,所以搞这一行的人数较多,还有一部分工人出身的党员,情况也熟悉。大革命失败以后,城市里面做工人运动的人就少了,也把我临时拉去凑数。工作了几个月,我很感兴趣,除了随时向省委报告以外,我自己也搜集了一些材料,看了一些有关职工运动和工会的书。后来大概因为我不能直接下厂做工,不能出面跟更多的工人群众来往,这总是一个缺点，因此又把我调出来干别的工作去了。但是，有这么几个月的实际经历，有这么个基础，这两篇有关职工问题的文章，似乎就言之有物，而不是空空洞洞瞎说教了。

我还在 1930 年 9 月在《社会科学战线》发表过一篇长文，《社会民主党纲领批评》。这本杂志原是《新思潮》停刊后的继承刊物，好像就是"社联"的机关刊物，但也只出了一期。上海图书馆存有一本，恐怕很难找到第二本了。

当时上海忽然出现一个小刊物，名《穷汉》，载有《社会民主党纲领》一文，想来是这个党的机关刊物。整个纲领是改良主义的，摆脱不了旧三民主义、欧洲社会民主党的那一套。现在这个刊物颇难找到了，上海图书馆仅藏创刊号一张，1930 年 7 月 6 日出版。通讯地址是上海金神父路 125 号。创刊号有《本报启事》称：

> 本报是穷汉们的喉舌，如果穷汉们有什么痛苦的事，要叫喊出来的，请快些将稿付来。……因为我们是穷百姓，攀不上贵党。甚至我们叫的，也不敢烦"红报"代劳，亦和《红旗》上海报及某报！因为我们是安分守己的小百姓，不敢和土匪或杀人放火的红将军们，和食卢布饭的红记者们亲近……。（原文如此——一氓注）

这个报的嘴脸，一看这个启事就清楚了。报的中缝还登有《现代军人月刊》的广告，口号是"军队民众化，民众军队化"。因此当时很容易联想到这是第三党——原来是"中国国民党临时行动委员会"，谭平山领导时（1928—1930 年）是"中华革命党"，后又自称为"生产人民党"。因为从纲领内容，从对我党的态度，从附带出《现代军人月刊》看，应该是第三党的刊物。当时第三党又自己宣布改为社会民主党，从纲领的改良主义性质看，这个刊物有极大可能是第三党办的，当时未加调查了解。关于第三党，党中央曾于 1928 年 5 月，发过一个通告，分析它的来源和它的前途，认为从阶级性质上说，第三党没有成为独立政党的可能，事实上它是反对工农暴动，效忠于豪绅资产阶级蒋介石的走狗。这种分析未免过于简单，结论就更加轻率。后来党机关刊物《布尔塞维克》第二卷（1929 年 7 月和 11 月）又有一篇连载的文章《第三党的理论系统及主张根据》，对它进行了批评。作者祚孚。在关于第三党问题上，有一种误解,以为第三党是中国共产党和国民党之间的一个党,即第三党,其实不确,第一个是蒋介石的国民党,第二个是汪精卫的国民党,改组同志会,即改组派,第三个是邓演达的国民党临时行动委员会。我以为该这样理解。我的那篇《社会民主党纲领批评》,则是专批判这所谓"纲领"的。因为估计是第三党,而第三党又以邓演达为主,所以把文章分为两部分,前部分专论社会民主党的性质,笔锋直对邓演达。后部分则逐条批驳纲领的条文。

1930年5月邓演达回国,谭平山离开第三党,又把"中华革命党"、"生产人民党"这些党的名称取消了,仍恢复为"中国国民党临时行动委员会",以邓演达为首——这个组织1935年以后,又改称"中华民族行动委员会"。它的机关刊物叫《革命行动》,一开始就表明了它的反共立场,公开宣称:"中国共产党现时正在第三国际的舞弄下面,要在中国建立苏维埃政权,实际是使中国成为第三国际的属邦,苏联的附庸。"并且认为,我们所进行的土地革命和武装斗争,"决不能解决中国的革命问题"。他们提倡空洞的所谓"平民政治"。对于土地问题,则是抱着改良主义的态度,既要照顾富农,更要照顾地主。他的基本弱点更在于搞军事投机,通过他保定同学的关系、黄埔的关系,在国民党军队当中进行联络活动,企图搞军事政变。还是孙中山的老办法,没有群众基础,最后连自己也被人出卖了。

其实,第三党不曾出过《穷汉》这样一个小报。因此即或一般的评论论点是正确的,但把这个所谓《穷汉》的小报算在第三党名下,把这个组织和所谓纲领又算在邓演达名下,则全出猜测,不是事实,完全错了。回忆到这场笔墨官司,弄清楚事实之后,我感到非常对不起邓泽生(邓演达)。虽然说这个纲领应该批评,但张冠李戴总不好。

同时,这个《穷汉》,现在只看见第一期,究竟出了几期,不知道。所谓《社会民主党纲领》刊载在哪一期,已不可考。最基本的问题是这个刊物是哪些人搞的? 这个党存在了多久? 当时弄不清楚,事隔五十多年,更无法去进行调查、了解。简直永远是一个谜了。

至于那些纲领条条,第一条讲无条件直接选举,第二条讲言论、结社自由,第三条讲罢免权,第四条讲省宪法,第五条讲国民军制,第六条讲土地私有之最大限额,第七条讲公有企业,第八条讲森林、水利、铁路、航运等,第九条讲金本位制,第十条讲累进税等,第十一条讲劳动法,第十二条讲合作社,第十三条讲提高工农生活,第十四条讲义务教育,第十五条讲社会保险,第十六条讲司法独立,第十七条讲不平等国际关系等等。今天看来,这个纲领不成系统,非常混杂,即以社会民主党而论,水平亦低。这批人这样搞,除了要达到反共的目的外,还有别的什么可以说的呢。我却老老实实地一条一条的、一层一层的从理论和现实加以批驳,是不是有点浪费笔墨呢? 不然,当时的中心问题是中国要向何处去? 每个阶级,每个集团都有自己的立场,自己的看法,自己的主张。在上海出现这么一个莫名其妙的社会民主党,也不是没有原因的。资产阶级附庸的改良主义思潮,总是要在阶级斗争非常尖锐的时候,跳出来扮演一个温良恭俭让的角色,以麻痹无产阶级斗志。当时的情况就是如此,不能熟视无睹。

除了无缘无故得罪了邓泽生先生,我深表歉意外,反对那么一个社会民主党纲领,我并无后悔之意。

二十

列宁说过,"一个要存在的党,在它要存在的方面,不能和要把它埋葬的敌人妥协。"三十年代我们在上海所进行的各方面的,文学、社会科学的各种斗争,就是为了保卫自己的存在。中国的社会性质是什么? 中国的革命性质是什么? 革命动力是哪些阶级? 革命还是改良? 革命还是议会政治? 反不反对帝国主义? 反对封建文学、资产阶级文学,还是听其泛滥? 如何对待法西斯主义? 什么叫土地问题? 什么叫劳动问题? 相信孔老二,还是相信马克思?反对国民党,还是附和国民党? ……对这些问题,难道一个共产党人会没有一个马克思主义的态度? 难道一个共产党人可以不为捍卫党的存在而坚决进行斗争?

1927 年底,1928 年初,一批和创造社有联系的日本留学生,放弃了大学毕业回国来了。他们是彭康、朱镜我、李初梨、冯乃超、李铁声。处在革命低潮的时候,他们反而怀着饱满的革命热情,想为中国工人阶级的革命事业贡献力量。不久,周恩来同志就接见了他们,鼓励他们为革命事业奋斗。后来,这些人都入党了。大革命失败后,徐特立老先生毅然要求入党,毛泽东曾给予极高评价,认为一个人在革命低潮时,反而要求加入中国共产党,这是一个非常难得的事情。这些同志,他们入党也是在同样的条件下,给予足够的评价,也是应当的。

彭康,因为被一个同志牵连被捕入狱。抗日战争后当过华东局的宣传部长,解放后当过上海交通大学校长。后来上海交大分家,他就去陕西当西安交大的校长。他是学哲学的,但办工业大学也取得了很好的成就。

朱镜我,在当江苏省委宣传部长时被捕,抗日战争开始后,任新四军军政治部宣传部长。皖南事变时,牺牲在战场上。

李初梨,在上海工作时被捕,抗日战争开始后赴延安,参加对日军的工作。全国解放后,任华侨事务委员会副主任。后又调任中共中央联络部副部长。

冯乃超,全国解放后任广州中山大学校长。

李铁声,因患肺病,青年逝世。

陆续回国的还有搞经济的王学文,搞美术的许幸之,搞经济的傅克兴,搞文学的沈起予。特别是王学文,经济学的理论水平很高,在延安马列学院教经济学很有名。他在1937年以前,对日本党和一些国际共运的联系上有很大的贡献。他的工作态度非常朴实、勤恳,在与党失掉联系的情况下,依然能够根据党的正确方向,继续为党工作,这是很了不起的。

这些同志在创造社首先编辑《文化批判》,1928年1月出第一期,同年5月被封禁,共出了五期。

开始一个短时期,这些同志的言论曾经针对过鲁迅,因此引起双方很尖锐的笔墨官司,把郭沫若、成仿吾也牵扯进去了。但这种笔墨官司打了没有多久就停下来了,反而酝酿各家联合,共同发起组织左翼作家联盟。所谓各家,就是鲁迅那里的人,太阳社的一部分成员,创造社的一部分成员,还有其他的一些人。这个联盟自然就共推鲁迅当盟主了。这个联盟于1930年3月2日正式成立,鲁迅还去发表了权威性的演说,在1930年4月出版的《萌芽》月刊上发表。这个联盟的名字很带日本味道,三个名词"左翼"、"作家"、"联盟"都是日本词语。中央为着协调上海的文艺活动,就组织了一个文化工作委员会。成员先后有:潘汉年、朱镜我、冯雪峰、阳翰笙、杜国庠、彭康、钱杏邨、田汉、夏衍和我。其中有的人还当过这个组织的书记。

从日本回来的这些同志,由于太热心,一直承担了两个罪名。第一是不应同鲁迅打笔墨官司。有些研究鲁迅的人,忽略了研究鲁迅和东吉祥胡同的正人君子的关系,忽略了研究《二心集》《南腔北调集》等这些鲁迅杂文的精粹所在。其实参加左联的这批创造社的同志,后来和鲁迅并不再有什么隔阂。1930 年 9 月 17 日给鲁迅做五十岁生日的时候,大家都参加了在荷兰饭店(当时法租界吕班路 50 号,今重庆南路 182—184 号)举行的祝寿宴会。那是一个荷兰人开的印尼式的西餐馆。因为我记得有这样一道甜菜,是把香蕉顺切开来捣碎,再加一些香料,然后回填进去,把香蕉皮合成原来的样子。这显然不是欧洲菜的做法。9 月 19 日《红旗日报》发表了祝贺鲁迅五十岁生日的消息:

> 9 月 17 日,是左翼作家鲁迅五十生辰,他的朋友柔石、画实、乃超、蔡咏裳、董绍明、许广平等,发起一个纪念会,参加的人除左联、社联、美联、剧联代表外,有叶绍钧、傅东华、茅盾、史梅特女士、罗佛、田汉、石民、蓬子、杨邨人等三十余人。首由主席柔石致开会辞,接着是各左翼文化团体代表讲演,都是很热烈地希望鲁迅在两个政权对立的现在,更勇敢地为拥护苏维埃政权而做文学上的活动。继由各来宾德国新闻记者史梅特女士演讲,德国社会民主主义的丑恶以及广大无产阶级斗争的发展与德国文坛现状,希望鲁迅坚决地为无产阶级文学运动而努力。末由鲁迅致答辞,首先批评他自己过去没有在革命中抱着牺牲精神,走上实际行动,表示对革命的惭愧。次说明他过去生活史的发展,最后表示将努力完成朋友们的希望云。

我们也经常去内山书店找鲁迅,有什么事情都同他商量,他还几次请我们吃便饭。成仿吾从鄂豫皖根据地出来,要到江西根据地找中央关系,首先还是通过鲁迅才跟上海的党接上头的。从大范围来说,他和党的关系就更不错了。瞿秋白在上海的时候,他们的来往是再密切不过了。没有很好的超过朋友的关系,他就难于为瞿秋白编印《海上述林》了。鲁迅之所以为鲁迅,不在于他写了几篇讽刺创造社的文章,而在于他站在中国劳动人民一边,站在中国共产党一边,贡献了他的智慧。

第二是口号文学,即普罗文学。普罗文学现在提起来还是当成一个好笑的贬词。其实用阶级分析来看待文学,这还是首创,拿它来反对国民党、反对资产阶级的文学,还是有力的武器。不过他们把 PROLETARIAT 不意译为"无产阶级"而音译为"普罗列塔里亚特";把 BOURGEOIS 不意译为"资产阶级"而音译为"布尔乔亚",也被当成一种笑话。其实,这两个外国字译作"无产阶级"、"资产阶级"也未必词真意确。还有一个德文字 Aufheben 他们译作"奥夫赫变",后来都意译为"扬弃"也未必适当。所以佛经里面出现"涅槃"、"波罗蜜"、"般若",更啰嗦的是"阿耨多罗三藐三菩提",这类音译名词是颇有道理的。汉语当中也有这样的情况,用外文翻汉语,也不是很准确的,如"精神",就不能翻成 SPIRIT,因为这个词在外语当中是非常宗教性的,类似"神灵",而汉文的"精神"这个词,却没有这个意思。又如"义和团"被外国人翻译为"BOXING BANDITS"("拳匪"),更是离题十万八千里了。近时的武打片,外国人并不译作"拳击片(BOXING)",而是直接用广东名词来音译为"功夫片",而且把这个词列入正式的词典。所以随意嗤笑这些什么"普罗"、"布尔"、"奥夫"也不是很严肃的学术态度。

这些同志都在左联、社联和党内的文委参加工作,又各自尽了他们自己的力量。我却同他们不一样,我不想做文学家,我从来没有写过小说,也从来没有想写小说。大概我这个人对生活细节观察不细腻,形象思维又不丰富,很不适于做什么文学家。而且从大革命失败之后,总想着一些实际问题,怎么样同国民党进行斗争,注意力都在国际政治、经济的发展,国内政治、经济的发展,武装运动的发展,中国的社会性质等等问题上。成天都想怎样能够进入更实际、更有革命意义的活动领域。因此左联的工作没有我的份儿,所以我虽然作为文委的成员,却并没有认真去关心他们那些事情。

至于社会科学联盟,成立在左联之后,比左联更松散,也找不出一个像鲁迅那样的盟主,工作只着重在有条件的许多城市里,如去北平组织分盟。或者在一些大学里搞社会科学的读书会,吸引一些进步学生参加。但我个人跟外地没有联系,就是上海的大学我也不认识谁,因此这些实际工作我都没有参加过。不过文委总在一个星期或两个星期之内,在北四川路一家咖啡店楼上,开一个讨论会,有时讨论这个团体、那个团体发生的实际问题,但有时也务虚讨论政治问题,或者理论问题。这种会议,中央宣传部都派人参加,前后不一样,开始时是吴亮平,即翻译《反杜林论》的那个吴黎平。后来是张心如,是在苏联学哲学的。最后是潘问友,刚回国的苏联留学生,当过李立三的秀才,后来叛变了。讨论时,他们以个人资格发言,有时我们也反对他们的意见。

另外这些人还组织各自的小支部,作为党的基层组织,大概三个人就成立一个支部。大体上我们都是找一个吃茶的地方早晨开会,不出一个钟头,传达一些跟文化工作无关的党内情况,那种字很小的党内油印文件,也就在会上传递,自己拿回家看去,传到最后一个人手里,看过就销毁了。

我必须说,我在文化工作委员会,除了参加会议、写点什么东西之外,不像其他的同志非常活跃地领导了这个工作。所以我对于这个时期参加文化工作的回忆,是很不系统的,也是很零散的。

二十一

白鑫的案子原来跟我没有关系。1929 年 8 月他事先已经跟蒋介石特务勾结好了。他是黄埔一期学生,在中央军委工作,受彭湃、杨殷的领导,他出卖了彭湃、杨殷。是一个百分之百证据确凿的叛徒,彭湃、杨殷被捕以后,他就跑到南京去了。

彭湃、杨殷是广东人。当时上海有一个开业当医生的广东同志柯麟,因为他们都是广东人,既有同乡关系,也有医生和病人的关系,还有同志关系,他们来往比较多。白鑫也经常跟着彭湃、杨殷去到柯麟的门诊所,因此他和柯麟也熟悉。

我这时住在静安寺路(现南京西路)西摩路口(现陕西北路)转角的地方,一个三层楼的铺面楼房。楼下是个大的洗染店,现为七间门面的泰昌食品商店,当时的洗染店不过是它七间中的一间。我租下了这个洗染店的二楼和三楼,还有一个亭子间。但我经常只住三楼,临时有同志需要,我就把二楼让给他们住,譬如李硕勋夫妇就在二楼住过几个月。柯麟的门诊所开在北四川路老靶子路口,五洲药房的楼上。我就把二楼让给他,作他的宿舍。这使得白鑫也就知道他的家在哪里了。

忽然有一天白鑫打电话给柯麟,说是他从南京回来了,要到家里去找他。老柯就着慌了,赶快由北四川路跑回西摩路和我商量怎么办。我说必须报告周恩来。就由他写了封信,我想办法很快就送到周那里去了,也很快得到回信,要柯麟约白鑫到他的家里来。到了约定的时候,我很紧张,从楼上一望,显然有几个人是来采取行动的。但是等了很久,已经过了约定时间,白鑫也没有来。当天晚上,我接到周恩来一封信,信封里装了五十块钱,要我立刻搬家。当然柯麟还得继续坚持下去。我匆匆忙忙两天之内找到房子,从英租界静安寺路,搬到法租界的霞飞路(现淮海中路)的明德里,在那里租了个厢房楼。搬是搬走了,还拖欠着这个洗染店二房东一个月的房租。

白鑫知道自己在国内再也待不下去了。国民党就决定送他去国外,好像是要去意大利,向墨索里尼学法西斯。他又从南京来到上海,准备去国外,住在上海市党部 CC 特务头子范争波家里,在霞飞路、蒲石路(现长乐路)之间的和合坊。11 月 11 日晚上,即白鑫要上船的前一天晚上,在范争波的家门口,由我们的人把他除掉了,达到了铲除叛徒的目的。主人范争波也受了伤,可惜没有把他打死。这件事情上海报纸在第二天便登载出来了。

柯麟很快便知道了这件事,并得到通知,要他即刻离开上海,办好去沈阳的手续。幸好他当天晚上就离开了上海。第二天,法租界的巡捕房会同英租界的巡捕房派人到西摩路我们住的那个地方去捉他时,扑了一个空。

我欠洗染店二房东一个月的房租,总不好不还给人家,我也不知道巡捕房去过那个房子没有。事过几天以后,我去那个洗染店还清了房租。洗染店的店员才告诉我,有巡捕房来捉过柯麟。我认为洗染店不会把白鑫的案子和柯麟联系到一起,而巡捕房去的时候,我早已搬了家,也不会把我联系在一起。洗染店还问我,你那个朋友是怎么一回事。我随便答了一句,"怎么,你认为他是绑匪?"就这样敷衍过去了。

这件案子前前后后都跟我没什么关系,无非柯麟住房子把我牵到事件的边缘,如果不是一封信里附上五十块钱,我还不一定会很快搬家。若是在事件发生以前我还没有搬家,等到事件一发生,那就很危险了。

1930 年 5 月,在上海开了一个全国苏维埃代表大会。这个会议是用中共中央委员会和中华全国总工会的名义召集的。因此筹备工作,都是全总林育南负责。筹备工作地址在爱文义路卡德路转角(即现北京西路石门路口690—696 号)。至于真正开会的会场则在卡尔登戏院(现长江剧场)后面一排楼房里,在白克路上(现凤阳路)。开会以前,中央决定由我去做这个开会的房子的主人。那时赵毅敏和李一超(女,又叫李坤泰)才从苏联回国不久,他们都是 1928 年冬天回国的，就让他们一个人当我的弟弟，一个人当我的妹妹。当然那时我还有妻子和两个小男孩，结合在一起，自然很像是一家人了。

赵毅敏，解放前就在东北工作，解放后曾当中共中央联络部副部长。可惜的是李一超，她是个四川女同志，是以产五粮液出名的宜宾县人，就是后来在东北参加抗日联军牺牲了的鼎鼎大名的赵一曼。作为一个家庭成员时间不长，但由于她性格爽朗，又是四川人，又姓李，所以我们的同志、同乡、同宗的关系很好。这个"家庭"解散以后，我们还有几次私人来往，但以后就不知她到哪里工作去了，我也离开了上海。直到解放初期出了一部《赵一曼》的电影，我才知道，赵一曼就是李一超。她 1932 年就到了东北，参加了东北的地方工作和军事工作，任一个团的政治委员，1936 年在黑龙江珠江被杀害。这些事情都是看了《赵一曼》这部电影以后才知道的。现在有些关于赵一曼生平事迹的叙述，无论在她牺牲的尚志县，还是她出生的宜宾县，都没有她参加苏维埃代表大会，作为我李家的家庭成员这一段。大概现在知道她这段短期生活的，除了赵毅敏和我以外，已没有什么人了。

这个机关是顾顺章他们精心组织的，我不过以一个房主人的面目对外。厨房是他们组织的，汽车是他们的，房子里面的家具陈设也是他们搞的，房内房外的警戒也是由他们布置的。我们无非是大人小孩在楼下打麻将，开留声机，掩护这个会议。当然除我们这个临时家庭以外，还有参加会议的工作人员，他们不住在那里，是来来往往的。我记得有贺昌，可惜他后来在江西牺牲了；有阮啸仙；有李春蕃，即柯柏年，三十年代在上海搞马列主义理论工作，解放后在外交部任美大司司长，后来当过驻丹麦大使和驻罗马尼亚大使；当然还有林育南。此外还有哪些人，就记不清楚了。

出席这个会议的人，实到四十七八个人。红军代表每个军两个人，一个军官，一个士兵，因为他们都是从部队来的，我全不认识。但我却记得两位同志，一是江西来的可能是代表三军团的滕代远，二是湖北来的何长工。特别是滕代远，他在四马路去买了一件女人的雨衣，因此出名了。中共中央的代表大概是向忠发和李立三，全国总工会的代表大概是徐锡根，因为林育南代表全总负责筹备工作，他是不是代表不清楚。至于上海的其他群众组织，团中央的代表大概是胡钧鹤，左联的代表肯定是柔石，另外，一个胡也频（福建人）、一个冯铿（广东女同志，又叫冯梅岭）也参加了会议，他们是代表反帝大同盟，还是代表互济总会,现在很难说。柔石后来曾根据他参加会议的经历,发表过一篇《一个伟大的印象》。可惜这三个同志去参加 1931 年 1 月的东方旅馆会议,全都被捕牺牲了。

这个会议开得很正式,不但挂了镰刀锤子的旗子,还唱了国际歌。政治报告是李立三作的,有文字文件,我就不去提它了。由于是李立三领导的,也正是立三路线的形成时期,所有会议文件,都带有立三路线的色彩,这是不可避免的,也是无可奈何的。立三在作报告的时候,脱离稿子说了一句:"等我们打下武汉的时候,再告诉第三国际。"这一句豪言壮语,立刻传遍了整个房子,甚至于我们这些男男女女的房主人都知道了,真可谓语惊四座。现在看来,这个大会虽然开得很热烈,但是过高估计主观力量,为立三路线打下理论基础。他搞了十个文件:一、全国政治形势及苏维埃区的任务;二、苏维埃组织法;三、扩大红军与武装农民;四、劳动法;五、暂行土地法;六、告全国工人书;七、告农民书;八、告劳动妇女书;九、告青年书;十、援助东方被压迫民族革命宣言。这么多文件,只在文字上下工夫,是不是切合实际,是不是太烦琐,反正会是开了。由于李立三起了主导作用,我以为这个会对于苏维埃运动以后的实际发展并没有多大影响。

出席这个会议的人绝大部分不是真名字,弄不清谁是谁。譬如,第一次会议(5 月 21 日)主席,就无名无姓,只写"CP 代表"。第八次会议(5 月 23 日下午)议程是:红军问题报告、讨论及结论,报告人是廖泰沧,就不知道是出席会议的哪位红军代表。这次我去帮忙做记录,后来文件上在"记录"后就注上了"李一氓"三个大字。李春繁(柯柏年)也在大会上担任过记录。

当然会议一结束,这个临时家庭就解散了。

二十二

1931 年 8 月底,党中央军委派我和胡公冕,同往驻在河北的孙殿英部工作。我是作为政治代表,胡公冕作为军事代表。我们到北平的第二天,就发生了九一八事变。我和孙殿英本人和他的部下都没有关系,只有胡公冕和他有点关系。我们到北平以后,也没有贸然地去到他的司令部。因此,我住在北平,先由胡公冕去找他。过了几天,胡公冕回到北平说,因为九一八事变,他的部队可能会有调动。孙表示,以共产党的名义去找他的人有好几起,他也难以分辨谁是真的谁是假的,所以他决定,用共产党名义来的人,哪一个他暂时都不接待,意思就是婉拒我们了。我还是继续留在北平,胡公冕就回上海汇报,看下文是什么。以后胡公冕就再也没有来北平,要我在北平等东北党的交通员,带我去参加东北党的工作。因此我就只能一个人留在北平了。后来东北的交通员始终没有来。9月底,得到中央军委的指示,我又回上海去了。这样在北平共住了约一个月。

我没有到过北方,这是第一次到北平。胡公冕一走,就是我一个人,也不认识谁。想来想去,这时候陈公培还住在北平,他大概住在养蜂夹道,我去看过他两次。那个时候,从城里到颐和园交通非常不方便,全是土路。要么是出西直门雇个驴子,骑驴子上颐和园,下午又骑驴子回城。要么几个人雇一辆破汽车,直去颐和园,这比骑驴子快。陈公培还陪我坐这种汽车去逛了半天颐和园,这在当时是很不容易的事了。逛了以后,也没有什么特别的印象。后又查到了陈启修(即陈豹隐,陈莘农)在北大当教授,我去看了他一次,这是个四川同乡。两陈原来都是党员,后来都脱党了。但他们无非是消沉罢了,并不是出于其他原因。我想,看看他们不会有多大问题,同时还可以了解一下北方的情况。

陈莘农主要是应付我,请我吃一顿饭,也没有谈什么。陈公培住在北平,好像也没有什么事,但是总不能天天去找他们。因此空闲的时间比较多。我一个人从前门搬进城,住在王府井南口的华北饭店,去东安市场,步行就到了,顺路下去就一直可以去北海北京图书馆。解放后,这个华北饭店就拆掉了,没有另建什么新楼。我大部分时间就消磨在北京图书馆,多是上午十点钟以后去。那时在北京图书馆还可以吃简单的午饭。我看的书大部分是关于太平天国的。下午再看一两个钟头,就回到旅馆。晚上一个人去东来顺吃涮羊肉。胃口很大,每次要吃四盘,还有家常饼。现在是吃不了那么多了,东来顺也不见卖家常饼这种面食了。

开始的时候只因为无聊,就去东安市场的吉祥剧院看京戏,但是渐渐地就看上瘾了。每天晚饭在东来顺吃,吃完饭就去吉祥剧院看京戏,这就成了每天的常课。那时北平的旧戏院的经营方法很奇怪,戏票全都包给了某几个人,每个人都有自己的常客。这些常客只要打电话给他,他就把最好的位子留给你。在这个位子的前面,还替你准备了糖果、水果、香烟。这样,看客要担负三种费用:一、这些零食不管你吃不吃都要给钱;二、应交的戏票钱;三、每次还要给作为这些劳务的小费。这些不一定当天付清,可以三天以后付,也可以一个星期以后付,甚至可以半个月以后付。我因为连去几次,一位这样包座的人就把我当成他的常客来对待,我随时去都有好位子。位子前面也摆了些水果。我每次都是一个人,没有什么人好请,也不愿摆这个阔气。经过交涉,免去了水果,我宁愿多给一点小费。这种人在北京我记得有一个专门的称呼,但是始终回忆不起来。没有办法,只得写信去请教翁偶虹和唐在忻两位,他们都是行家。他们都承认有这种经营方法,可又说不出有什么专门的称呼。但是这种人在上海有一个名称,我却记得清清楚楚,叫"案目"。北京的戏场还有一个习惯,头一两出都是点戏,这时一般情况下看客都到不齐,要到名角演压轴戏的时候,那才满场。当然有些名角的压轴戏号召力并不大,再加上某些市场原因,也未必能够卖满座。我对于京戏,原来什么知识也没有,在北平住了将近一个月,大概总有一半的晚上看了京戏。当时的几位名角,如梅兰芳、程砚秋、谭富英我都看过。而这些角色在上海演出时,我却没有去看过。那时没有扩音器,一个演员要靠自己的嗓子把整个戏场压住是不容易的。在这点上,程砚秋的本领特别大。以后,我就对京戏发生一定的兴趣,并且认为这门戏剧的艺术造诣非常高,比我幼年看的家乡川戏高多了。当时的戏院还有个奇怪现象,戏院的后排座位后面,横放一个长案,四周摆上几把空椅子,好像舞台道具一样,上面放了一个令箭牌,写上四个大字"奉命弹压",是专为宪兵队、警察和其他类似人员看白戏准备的地方。这种办法,不仅是北洋军阀的办法,恐怕还是清王朝的办法。

我虽然每天去北京图书馆看书,但没有多大收获,而久等东北交通也等不来,再在北京住下去,旅费也不够了,只得又回上海。

1932 年 2 月 16 至 21 日,上海《时报》、《新闻报》、《申报》、《时事新报》忽然连续刊出:

伍豪等二百四十三人脱离共产党启事

敝人等深信中国共产党目前所取之手段,所谓发展红军牵制现政府者,无异消杀中国抗日之力量,其结果必为日本之傀儡,而陷于中国民族于万劫不回之境地,有违本人从事革命之初衷。况该党所采之国际路线,乃苏联利己之政策。苏联声声口口之要反对帝国主义而自己却与帝国主义妥协。试观目前日本侵略中国,苏联不但不严守中立,而且将中东路借日运兵,且与日本订立互不侵犯条约,以助长其侵略之气焰。平时所谓扶助弱小民族者,皆为欺骗国人之口号。敝人本良心之觉悟,特此退出国际指导之中国共产党。(原文照抄——一泯。)

当时,周恩来已离沪去江西苏区,用伍豪名义登的脱离启事,显然是国民党特务伪造出来反苏反共的,这必须想个办法加以澄清。经过大家商量,决定由潘汉年找当时法租界巡捕房的律师陈志皋,代表伍豪登一个否定的启事。但陈说他虽然在巡捕房工作,总是中国人,出面不方便。国民党要是找到他,他难以解释。他建议代我们找一个法国律师巴和,代表周少山登一个紧要启事:

兹据周少山君来所声称:渠撰投文稿曾用别名伍豪二字;近日报载伍豪等二百四十三人脱离共产党启事一则,辱劳国内外亲戚友好函电存问;惟渠伍豪之名除撰述文字外,绝未用作对外活动,是该伍豪君定系另有其人;所谓二百四十三人同时脱离共党之事,实与渠无关;事关个人名誉,多滋误会,更恐有不肖之徒,颠倒是非,藉端生事;特委请贵律师代为声明,并答谢戚友之函电存问者云云前来。据此,合行代为登报如左。

事务所法大马路(今金陵东路)四十一号六楼五号

这样,这个启事就于1932年3月4日在《申报》登载出来了。

这个启事没有用伍豪的名义而用周少山的名义,又说伍豪是周少山自己的笔名。这个小动作很妙,因为启事登出后,国民党曾派人去找巴和,问伍豪在哪里。巴和说:我的当事人是周少山,仅仅别名叫伍豪,你们要找的伍豪当然不是这个,而且他自己也登有启事,你们可以直接去找他。这个启事的内容,明显地分辨出来那个伍豪启事是伪造的,因而我们没有很琐碎地去反驳他那些反苏反共的言论。同时党内也在一些油印刊物上刊登了反驳的文章。

在当时来说,这个启事花一百两银子是贵了一点,但达到了我们的目的。因为周恩来已离开上海,他不会知道我们做了这些事情。以后也没人向他提过这件事。

麻烦出在"文化大革命"的时候。南开大学"红卫兵"查报纸,查出伍豪启事这一段,就告到毛泽东那里去了。这使得周恩来无缘无故一时处于很尴尬的地位。他不得不去找一些旁证,为自己做了辩护,写成一个送中央的大事记。那个大事记从 1931 年 1 月中央开六届四中全会算起,分月分日,记到 1932 年 2 月。当时只能依靠毛泽东出来说一句话,但 1967 年他只批给林彪等人去"阅存",1968 年才批"此事已弄清,是国民党造谣诬蔑"。可惜那些"红卫兵"只知道周恩来化名叫伍豪,并不知道还有一个名字叫周少山的人,笔名也叫伍豪;更可惜当时周恩来不知道我们已经替他登了一个有力的否定的启事;加之"红卫兵"告状以后,没有人找潘汉年和我查问一下,那样的话,凭这个启事就可以解决问题。

巴和律师代表周少山紧要启事,原文无标点,上面启事的标点是我加的。作为法律文件,应该如此标点,其他标点都是不准确的。

二十三

回到上海后,中央给了我一千块钱,要我去买一辆第二手的旧汽车;同时学好开汽车,并要领到英租界工部局的驾驶执照。因此,我回到上海的头一两个月就学开汽车,居然不多久就学会了,并且经过了考试,及格了,领到了私人车的驾驶执照。同时,通过关系,价钱比较便宜,就买了一辆英国造的小奥斯汀轿车(AUSTIN BABY)。

汽车不是什么别的东西可以隐瞒起来,在来往的朋友中,都知道我有了这么一辆私人车子。到哪里去,也开着这辆车,对人只好讲"开着玩"。至于这些人怎么猜想,如买车的钱从哪儿来的? 日常消耗的汽油费你出得起吗? 不管他们怎么想,也没有人问过,还不会引起很大的问题。因为汽车并不好,车价当时还便宜,不上一千块钱,汽油价格每加仑不到一块钱。反正那个时候我的交际范围也很狭小,对于那些不知我底细的人如二房东,倒反而认为我收入不会少,很阔。反正这是一辆汽车,不是一份文件,可以藏在什么地方,只能公开地东开西开。

上海当时有个汽车流向的规律,因为商业区和经济机构都在东头,而住宅区大都在西面。因此早晨九点以前,下午二点左右,大部分私人汽车都是由西向东上所谓写字间,即办公室;在十二点前后和五点钟前后,车子都是由东向西,离开办公室回家吃午饭,吃晚饭。因此,我要有什么行动,都事先弄清楚地址所在,大体上是从东到西,还是从西到东,把从西到东,以东为终点的事情都定在上午九点、下午二点左右;把从东到西,以西为终点的事情都定在中午十二点前后,下午五点前后。这样可以把这辆车子夹在其他的车子当中,一个方向前进,保证不会出问题。车子作为交通工具,我作为司机,我的任务就是把车子开到终点。车子上是坐的人,还是放上个什么东西,我就不去过问了。到终点的时候,还有人接应,保证万无一失。其实这种事情也不是天天都有的,有时一个星期一次,有时一个月也没有一次。组织上对这辆车子的使用还是非常谨慎的。

有必要会见什么人,有时也把车子开到兆丰公园去。因为我住在愚园路愚园坊,离兆丰公园很近。兆丰公园正式名字叫极司菲尔公园(JESSFIELD PARK),普通又叫梵王渡公园,这个公园树木多的地方很僻静,是个谈话的好地方。但是我也常把车子开到法国公园,因为它靠近环龙路(今雁荡路),普通又叫环龙路公园,现名复兴公园。那个地方也比较幽静,换一个地方找人谈话,这个公园也是个适当的地方。这个公园1928年才对中国人开放,所以在上海念书的时候,虽然知道有这个地方,但是没有进去过。解放后这个公园里面,增塑了马克思、恩格斯的雕像。这两个公园都是欧洲式的,无论池塘、树木、草地都比较开朗。中国园林则点缀太多,总有些狭隘的感觉。

平常也把车子开到下面就要讲到的席家,或者周家去打牌,有时晚上也开到什么舞场去。当时年轻眼力好,上海的几个主要街道汽车并不多。我这个高级的司机生活大概连续了十个月,车还开得不错,违章罚款只有一次。那时上海所谓汽车违章罚款,比较简单,巡捕(交通警察)认为你行车违章时,只抄下你的车子牌号,和你驾驶执照的号码,就由管罚款的机构,给你发一份罚款通知,你照这个通知上所规定的数目,给他送去就算完了。当时南京路上的车辆,规定顺着街面左边停是几点钟到几点钟,顺着街面的右边停是几点钟到几点钟,在规定时间内,车子不准停在相反的一面。有一次我疏忽了这个规定,所以被抄了号码,罚了款。

我这个开汽车的本事,后来就丢掉了。但是到了抗日战争时期,新四军也有一两辆小车子。一次从皖南到武汉,经过江西,同项英一路,司机已经连续开了十个钟头,不行了,我就接上去开了两个钟头,让司机休息一下。抗日战争胜利后,在淮阴来了几辆小吉普车,我也开出去玩,同志们都很诧异,认为我还有这本事。以后虽然也有汽车,但就没有去摸过了。进北京城的时候,解放战争胜利,部队同志一股风,都去学开汽车,有的学得好,有的好强称霸,翻下沟去的也有,翻到河里的也有。那时我曾要求市公安局发我一张驾驶证,可他们认为我也是赶时髦,因此拒绝了,不发给我驾驶证。现在更不行了,眼睛不好,北京如此之多的车子,要我坐在驾驶员的位子上,我也没有那个胆量了。不过至今我还留着一个职业司机的条件反射,在汽车上我并不开车,但遇着急煞车,前面有红灯这些情况,我的右脚就自然的要向下压一下,好像去压煞车踏板。之所以有这个习惯,是因为当时上海行车是在左面,方向盘在右面。

1931 年 11 月到 1932 年 9 月,除了这辆车子之外,当然我还干了些别的工作,完成了些别的任务。但现在回想起来,都未免太零碎、太简单,没有多大的意思,行笔至此,实在兴趣不大,所以就不再添枝加叶了。

1927 年秋回到上海时,中央通知准备送我去苏联留学,并答应郭沫若全家都去。总以为不久就可以动身了,哪知道 12 月就发生了广州起义。广州起义后,国民党立刻宣布和苏联断绝外交关系。停在黄浦江有一只苏联船,苏联关闭了上海的领事馆,就拿这只船接所有外交人员回国。船上就没有多余的位子让我们去苏联了。同样的,郭老一家人也不能去,中央后来同意郭老一家人去日本。我,还有一些同志,去苏联这条路已断绝了,就又希望广州起义部队取得最后胜利,在广州巩固下来,我们就好再一次离开上海,前往广东。但是广州起义又失败了。去苏联不成,去广州也不成,要是中央没有别的安排,看来只能待在上海了。待在上海做什么? 要待多久? 都弄不清楚。但是有一条是肯定的,自己必须在上海创造出一个能在上海待下去的生活环境。

这个生活环境也不能够主观地创造出来。刚到上海的时候,虽然在这里上过五年学,不是什么生地方,但就个人来说,没有什么显赫的亲友关系,所以也是很难混的。开始从各方面撤退到上海来的,好多是在大革命中认识的,都不负有什么工作任务,大家都闲着。因为是租界,就放松了秘密工作的纪律,私人之间常有来往。譬如李富春、蔡畅就常常到我家里来打牌。虽然政治气候处于低潮,但他们工作逐渐有了头绪,来的次数也就很少了,最后甚至不来往了。李硕勋、赵君陶夫妇时常有来往,到1930年他们去香港为止。潘汉年,我从香港回到上海的第二天,我们就见面了,此后既有私人来往,也有工作关系,一直到我1932年离开上海为止。杨贤江,这是我在上海东吴大学法科时期认识的一个老党员。他曾是商务印书馆杂志的编辑,搞教育工作。大革命失败以后,从武汉回上海,也是文委的成员。我们个人关系还好。1929年他因病去日本神户,就死在日本,还是我去神户把他的骨灰接回来的。欧阳继修因为共同编辑《流沙》,常常参加文委的会议,经常见面,到1931年我改变工作性质为止。王季甫,他又从广东转回上海同济大学继续学习,一直到毕业回四川为止。在毕业以前,我们也有来往,有时我也请他看个病。胡公冕夫妇来往的时间不长,好像后来他们就回浙江去了。刘芬(伯垂),这是一个湖北的老同志,是我在武汉时候认识的,他在上海也经常到我家里来。但是后来他也不来了,听说同陈独秀一起搞托派去了。这些同志有的是老的四川同乡同学,有的是在大革命中工作关系熟悉的,大家到了上海,恐怕他们也没有什么显赫的亲友关系,所以说有时到我家里来闲谈,有时我家里来打一场牌,也是很平常的事。当然这些关系不久都消散了。

就我来说,要能够在上海待下去,就需要有一种别的社会关系,而不是党内的社会关系。但是当时在上海非党的关系也不多。有一个同乡叫席文光,他是周孝怀的女婿,原来在华美懋业银行当职员,后来自己做交易所生意。这是我在上海念大学的时候就认识的。他已在上海成家。1927年四一二那个时候,总政治部被白崇禧封掉了,我没有地方去,就住在他家里。我们私人关系极好,所以回到上海以后一直同他有私人交往,或者星期天去他家里吃一顿饭、打一阵牌,但是他们到我家里来的机会是很少的。联系到这个关系,我又认识了他的内弟,就是周孝怀的二儿子,叫周师郑,那时正在德国的礼和洋行工作。他也已经成了家,因此有时星期天我们也到他家里去吃一顿饭、打一阵牌。有时也结伴去一个什么游乐场,或者某个晚上也结伴去跳舞场。这样就逐渐地把我的生活和工作分开了。

这时除了同在文委有工作关系的同志以外,其他就不大来往,或者说根本不来往了。中间有一段时间跟冯雪峰、丁玲、姚蓬子他们私人来往较多,因而又延伸到和韩侍桁诸人的私人来往,扩大了一般的社会关系。

我还跟傅子东有来往,这是一个美国留学生,四川人。他那时也在上海交易所,很搞了几个钱。我离开上海去江西他也知道。后来大概投机生意做得不好,就跑回四川家里去了。他是川北哪一县的人,一时记不起来。1949 年我第二野战军解放四川时,胡耀邦同志当川北区党委书记兼行政公署主任,还起用他当行署的文化厅长。不知道为什么后来他又到陕西当西北师范学院的教授。我在上海这段时期,有时也去他交易所的办公室。经过他我又认识了孟寿椿,也是四川人,一位美国留学生。那时他当大东书局的编辑所长。我手头正有郭沫若的两部稿子,一是《中国古代社会研究》,二是《殷周青铜器铭文研究》。因为上海联合书店张静庐向我表示愿意出版郭沫若的著作,在征求郭沫若的同意之后,我就把《中国古代社会研究》交给了张静庐,大概在 1930 年底就出版了。至于《殷周青铜器铭文研究》,我早就同孟寿椿谈起过,他出的稿费也比较优厚,我就把它交给孟寿椿,1931 年也出版了。郭沫若在他的《海涛集》最后《我是中国人》的一节中,提到这件事,把孟寿椿误记为李幼椿,应予更正。

1931 年底到 1932 年秋,在离上海以前,我住在上海西区愚园路的愚园坊。我跟这家二房东关系也较好。有一次在跳舞场碰见他,此后我就约他去跳舞,或者他也约我去跳舞。我自己又开了一个小汽车,可以放心地说,这个二房东对我不会有任何想法,更不要说想到共产党方面去了。我自己制造这么一个小环境,对我的工作是有利的,但是大环境不利,所以我在 1933 年中央撤离上海以前,就只能离开上海去江西苏区了。

第四章
瑞金两年
1932—1934

二十四

从 1927 年冬天，南昌起义失败，由香港又回到上海，到 1932 年秋天，已近五年了。白区的情况日益恶化，很难继续工作下去，党中央决定把在上海工作的同志调一大部分去江西根据地——中央苏区。我是其中之一。我把当时担任的特殊工作停止了，一辆"奥斯汀"小汽车也卖了，党组织把这个卖价作为我的安家费用。我个人则于 9 月中秋节后几天，离开了上海。为着行动方便，行李很简单，实际上，如能多带点衣服会大有好处。上海交通派了一位同志送我，去江西的路线事先并不知道。组织上只交给了一盒上海华成烟草公司出品的"美丽牌"香烟，带在身上，到江西后交给中央局，即算正式的介绍信。这位送我去江西的同志，当时用的什么假名，已忘记了。现在知道这位广东同志是曾昌明，广州市政协副主席，于 1982 年去世。我想他大概是东江人，所以才会熟悉潮、汕一带情况。我们从上海坐船到汕头，分头上船，装作互不相识，约定在汕头下船后，我就主动跟上他，他到哪里，我去哪里。汕头不停，立刻上开往潮州的小电船，他预先给了我一张船票。最值得回忆的是到潮州后下船的情景。当时已近黄昏，汕头小电船一停，就有个妇女撑一只小木船向电船舷一靠，曾昌明立刻跳上小木船，我也不管三七二十一，跟着跳上小木船，三人更不搭话。那个妇女立刻把小木船撑离电船，向韩江上游摇去。不到半里路，小木船就向对岸一家小店靠去，曾昌明立刻上岸进店，我也跟着上岸进店。小木船就立刻开走了。

这个店恍惚记得是个杂货店，店门在河堤上，进入账房内立刻走楼梯向下，也有几间房子。我被安顿下来，房子里也不点灯，吃了一顿饭，就要我休息，嘱晚上十一二点钟动身。我不能问这问那，只是遵照嘱咐，吃饭，睡觉。大概十一二点钟，我被叫起来，立刻动身。我是轻装，说走就走。一出后门，就看见曾昌明同志，还有两个担子，两位农妇挑。曾昌明同志走在前面，我跟着曾走，稍为拉开一些距离。两个担子走在后边，大概因为她们路熟，距离又大点。一直向北走，都走小路，路还平坦，没有什么高山。有时也从一些小村子旁边走过。一直走到第二天天麻麻亮，中间休息过一次。到一个有小山的小村子，他们不要我进村，一直把我带到山上一小窝棚里，还是要我休息，他们就走了。我当然无法休息，东望望，西望望，望不出什么名堂，也不知这是什么地方。早饭、午饭都是他们送来的。黄昏后就有人来把我带进村子，到一农家吃晚饭，吃完饭就出发。还是和昨晚的办法一样，不过挑担的农妇已换了人。昨晚同来的两位，估计今天白天已转回去了。

如此又走了两个晚上。大概在第四天晚上，完全过了国民党统治区域，到了福建永定的苏区边上，什么事情也没有发生，曾昌明同志把我移交给永定边区的交通站，就在这里，曾昌明再也不见了，两挑担也不见了。从此动身一直到汀州，就是我一个人，已是白天正大光明地走，而不是走夜路了。进入苏维埃区域，一路行来，虽然很有些新鲜事物可记，但那究竟是当时的情况。现在一晃五十多年过去了，要去追忆怎样的新鲜，也就不容易了。

到了汀州，在交通站休息了两天，就翻过闽赣交界的武夷山脉，下到江西瑞金，向瑞金党中央局交出"美丽"香烟一盒。这个行程，从上海到瑞金就算结束了。

过山时看见有几个农民，抬了一只打死的老虎下汀州，一路上他们也零卖虎肉（不卖虎皮虎骨）。可见这座山山高林密，虽是瑞金汀州的来往要道，也还有野兽出没。

由潮州到瑞金我估计当是溯韩江而上,避开大浦等县城,走小路,这和五年前(1927 年)南昌起义后,由瑞金汀州沿韩江而下到潮州汕头,基本上是一致的。不同的是 1927 年是沿韩江而下,而这一次,1932 年是溯韩江而上罢了。

从上海能够到江西瑞金,我要感谢曾昌明同志,他在上海江西的长途交通方面,既建立起确实可靠的群众基础,也积累了丰富的安全旅行经验,安排妥帖,极为顺利。当然他不仅带过我一个人,他必然还带过不少同志由上海进入江西苏区。我时时想念这位不知姓名的同志,直到四十多年后的 1980 年,我才又见到了这位同志,并且知道了他的真名实姓。可惜不久他就去世了。

在我的革命一生当中,我一直感谢他和怀念他。

到中央苏区以后,在工作分配上,有同志要我到前方任总政治部宣传部长,有同志要留我在瑞金编《红色中华》,而我自己因为参加过上海的特科工作,有兴趣想到国家保卫局。最后决定我到国家保卫局工作(局长是邓发),但有一个条件,要我暂时兼做《红色中华》的编辑工作。

《红色中华》是 1931 年 12 月 11 日创刊的,原刊在报头"创刊号"下注"1931 广暴节",标明它是"中华苏维埃共和国临时中央政府机关报"。发刊词的第一句,也是这样写的。它的任务有三:"第一,要动员苏区广大劳苦工农民众积极参加苏维埃政权";"第二,要指导各级苏维埃的管理工作……";"第三,要尽量揭破帝国主义、国民党军阀及一切反动政治派别进攻革命、欺骗工农的阴谋……"。现查第三十五期(1932 年 9 月 27 日)和第三十六期(1932 年 10 月 16 日)计三个星期没有出报,我是从第三十六期接手的。这一期头条是苏维埃《中央执行委员会第十二号命令:关于战争紧急动员》,这是反四次"围剿"的一个动员令。跟着就是一篇社论《执行命令》,这篇社论是我写的;第三十七期的社论《在新的胜利面前——财政经济问题》,以后还有《推销公债》(第三十八期),《政治动员工作》(第四十期),《在新的胜利面前(二)地方武装积极的进攻行动》(第四十一期),《反对对于敌人大举进攻的一切错误认识》(第四十二期),《今年纪念广州暴动与宁都兵暴的任务》(第四十四期),《战争紧急动员与反对官僚主义的斗争》(第四十五期),《1933》(第四十六期),《开展民族革命战争,反对日本帝国主义,推翻出卖中国民族利益的国民党统治》（第四十八期）等八篇社论，也是我写的。其中第四十二期社论，有行文不当的地方，在第四十五期，作了更正。我写的这些社论，七篇没有署名，唯独第四十八期的社论，在文末署了名，为"氓"。自创刊号到第三十六期的社论都是署名的，绝大部分是项英写的，此外周恩来写过一篇，王观澜写过两篇。

从第五十期起，我就脱离了《红色中华》的编辑工作。但后来我还在《红色中华》上写过诗和一些短文，如《南昌暴动的故事》（见九十七期），因此我联想到，1927年8月1日的南昌起义，1933年8月1日被确定为中国工农红军建军节，当时是由中华苏维埃临时中央政府副主席、中央革命军事委员会代理主席的项英正式发布的，从此8月1日便成为中国人民解放军建军节。

由中共苏区中央局、少共苏区中央局、中华苏维埃中央政府、全总苏区执行局联名正式宣布："改《红色中华》为党、团、政府与工会合办的中央机关报；改《红色中华》为三日刊……"接替我的是沙可夫同志，即陈微明。自此以后，才有编辑委员会。后来接替沙可夫的是任质斌和韩进同志，到红军长征后停刊为止。由1932年10月到1933年1月，我编了约三个半月。

初到苏区，对于编这个刊物的环境还不习惯，因此新闻取材和篇幅比例上，外国新闻、白区新闻，占了相当比重。虽然有些是苏联消息，揭露帝国主义的消息，表现白区阶级斗争的消息，但和苏区当时武装斗争的现实，却有很大距离。后来我逐渐感觉到有改变的必要，要增加苏区各方面的新闻，但通信员，即义务记者的组织工作跟不上，一文化低，二交通不便，还是没有搞好。社论制度却坚持下来了，虽然个别篇也出了一点毛病。由于这个刊物还在草创当中，人员也不多，并无什么编辑委员会之类的组织，我有什么疑难要解决，总是报告项英就行了。当时他正住在叶坪的中央政府里，主管政府的日常工作。

我住在国家保卫局，地址在瑞金城。每星期六下午，我从瑞金骑马去叶坪，在县城东北，相距约十里，就利用中央政府那个大厅做编写的地方。晚上也就住在那里，随便找个空房间过夜。第二天还要做半天工作，吃完午饭，发了稿，才又骑马回瑞金。所以在1962年，三十年后，我重到瑞金访问时，写了一首五律，正是对这所厅堂和编《红色中华》一事的回忆。题曰《叶坪老樟树》：

屋后百年樟,盘虬散木香。

随枝系战马,纵笔听寒螀。

别久如亲故,感怀益劲苍。

重来绵水老,难以纪流光。

又二十五年过去了,我希望这些老樟树得到保护,一直苍劲下去。

我到瑞金不久,由于没有锻炼,立刻染上疟疾,一天发烧,一天发冷。幸好办公厅还有点奎宁(金鸡纳霜),吃了才逐渐好起来,但也拖了近一个月。发病的时候,也还得去叶坪,因为不去就没有别的人去编了。骑在马背上有半个多钟头,不是味道;到了叶坪,坐下来剪剪糊糊,抄抄写写,更不是味道。所幸时间不长,也就熬过来了。其实这个报纸编起来时,亦不算太困难。由无线电抄收国民党中央社的新闻,这是后来的事。我那时,国内国外的消息来源都是从白区报纸剪下来的。那时白区和福建汀州的邮政关系,从未断绝过,上海的《申报》《新闻报》等都可以经过邮递从汀州收到,不过慢一点罢了。要公布的中央政府的文件则是现成的。也还有些地方通讯和军事行动的消息,都是有同志事先准备好了的。我的责任只是加以选择,先发表重要的,拿红墨水笔涂去一些无关大体的语句,有些新闻该合并的合并,该分开的分开,然后依照八个版面加以安排,加上标题和副标题。最后看新闻情况,选择题目,写篇社论,基本围绕着战争动员这个总方针。只是到第四十八期才写了《开展民族革命战争,反对日本帝国主义,推翻出卖中国民族利益的国民党统治》一篇,带有全国性的意义。这是为着配合和响应《中华苏维埃临时中央政府、工农红军革命军事委员会宣言》而写的。在对日问题和对国民党关系上,这是我党的民族革命战争的战略转变的开始。《宣言》提出:"中华苏维埃临时中央政府、工农红军革命军事委员会在中国民众面前宣言:在下列条件之下,中国工农红军准备与任何武装部队订立作战协定来反对日本帝国主义的侵略。(一)立即停止进攻苏维埃区域;(二)立即保证民众的民主权利(集会、结社、言论、罢工、出版之自由等);(三)立即武装群众、创立武装的义勇军,以保卫中国及争取中国的独立统一与领土的完整。"这是当时(1931年1月)所能提出的条件。直到1936年,经过红军的二万五千里长征和西安事变,停止内战、结成抗日民族统一战线的条件才成熟。

叶坪这个地方,中央政府各部都集中在那里,好多同志都住在那里,如项英、何叔衡、古柏、王观澜、毛泽民、林伯渠、吴亮平、梁柏台、徐特立、阮啸仙、董必武、方维夏、谢觉哉、钱之光诸同志。

第五十期以后的社论,都是署名的,如"昆",是杨尚昆同志,其他有吴亮平、沙可夫、博古诸同志。还有一个署"然之"的,为谢然之。他当时任人民委员会的秘书长,红军长征后,在江西被国民党俘虏,立刻叛变,把中央苏区的情况,凡他所知道的,都向国民党招供了。我在中央苏区用的名字是叶芒,知道我是李一氓的人很少,知道我是李民治的人就更少了,他连这些也一一供出了。这是一个十足的叛徒。

1982年出版的《红色中华》影印本,尚有三十多期缺版、缺期。人民出版社如能再搞一次调查,将这三十多期能找到的都补上,就更好了。因为我记得还在由我编的时候和后来增加了副刊以后,我曾写过几首白话诗,都没有能够找到,只找到在纪念广州暴动和宁都兵暴的那期上,我写的一篇署名的论述兵暴的短文。

二十五

瑞金在闽赣交界武夷山脉的西麓,基本上是一个丘陵地带,是南方的红土地区,向东翻过武夷山就是福建的汀州。城附近几里路远的一座山上,有一座宝塔,无论你从哪个方向来,都能看到它,你也就知道到了瑞金了。靠近县城有一条绵水,由北到南流向会昌,城外有一座古老的石桥,从东到西跨在绵水上。桥的西头,有家普通的酒店,兼营炒菜。那时瑞金同志们当中有个习惯,只要是知道哪个同志身上有一块银元,就要想方设法,一两个人,强迫拉去这家酒店,把他这一块钱吃掉,名之曰"打土豪"。这个名词,可能到过江西的同志,都不大记得了,但只要一提起,他还会清楚这是怎么一回事。还有奇怪的事,某一个同志并不认识这位"土豪",跟这位"土豪"毫无交情,但他认识打土豪的一两人当中的一个人,也就满不在乎地跟上来,拿起筷子就吃,吃了就走。不要去说别人,说不定你自己就干过这样可笑的事。实际情况如此,可见当时,我们的生活苦到一个什么样的程度。

1962年我重到瑞金,那天正逢赶墟(北方叫赶集,西南叫赶场),人很多,看来生意不坏。但那正是三年困难后期,瑞金人民经济生活并不很好。我走过桥去,看了那家酒馆,依然在做生意,但这已是三十年以后的事情了。新的店主人不认识我,当然我也不认识他。

1932年我初到瑞金的时候,国家保卫局还设在城里的一个祠堂。李克农调到前方任一方面军保卫局局长,我就住他的那个房间。有个小天井,有个矮窗子,方砖地,一张方桌,一把木圈椅,两条木凳,搭上一个铺板,就这样住下来了。没有好久,发生过一次国民党飞机的轰炸,这个机关就迁到乡下去了。那个地方叫庙背,有好多大樟树。就在这个樟树林里面,我们修了十多间茅草房,土墙,木板门,取光不是窗子,而是乡下所谓的棂,就是一个木格子,中间加几根圆柱,冬天糊上几张报纸。屋里不是砖地,而全是土地了。家具还是搬来时原有家具,只是不知从什么地方又弄来一张双屉的条桌,放在窗棂的下面,利用那两抽屉放些文件。就是这个房间,我一直住到1934年10月长征为止。在一个樟树林里面,有这么几间茅屋板门,一年四季空气都很新鲜,早晨还可以听山鹊野鸠的鸣叫声,真可谓远隔尘凡了。

1962年我重到瑞金,问了一下瑞金人,他们知道庙背有过这么一片草房,但是说,老早倒塌了,现在连影子也找不着了。

瑞金出产一些花生、大豆、油菜籽,但数量都很少,因此无法拿这些植物油作照明之用,煤油又被国民党禁运,作为照明之用的油料,就地取材就是用樟树油。樟树油据说是用樟树皮加水熬制出来的,油质很酽,拿棉花绳放在油里面点起来,光是有的,但照明度很差,只看见一股一股的黑烟从火头上冒出来。幸好晚上既不看书,也不办事。有月光的时候,可以根本不点灯,没有月光的时候,也可以提前睡觉,以避免空气污染。其实,那么大的清凉世界,一两股樟树油油烟根本算不了什么。当然,晚上要是真有事情的时候,还得对着这股油烟工作。我到瑞金头两三个月,暂编《红色中华》的时候,晚上也就是用的樟油灯,那时眼力也好,逐渐地就习惯了。这么多年,我用过菜籽油灯,也用过花生油灯、豆油灯、棉籽油灯、茶籽油灯,作为四川人,我还是觉得菜籽油好。现在用电灯的多了,有些农村提倡用沼气,我想,用花生油、用豆油未免太浪费了,用樟油、用茶籽油、用棉籽油的地方恐怕还有,这也是浪费的。在赣南这个地方,在暂时没有电的情况下,最好提倡用煤油,把樟树作为樟脑这类化学品的原料。但我确实点了两年的樟油灯。

二十六

谈到我在国家保卫局工作时期,我想我应该回忆到两个同志。这两个同志我原来都不认识,是在1932年秋天到了瑞金以后,他们从前方调回瑞金工作,成了我的同事,我才认识他们的。

第一个是胡底,他是安徽桐城人,比我小两岁,要是还在的话,现在也八十二了。这个人很有才气,自己替自己改了很多稀奇古怪的名字。他本名叫胡百昌,但有北风、胡马、裳天、伊于胡底这些别名。在江西用的名字是胡底。据说他是1923年或1924年在北京大学毕业的。大概在北京认识了钱壮飞。钱壮飞利用他和徐恩曾的同乡关系,让他们打入徐恩曾负责的反共情报机关,成为中统高级工作人员。因为顾顺章叛变,暴露了他们的身份,不能再在白区工作,所以就把他们调到瑞金国家保卫局来了。

在瑞金的时候,听说他曾经和殷明珠两个,演过电影《盘丝洞》。这个电影是但杜宇导演的,亦是桐城人,跟胡底是同乡,可能有这种事情。但是近几年,我问过一些上海人,他们谈到三十年代的电影情况,有的人甚至是但杜宇这个公司的工作人员或演员,可没有人知道胡底演过电影。

在瑞金的时候,我当执行部长,胡底当执行部审讯科长。他写一手好毛笔字,起草的公文,文字非常流畅。他原是桐城有名的富家子弟,懂艺术,他手头还有两三卷不知从什么地方搞来的山水画手卷,我那时在这上面既无知识,也无兴趣。审讯的事情并不多,两个人闲聊的机会很多,我感觉到这是个人物。

长征中,在张国焘分裂以前,他在保卫局工作,跟随朱德同志。张国焘一搞分裂,他跟中央总队脱离了关系,留在四方面军了。他对张国焘的反党行为非常不满,甚至于形之言辞,被张国焘知道了。张国焘诬陷他是"反革命",命令红四方面军总保卫局在阿坝把他捉起来,送回查理寺看押。1936年9月中旬,张国焘宣布《大举南进政治保障计划》,红四方面军总部和所有部队都由阿坝南下,经查理寺、斯达坝,向绥靖县转移。全部集结于党坝、松岗、马塘地区,准备攻击绥靖、丹巴、懋功等地区。就在由斯达坝到松岗的半路上,总保卫局向张国焘报告说:"胡底走不动路,怎么办?"张国焘说:"你们自己看着办吧。"这样,总保卫局就派人在部队到松岗宿营之前,将胡底同志杀害,埋尸于路旁。当时的总保卫局局长是曾传六。关于这件事,1968 年周恩来在一个会议上曾谈起:"在 1931 年顾顺章叛变,幸而有钱壮飞同志在中统徐恩曾处得讯最快,所以中央机关才得免破坏。钱壮飞、李克农、胡底他们是在一起的,因此才派往中央苏区。后来,钱壮飞在长征中躲飞机时死去,胡底在与张国焘会合时被杀了。因为张国焘在四方面军讲演,胡底在台下说张像法西斯蒂,被张国焘的卫士听到报告张,后来就给杀了。"由于他是普通党员,现在很少人提起他。但他却是一个坚定的反对张国焘路线的党员。在党内斗争中,为坚持真理牺牲在不正常的情况底下,这样的同志是非常值得尊敬的。并不是因为我同他有两年的私人友好交往,就替他说好话,实际就是如此。

第二个是钱壮飞,他是浙江桐乡人,北京医学专门学校毕业。照职业,应该是个医生。他考进了国民党的情报机关,1929 年的时候,被徐恩曾拉去做了助手。他这个人在各方面都有些才气,毛笔字写得很好,会写文言文,还会画画,思想也很敏锐,所以被徐恩曾看上了。得到党的同意,他去了。以后,又推荐李克农、胡底去帮助他工作。这是两个安徽人,他们都是老朋友。本来工作很顺利,但由于顾顺章的叛变,暴露了他们的身份,通过他们及时报告,上海中央机关得以安全转移,这是他们的一大功劳。自然他们也不能再在徐恩曾那里立脚了,于是很快就全部退出来,离开南京,但也无法继续在上海工作。所以中央就把他们三位全部送到江西苏区。李克农留在瑞金国家保卫局当执行部长,钱壮飞就到前方,任第一方面军的保卫局局长,胡底就随同钱壮飞去前方了。

在前方的时候,由于部队的给养情况不很好,战士都爱吃辣椒,吃辣椒也带来一些问题。那时贺诚是前方卫生部长,就下命令全军禁吃辣椒。钱壮飞也是学医出身,就在墙报上写文章反对,举出辣椒有什么好处,吃辣椒有什么好处。贺诚也在墙报上写文章反驳他。两个医生,大打吃辣椒的笔墨官司。结果还是卫生部长打输了,战斗员都拥护保卫局长的意见。

1932 年秋天,国家保卫局要李克农到前方代替钱壮飞当局长。刚好在这个时候我到了瑞金,就要我接替李克农当执行部长,钱壮飞回到后方来就当侦察部长。我就是在这个时候认识他的。我们的工作比较协调,同时也因为没有重大的案情，比较清闲。那时决定在瑞金城外的沙坪坝建立红军烈士纪念塔，同时准备开全苏维埃区域的代表大会，要修一个大会场，就把这两个工程的设计都交给他了。这就是后来建成的炮弹形的红军烈士纪念塔和砖木结构的苏维埃大会会场。可惜1934年底红军转移后，国民党军进入瑞金时，把这两个纪念建筑全都破坏烧毁了。我们现在所能看到的，是全国解放以后，江西人民模仿原样重新建造起来的。我重到瑞金的时候，两处都去了，并对于这个设计人——钱壮飞，免不了寄以深切的怀念。拿纪念塔来说，它的基座是五角形的，因此有十个面，每一面都有一个当时领导人的题词，是用石板刻字镶上去的。对着塔的正面，有一条宽窄适当的红土路，路上用小的白色鹅卵石嵌成"踏着烈士们的血迹前进"。这个设计是非常辉煌的。邓发也有一面题词，是我替他写的一组新诗，字也是我写的。现将这一组诗抄在下面，也是一种回忆：

已牺牲的战士们：
你们的生命虽然牺牲了，
你们的精神却永远存在，
广大工农群众正继续你们的精神而斗争！

已牺牲的战士们：
你们抛洒了你们的热血——
为了无产阶级和民族的解放，
苏维埃的旗帜已插遍全国的东南西北！

已牺牲的战士们：
帝国主义国民党的反动统治已经崩溃，
这是你们不可磨灭的功绩和牺牲的代价，
把对苏维埃红军的"围剿"、"进攻"打得粉碎！

已牺牲的战士们：
你们的热血已灿烂地开成革命之花，

未死的同志们正踏着你们的血迹前进,

我们一起来为苏维埃的胜利而战斗罢!

1934 年 1 月 7 日

他不仅能搞建筑设计,还有其他的技术才能。中华苏维埃的和人民委员会的各种印信,银质圆形,都是他设计和监造的。这批银印,随着长征,经过抗战,现在完整地保存在中国革命博物馆里,成了中国革命很有历史价值的文物。

长征途中,在贵州黄平地区强渡乌江。就在渡江的时候,国民党飞机来了,有的人已渡过乌江北岸,有的人还留在南岸,等到把浮桥全部拆掉以后,查点人数,却不见了钱壮飞。是不是他还在南岸没有过江? 但那时天色已晚,大部队要继续行动,很难派出人渡回乌江去找他。这个人的习惯是,飞机一来,他就离开人多的地方,跑到一个偏僻的、没有人的地方。在乌江南岸跑飞机的时候,没有人注意他跑到什么地方去了。要是他跑得远远的,因为疲劳的关系,会倒地就睡觉,等到继续渡江的时候,他或许还没有醒来,即或回头去找,也不知到什么地方去找。大家都认为这个人很灵活,自己会想办法跟上来。但是从此以后就没有他的下落了。抗战时期,重庆办事处曾派人到这个地区去找过。从当时的情况看,我们分析,他很有可能是被当地的地主武装杀害了。幸运的是,作为纪念碑的设计者的钱壮飞,现在在那个纪念碑上,还留有他的名字。

二十七

瑞金的经济生活虽然平稳,但还是很艰苦,特别是缺乏食盐。国民党把盐的禁运当作一种围困我们的武器,因此盐的来源几乎断绝。有时候攻下了某一个县城,或是某一个大的圩镇,可以从卖盐的商店买到一些盐。有时也利用一些走私商人,譬如有人就把竹子打通,灌上盐,编成竹排,晚上就把这种竹排放到几十里路以外,从赣江的东面上岸进入苏区。但这种方法被国民党发现了,也难以继续下去。还有的办法,就是从赣南的信丰买进大批的咸萝卜干,这是信丰的有名土产,或把萝卜干液化,或拿萝卜干儿直接煮菜。最一般的办法是自己熬制硝盐,那是挖取有几十年之久的旧土墙的墙土,放在一个大锅里面加水搅混,然后把沉淀的黄土捞出来,就用火熬这锅黄水,等到水蒸发完了以后,就成了硝盐。它含有钾、钠、钙、镁一类的硝酸盐化学成分,可以作为做爆竹的原料,拿来吃的时候带有一点咸味,但更多的是苦味。当时的老百姓和后方机关毫无办法,就是吃的这种盐。它和氯化钠盐是绝不一样的。为了贪图它那么一点咸味,也就顾不上对人体健康有害了。后方有些同志和前方有些同志有私人联系,方便的话,前方同志就给他捎回二两盐,这可是很珍贵的礼物了。

盐的既稀且贵达到这样的程度。譬如我们两人合作,我出一只鸡,你出一点盐,但还是找不到这个出盐的人,认为出鸡和出盐是一个不平等的交易。今天想来,对于盐的政策,恐怕偏于被动,偏于保守,有很多可以利用的取得盐的机会,我们都没有利用得好,总想一下子就能到手几千斤、几百斤盐,而没有想法去利用更多的渠道,即或是一斤两斤、三斤四斤也不要放过。不能说是我们在国民党的盐的禁运政策底下就束手无策,但是由于我们冲破它的禁运的主动性不够,因此始终没能克服当时经济生活中这个最大的困难。

1970年就在原来的江西苏区的会昌县的周田发现盐矿。初由群众发现报矿,同年3月至6月进行勘探得到证实,总面积约七平方公里。同年6月又在清江发现盐矿。现两处均早已建成制盐工业的矿场。要是早知道那些地方地下有盐矿,特别是在会昌地区,即或用手工,我们也有勇气把它挖出来。那比熬硝盐自然好多了。

至于说蔬菜,这在后方,特别是瑞金,更为困难,一天只发二分钱菜金,什么也买不到。最多的是去买那个老百姓吃不完的南瓜,去买那个芋头叶子的茎,无盐无油的煮来吃。赣南这个地方,原来蔬菜种类就少,也没有专营蔬菜种植的农民,因此使得后方的经济生活,更为清苦。现在我奇怪,在延安时期,在那个贫瘠的土地上都能够种植起西红柿来,而在江西却没有这样办。瑞金这个区域即或在江西来讲,也是个农业落后的区域,但从土壤气候来说,要比陕北好得多,也有荒地,从我工作的这个机关来说,也有很多的劳动力。假如我们自己动手种菜,定会自给有余。但当时却没有这样做,只面对着困难发愁,每天还是两分钱的菜金,还是白水煮芋头叶子的茎。从菜种子来说,即或在瑞金搞不到,不断地有人来往于上海瑞金之间,也可以从上海搞些种子来,丝瓜、黄瓜、豇豆、蚕豆,这些大概都不会有什么问题的。现在说来,已经迟了。

同样的,还有一个主食——米的问题。为着节约粮食,后方规定的主食限量比前方少,武装人员大约是三十斤一个月,工作人员大约是二十斤一个月。在这个限量下,政府还号召工作人员自愿减少定量。譬如说,我报名自愿减少四斤。因为是自愿,有的人愿减三斤,有的人愿减五斤。这就使得做饭的炊事员,要想出一个办法,使得吃饭的人所得的分量,恰恰是他自愿减低以后每天每顿平均应得的定量。方法很简单,也很高明。即是用个小蒲包,拴上一个小竹牌,写上本人的名字,根据他自愿减少后应得的分量,用秤称好,稍微淘洗一下就把它放进这个小蒲包,然后用麻绳捆紧。假如是六十个人的饭,用同样的手续捆成六十个小包,做饭的时候,丢进大锅里用水一煮。煮熟后,吃饭的人按照他的名字,从锅里捞上那个小蒲包,然后把绳子解开。你愿意的话,可以用筷子一筷子一筷子从小包里面夹出来吃,当然也可以把它全部倒到一个饭碗里面来吃。但是两种方法施行后的结果,把蒲包翻出来,里面总还粘着不少饭粒,这些饭粒,对我来说,就理应归于警卫员了,但他还要花一点工夫,才能把这些饭粒清理下来。有时我们也有意地在蒲包里面多留下一些饭粒。粮食最困难的时候,本地干部,即瑞金干部,或者其他的县也有这样的情况,把他本人的粮食定量取消了,而要他自己从家里带粮食到机关里面来吃。

在这里我们有必要回忆到一个人,在江西两年,淘米煮饭都是他,就是胡金魁。长征以后,到陕北入了党,当延安的交际处处长,斯诺到陕北就是他接待的。斯诺的《西行漫记》上还提到他,还有他一张照片。抗日战争开始,他到新四军,当新四军驻上饶办事处主任,是和第三战区打交道,替新四军领军费、领弹药、置办卫生器材和缝制军服等,工作做得不错。皖南事变中,他突围到江北。全国胜利后,他当湖北省委的统战部部长。一提起在瑞金吃蒲包煮饭,总会想到他。

瑞金这个地方基本上是个粮食作物的农业区,稻子、小麦、玉米、蚕豆都适宜。同样的一个问题,我们这些后方机关,为什么不自己开辟一些土地来种粮食,而是全靠收公粮吃饭。从军的人越多,劳动力越少,肥料不足,甚至在江西种稻子所必需的石灰都缺乏,因此稻子的亩产很低,又不种其他杂粮,军民交受其苦。假如后方机关自己从事粮食生产,我想是会解决很大问题的。至少我所在的那个机关警卫营,就可以腾出很多的人力来从事农业劳动,自己保证自己的给养。

在瑞金肉食也很困难,但是为什么不自己大批地养猪,有大量野草,完全可以野放,不一定非精饲料不可。机关吃的米,领来的都是稻子,要经过磨砻加工,得到一些米糠也是很容易的。赣南的所谓砻是一种特殊的磨具,那个地方不容易得到石料,因此就既无石磨,也无石碾。砻是先用竹条编成一个圆的外壳,里面敷红泥,上下两个大致是石磨的形式,这样来碾退稻壳。因为这种砻,无论重量和制作的条纹都赶不上石磨,所以砻出来的米都是糙米,糠也退不完。退出来的糠没有什么用处,刚好拿来喂猪。这种工具是非常落后的,不知现在赣南还用不用这种砻来加工稻米。其实在这种情况下,我们也不一定要求养出肥猪来,譬如一个五斤重的小猪,不花一文钱,就养到五十斤重,平白就得到几十斤的肉食来改善生活,有何不可。但机关养猪的时候,顶多养一头,而且要求养成一百多斤的肥猪,来供节日加餐之用,平时就没有食肉的机会。这种猪能够养上十头八头,也不需要什么饲料,至少每半个月给工作人员和士兵有一顿肉食,那并不是办不到的事情,不知道为什么当时那样保守。不论在蔬菜上、粮食上、肉食品上都可以根据农村环境,利用农村的优势,解决自己的问题,搞自给自足。虽然这是小农生产的模式,但它确实是一个在落后的农村进行武装斗争,尽可能保存自己的方法。

在赣南几乎没有看见过桃树、杏树,因此也就没有什么桃子、杏子。地区性较特殊的梨、葡萄就更说不上了。因此可以说赣南没有什么水果,干果也没有看见过。如一般山区常见的榛子、核桃、栗子也没有。但是志书上却记载它产桃、李、枣、柿、桔等等,我住了两年根本没看见过。只有两种东西可以拿来冒充水果,一种是种植得很少的甘蔗,一种叫地瓜。这种叫地瓜的,江西、湖南、四川都有出产,适于种在黄土地里面。茎叶是藤蔓性的,地下长块茎,就跟甜薯那样,可以生吃这个块茎,把外皮一撕掉,里面就是一个雪白的、球形的东西。生吃起来有不多的水分,还有一点甜味,淀粉很多,四川叫地梨。赣南就是不产水果,现在不知怎么样。为了应付尊贵的德国将军李德,也是拿这种地瓜当成水果来招待他的。

江西南部原来就是个经济落后的地方,加上战争环境,就什么都缺乏了。使人们最羡慕的除了一匹好马之外,其他的工业品集中在这四件上:一支好的派克(PARKER)自来水笔;一块好的怀表或者手表;一件好的呢大衣,军服式的最好;备在马背上的一个好的皮鞍子。应该说这些东西的实用价值,比它的外观更为重要。马和马鞍不是人人都有份的,但至少每人都想得到其他的三件。从质量和爱好上讲,有人又想拿自己的东西去换他认为更好的别人的东西。这种交换行为更多的发生在前后方同志之间,前方同志要是回后方来汇报工作或来开会,等他再回前方时,他的自来水笔,他的表,他的大衣,他的马和马鞍,就已经换得面目全非了。当然这不可能仅在两个人之间进行交换,有时是以他为轴心,进行几个人的、多次的交换。有时某人看上你的马鞍,你又看上他的手表,就进行交换了。换来换去,总是后方同志占一点便宜,认为你在前方这些东西总容易搞到手。马、手表、大衣,问题都不大,前方同志所追求的是搞一支好的自来水笔,这在前方是不容易搞到手的。从上海到瑞金的同志几乎每个人都有一支好的派克笔,因此前方同志就愿意用马、手表、大衣来换自来水笔。有时后方同志认为笔对他的作用并不大,而是要有一匹好马跑来跑去,也愿意把派克笔割爱让给前方同志。当然交换的时候,两方私人关系要有一定的友好的基础。但有时,两方的一方也有一些勉强的成分。这种交换既带有友谊性质,也还有实用和喜爱的关系,因此也就不能用普通的市场价格来衡量了。但这却是一种流行在瑞金革命干部之间的社会现象,它补救了当时的物质缺乏。江西军区司令员陈毅同志到瑞金来的时候,我就和他进行过这种交换,我拿自来水笔,交换他的手表。

二十八

保卫局当时有一个警卫营,共三个连,是精选出来的一个保卫中央机关的独立部队。武器装备虽不能说怎么精良,但比较整齐,弹药也比较充足,营连排级干部的素质也好。但究竟是一支青年农民组织起来的农民队伍,文化水平较差。我觉得它并不是一支作战的部队,而是一支警戒的部队,必须加强纪律,提高文化。我对这个营,通过营连排干部进行加强纪律的教育和锻炼,同时加强文化教育,利用苏区的小学课本,让这些战斗员都能多识些字,增加一些自然常识,进行一些加减乘除和分数的数学运算。把在保卫局工作的同志凡适当的都请去当教员,收效不小。

可惜这支部队,因为勤务关系,比较分散。它要做中央政府和党中央机关的警卫工作,要担任监狱的看守工作,中央一级领导人的警卫员也要从这个部队选派。这些任务都很重要,必要的时候又进行轮换,因此部队也难以集中,所以这些纪律教育和文化教育的发展也是很不平衡的。对于这个营,因为工作关系,1932 年秋天我接手管理,但长征一开始,我就不管了。

这个营的建制一直保存下来,到了陕北瓦窑堡还是他们负责警卫中央机关。1935 年秋天,陕北的反动武装井岳秀偷袭瓦窑堡。敌人离瓦窑堡只有四五十里的时候,我们才发现,已经无法组织有效的抵抗。当时搬家很容易,中央机关决定北撤到保安。李玉堂就是来自瑞金的警卫营营长,由他带一个连,在瓦窑堡以东以北阻击敌人,他在这次战斗中牺牲了。我对这个同志印象很好,非常诚实,执行任务非常坚决,也非常勇敢。一提他,一直到现在我还觉得牺牲得很可惜。副营长吴烈,原名吴德胜,后来是北京军区的副政委,现在已经离休了。还有一个连长卓雄,解放后当地质部的汽车总队队长,后来当内务部副部长,现在也离休了。

宁都城西北十五里,有一座金精山,又叫石鼓山,有十二峰,其一为翠微峰。这个峰地形独特,只有一条小路好上,更没有其他的地方可以爬上山去,而且坡度很陡。上到一半的时候有一个小坪地可以休息。峰顶是个小平原,有山水、有稻田、有树木,自然可以养牛、养猪、养鸡,不过牛是要买牛犊抱上去。明末清初,有名的宁都三魏——魏祥、魏禧、魏礼兄弟就住在上面。依据当时的经济情况,只要有劳动力耕田,不愁没有粮食。准备好盐,把小路一断,完全可以成为一个自我封闭的桃花源。那时方以智晚年正主持吉安青原山的净居寺。方跟赣南的反清知识分子来往较密,除泰和的萧士玮外,就算宁都"易堂九子"了。他们就是魏氏三兄弟、李腾蛟(宁都人)、彭士望(南昌人)、邱维屏(宁都人)、彭任宇(宁都人)、曾灿(宁都人)、林时益(他原是明朝的宗室,原名朱议霳,易姓名为林时益)。彭士望和林时益两家都搬上翠微峰和魏家住在一起。这个魏家传到二十世纪三十年代,一直是江西宁都的大地主。我们 1930 年就开辟了这个地区,与其他各县连成一片。但是这个地主老巢一直盘踞在那里,即或我们不用刀用矛了,但是迫击炮也还是打不上去。所以这个魏家一直固守到 1933 年,成为一个在苏区顽固的、孤立的地主堡垒。后来经过一些动员,达成了几项他们可以投降的条件:一是保证他的家族和雇工的生命安全;二是让他们去南昌;三是他们走的时候不搜身;四是他们把所有的武器弹药全部交出来。魏家当然是很有名的,但下山的人当中也确实包括有彭家的后代,至于有没有林家的后代,我就记不清楚了。

为了解决这个长年没有解决的问题,用现实的武器也解决不了的问题,达成这些条件也没什么坏处。在完整的苏区当中,除掉这么一个地主堡垒,总是一件好事。但是这批地主下山去南昌的时候,因为知道他们带了好多金器,我们还是搜了身。这对当时的财政部长邓子恢来说,是一笔很大的收入。只要我们不伤害他们,让他们去南昌,搜一下身也就无所谓了。国家保卫局去了些人,会同江西省的同志,上山去解决这个问题。我告诉去宁都的同志,山上如有魏家祖宗的木版书,可以包起来运回瑞金。这个事情结束的时候,他们果然带了些残缺不全的《魏伯子文集》、《魏季子文集》十来本回来。这些书一直摆在我房子里面,没有人感兴趣,我也是随便翻了一下,并不想去研究这几弟兄的政治思想和哲学思想。这些书后来也就没有下落了。地主这个东西很怪,只要可能,他的坚持性是很长的。后来在陕北的保安(1936年)也有同样的情形。就是旦八寨,它是地主曹俊章这个家族的反动据点,有枪八十来支,还有很好的水源。一个孤立的城堡山寨,要在围困下长期固守,水源是很重要的。中央退到保安以后,这个寨子终究还是打下来了。

二十九

根据博古"拒敌于国门之外"的战略构想,根据李德的"短速突击"的战术构想,在粉碎国民党的第五次"围剿"上面,一开始我们就处于不利的地位。1933年9月,国家保卫局派我去了解一下泰宁、建宁保卫局的情况。我从江西的武夷山的西面出发,经过石城,翻武夷山到建宁。一翻上山却是一个南北向的小平原,感觉不到是个山顶,什么山峰、山岭、山谷都没有,很适宜于农业种植。顺着这个平原向北要走十多里,才下山到建宁。可惜我到建宁不久,就生了副伤寒,无法再到泰宁去。而泰宁呢,没有几天就放弃了,前方司令部也退到建宁来了。我就直接受到前方保卫局局长李克农的照顾,并请前方卫生部部长彭真同志来为我医治。他是四川同乡,上海南洋医科大学毕业的,他确诊为副伤寒,没有药可治。发高烧,脱水,只要保养得好,四周之内,肠壁不破,就会自然地好起来。前方也没有特殊药,甚至有效的退烧药都没有,只能发高烧,说胡话。就是这样,居然也就好了。当然,彭医生的精心治疗也是起了作用的。可惜就是这位彭部长,在长征途中,1935 年 6 月,驻军四川宝兴县灵关镇时,被国民党飞机轰炸,不幸牺牲。一场伤寒病没有死,总得要感谢他。杨尚昆同志那时正当前方政治部主任,发了我十块钱的疗养费。不要认为这十块钱数目不大,当时却是一个可观的数目,对于一个伤寒病后身体极度虚弱的人,是很有帮助的。病一好了,也没有再留在前方的必要,就只好回后方了。回去的路上马也不能骑,还得躺在担架上被抬回瑞金。

泰宁失守,博古他们把罪名加在当时的闽赣军区司令员萧劲光的身上,解除了他的司令员职务,送他回瑞金,另行分配工作。这样就决定他和我同路回瑞金。于是形成了以后带误会性的说法,认为是我把他押解回瑞金的。理由是我是保卫局的,他是犯错误的,这样联系起来。其实我那时四肢无力,只能躺在担架上。离开建宁时,也没有人正式向我提出过要我负什么责任的问题。而他呢,还是有马,还带着他原来的两个武装的警卫员。世界上也没有派一个病人押解一个健康人的道理。到了瑞金以后,他确确实实第一步先住在保卫局,然后中央分配他去红军大学当教员。马还是让他带走了,但两个警卫员都取消了,留在保卫局。不久,两个警卫员之一,被分配到毛泽东那里去了。

我在保卫局的地区分工是福建,所以两年之中我曾多次去汀州,了解福建省的保卫工作。有时也去河田,那里有个温泉,热度很高,可以煮熟鸡蛋,本地人也就在温泉旁边杀猪。福建有温泉的地方很多。汀州以外,有时候也到附近的一个县里去。只有剿匪那一次去的地方比较多,而且都是山里。由北向南,从清流到连城,从连城到上杭,都是闽西深山,高不算高,但很幽深,除了竹子之外,没有什么别的生产。山泉很好,用竹管向泉眼上一插,就可以流到家里来。山村的房屋是用茅竹劈开锯成瓦一样盖成屋顶。有些靠山的房屋也有竹楼,用竹子做房柱,地板就是竹片。这种建筑,只要出竹子的小山村,地方又偏僻,大体都如此。我率一个连,在这几个县的山里行动了大概半个月。山里人口很少,很僻静。有些战士就是闽西人,也通过他们了解情况,但是总找不出什么问题来。

　　在江西于都的行动，因为只涉及一个县，到山里去了几天，同样没有什么事情，我也就回到县城里面来了。这样我在于都一直住到临近长征开始，瑞金才通知我回去。于都在赣水的北岸，可以说是山清水秀。渔产也很丰富。当时经济落后，城市人口不多，多多少少还有一点军事气氛，因此买鱼的不多，鱼摊上根据买主的要求，可以把鱼分成两半，一半一半地卖，也可以分成头、尾、中段来卖。现在于都城里面要是还有鱼摊的话，就不怕整条鱼、整条鱼地卖不出去了。于都城这一带，淡水所产的各种鱼都很鲜美。

　　我到保卫局工作了大概两年，长征初期我就离开它了。在保卫局工作中，肃反的扩大化，像什么 AB 团问题、社会民主党问题、改组派问题，我都没碰上，工作情况比较平稳。但后期，就是在长征之前的半年之内，也有一些小问题，无论在福建的上杭、永定、连城一带，或者江西的于都一带，都传闻有土匪的活动。我曾经自己带一个连去过福建这些县的山里，去过江西于都的山里。无论从基层干部那里了解，或者从老百姓那里了解，都不存在这个问题。只有一个现象，二十岁左右的青年人都参加了红军，那些年纪大的，四十岁以上的男人很多都陆续地跑出苏区，到国民党区投亲靠友。有时搞到一点什么东西，也偷着回来一两次接济家里。因为他在家里实在是难以生活下去。农业上那些地方都是山地，种植业不发达，有的连种子也没有，又缺少食盐，基本的生活都没有办法保证。而我们也没有办法来解决这些问题。这种逃跑现象各县都有，特别是那些偏僻的山区里面，跑起来神不知鬼不觉，不能认为是土匪活动。作为土匪，他们到苏区来抢什么呢？加上一个土匪的罪名自然就应该惩罚，事情就更难办了。我的这种看法，总被认为是软弱无能。幸好不久就长征了，土匪不土匪，问题也就自然不存在了。

　　全国解放以后，公安部的领导，大部分人都跟瑞金那时的国家保卫局有过关系。公安部长罗瑞卿，原来是一军团的保卫局长；副部长汪金祥，原是赣东北保卫局局长，长征后留在江西当保卫局局长；副部长杨奇清，是陕北十五军团保卫部部长；副部长许建国（即杜理卿）是三军团保卫局的执行部长。当然并不是所有的保卫局的同志都转到公安部门工作，因为长征和全国解放之间隔了一个抗日战争，一个解放战争，所以也有的同志转到部队当指挥员去了，有的同志又转到地方做党的工作或群众工作去了。

三十

　　1934 年全苏区开第二次苏维埃代表大会,毛泽东同志作为苏维埃主席,要作一个全面的政府工作报告。其中自然包含安全工作,这一部分要求国家保卫局替他准备。我们写好了稿子送给他,他要我们去他那里讨论这个稿子。因为是我起草的,我就去了。他脱离这个稿子问了我一些保卫局工作的情况,问了些地方上的情况,也问了一些军队里面的情况。对于这个稿子没有改动,我就回来了,但是他又约我第二天晚上再去。我们知道他是晚上工作的。从改稿子这个过程,我觉得他看问题非常客观,他总是让我们把自己的意见充分地表达出来。

　　1934 年春,瑞金召开第二次全国苏维埃代表大会,除江西以外,安徽、湖南、浙江、湖北、河南、东北这些革命根据地都派出代表,有些工业大城市也派来代表。会场就是钱壮飞设计的大礼堂。这个建筑靠一个大土山,为着防空起见,礼堂开了很多的门,沿山又挖了好多防空洞,只要有空袭警报是会很快地疏散出来的。开会期间,我们担任警戒任务,还在远距离设了对空监察哨,近距离则对会场做了严密的警戒。但是开会的地方基本没有老百姓,要么是工作人员,要么是代表。虽然任务很重,但估计会场周围不会有什么大的问题。所幸的是,一直到会议结束,也没有发生空袭的事情。这次会议的议程主要是,毛泽东作为中央政府主席作了《中华苏维埃共和国中央执行委员会与人民委员会对第二次全国苏维埃代表大会的报告》,共花两个半天。最后是对苏维埃二届中央执行委员会的选举,共选举正式委员 175 人,候补委员 36 人;还选举中央工农检查委员会委员 35 人。选出的名单是公布了的。大会由 1 月 24 日开始,2 月 1 日结束,共开了 9 天。这个名单现在不大为人所注意,但是在长征开始,瑞金放弃以后,却成为国民党反动派"悬赏捉拿匪首"的根据。

　　代表鄂豫皖苏区参加大会的是成仿吾,他从安徽出来到了上海,首先找到鲁迅才间接地找到了上海的党的关系。1929 年初,鲁迅与创造社的关系紧张,成仿吾就是个关键人物。仅仅五年以后,两个人又以亲密战友的面目初次会见了,历史就是如此。

　　成仿吾到了瑞金以后，他曾代表沈泽民和鄂豫皖的同志，向党中央狠狠地告了张国焘一状。大会以后，其他根据地的代表，都陆续地分散地回去了。成仿吾却没有回去，留在了江西，随之参加长征，后来他一直做教育工作。值得一提的是，他很重视马列主义理论。例如，他认为那些从英文、俄文翻出来的马克思、恩格斯的《共产党宣言》中译本都有不准确的地方。晚年他以德文为底本，参考英、俄、日、法、意的译本，又参考各家的中文译本，又译了一个新的《共产党宣言》的中译本。在他翻译过程中，就曾借用我收藏的《共产党宣言》德文本第二版和英文译本第三版。

　　对于张国焘这个人，张国焘自己告了自己的状，他从延安跑到汉口投靠了蒋介石。成仿吾、沈泽民他们告的那一状，也就全部证实了。1985 年成仿吾出版了一本《记叛徒张国焘》，第一、第二章就是在瑞金向中央揭发张国焘的错误和罪行的那些内容。在这本书的前言中，成仿吾就说："对此，我同沈泽民等同志曾向党中央进行过控告。"第一章第二节中又说："曾和沈泽民等省委的一些同志向中央控告张国焘的倒行逆施。"在到达江西以后，他向中央告发张国焘，这是事实，并且所告内容的片断也在瑞金的同志中间流传过。中央听了成仿吾的控告以后，曾经发给鄂豫皖省委一封指示信，指责省委在四方面军西去以后的军事路线的错误，对于张国焘的错误，在这封信中却一笔带过。

　　在苏维埃时期创建保卫局的时候，地方省县也叫保卫局，区设特派员。他们都直接由同级党的书记领导。军队里面自成建制，不属于政治部系统，比政治部的地位稍微低一些，就是方面军保卫局和军团保卫局。有时候没有军团的建制，而只有军的建制的时候，也建军的保卫局；师一般都不设保卫局，但是某些独立师也设保卫局。平常情况，师团都设一个特派员。他们分别归同级政治委员领导。这样就形成了国家保卫局在军队和地方上一个非常独立的条条的建制。既然军队上政治部管不了，地方上政府管不了，这就引起了一系列的矛盾。特别是军队，保卫局的性质本身是属于政治工作的性质，而政治部又管不了它，于是矛盾就暴露出来了。但是国家保卫局并不想解决这个矛盾，有时也迁就一下部队。幸好由于长征的结果，中央苏维埃政府不复存在，国家保卫局也就跟着不复存在了。保卫局的工作自然就归属到政治部去了，与政治部的组织部、宣传部一样，成为政治部隶属部门了。即使到了解放以后，成立了公安部，军队保卫工作也还是留在政治部手里，这就把国家保卫局当时所形成的那个矛盾,永远地解决了。至于地方公安工作,从现在来讲,其内容要比从前复杂得多,规模也比以前扩大得多了,但是就其权力来讲,确实比以前缩小得多了。

第五章
长　征

1934—1935

三十一

　　长征出发以前,我一直在于都。准备是秘密进行的,我一直没有得到什么正式通知,也没有人向我走漏过任何消息。临出发前三四天,才要我从于都赶回瑞金。到瑞金之后,看见别人都有了充分的物质准备,因为他们早已得到一路出发的正式通知。我回到瑞金,知道了这个消息,最关心的是要我留下来还是让我一路出发。侥幸的是也正式通知了我,让我同路走。我看见那些准备比较充分的同志非常羡慕,有些人弄到又轻又软的丝绵被,有些人有新的胶底帆布鞋,有些人不知在什么地方搞来的很不坏的雨衣,有的人还有很好的水壶,很好的饭盒,很新的油纸雨伞,五节的大电筒,这些都是行军所必需的。我从上海到瑞金来的时候,并没有作行军打算,没有什么东西值得带走的。虽然现在为时已晚,弄不到什么必要的东西了,但有两件事情是可以自慰的,一是准你一路走,这就比留下来好多了;二是照样有一匹马,可以驮东西,可以骑乘,这就比背个包袱走路好多了。但是也还费了好多工夫,买了一块油布,这样就可以使马鞍上的东西不被雨淋,又买到一个食盒,行军中自带午饭。又从一位前方同志那里搞来一个图囊,什么笔呀,纸呀,指南针呀,行军地图呀,行军命令呀,都有地方放了,背在身上用起来也很方便。当然每个人还发一个竹编的油纸的斗篷,日晒雨淋都不怕了。没有雨伞、没有雨衣也可以将就过得去了。

离开江西时,我是跟国家保卫局这个单位一起行动的。每天早晨出发,中午休息,下午再走,有时候也走点夜路。一路上没有什么特殊的事。不到几天,我就接了一个任务,去当一个特种连的指导员。通过几天行军,指挥部看出团中央、妇联,还有工会和少数老同志,在行军过程中显然缺乏组织。于是就把他们编成一个连,国家保卫局配上一个驳壳枪排,作为这个连的保护力量。保卫局这个排原来是从福建汀州到广州通往上海的一支武装交通队伍。中央离开江西,这条交通线就不用了,就把这支短小精悍的部队调回来参加长征。现在作为一种武装力量编入这个特种连,由我去当指导员,便利于指挥他们。这个连的存在时间也很短,现在我清楚记得的,其成员有陆定一、李坚贞、徐特立,但其他还有什么人就不大记得了。徐特立作为一个连的战斗员,但他还带来一个勤务员、一匹马。陆定一没有马,但他的行装有半个挑子,有人担着,因此他不需背这个包袱,不过他也得步行。李坚贞就完全像个女战士了,什么东西都在她的身上。所以这是一个特种连。行军两天就看出来,这个组织不适合军事行动:(一)一个连的行军速度,个人之间不一致,有的走得快,有的走得慢,使得这个连的行军距离逐渐拉长了。走得快的就走到前面去了,走得慢的落在后面,行军序列就乱了;(二)无论从哪方面讲,这些同志都不能算作战士,我作为连指导员没有办法用指挥战士的办法指挥他们,无法建立起一个具有军事性质的连的纪律;(三)除了国家保卫局的驳壳枪排之外,无论行军中的各种勤务,还是宿营后的各种勤务,他们都不能担任,如设营、警戒的任务。大家都觉得这样下去不行,因此又向中央建议解散这个特种连。一部分干部分到各军团的政治部去,这样不是集中在一块,他们完全能够跟着各军团行动;一部分则可以送给卫生部。保卫局的短枪排仍然归还保卫局建制。直到今天,一碰到陆定一,他还半开玩笑地说,他是我这个指导员的战士。

这个特种连解散了,我又接受了另外一个任务,从连指导员升到营教导员,这已是10月中旬从江西进入湖南宜章时候的事情了。

大军出发之后,是个没有后方的战略转移,前面既无粮仓,后面亦无后勤供给,只能够走到哪里吃到哪里。至于吃谁,当时大家都很清楚,我们有一条阶级路线,主要吃地主的粮仓、牲畜等。在一个地方,地主所有的能吃的东西,我们有能吃完的,也有不能吃完的。即或在行军途中,那些地主的粮仓,也不是我们过境的时候所能够一天半天吃完的。余下的粮食就号召全部散发给当地的贫苦农民。我们对此有一个很简单的口号,叫作"打土豪"。这能够使一般人对于这支军队得到一个很好的印象,就是对于贫苦农民有开仓分粮的好处,不会伤害他们的利益,相反地也是对地主的惩罚,这很合贫苦农民的内心意愿。在这方面红军执行得非常严格,每个伙食单位都不能单独地、自由地行动,必须统一在供给部的领导下,指定他到什么地方去领什么东西。当时也很简单,大宗的就是粮食,一般都是米,少数的生猪或者猪肉,其他的都自行解决。当然偶尔也有些特殊的分配物资。如那个地方有地主的鱼塘,就可以分到鱼。我还记得在湖南的一个大村子里,我们分得很多塘鱼,这是第一次,真鲜美极了。在贵州来往于赤水河之间的时候,也能够分得茅台酒。在云南宣威时,也能够分得有名的宣威火腿。对于茅台酒,有的人一口气喝光了,有的人居然拿去洗脚,说是舒筋活血。只有邵式平想得周到,把水壶里的水倒掉,灌了一水壶的茅台酒,此后在行军路上,偶尔喝一口,颇悠然自得其乐。至于宣威火腿,我们连队的炊事员根本不知道如何烹饪这种东西,而是切成大块,采取类似烧红烧肉的办法,结果一大锅油,火腿也毫无味道。只有萧劲光聪明,他不要公家烧的火腿,而是分一份生火腿给他,他把它蒸熟放在菜格子里面,每天行军正午休息吃午饭的时候,他就打开来,这种味道当然比红烧火腿有意思多了。

当然在行军途中,也不是说管得很死的,到了宿营地,譬如在道州我们就自己买了橘子。只要你有零钱,也可以买只鸡,买几个鸡蛋,这就与公家无关了。

这种既带有民运工作的性质,又执行部队给养的筹集工作,是很繁难的。从部队进入宿营地后,就要迅速调查地主所有粮食和牲畜等,一经确认,立即开仓散发,包含群众分粮在内,时间是很匆忙的。所以在宿营地的单位,都有义务向后勤单位报告本单位就近哪一家是地主,他的粮仓在什么地方。因此行动起来还是比较迅速的、有把握的。部队的每一个人都有一个细长的米口袋,装满足够三天的粮食。宿营以后,随时加以补充。

虽说有这么一个规定,但到了川西北粮食很紧张,达到了与民争食的程度,无法施行这样一个阶级路线。因此凡是有粮食,凡是有可以吃的东西,都不得不采取强制购买的办法。它的所有权是属于寺庙地主,属于农奴主,还是属于农奴,就不去分别了,顶多是在离开的时候,写个条子,放上几块银元,留在原来放存粮食及其他食物的地方。意思就是说我是出钱买的。但一经买后,藏民也就没有东西可吃了。因为这是一个自给自足的社会。他拿到货币(银元),也找不到第二个粮食市场。但我们也要维持生活才能继续这个斗争,除此之外别无他法。

当时在中央纵队负责这个工作的就是李井泉。这种供给制度一直维持到甘肃地区。进入陕北以后,因为可以征公粮,这个制度才被取消了。

三十二

在由江西进入湖南的时候,中央把红军当中湘南籍贯的连排级干部集合在一起,约二百多人,成立了一个湘南营。调一个湘南籍团长当营长,把我调去当教导员。这些调来的干部大概是以三军团的为多。他们包括衡阳以南宜章、郴县、临武、蓝山、嘉禾、桂阳、资兴、汝城等县籍贯的同志。我们的作战意图在于吸引围攻江西的国民党顾祝同、陈诚部队撤离江西,尾追我们到湖南南部,我们相机在湘南同他作一次战役性的决战。如果取胜,既能够解江西之围,又能够在湘南立脚下来。这批湘南干部就是准备在湘南立脚之后,去开辟地方工作的。他们都是本地人,熟悉湘南情况,跟湘南还有一些地方关系。他们大部分是1929年湘南暴动参加红军的,在红军当中已经四五年,经过战争锻炼,他们自然也就会在湘南领导起武装斗争。

但是国民党部队坚持在江西搞他们的"围剿",这就使留在江西的红军遭受到很大的压力。项英一开始还想打正规战,他也以为长征以后,国民党会减轻对他的压力。现在他不得不重新开始用游击战争的方法来对付国民党。而我们准备在湘南迎击国民党部队的意图,也就无法实现了,湘南营也就没有存在的意义了。于是就在湘南地区把这些干部分别送回他们原来的部队去了。在军事行动上,我们还要被迫从湖南道州翻过越城岭进入广西。由于湘南营存在的时间很短,使得我这个当过营教导员的,今天也很难回忆出跟我合作的营长是谁,可能还有副营长,也可能还有副教导员,都记不起来了,更不要说几个连长和几个指导员姓甚名谁了。要在湘南立脚这个战略意图,是不是有什么文字的证据,我暂时还不清楚,有人说文字上查不出这个根据,但也说中央是有过这个意图的。湘南营这个组织确实存在了一个很短的时期,我也当了一个很短时期的教导员。那个时候的事情,可以说是瞬息万变。但从此以后,我就离开了国家保卫局,转到总政治部工作。李富春是总政治部主任,潘汉年是总政治部宣传部长,我就在宣传部当一名宣传科长。照现在的说法,虽然改当科长,仍然待遇不变,我还是有一匹马,一个马夫,加上一个警卫员。反正那时大家成天都是行军,行军序列在总政治部内部来说,我自然就被编到宣传部去了。每天就照此出发、行军、休息、宿营。

既然不准备在湘南作战,照博古的想法就是在湖南境内向西向北,向常德方向前进,去向二、六军团贺龙、萧克部队靠拢,但是遭到中央和中央军委的反对,认为那在军事上是非常不妥当的,进了国民党的强大的包围圈,因此主张向敌人兵力薄弱的地方采取行动,方案是通过广西进入贵州境内。

这时已是秋天,秋高气爽,山色宜人,比起由江西进入湖南时秋雨连绵,道路泥泞,行军条件要好得多了。道县这个地方就是大书法家何绍基的家乡,盛产橙子。屈原在战国时就写有《橘颂》,可见湖南产这种水果是很有历史的了。据说美国的橙子,其种子就是从湖南的辰州移过去的。所以有 SUNKI ST 之名,SUN 就是辰的译音。我们通过道县时,正是橙子成熟的时候,一毛钱一斤(十六两),现在看来是非常便宜的了。宿营下来,大家都去买橙子,大吃一顿。在我来说,两年多没有尝到橙子的味道了,偶然在道县吃到它,觉得味道比四川红橘好,比金山橙不差。

部队到了道县势必西向进入广西。11 月下旬我们从道县出发进到广西全州以南的文市,渡过潇水,这个时候湘江就在前面,必须争取先机渡过湘江。湘江比潇水宽而急,渡河点只有两处,一是界首,一是觉山铺。此时,部队的队列前后拉得很长,相互不能照应。不久,湖南、广西的敌军迅速地赶到全州、兴安、灌阳地区,和我争夺渡河点。这时,我军还有两个师被阻在湘江东岸无法渡河,他们就是五军团的第三十四师、三军团的第十八师。他们和敌人展开了英勇的战斗,可惜最后弹尽粮绝,大部分牺牲了。这是我军自八月离开瑞金到达广西以来的一次最大的伤亡。

部队既然已经进入广西,但看来这个被桂系军阀弄得很封闭的地方,我们是没有开辟根据地的余地的。白崇禧既然没有能够把红军阻挡在湘江以东,红军已经进入了他的腹地,他既怕红军在广西立脚,又怕把蒋介石引进广西。这时他采取了一个给我们造成很大困难的策略,让出了一条走向龙胜山区的道路。这条路最后要经过越城岭,山路崎岖,人口稀少,缺乏给养。他只是不在前头堵截你,而是每天都向后续部队不断地截击。我们就是这样走上了越城岭。这个大山的坡度很陡峭,有些地方根本不能乘马,山路弯弯曲曲。山景也不一样,有的地方是丛林,有的地方是茅草,有的地方是光光的山石,但大部分是茅草。按照一般的情况,一直向上爬到山顶,以后就应该是下坡路了,这座山就算翻过来了。但眼前这座山的情况却不一样,抬头看见一个山峰,以为就是这座山的山顶,挣扎着爬上去,要到顶前却大失所望。因为抬头一看,前面又出现了一个山峰。继续挣扎着爬上去,要到顶前,还是大失所望。因为抬头一看,前面又出现一个山峰。这种情况反复出现,据说有十二次之多。大概中国山水画家所说的"层峦叠嶂"就是这个样子。直到中午才算上了真正的山顶,海拔 1900 米。弄得大家体力上和心理上都非常疲劳,行军速度渐渐慢下来了。下山也费力气,到了黄昏才到山脚,这已是通道县境了。早晨天不亮就出发,花了一个整天才算翻完这座山。我们下山之后,听说后续部队还没有完全上山。此后,再向西去,就是贵州的黎平了。

三十三

一进入贵州就听到三句话,叫作"天无三日晴,地无三尺平,人无三两银"。天晴还是天雨这是属于自然现象,山高山低是云贵高原的自然地形,都不是人为的,从某种意义上说,也是不可以改变的。至于说"人无三两银",则是一种经济状态,对穷苦农民来说不仅没有"三两银"(折合银元只四元多一点),实际上恐怕连三钱银都没有(折合银元约四角多点)。这确实是六十年前贵州社会的实际状况,主要在于地主和军阀的残酷剥削,而这种剥削则是以鸦片种植为标志,种植的极大利益都被地主、军阀、上海流氓所吞噬了。

自长征进入湖南以后,包括广西,就看见田里一大片、一大片地种植着鸦片烟,即罂粟。如不把它当成鸦片烟,而把它当成观赏植物的时候,它却有一个最风雅的名称叫"虞美人"①。以后经过云南、四川、甘肃、陕北,秋天的时候都能看见。当然恐怕还是以云南为最多,为最好,得到一个"云土"之名。那个时候,鸦片烟恐怕是最有利可图的经济作物之一了。但有些地方本来可以种粮食的,却借口日照不足,种粮食不行,鸦片烟的生长期很短,保证有收成。

这种植物的花色很繁,如深红、浅红、白等,开花的时候,一大片的五彩缤纷,实在是很好看的。所以今天它列身在观赏植物之中,不会被认为是鸦片烟,而遭到铲禁。因此我有时也找点虞美人的种子种上几盆。

可是这个鸦片烟,成烟以后,它就作为消费品,销给某些人去享用。这个烟已不是鸦片战争时期从英国来的烟了。当时抽鸦片的人越来越多,以至不分阶级。在清朝末年、北洋军阀时代、国民党统治下,地主抽,军阀抽,官僚抽,男人抽,女人也抽,不分阶级,最穷苦的农民、劳工也抽。不过有钱人抽得气派一点,没有钱的人抽得粗糙一点。贵州军队的士兵,就普遍抽鸦片烟。因为鸦片烟的毒害,士兵没有士气,看鸦片烟膏比看米饭还重要,不吃饭都行,不能不抽烟。长期抽吸自然就损害了健康。我们占领遵义以后,曾经组织过部队与遵义的中学生比赛篮球,这些运动员的中学生里面就有抽鸦片烟的。我们进入贵州以后,或者说还在广西地区,就听说穷苦的劳动人民自称为"干人"。这一个称谓也遍及四川、云南。这些人挣几个钱不去买粮食吃,都花在鸦片上了。把这种人形容为"干人",身上既无余钱,身体也非常干瘦,可能最适当不过了。总的来说,这也是封建制度、军阀混战、半殖民地所造成的恶果。

我们部队进入贵州以后,听见这些穷苦百姓自称"干人",大为诧异。

这些鸦片烟,特别是云、贵、川大量生产,在本地区销售不完,就产生了一个经营鸦片销售运输的特种行业。因为销到上海的利比销在本地的利大得多,所以川、滇、黔三省的军阀、银行家和上海的流氓头子杜月笙等互相勾结,都卷入这个大的非法经营中。收购鸦片烟甚至银行可以投资,在内地由军阀派部队护送,在长江上装进英美洋行船只。到了上海,有流氓头子接收入库,定价卖出。做鸦片生意赚钱,这已经成为这些军阀、银行家、流氓头子的公开职业。

---

① 此处提法有误。虞美人,亦称丽春花。属罂粟科,但并非罂粟。——编者

我认为当时还看不出贵州、四川哪里可以立足,总之是先摆脱桂系的部队,进到一个地方军事力量比较薄弱的贵州求得发展。所以我们只能继续向西前进,分别占领剑河、台拱(今台江)、施秉、黄平、馀庆,最后占领瓮安,这就进到乌江的西岸了。

乌江的江面比较宽,但江流比较平缓,很容易利用当地的竹筏架成浮桥。这种竹筏浮桥载重力较强,部队可以不用拉开距离地迅速前进。我们在江界河渡河点,只用一个下午就全部渡过乌江了。还有的部队是经过清水河、回龙场、茶水关这些渡河点渡过乌江的。贵州军阀在我们突破乌江的防线以后,节节向遵义败退。我们渡乌江以后的第一占领目标就是遵义。我们尾追王家烈的残兵败将,先头部队非常顺利地于1935年1月7日,进占了遵义。

遵义原来属四川,到清朝雍正年间才划归贵州的。在贵州来讲,它是贵阳以外的贵州省的第二大城市。红军长征的头三个月没有占领过什么大城市,以后,在贵州、云南、四川、甘肃、陕西也没有进入过什么大城市。红军开始离开江西的时候,虽说是北上抗日,但并不是说它开始就规定了一个目标,说是陕北。它是根据情况,奋斗了一年,最后才定下来在陕北。当然行军的指南针一直指向北,这没有错。遵义地区在军事地理上并不理想,虽然是娄山山脉,但北阻于重庆,南逼贵阳,回旋的范围不大。不过当时利用占领遵义后的军事形势,部队在这个地区休整了若干天,军事供应上得到了一次大的补给,极有利于今后的行动。最主要的还是在遵义开了一次政治局的扩大会议,结束了王明路线,事实上确立了毛泽东同志的领导。这是一个关键,为中国共产党取得1949年全国解放的胜利奠定了第一个基础。

进入遵义的第一支部队是一军团的第二师,师长是陈光,政治委员是刘亚楼。我们(总政治部)是第二天进入遵义的。进入遵义后,我们首先到师司令部,听了攻进遵义战斗情况的报告和遵义城情况的介绍。那时已近黄昏,就在司令部吃了晚饭,他们端出一大洗脸盆的银耳鸡面,银耳很多。在那个时候,这个有名的补品,只有贵州、四川出产,价钱贵多了,跟现在不一样,人工培养,遍及全国。当时用洗脸盆装银耳是很阔气的了。住在遵义的几天,我们曾去过一次遵义的菜馆,做的是四川菜,也做得很好。这是进遵义的一项意外的收获。总政治部本部住在旧城的天主堂,我们则住在天主堂附近的一户地主知识分子家里,房子还可以,只是主人不在了。家里书很多,都是些新书,没有什么线装书。房间的布置也很新式,把两个单人床分开,中间放了一个床头柜,这是老式家庭所看不见的。我们也把他的书随便看了一下,但究竟是些什么书,现在是记不起来了。有趣的是有一个小皮箱,里面全是情书,还原信原信封,一封一封地放在那里。但当时的心情不管情书写得怎样好,也没兴趣看下去。抽看几封以后,就把箱子扔在一边了。

住在遵义的时候,总政治部曾经组织过几次跟城里中学生进行的篮球比赛,因此同这些男女学生和教员有了一些接触。他们思想都是比较落后的,但还没有拒绝跟红军来往,这样我们在他们当中也能够进行一些宣传工作,动员他们参加红军。所以在我们离开遵义的时候,总政治部就带了好几十个遵义男女青年,跟着红军出发了。他们大多是背着家庭参加的。我以为巩固这几十个人,能够始终跟着我们走恐怕不容易,领导上既不能严,也不能宽。这是一批城市小知识分子,大体上都是中产阶级家庭出身的。这批人在红军到遵义的突然情况下,才开始跟红军有接触,以前并没有什么思想准备。跟红军接触也不能一下就有了很高的觉悟,参加红军以后必然是一个红军式的军事生活,他们自然很不习惯。离开遵义后不到一个星期,这些人都先先后后脱离了部队,一个也没有巩固下来。我曾向民运部提过一个建议:不要把他们集中在一起,而应该分散到各兵团各师的政治部去,或许会保留一些下来,不至于一个都留不住。现在我想起来还很可惜,这批人失去了在革命洪流中锻炼的这么一个很好的机会。

我们知道中央正在开会,清算博古和李德的问题。会议的进程大概每天也知道一点,由于在江西没有能够粉碎第五次"围剿",不得不作战略转移,由于长征途中在湘、桂地区部队的军事危机已充分暴露出来,全军都大失所望,改变领导已成为下面的普遍要求。会议的最后结果改变了党的领导,使毛泽东同志能够重新取得军事指挥权,重新树立起毛泽东的军事路线。决议公布后,大家都一致赞成。但是大家也提出来,这次会议只解决了军事上的错误,没有解决政治上的错误。因为决议案最后说:"政治局扩大会指出,过去党在军事领导上的错误,对于我党的整个路线说来,不过是部分的错误。"这就显然把一个重要的政治错误放在一边了。中央那时的解释是,军事匆忙,还来不及研究解决政治问题。奇怪的是这次会议只有一个决议案保存下来了,所谓博古的正报告,周恩来的副报告,李德的发言,以及其他人的发言,都没有能够在档案机构发现。但是仔细来看这个决议案的内容,恐怕基本上就是来自毛泽东的发言。譬如决议案第四、五段讲决战防御,第六段讲集中优势兵力,第七、八段讲在运动战中消灭敌人,第九段讲持久战与速决战。这些段落的军事思想,可能在毛泽东1932年不担负军事责任以后,逐渐地深思熟虑形成的,并结合当时的敌我斗争的具体实践总结出来的。明显的是他1936年公开发表的《中国革命战争的战略问题》,在研究战争的规律性上,在研究中国革命战争及其特点上,已经形成了一个完整的战略思想。这当然不是1936年的事情,肯定是1932—1934年的事情。在遵义会议上,他第一次把它拿出来。只要我们对比一下,决议中讲战争规律的各章节和这本《战略问题》讲战略防御所提出来的几种战争形态、思想路线甚至文字安排都是一致的。可以这样说,遵义会议的决议就是毛泽东《中国革命战争的战略问题》的初稿。拿时间来说,也可以说这本《中国革命战争的战略问题》是这个决议的发挥。无须考证,我相信毛泽东在遵义会议上的发言,特别是军事部分,就是这份决议,或者是这个决议的初稿。因为参加会议的人,除了毛泽东以外,没有人具有这样的关于中国革命的系统的战略思想。起草这个决议的是张闻天,恐怕也是按照决议的形式和口气进行文字加工,把毛泽东的发言全部抄录进去。

1935年在遵义传达这个决议的时候,我曾经认为这个决议的军事分析非常精湛。但是等到1937年我读到那本《中国革命战争的战略问题》的油印本的时候,恍然大悟,遵义会议的决议,就是毛泽东军事思想提前在遵义通过决议的形式表达出来的,两者是一回事。

三十四

遵义会议以后,大家都受到改换了军事领导的鼓舞,认为红军的行动应该打一个局面出来。所以在放弃遵义以后,我们曾经结集主力于土城的青冈坡地区,力求歼灭尾追我们的川军的两个旅。我记得中央军委把各机关的军事政治干部都分配到基层连队去,以加强战斗和战斗的指挥能力。我也被派到一个连,去当临时的副指导员,同连队共同行动了两三天,但由于敌情不利,这一仗不能打,所以那些派到连队的军政干部又都抽回去了。

当时为着减轻中央纵队的负担,使它在行动中能够轻装前进,就把有些人员分配到各作战部队。第一这些人到各作战部队不会影响这些部队的行动,因为部队有能力掩护这少数人,同时在一定程度上,还能加强这些部队的工作。因此在贵州地区,我就奉命离开总政治部,单枪匹马到干部团上干队当一名政治教员。

干部团在瑞金的时候,原叫红军大学,以训练营连长军事干部为主。当时的干部团团长是陈赓,政治委员是宋任穷。这个团部的参谋工作、政治工作、后勤工作的构成我就不大清楚了。有两个军事连,一个政治连。这个时候,这三个连级别不是营连干部,而是班、排干部。另自把营连干部集合编为上级干部队(简称上干队),亦分为军事、政治两个队,政治队长是罗贵波,军事队长是苏进。人数共约有一百四五十人,队长就是萧劲光,没有政治委员,可能就是萧劲光兼。队部也没有什么参谋、后勤人员,都是由学员兼任,只是在队部集合了一批军事、政治教员。军事教员有宋时轮,还有别的什么人。政治教员就热闹了,有徐特立、董必武、成仿吾、冯雪峰和我。每天的任务无非是跟着走路,有时休息上一天半天,也上一点军事课和政治课。

跟干部团行动,我倒很高兴,因为干部团作为军事单位,经常在军事情况不是那么紧张的时候,担任中央纵队的前卫、后卫、侧卫。因此在行动时间上,可以稍为自由一点。宿营地区绝大部分时间是由自己选择,不和中央纵队挤在一块,所以在宿营选择上更为自由。前卫、后卫、侧卫这些地区在供给上更有好处,几乎都在中央纵队的供给之外,物资的取给,只要按规定不犯法都是很充分的。宿营条件也比较宽敞。在警戒上,不过都是由干部团的连队负责,把警戒线拉长一些,上干队一般并不承担这一类的警戒任务。

自进入贵州以后两度占领遵义和四渡赤水,共在黔北活动了四个月,即1935年1、2、3、4月。活动地区包含贵州的湄潭、松坎、桐梓、遵义、仁怀(即出茅台酒的地方)、习水、龙里、绥阳、开阳、息烽、瓮安和四川的古蔺、兴文、叙永。其目的在于抗拒贵州之敌,争取在黔北巩固起来。

早在1934年12月18日,进军遵义的前夕,在黎平的政治局会议上就认为:一、过去在湘西创立新的苏维埃根据地的决定在目前已经是不可能的,并且是不适宜的。二、新的根据地区,应该是川黔边区地区,在最初应以遵义为中心之地区。跟着1935年1月1日在瓮安的政治局会议上,决定建立新川黔边苏区根据地,首先是以遵义为中心的黔北地区,然后向川南发展是目前最中心的任务。这个战略方针实际是想巩固一个黔北根据地,向川南发展,争取在泸州和宜宾之间渡过长江向川北发展,不然就没有必要两进遵义城,从东到西,从西到东四渡赤水了。并且在此期间猛烈地打击了黔军王家烈、蒋军周浑元的部队,取得了胜利。

关于北渡长江的问题,1935 年 1 月 20 日,中央红军曾经企图由黔北进入川南,渡过赤水河后急向四川的泸州进发,争取占领兰田坝、大渡口、江安这些渡河点,但没有成功。随着我军转向古蔺、叙永,准备强行渡江,由于敌情关系,也未奏效。2 月 5 日,我野战军曾经在四川长宁集结,进行渡江侦察,也无结果。这时经过了多次的行动都没有能够达到北渡长江的目的,主要是川军和蒋军已加强了对泸州以西各个渡河点的防御,使我无机可乘。以大兵团打一次硬仗,消灭大部敌军,强行渡江,可能牺牲很大。大概在 3 月中旬,我们就放弃了从黔北进入川南的战略设想,仅以少数部队再次进入古蔺、叙永之间,做出企图渡江的姿态,而主力则靠近贵阳东侧,迅速南下,转而向西突入云南。

这个进军川南计划假如能够成功,我们则可以在川北地区包含巴山山脉,建立根据地,取得自由的发展。过江以后可以置富顺、隆昌、荣昌于不顾,直取南充、蓬溪、营山、通江、巴中到达四方面军根据地。

我个人以为这个计划除通(江)、南(充)、巴(中)很有吸引力之外,朱德同志、刘伯承同志也有很大个人影响,因为朱德本人就是川北仪陇人,仪陇在通、南、巴根据地的边缘。朱德在 1919、1920 年内曾率领滇军在这个地区活动,参与靖国之约,驻军泸州有两年之久。刘伯承,四川开县人,1927 年曾在泸州起义,成立国民革命军暂编第十五军,任军长,响应北伐。他们对这个地区都是非常熟悉的,根据这个地区的经济条件,求得发展,是不会有什么困难的,所以在黔北向川南方向周旋四月之久。但无法取得有利战机北渡长江,最后只好放弃这一战略设想了。

就在这个时候,红四方面军放弃陕南进入川北,马不停蹄地打到川西北去了。

这个时候再在黔北活动,已没有什么军事意义了。而贵州的东南面,都是少数民族布依族地区,转到云南东面又是少数民族彝族地区,要建立一个黔滇边的根据地,会跟少数民族发生很大的矛盾。想来想去,第一步是迅速跨越贵州、云南,渡过金沙江以西,这就算是渡过长江以北了。因此,4月9日穿过贵阳、龙里之间,采取急行军的办法,经过青岩、定番(今惠水)、长顺、紫云、贞丰、兴仁,渡过黔东南的南盘江和北盘江,迅速地接近云南边境,这已是4月中旬了。进入云南以后,我们仍然采取急行军,通过富源、沾益、马龙、寻甸、嵩明,迫近昆明东北的杨林。然后转而向西,经过禄劝、武定一直下到元谋,渡过金沙江,突然向北进入四川西昌地区。至5月1日,红军从这个渡口全部渡过金沙江,前后用了八天时间。这一个月全是行军,有时候还是急行军,争取先机,在排除敌情的情况下渡过金沙江。自从贵阳、龙里之间出发到金沙江边上,已经摆脱了川军、黔军、蒋军和滇军,因此没有什么大的战斗,只是行军,不停地行军。当然,干部团在行军的时候,大部分走的是山路、小路,并不是每一个县城都进去了。

在云南行军的过程中,多次碰见马帮。这是云南特有的商队,民歌中就有所谓"山间铃响马帮来"。它是在打破自然经济、出现商品经济以后的初级的商业组织形式。以马来作运输工具,一个马帮大概有二三十匹马,在邻省或本省大城市买进各种日常用品,如针、棉丝线、零星绸缎等等,还有盐、糖。云南不出糖,四川粗加工的红糖都是几十斤重一块。为着便于运输和便于零售,这个马帮又把它化制为小糖饼。这是一种行商,走到哪里卖到哪里。同时收购云南的土产,可能是些皮毛和云南的特种药材,如三七等,去那些皮毛和药材散集地出售。这样调节市场,一进一出都取得商业利润。马帮很有组织,头马是个向导马,背上不负载货物,马颈上戴一大串铜铃,笼头上还扎些五颜六色的绒球,作为一个马帮的标志。马都是云南马,个子小,耐爬山。我们在行军中,遇见马帮的时候,有时也把它截下来,买糖饼。这些马帮大概都露宿,有时,我们露营的时候,也跟它距离不远。

大概这种马帮现在已经没有了。

三十五　从金沙江到大渡河

(一)金沙江

长江的主源是金沙江,和岷江在宜宾(叙州)会合后,以下才称作长江。

原想从泸州,后来想从宜宾渡江到四川的设想没有实现,转了一个大弯,终究从金沙江过来了。这一大的迂回,是战略转移的一个最大胆的行动。

金沙江上搭浮桥,历史上还没有这样的先例。试验架桥的时候,第一个筏子还不曾拴得稳,便冲走了。只有槽渡。由路南河(云南元谋县属)直驰一百二十里,太阳落坡的时候,我们到了江边。热得发昏,在江南岸的小村里买了一根甘蔗解不了渴,在渡船上,取了一瓢水饮,这才心里清凉一下。同行之队,有渡过继续前进的,有留南岸警戒的。我住到北岸,坐在江边,在金沙江内濯了足,用金沙江的水洗了脸,吃了金沙江边生长的鸡,回到石洞里睡觉。这是理想的防空隐蔽部。可是,两岸的高山夹着金沙江,流在江面的,是一股一股的热风;加之闭在一个人造岩洞里,蒸得气闷,无从睡起。

占领这个渡口的故事是:

参谋长刘伯承同志带领干部团,前天晚上到达河边,捕了两只船,很早很早渡过去一排人,预先侦察清楚,晓得在绞车渡(这个"绞车渡"之名是我在1935年记下来的,但现在的地图和文献记录都作"皎平渡"。不知为什么有这么个差别,但这是我自己保存下来的原始资料的名字,因此我仍然把"绞车渡"这个名字保留下来。1990年5月一泯注)。刘文辉并没有什么人马,只有一个收税的厘金卡子。首先就去敲这个卡的门,那些家伙还在梦中。等到一开门,当面站着一群武装的不速之客,才惊讶着哪里来的红军。刘文辉发下的要船都靠左岸的通令,还原封不动地没有打开。

占领了渡口就准备架浮桥。水的流速倒不大,困难问题是水很深,没有办法抛锚,架桥材料也难得找。江的宽度有六百米,筏子没依托,后来企图架门桥,但竹片子没劲,布拉的纤绳也不够力。他们把上下游、南北岸都跑了一遍,也没更好的适宜架桥的渡河点。桥架不成功,最后的决定还是用槽渡。船还大,一次可以过一排人,一共有六只船。原来大家对金沙江的知识都很缺乏。即使是四川同志,也很少有到过金沙江的,至多是在宜宾望过一望那与岷江交汇的汪洋大流;上流是什么样子谁也不得其详,结果便是道听途说,甚至有说有好几里宽的。实际看来并没有这样宽,只是流急不能架桥,水深不能徒涉。

原来一、三两军团,还分在绞车渡的上下游,各自去占领一个渡河点,但因为敌人预先有了准备,或者是把船沉了,或者是把船靠在北岸,都没有占领成功。后来就是这一个渡河点，六只船载过了红军全部。只有九军团是从另一个渡河点过去的。它自从渡乌江隔断后，现在重新会合起来。

（二）到通安

渡过金沙江的第二天，早晨还没有出发的消息。天气闷热，石洞也待不了，只好转移到另一个石洞的回廊去，回廊上虽说有轮船上一样的窗眼，实际只能算是个枪眼，可以通风，稍微舒一口气，多几个蝇子也不在乎，铺起油布睡觉。干部团在河南岸的过来了一部分，回廊上增加了雪峰、仿吾。我们昨天还住在不同的省份四川和云南，有一衣带水之隔，今天却又聚到一起了。

还没有睡得很满意，出发命令来了。听说有芭蕉，也来不及去买，急忙整装上路，说是到通安，五十里。

到通安是顺着一条沟上去，在沟里还可以喝点清凉的山涧水。一爬上山，可就难办了。山名"火焰山"，"之"字形的小路，越爬越高。山上，没有半点水，没有半棵树，没有半点风，太阳火辣辣地照着，颇有走进沙漠的感觉，不知比《西游记》中的"火焰山"何似！在休息的时候，有老百姓顶着一罐涧水，上山来，他发了一注财，大家是争着喝了半碗水。休息了一会儿，又爬，爬了一会儿，又休息（找水喝），然后再爬。大约走了四十多里路了，前面响起枪声。这时太阳已经落坡，热的感觉已变成看打仗去的情怀了。

再爬一个小山坡，就到了干部团的指挥阵地。阵地上前后左右，挤满了人。除了附近迫击炮阵地的射手和团的指挥员（陈赓、宋任穷）及其他少数参谋、司号员、通讯员之外，一大部分是"观战"的，我是其中的一个。首先得弄清楚敌情。敌人是两营，或说一团，在干部团尖兵连到达通安街上之前，已经先一步脚进入通安街，正在休息。我们乘机发起突然袭击，一鼓作气，把敌人赶出通安，缴了两尊迫击炮。就在这个时候，有人报告说，敌人向干部团右侧阵地移动。团的指挥员恐怕孤军深入，受敌人的包围，同时怕和绞车渡本队失去联络，就没有乘胜追击，又把部队撤回到距通安两三里的山上，占领阵地，一变而为防御的态势。这就是我上到指挥阵地观战以前的大略情形。

敌人向我方右侧移动，企图包围的消息并没有得到证实，结果还是从正面反攻过来。对面，山上隐约的浅白色人影，跑来跑去，枪声很疏，子弹发出嗤的声音，不时从头顶飞过。忽然，我们在敌人阵地山脚下的几个连，从几个方面仰攻上山去。枪声依然很疏,夹杂着一两个手榴弹的爆炸声。不到五分钟,已经得手,敌人缴械的缴械,逃跑的逃跑,在指挥阵地上看得很清楚。号声响亮地吹彻了山野,这似乎是战斗结束了。

从自己的阵地到敌人的阵地,从山腰到山顶,躺着一个一个的、两三个一堆的穿淡白色军服的人,军服上染着红的血。有些角落上没有人,散乱地丢弃着一些子弹带、背包、步枪。这一仗,击毙了一个营长,因为他的领章上有三颗铜星,一下就看得出来。走过他面前的人,以胜利的口音叫出一声:"啊! 打死他一个营长。"

山坡的那面,政治科守着几十个俘虏,许多人围绕着他们问话。只听俘虏说,他们来了一个步枪营,配合一个工兵连。他们并没有什么后续部队来增援,也没有更多的部队要包围我们。

通安市上,看不到炊烟,山色却在四围渐渐地黑暗下来,想遮没这一幅战后的图画。我们顺着一条僻径向通安前进,俘虏在政治科学生的后面,也跟着下了山。忽然,前面一阵扰嚷,原来是又抓到两个被击溃的散兵,搜出两支驳壳枪。这样,俘虏的行列中又加进去两个。

进通安街,找着宿营地。

(三)会理郊居

在通安休息了两天,这是南渡乌江后第一次得到休息。5 月 9 日进至距会理十余里路的地方。会理城当天早上已为友军包围,但实际情况怎样,尚不清楚。干部团自己的任务和进军方向,也没有弄清楚。宿营地一连搬了几次,10 日下午才搬定。

10 日夜,强攻会理城。在会理城郊附近,自 9 日起,共停留了六天。

会理、西昌这些县城,在四川人的眼里,是含有生僻边远的意义,不是什么好地方。虽然隔大凉山的"彝民区"不远,但自望城坡以下,两侧高山,中间夹一不小的平平谷道,树木翁郁,村庄繁密,这样一种情形,有些出于意料之外。老百姓都说城里很不错,商业还有些,因为是通往云南的交通要道,许多轻工业品(布、纸烟等)都从云南运来,四川由此对云南输出糖。宿营地搬了好几次,住过的房子有土豪的,有商家的,还有贫苦农民的,都还可以。群众都很好。刘文辉的苛捐杂税已经把农民剥削到只剩一张皮,一副骨头。群众不仅是参加红军踊跃,并积极报告城里的情况和希望我们打城。一个老头儿,就同我们住了六天,跟着跑了两个晚上,预备进城时带路。

城,敌刘元塘之第七师守着。初到的一天,驻得离城很远,只从半天的红光中,晓得会理城大烧房子。第二天下午,搬到附近,爬上一个山头,望一望要攻的会理。长方的城垣在谷道正中,雉堞一串,沉默地堆在上面。所能看见的,只是满城的房屋用几千百万瓦遮盖着,分不清街道。高耸出的天主堂钟楼,也一声不响,寂静地兀立着。南面有一个空场,有稀疏的人影在奔驰。要是没有枪声,没有烧房子的烟和火,几乎疑为一座死城。刘元塘为着扫清它的射击障碍,为着预防我们迫近城墙进行坑道作业,对城廓周围建筑,特别是北门外繁华的街道,用煤油、棉花,一烧而光。烟火冲天,和天上的云连接起来,中间闪烁着火星,像流星一样,四散地飞去,火焰不断地从屋顶上冒出来,熊熊地燃着。

四川的五月,天气应当是热的了,晚上只能盖遵义纪念品三友实业社的毛巾毯子。蚊子还没有肆虐,苍蝇多得怕人,同云南一样多。我们的宿营地,太阳一出来总有好几十万,比飞机还讨厌。飞机是每天来两次,但都在会理城附近的天空盘旋,一方面对城里的守城白军投掷信袋,一方面投几个炸弹来轰炸围城部队。它抛得再多,飞得再低,对我们也没有什么损伤,打塌些民房、庙宇是唯一的成绩。

(四)强攻和爆炸的两夜

10 日,灼热的太阳下山了,从它的对面,升起一弯明月,几点星光,就是这样的星月黄昏,也不能带来幽静的氛围。因为刘元塘放的火,通红地照彻了半个夜空,会理城上还不时送来零乱的枪声。就在这样紧张的气氛中,晚上要攻城的消息,传遍了整个部队。

赶早吃完晚饭,整装待命出发。我们从宿营地,经过四面插秧的田埂,隐蔽地爬上山头。下午,我远望会理城的山头,这就是今儿晚上攻城的指挥阵地。我翻过山头,走到山前斜坡上坐下来。晚风呼呼地带来初夏的夜凉,有时还使人打一个寒噤。烧房子的烟火,连城垣上雉堞间奔跑的黑影都照红了,连因风摇曳着的树枝都照红了,连遮满全会理城的瓦鳞都照红了。

一声迫击炮响,轰向城里,无异一个晴空霹雳。接着便是繁密的步枪声,嗤嗤响着,中间还夹着更繁密的每秒钟几十发的轻机枪声,从四面八方射向城去。攻击开始了。城里的枪声也同样繁密起来。指挥阵地的上空,有时也飞来几声嗤嗤的子弹,不知落向何处。迫击炮弹,我们射向城里的,以及敌人射向我们的,交互地轰着,炮弹飞来飞去,弹道的红光划破了夜空,增浓了夜间战斗的紧张空气。1926 年围攻武昌的情景,急速地掠过我的回忆中。一声手榴弹响,打碎了这一个回忆。迫击炮弹也爆炸了。沿着城垣雉堞,探照灯的灯光,一路扫过,都是防我军架云梯爬城的,在爆竹似的枪声中,明明灭灭地闪烁不定,有如天空的星粒。我们是静悄悄地接近,静悄悄地放射步枪、轻机关枪、迫击炮,静悄悄地攻击。敌人是相反的,叫!吼!吵!闹!在城墙上,听说刘元塘连小学生都动员上来了。成千的人嚷成一片,真像汪洋大海中一只沉没的轮船,无希望地向天呼救。有时是整个城墙一片叫声,有时是一路叫过去,此起彼落的、无意义的呐喊。

城西南角的天空一闪,由信号枪中射出的信号弹,一颗红的,又是一颗绿的。

"啊!进城了!进城了!"大家都如此说。

攻城部队,谁先进城谁就打信号弹,是原来约定的,那还不是攻进了城吗!萧劲光同志带起他的队伍就走,叫着向导领路,一直向西门走去。枪声还是响着。迫近西门的时候,在田野中有一条上百的人影,城墙上是望得着的,子弹嗤嗤地在头上飞过。大家立刻对攻进了城的信号弹的红绿闪光,打一个问号。急速地通过,到一列民房下隐蔽起来,侦察个究竟。红绿弹的闪光靠不住,城墙上一直飞下来子弹。躲在民房下近十分钟,没有证实已攻进城的事实。队伍只有向原路转回去。消息传来,强攻未成功,战斗的时间已经很长,决定不攻了。攻城部队已经撤下来。我们也就用不着再回到原来的阵地。

枪还是在放,人还是在喊,雉堞上的探照灯已灭了一大半,只有烧房子的火,愈烧愈有劲似的,冒着烟,飞着火星。一路走向宿营地,一路回头望望,已是耿耿星河欲曙天了。

11、12、13 日,全线平静无事。坑道作业在两处异常忙碌地工作着。14 日下午连炸药的埋塞都完成了。爆炸就在当天晚上。

黄色炸药、黑炸药,这些东西,这里是不容易弄到的。这几天尽了一切的努力,来收集硝磺,但据说数量并不足够。提起炸药,抗日先遣队在福建缴获的卢兴邦的炸药从瑞金运到湖南,已无法再搬运走,因为运输员的补充发生困难。现在可找不着那样好的炸药了。但是炸会昌(江西)、炸沙县(福建)的经验和胜利,使我们有炸开会理的信心。

同样的黄昏,同样的晚风拂拂、星月依依,同样的队伍,跟随指挥阵地的转移而转移,到另一个山头。更接近城了。迫击炮阵地也在附近。首先是钳制的方向,即是指挥阵地这个方向,开始佯攻。迫击炮、步枪、轻机关枪对着雉堞上有照明、城墙上有呐喊声、火和继续燃烧着的这个大的目标——会理城射击过去。一时就热闹起来。城内也回敬了无数的步枪子弹、轻机关枪子弹、迫击炮弹。那只快沉没的轮船上的呼号更加惨厉,甚至于压倒枪声、炮声。我们知道这仅是今天晚上攻城的序幕,惊心动魄的、崩天裂地的轰声,还在后边。

大家期待着,红军期待着,会理的工人、农民也期待着;风期待着,云期待着,星和月也期待着。

过了很久,差不多都等得不耐烦了,终竟响了那一声。有似绝大的陨石,自天而降,还加以陡然的地震,轰响和震撼联系起来。这瞬间,整个夜战的参加人都埋沉在一声中,全部神经都集合在一点。爆炸开了吧,可以攻进去了吧,一连串的思想过程,没有停留地、自然地向前发展。而敌人呢,所有枪声、炮声、呼喊声,都突然绝灭,轮船已经沉没到海心了。那时他们的思想过程应该是:该没有炸开吧,红军该没有进城吧,快些丢了枪跑吧。沉寂的时间是很短的,不过半分钟,每个的思想过程,都得到他自己的结论。

城墙上重新响起枪声,依然奔驰着叫!号!信号枪也不见放出它的颜色闪光,爆炸没有奏效。不知是爆破作业不好呢?还是有了爆破口而突击队不行呢?当时不知道,就是今天也无从考据了。反正这不是战史。但是有两处坑道作业,一处爆炸不成,不是还有一处可以爆炸吗?看第二回吧。又等了相当时间,第二处爆了。从爆炸声听来,又是未奏效的。声响是小得很,连第一次那种震聋发聩的巨响,和从西面山里反应出的更大的回音都没有。

"大概坑道口塞得不结实,向外面跑了。"这是工兵专家的推测。

枪稀疏地响着,已经很久了,风、星、月,都疲倦似的吹得无力,照得无光。城垣上的呐喊,也似乎柔弱无力了。在攻者和守者间,都已由紧张的战斗转入松懈的状态中。

回到宿营地时,背后依然是几天来一直燃烧着不熄灭的火和烟。

（五）八个晚上的夜行军

攻会理,是不坚决的。不仅是客观上敌人以逸待劳,我们已近一万里路的长行军,兵力疲惫,难以攻坚;在作用上说,也没有重大的战略意义。后面靠金沙江,前面横大渡河,两侧是彝民区域的崇山峻岭;仅此会理、西昌一个谷道,殊非必争之地。会理既久攻不下,西昌也用不着再攻。就是冕宁、越嶲两城,敌人如以重兵扼守,我们也不必一定占领它。主要是争取先机过大渡河。

过大渡河,由会理出发,有一条路是经过西昌,翻小相岭,从越嶲到大树堡渡河,对岸是富林。这是走成都的大道。另一条是经西昌至沪沽后,向左到冕宁,经过一个彝民区域,直下大渡河旁的安顺场。这是不容易走的小路。第一条走不通,敌人已在富林、大树堡布置了重兵,堵截我们,只得选定后一条。对第一条路,则采取佯动,由五军团占领了越嶲,作欲强渡富林模样,以迷惑敌人,而大兵径赴冕宁。

由会理出发到冕宁,共是八个晚上的夜行军,计程五百二十五里,都是沿安宁河左岸直上。安宁河自小相岭发源,南流入雅砻江,再流入金沙江。就是这一条八九百里的流域,形成一个平坦富饶的谷道。沿河市镇,为甸沙关、摩沙手营、金川桥、黄水塘、礼州以及沪沽,都是有上百户人口的地方。虽然是夜间通过,看不出什么来,但三合混凝土的街路的平滑,铺面排列的整齐,告诉人们贸易状况应该不坏。大部分居民都跑了,加之夜晚,街上静寂得落叶可闻。但也有人还做点半夜的生意,卖汤圆、面饼子。

风极大。天明,到宿营地。

（六）过冕宁

最后一天夜行军,已入下弦时候,月起得很迟,再加上一天云,蒙蒙地仅能模糊看到路影。由石龙桥到冕宁五十里,5月23日早晨九点钟才到。

冕宁敌人一个连,已闻风远飏,我先头部队,垂手而得。我们住城南一村庄中,距城尚有十里路。到达宿营地之后,照例铺门板,解马装,洗面,洗足。冕宁是江西红军入四川后第一次占领的县城。我们进县城去看了一看。

（七）安顺场怀古

过了冕宁，就进入彝民聚居的地区。第二天整整走了一百四十里。一出彝民区域，天就黑了，下起大雨，又是下山路，一不小心就有滑倒的危险。我们的行军序列前面，刚好就是迫击炮连，装备沉重，走不动，只有站着淋雨。找着三间房屋可以停足，已经午夜早过，两点钟了。经过岔罗、洗马姑，到了农场，眼前便是波涛汹涌的大渡河。大渡河，土人称之曰铜河，沿河在岸上行三十里即达安顺场，一个近代史上有名的地方。

洗马姑住了一夜，牙齿痛得说不出话来。农场住了一夜，却奇怪，牙齿又不痛了。这条河和金沙江一样，没有可能架桥。大渡河上流，只有富林渡口，水势比较平稳。在这里，甚至连槽渡也不好办了。金沙江的水虽急，在绞车渡船还能过直线，而在大渡河的农场和安顺场两处，船要顺流成斜角，才能渡到对岸，回船时又要顺流成斜角，达到岸边后，必须将船沿岸逆流拉回到原来那个渡河点。如此反复，很费时间，渡一次，要一点钟，这是最快的速度。并且船很小，也很少，农场四只，安顺场两只，驾船不慎，两处各破坏一只，容不下多少人，渡不了多少人。两处的船，也不能集中，因为滩险水急，上游的船，放不下去，而下游的船，也拖不上来。这真是棘手的事。所幸农场、安顺场两处的渡河点是抢在手中了，总有办法想。

安顺场渡河点的对岸，敌人一个营驻守。我们得到了一只船，载上十七个红色战士，冒着敌人的火力，在那样汹涌的波涛中抢渡。我们把所有的一切，成功或失败，都交给这只船和十七个英雄，都交给轻机关枪和手榴弹，结果安然地渡过左岸。敌人一个营，溃散了。我们十七个勇士，胜利了。胜利的十七个英雄！无产阶级队伍里的十七个英雄！根据一军团的《战士报》，他们的名字是熊尚林、曾会明、刘长发、张克表、郭世苍、张成球、张桂成、萧汉尧、王华亭、廖洪山、赖秋发、曾先吉、萧桂兰、朱祥云、谢良明、丁流名、张万清。红军英雄，名垂不朽！

整个野战军只能沿河右岸直上，抢过泸定桥，留下干部团渡河，分在农场、安顺场两处，掩护全军通过，同时迷惑敌人，使敌仍以为我们是从安顺场渡河。方针定下了，我到安顺场的时候，军委纵队已经整装待发。出发前，飞机突然来袭，我在冯文彬同志处捧了满两手的枇杷，也顾不得吃，便从场口跑出来，寻觅一个适当的隐蔽地方。嘘——嘣！炸弹炸在河边上，我很担心安顺场里的几十匹战马，拴在街上，那样大的目标呀！

军委纵队出发的时候，我也由安顺场渡河到对面的安靖坝。

安顺场这个地方，薛福成的《庸庵文续编》里的"书巨寇石达开就擒事"提到它。石达开就在安顺场这个地方全军覆没的。时同治二年（1863 年）四月间事，阳历便是 5 月，和我们渡大渡河的时间相同，亦历史巧合。但是对于这些英雄末路的悲剧的史实，有一点是很值得怀疑的。我不是说那些彝民土司拿了石达开的钱，又出卖石达开的事。那是可能的。但把石达开作为一个很好的战略家来看的时候，安顺场的失败，是不应该的。据《庸庵文续编》所载，石达开的队伍，本已由安顺场渡过河一万人，天晚了，后续部队不能再渡。石达开以为他一贯用兵谨慎，今天把兵分隔在河的两岸，使兵力分散这不大好，就又把已过河的一万人渡转回来。这里有几个漏洞。既然天已晚来不及渡后续部队，那么又怎能把已渡过的一万人渡回安顺场呢？这个时间哪里来的呢？有渡这一万人转回来的时间，为什么不继续渡第二批一万人过去呢？从安顺场的渡河点的水势来看，有渡这一万人转回来的时间，天近晚还能渡一万人，那船非有二百只不可，一只船一次渡二十五人，渡二次。但那个地方，很难同时摆渡两百只船，同时还得有一千六百个熟练的船夫。我们两只船把沿河两岸的船夫请完了，也只几十个，还夹了几个生手。结果还要撞坏船，押船的政治科学生和船夫自己还送了命，只有两个船夫爬起来。石达开那时，哪里来的两百只船，一千六百名船夫？既已渡过去一万，又渡转来，这简直是岂有此理的事。要是薛福成所记是实事，那才奇怪了。就是后来大雨水涨，以致对岸为清兵所得，难于渡河，为什么不沿右岸直上，进入西康？为什么不向下走，到大树堡拐回西昌坝子？或者再向下走，弯到大凉山东的岷江沿岸？机动地区还是很大的。我想那时石达开的兵力尚不少，士气也可用，而计不出此，真是奇怪。今天所能看见的，只有"乱石穿空，惊涛拍岸，卷起千堆雪"。欲从田夫野叟，一寻翼王遗踪，以供凭吊，哪里是！

更奇怪的是七十多年后的今天，出了震动全世界的中国红军，又来到石达开碰钉子的地方。蒋介石、刘湘、刘文辉等高兴得很，以为历史的事件，是一个铸定的模子，在安顺场消灭红军，是十拿九稳的。然而不然，不仅有在安顺场强渡的十七个英雄，而且还夺取了天险泸定桥。只可惜我没有去一看那半里路的伟大的铁索桥工程。

河对面的安靖坝,石达开没有过得去,而我们是过去了的。首先得找定宿营地,把自己安顿下来。这里那里,都在缫蚕丝,苍蝇成千成万地满天飞,结果住到供奉关圣帝君的冷庙里边去,至少苍蝇少些。安靖坝子住了两天。这地方养蚕业很盛,为农民的主要副业。丝是自己缫的,因为假如卖茧子路程太远,还在路上就会出蛾子。销路是四川丝业中心的嘉定(今乐山,大渡河与岷江合流处),远着呢。该地土质并不好,玉蜀黍已挂须了,才长三尺来高,茎是细的,同高粱秆一样,怎比得产在四川西坝子的玉蜀黍,和甘蔗一样粗,比人还要高。

既然怀古,安可无诗?诗云:

> 澎湃铜河一百年,红羊遗迹费流连。
> 岂有渡来重渡去,翼王遗恨入西川。

> 检点太平天国事,惊涛幽咽太伤心。
> 早知末路排安顺,何不南朝共死生!

> 十七人飞十七桨,一船烽火浪滔滔。
> 输他大渡称天堑,又见红军过铁桥。

(八)大渡河边

大渡河,我们不仅是渡过了便罢,在四川整个行军当中,几乎无处不与它会面。野战军沿河右岸上行约三百里,抢过泸定桥。掩护部队的干部团沿河左岸上行二百里,在龙八埠与野战军会合,才向化林坪前进。这才脱离了大渡河。但后来在彝民区域中的大小金川,穿来穿去,正是大渡河的上游。

5月30日十三时,由安靖坝整队出发,目的地挖角坝(汉源县属),行程六十里。一路隐蔽,防备空袭。休息休息,天就阴下来了,似乎要落雨的样子。高高低低,路都凿在峭壁上。蜿蜒曲折的小路,由于山势和崖石的阻碍,有时上,有时下,总在山的侧面。山地行军,速度亦不甚快,且渐渐地下起细雨来了,更难走。然而下午已经过去,接近黄昏。一边走,一边念着陆放翁的诗:"幅巾筇杖立篱门,秋意萧条欲断魂。恰似嘉陵江上路,冷云微雨湿黄昏。"那时景象,后两句,真恰如其分。

问一问走了多远?"三十里"。天快黑下来了,设营员已经把团部的宿营地安排在三十里路的那个小村庄上,六十里路,是不会有的。但我们还要走足四十里路,才有地方住。大渡河边,两岸高山,紧夹着一溪急流,要找出一块平坦的河滩,实不容易。一个很小的平地,已经叫什么坝,几间小店子,就算一个市镇,数椽茅屋,就成一个村庄。走了十里路才到,雨还是淅淅沥沥地下。两间茅屋挤了二百多人,能够找着门板,摆下自己的行装,已是如天之福了。吃不吃饭,真是满不在乎,且横倒下来听雨声度夜。

5月31日晨七时出发,目的地得妥(泸定县属),计程七十里。但先得经过挖角补足昨天未走完的二十里。天可晴了。二十里路,很快就到。在挖角休息约一小时,等队伍到齐,这时得到消息,野战军全部已进占泸定城及泸定桥,可以完全渡过左岸。石达开没有渡过安顺场,我们却舍安顺而不渡,泸定铁索桥,又宽又稳,那些想把历史当成数学公式的将军们,怎得不在红军的威名下宣告失败!到得妥,是由挖角右行上山,得离开大渡河边。山是大相岭的余脉,说大不大,说小不小,一共是三座,就是七十里。山里住的是彝民,比较大凉山上的是要进步些,并且还能多少说几句汉语。抢劫,土匪,这些东西是没有了。我们通过的时候,男女彝民都在田里。农业技术的进步,或者是耕地面积的扩大,二者必居其一,保证了他们的生活来源。有一家正在炖牛肉,还有人进去买了他们的牛肉吃。我在路上,还用汉语问了他们到得妥还有多远。三重好山,但路也很难走,山上全属自然林,一片绿,依着山峦的起伏,叠成乱山纵横的调子。路是少有人走过的,远年的败叶陈枝,朽烂在地下,兼之雨后,和着泥,极不好走,翻到第三层山,雨又下起来了。在山上已能够远望着大渡河的线流,但转来转去,总在那个山坡上,似乎距得妥还不很近。等到从山的斜坡上溜到得妥时,雨更大,而且天快晚了。进了宿营地,清查掉队的可是有点多,我总算没有落伍,但已疲惫到不想再多走一步路的程度,就住在队部里过了一夜。

6月1日晨九时出发,目的地沈村(泸定县属),计程五十里,从得妥前进,重沿大渡河左岸逆行。到此河床稍窄,流速之急,恐怕比下游有过之而无不及。浪花冲刷在河中的礁石上，嗤的一声溅到一丈多高，还没有落下来，第二个浪花早又冲到了。大大小小的浪花，一河都是；奔腾澎湃的惊涛骇浪，掩盖了一切，几乎说话都听不清楚。敌机来的时候，轧轧的声音，一定要掠在顶空上，才能够听得到。今天的出发命令，本来是三十里到家眷一个小市镇。十三时到达，宿营已经都布置好了，甚至于肉丝菠菜面都吃过了，准备睡觉了，又来了第二个出发命令：前进二十里到沈村宿营，十五时出发。这几天来天气完全不对劲，午后照例下雨。一出发就飞起雨来，越来越大。路是小路，雨天黑得很快，还不到二十里路，距沈村还四五里，前面一个绝壁，路被几天雨一冲，塌下去了，要是白天还可以整修，天黑了，什么也看不见，没有办法过去。只有向来路的小村庄找宿营地。这可费劲了，山腰的河岸三家村，那里摆得下大队人马。东拼西扎，分散在三四处，总算塞进去了，但已是午夜十二时。这天的疲惫，比上一天更甚。

6月2日晨八时出发，目的地化林坪（汉源县属），计程二十里。早晨起来，胡乱吃一顿饭，先派人请当地群众去挖出那被雨冲塌的一段路，队伍随后出发。在宿营地的村庄中，有卖杏子的，买了几十个，颜色倒好看，红红的，可是味儿却酸得可以，聊以解馋。幸好天晴，雨后的山，洗过了的，绝绿。四川的山，都是有树木的。大渡河两岸，悬崖峭壁，长松短柏，危挂在岩石上，缩成小景，颇似爬壁虎的青藤在墙上。而土质完全说不上，和安靖坝一样，只产很坏的玉蜀黍及马铃薯。到了沈村停下来，才得到今天行动的命令是向化林坪前进。在沈村的半天任务，是向来路警戒，要到十五时才出发。因此宿营布置是临时的。把马装解下来，在一家店中，翻转两个半制品的棺材盖，作我的卧榻。细雨飞着，无事消遣，煮马铃薯吃。预备号后是集合号，踏着雨后的泥路，出发了。我们向前走，野战军过泸定桥后，沿河左岸向下走，龙八埠是集合点。大部分已走过去了，我们到龙八埠的时候，驻扎在街上的，是三军团之一部。自到龙八埠后续向化林坪（《庸庵文续编》上也提到这个地方）前进，这才完全脱离了大渡河。这二百里，一路急流，沿河留意水势，真个无一处可以安放一个木板，遑论架桥。要真是没有泸定桥，过河确成问题。泸定桥成于清康熙时，石达开何乃见不及此！化林坪是在山半腰，一个比较大的街市，三军团和军委纵队，在那里扎住，我们只好又退回五里，到盐水溪宿营。

美国哈里森·索尔兹伯里为着写《长征新记》，曾大体按照长征的路线走了一遍。事前,1984 年 3 月,他曾在北京找了许多参加过长征的老同志了解长征情况,也找过我。我同他谈起《中国工农红军第一方面军长征记》这本书,他没有看过。后来他找到了这本书的俄文译本,他是懂俄文的,因此我上面这段《从金沙江到大渡河》,他就是从俄文译本读到的。他的长征旅行完了以后,回到美国,在 1985 年 5 月从康涅狄格州塔科尼克给我写来一封信,专门提到《从金沙江到大渡河》的一些非常具体的情况,他旅行的时候和我们在 1935 年长征时候的情况几乎完全一样。但是拿时间来说,前后相差五十年,实际情况无大变动。虽然拿长征来说这一段路是很短的,但几十年之内一点样子也没变,实在太可怕了。我写这段回忆的时候,长征结束还没有好久,记忆是很清楚的。当时还有一个简单的日记,所以客观情景的叙述和我们行动的记录都完全是真实的,而且比较详尽。现在日记没有了,距离长征的时间也很长了,要求对金沙江以前和大渡河以后的回忆都要像这段那样真实、详尽的记录是完全不可能的了。因此我把索尔兹伯里这封来信的汉译文附在这段回忆录的后面,作为这段在长征的历史的记录中还有一点真实意义的证明。

亲爱的大使先生:

由于您和许多其他人的协助,我终于完成了撰写《长征新记》的工作。这是一项艰巨的工作,我仅希望在撰写如此复杂的记事中没有犯太多的错误。不过我得到许多中国朋友和协助者们大力协作,因此希望错误减少到最低限度。

一年前,我们谈话时,您提到您写过几篇关于自己长征经历的文章,包括五十年代出版的一篇题为《红军长征》的文章。

我偶然得到一本那个文集,它是译成俄文于 1959 年在莫斯科出版的(我想中文版是 1958 年在北京出版的)。您知道我不懂中文,但幸运的是我的俄文还算流畅,因此我引用了这本书中的一些记述。

直到不久前我才发现,一篇被俄国人署名"I.MAN"文章的作者原来是您!我想我本应注意到这一点,不过这本书中还载有一篇署名"LIAN CHEN"的长文,我也是最近才知道作者是陈云,"AIPIN"实际是张爱萍。

我告诉您我个人对您关于过绞平渡(JIAOPINGDU)和翻越火焰山到通安、会理路途的记述极感兴趣。您也许听说过,我们徒步(我是骑在骡背上)走过长征的这段路途的。我发现我的印象和您的完全一致。我对您关于绞平洞穴的叙述印象尤为深刻。我不明白毛主席和指挥部为什么要呆在那儿,尤其是那儿从没挨过炸。不过我们被告知,国民党飞机进行过两次侦察飞行。其实就在现在宾馆的下面有块很好的突出的扁平岩石,他们本可以露宿在那里(就像您做的那样),享受外边的凉风。换了我,我会像您那样睡在露天!另外您对沿火焰山山壁路途的印象,跟我们的一样。我是严格按照当年您和红军过山的时间走这段路的。天气酷热,征途艰难,我明白了孙悟空燎尾巴的由来。有人对我们说孙悟空走的不是这条路。但是我从署名文彬(据我理解是冯文彬)书中的记述读到当年孙悟空走的就是这条路!

我要是更早知道您的这篇文章就好了。我们谈话时您说您写过"三篇小文章"。它们是否合编成这篇《从金沙江到大渡河》的文章?或是还有其他两篇,我没有看到?

谨致最热情的问候

哈里森·索尔兹伯里
1985 年 5 月 31 日
于康湟狄格州塔科尼克

三十六

从化林坪向东向北抢占了天全、宝兴、芦山,这时假如向西就直向西康北部的藏民区域去了,向东就走到四川的成都平原去了,都难以立足。并且红四方面军已经进到川西北的汶川、理县地区。自然首要任务就是要争取和四方面军的汇合和准备继续北进。这就不能不翻过一个雪山——夹金山。

它是邛崃山脉南部的高山。我们翻过的高度大概在四千二百米以上,但我们的出发点天泉、宝兴、芦山的海拔已在两千米以上。山势比较平坦,并不十分陡峭。所以翻这座雪山,无非是再加上两千多米就是了。讨厌的是千秋积雪把全山都覆盖了,看不见哪里是路。雪有深有浅,有松有实,只怕遇见雪崩,只怕陷入雪坑。行进的时候,只能谨慎地跟着前人的足迹,一步一步踏过去,也就很顺当地走过去了。口渴的时候,还可以捧一手积雪,似乎也还清凉解渴。只是这个山区天气极不正常,突而烈日暴晒,突而暴雪狂飞,造成一种心理上的不安。但有些时候,晴空无云,蓝天真蓝,比起从地面望上去要蓝得多。想来今天那个天空仍然是那样的蓝。

长征路上翻过许多大山,说起翻大雪山,好像很难一样,其实照我的感觉是翻越城岭最苦了。

两个方面军汇合以后,都是活动在这个地区小金川、大金川、马尔康、卓克基、刷经寺、黑水(芦花)、毛儿盖、杂谷脑、阿坝、包座、若尔盖,最后跨过草地到班佑,就接近甘肃的南界了。

这是一个以藏民为主的游牧区域,要是有很好的建筑的话,那就是各个喇嘛寺院和土司的山寨。我们当年去的时候,还有许多土司,如卓克基的土司索观瀛,阿坝州墨桑的土司华尔功成烈。这些土司的正式名称叫作"什么什么长官司",如卓克基长官司之类。清代和民国初年,已经取消了一些土司改为流官,但还没有完全取消。1949 年全国解放以后,这种土司世袭制度经过改造才完全取消。现在这个地区以阿坝为首府成为一个四川的行政区——阿坝藏族自治州。

要北上的话就必然要过一个四五天路的草地。对此我们做了一定准备,弄清楚了很快进入草地和脱离草地的路线,但过草地是什么味道,谁也没有经验。所谓草地,大概是没有办法排水的低洼沼泽地。一个大沼泽地并不全是水或全是泥,而是在很软很深的水和泥当中,长期生长的植物的根和泥结成了硬土块冒出水面,当然这种土块有大有小,土块和土块之间的距离有宽有窄,但只要有把握看清这个土块,然后试着把脚踏上去,再试着把另一只脚踏上另一个土块,这样就可以缓慢地通过草地了。困难是步行的人有气无力,在行进时很容易滑到水里。既然这个水和泥很深,一旦滑下去要想爬上来就很不容易了。也有自己能够勉强爬出来上路的,但为数很少。一不小心滑下去,即或旁边有人走过,想去把他拉上来,也不容易。因为你只要一去拉他,他的全部重量就依附在你的手腕上,他在泥水中挣扎也使得拉他的人增加了向下的力量,甚至有时还把你带下去,大家都上不来了。

当然有的人能自己爬起来,有的人可能被别的人救起来,这就依靠他们身体内部所保有的营养物质是否能够解决当前的、很费力的问题。但也有在泥塘中挣扎不多久,心脏和呼吸都被迫停止了的。这种情形在白日行军的一路上都可以看见,但是也无可奈何。无疑的这是在一个军事革命的战场上所做的牺牲。但不是杀声震地的英勇牺牲,而是一种无言的、悲惨的牺牲。

草地上也要宿营,宿营的地点就选择在坡地上,比较干燥,有时还可以依附一两株灌木。这种露天宿营,无法摆成阵势,全凭自由选择。用一支树枝夹在树干上,把床单在树枝上拉平,两边靠在地上成为一个人字形,地上铺上一张油布,人就睡进那个小帐篷。集体并不供给晚上这顿饭,只凭你自己带的什么就吃什么。当然捡些枯树枝烧一搪瓷杯开水来喝,这是有保障的。既疲劳又没有敌情,晚上当然安心睡觉。第二天早晨醒来一看,你帐篷的左右前后,总有那么一两个到三四个同志从此长眠不醒,可能是在夜晚的不知什么时候,渐渐地不自觉地停止呼吸了。这个地方海拔平均在三千米以上,空气缺氧,加以昼夜温差很大,就是那个季节(8月)晚上也会接近零度,自然会发生这种现象。这个时候生者仍需赶路,对死者也无能为力,就用铁铲把他附近的泥土,铲上十几铲,就这样草草地掩埋了。后来四方面军回头南下的时候,再过草地,还看见那些遗留在草地上的红军战士的尸体和那些搭过营帐的矮小树枝。其实生命这个东西,还是很顽强的,只要有一线生机就能够熬过来,继续地生活下去。

总之,一个武装集团在战斗当中经过这样的苦难,可说是很少有的了。

快要出草地了,有一个晚上,突然看见几间牧民夏季放牧的木头房子,里面空空荡荡的,满墙都贴的牛粪饼。在南方还算夏季的时候,这里却很冷了。既有房子就避免了露营。牛粪饼在牧民来讲原是一种燃料,在火塘里面把它燃起来,烧得整个房间暖烘烘的,想来今天晚上是不会一觉"不醒"的了。

过草地的时间是8月21日开始,有的部队行军速度快,经过了五天时间,也有慢的,经过了七天。

地点是毛儿盖到班佑。

通过草地发现大批的非战斗减员(死亡),这只能说是长期的行军疲劳,长期的营养不良所积累造成的。人们都知道,人的活动需靠体内的热量成为动力。能够提供这些热量的食物,无非是谷类,如米、麦、玉米等,畜类,如猪、牛、羊等,还有蔬菜类,加上一些盐和微量元素,如铁、锌、铜、碘等。概括起来也就是碳水化合物、蛋白质、各种维生素。一个中等活动量以上的人,每天所需要的热量大体是三千千卡。作为士兵,身上有很重的负载,每天行军都在三十公里到六十公里,他所需要的热量比三千千卡还要多一些。当然,因为活动和气候的关系,人们还需要很多水,但取得水是不要代价的,有的地方地形特殊,如高山缺乏水,不过是暂时现象,过了这座山就可以找到各种水源了。

其实后来在陕甘边,水也成问题,虽然没有粮食问题那样大,但有的流水是苦水,即或烧开泡浓茶也不能解除苦涩的味道。高原没有水,要用牲畜下到原底去驮水,上下约有十多里路。这些地方的地主、富农就在家院内挖个土窖,冬天把雪扫进去贮藏起来,供夏天之用,名为雪窖。但并不普遍,所以水有时候也是问题。人没有水不行,尽管它只含有少量各种元素,而没有蛋白质之类的营养物质。

当时没有人也无从去顾及食物的热量问题。供给部门并不能保证向每一个士兵提供他所需要的转化为热量的食物。在长征初期情况还比较好,基本上能够保证谷类和一定数量的畜产品(脂肪和蛋白质)。后来到了广西、贵州、云南一些贫瘠的山区,还能够勉强地敷衍得下去,只是在川西北和雪山、草地这类地区,就连谷类也不能够得到充分的保证。什么蛋白质,什么维生素,就更说不上了。体力的消耗是不能减少的,这时食物所能够提供的热量,已不能满足支出。假如说每天需要热量三千千卡,而所得到的热量只有一千千卡。这样入不敷出,长期下来,自然就形成各种大小程度不等的营养不良,最后导致死亡。我们在川西草地上所遭遇的非战斗减员现象,都是难以避免的。它不是一种传染病,更不是暂时伤风、受热,可以用药物解除的。除非长期休息,大量供给各种谷类、畜类、蔬菜类、盐等食物,把供给和消耗的逆差,改变为供给和消耗的顺差。

幸而过草地只有那么几天,一进到川甘边有人烟的地方,虽然供给上还是很困难,但总是逐渐地好起来了,至少小米、杂面的分配增加了。晚上宿营可以进入民舍了。

我记得准备过草地的时候,预计时间要七天。供给部门想尽办法,替每人筹办了七天的粮食,也就是七天的青稞麦粉。四川人叫作糌粑,现在西藏主食品也还是这个东西,不过他混上酥油就是了。稞麦就是大麦的一种,全名叫"稞大麦",因为它成长期快,3—5月播种,7—9月收获,非常适合于青藏高原的地质和气候。我们每个人分得的七天粮食,实际上第四天就吃光了。不过天无绝人之路,走到第四天就突然发现一个大的藏民村庄。我们就照原来的路线向右转五六里,进住到这个村庄。首先,就是要求在这个村庄当中得到一种新的补给,可以继续前进,否则前途怎样就难预料了。在这个村庄上发现了几包用牛胃封藏的酥油,还在这些村民房屋的外面,发现有许多吊晒的萝卜干,在地里还长有一米高的豌豆苗,就是这三样东西,可解决了大问题。当然自己也可以到地里寻找所谓野菜,看见像葱的就叫它野葱,看见像蒜的就叫它野蒜。这些野草究竟是什么东西,现在也不知道,只要估计没毒性,也就放心地把它吞下去。虽然有点冒险,也顾不得了。"饥者易为食",我们当然是饥者。神农尝百草,我们又算是神农了。当时,我的手腕一伸出来已经很细了。我分得了满满一搪瓷杯的酥油,不算多也不能嫌少。若干天后吃完这杯酥油,把手腕一看,显然开始粗起来了。作为酥油容器的牛肚,我们也把它整理得干干净净的,煮来吃掉了。萝卜干被水一泡,体积几乎大了一倍,吃起来很脆、很甜。那些豌豆苗,在四川地里不过一尺来高,在这个草地上不知为什么会长得这样高,而且长得青翠、茂盛。这批豌豆苗还没有开花,我们就把它的上部折断,当成四川的所谓豌豆苗吃掉了。我们离开以后,据说后续部队不断地摘吃,摘吃到老根为止。

至于说到青稞麦,那时的困难是得到的青稞都是麦粒而不是面粉,磨粉的工具如石磨、石臼、水磨都很少。大部分人都不能分得面粉只能分得麦粒。这种作物很经得起煮,用水煮了几小时后,仍然是一个个完整的麦粒。以为熟了可以吞食了,但还不能消化,排泄出来的还都是一粒粒的青稞。因为每个人分得的数量有限,有的甚至把排泄出来的青稞淘洗过后,再煮再吃。

8月底,在包座地区打了胡宗南的尾追部队,全歼胡部第四十九师五千余人,俘虏了八百余人,原来是好事,但立即发生很大的困难,无法供给这几百人的粮食。只能够一个人一碗青稞饭,并且尽快地动员,遣散他们回去。

长期形成的营养不良,结果在过草地的时候就突然地暴露出来了。

1935年6月12日,我们和四方面军在懋功以北的达维汇合了。我因为在干部团,不是什么高级指挥部门,住地又很分散,在四方面军虽然有极少数人我认识,也没有去看过他们。但这次汇合,却使干部团起了一次小的变动。

中央考虑到部队减员,军事干部、政治干部多起来了。而两个方面军的高中级干部,有必要互相学习,就以干部团为基础,改回到瑞金时代的名称——

红军大学。然后扩大学员名额,主要是把红四方面军的干部,调一部分来参加学习。依照当时的需要,由四方面军的总参谋长倪志亮任校长,何畏任政治委员,原四方面军副参谋长李特任教育长,刘少奇任政治部主任。即以团部改成了校本部。可能李特带来了少数人参加校本部的工作。大学分科为骑兵科、工兵科、炮兵科、机关枪科和政治科。这种分法除政治科以外,都是以前步骑炮工的分法。把原干部团改为一个特科团,附属在红军大学,由韦国清当团长,宋任穷当政治委员。上干团原来的政治科、军事科大概分散在上面那些科里去了。至于萧劲光、陈赓是怎样安排的,我也记不起来了。上面的大学领导组织,其实倪志亮、刘少奇都没有到任,实际是何畏和李特两个负责了。原来说这个大学要由四方面军调些干部来学习,但是并没有到多少人。后来知道张国焘一面打电话要各军派学员,随即又打电报给各军要暂缓派学员。我记得还举行过一次开学典礼,何畏和李特还大训其话。

我们原来的那批军事、政治教员,还是照当军事、政治教员。所以对我来说,这个改组影响很小。

就在这个时间之内,大约 6 月中旬到 9 月初,前后三个月时间,慢慢地产生了中央和张国焘之间对于战略发展方向的分歧。开始是在组织问题上,张国焘自己要求,或者通过陈昌浩提出,要统一军事指挥,要由四方面军的同志担任前敌指挥和总政治委员,要张国焘自己当中央军事委员会主席,并提出在确定军事方针之后,前线指挥有指挥的决定权。进一步还提出九位四方面军的高级指挥员参加政治局。后来中央为照顾全局,由张国焘当军事委员会副主席,兼总政治委员,陈昌浩进入政治局兼总政治部主任。并且采取变通办法接受了三位四方面军的同志为中央委员及中央候补委员。这些都没有能够满足张国焘夺权的欲望,转而在战略方针上提出与北进方向相反的回头再度南下进入川西北的方针,如天全、芦山、宝兴、松潘、雅安、邛崃。很明显的这是一条死路,走这条路线,既不可能在这个地区再向东进入成都平原,也不可能再向西跑到西康北部去,更不可能向西北跑到青海去。但是张国焘以各种理由,三番五次地向中央建议,企图证明他提出的战略方针是正确的。甚至于在四方面军内部肆行诬蔑中央,提出一些"南下吃大米"的可笑的动员口号。这就使局势走到了一个无可挽回的地步。

显然,张国焘这些恶劣的手段,完全是出于一个私心,因为 6 月两个方面军汇合以后,他认为自己人多势众,部队人数在八万以上,战斗力不坏,而一方面军经过十个月的长途跋涉,疲劳不堪,战斗减员,特别是非战斗减员人数较多,这时已不满一万人。两者相形之下,张国焘当然会沾沾自喜以强者自居。而他那些由私心所发出来的无理要求,又都没有得到满足。现在是中央主张北进,他主张南下。其实他不一定主张南下,无非是想办法对抗中央的决策。假如中央原来提出的不是北进而是南下,我以为他会相反地提出一连串的理由,反对南下主张北上。反正是他想要达到他控制中央,控制两个方面军的权力欲望。

从总的国内形势来看,中国人民的抗日民族统一战线有很大的发展,我们1935年8月在长征的路上发表了《为抗日救国告全体同胞书》(即《八一宣言》),这就指明了我们是一支抗日部队,我们必须走向抗日的前线,更证明了北上的战略方针是正确的。但是由于张国焘的阻挠,这个方针并不能全体一致地执行。张国焘还存心采取异动,强制一方面军来服从他的意志。

9月9日的半夜,红军大学传来中央紧急指示,要立即出发,迅速脱离四方面军警戒区,随同中央北上。当然那个时候不能详细地讲张国焘的问题,但有一点是肯定的,张国焘将有异动危害中央,所以凌晨就离开驻地了。同时也对在红军大学负责的,如何畏、李特这些人宣布:在这种情况下,原来的干部团的全体同志,自将服从中央命令;如你们愿意执行中央路线一同北上,则红军大学仍然由他们领导。假如你们有别的想法的话,也可以脱离红军大学回到四方面军去,因为右路军中的四方面军的部队就住在附近,我们决不强留。经过极短暂时间的争辩,他们宣布将立即回到四方面军去。这样就各行其是了。这是中国工农红军历史上唯一的、深堪惋惜的分裂。红军大学所发生的现象,则是这场分裂的一个插曲,是大分裂当中的小分裂。

后来张国焘把这场分裂的罪名,归之于中央和一方面军,他毫无责任。中国共产党的历史上也曾有过下级组织向中央闹独立的个别现象,但并没有另立中央,而且从来没有过上级领导组织向下级组织宣布分裂的事。无论从组织关系看,从军事系统看,从战略方针的是非看,分裂这是一个事实,一开始就应该由张国焘负责,但张国焘直到1937年才在延安承认这个错误。张国焘独自南下后,大约10月5日在绥靖(今金川)赶忙成立共产党临时中央,并自封为总书记,竟然宣布开除毛泽东、周恩来几个同志的党籍。要不是张国焘闹分裂,那么他对此将作何解释?

中央在到了川甘边界的迭部县属俄界,作了《中央关于张国焘同志的错误的决定》,也只是概括地指明他犯有右倾机会主义和军阀主义的错误,并没有开除他的党籍,而另立中央一事,其错误的程度,显然已超过了右倾机会主义和军阀主义。

我个人感觉到不仅张国焘有军阀主义,他的部队中有些人也有些军纪不严,行为骄横。我有这样的例子,未出草地以前,某处有一座桥梁由干部团负责警戒,为着保护起见,不准过桥时跑马。但一次四方面军几个同志驰马而过,问他们是哪个部队的,他们傲气地回答:"老子是通南巴的。"看起来这个口气不像是鄂豫皖的同志,倒像是四川同志。因为"老子"什么的,四川人在带有某种敌意的时候,都把它当作第一人称,来蔑视对方。

我还有一个例子,干部团一次行军指定的宿营地并不是个村庄,只是路边有两三间民房,团部和上干队的一些同志,都挤在里面。不久来了一伙四方面军的同志,强迫要进入这三间民房,把已经住在房子里面的同志们赶出来。陈赓同志颇识大体,带头搬出来,并力劝我们都搬出来,把房子让给四方面军的同志。如此我们就只好露营了。我们的露营地就在一个山坡的旁边,要是天清月朗,或许稍微冷一点,露宿一夜,也没有多大关系。倒霉的是在安排下来不久,突然飞来几大朵黑云,遮去月光,立下暴雨,而且是不停地下,下得四周乌黑,对面不见人。这时已不能躺在地上,我和萧劲光两个,把马鞍作为坐凳,把油布披在头背上,一直淋下去。因为是暴雨,水流很急。对面山上经常发生类似泥石流那样的山泥、山石、树木崩落在谷底,发出可怕的声音。既无法睡眠,也不能动弹,只有坐在马鞍上熬下去,一直到天明,雨停了,才舒了一口气。被这样大的暴雨淋了一夜,照常行军,这个抵抗力可算够大了。

张国焘最后还是折回头北上甘肃,来一次一、四方面军的第二次汇合。他本人就去延安了。但还是不安分,居然在1938年5月借祭黄帝陵的机会,偷跑到汉口,投降了国民党。张国焘究竟是怎么一个人,他自己给自己做了总结。我们还要在他和中国共产党的关系上,根据历史事实,对他的言论和行为,加以一一的驳斥,显然是不必要的了。

三十七

中央红军开始北上，比起和四方面军汇合的时候来讲，现在自然觉得比较孤单了。所以自己把这支队伍改名为陕甘支队，彭德怀当司令员，毛泽东当政治委员。行动方针既然没有什么牵连，所以行动非常利索。

过了川甘边界的迭部县以后，迅速向蜡子口攻击前进。蜡子口是白龙江上游支流的一个山谷的唯一通道。谷底有座桥，通过的时候从侧面一个山顶经由陡峭的山径直下谷底，过桥后又由另一侧面的陡峭山径爬上山去，才算过了这个隘口。水面不宽，但水流很急也很深，除过桥之外别无办法。当时这座桥已由鲁大昌的部队扼守，要想正面攻击抢桥实不容易。部队已全部接近蜡子口，由第二师第四团担任攻击。由于鲁大昌部队据险顽抗，我们无法占领这座桥。经过周密的部署，四团后来派了一个连，从更上面绕道攀援悬崖峭壁，一下就围抄到鲁大昌部队的后面去了。这样才击溃了这支守桥队伍，使我全支队能够安全地通过这个险境。

9月中旬顺利地进到岷县的哈达铺。这时甘南别无其他部队，鲁大昌部是一个战斗力很弱的师，我们就安心地在哈达铺休整了五天时间。这个铺不算小，是我们进入四川阿坝地区周旋四月之后，所到的一个以回民为主的地区，人口众多，村庄富裕，居民的房屋宽敞整洁，当时对甘南这远县的农村有这样一个印象是很自然的。欲望就是要求大吃一顿，我们曾经四个人凑了一块钱，向驻地的回民买了一只羊，照例由他按回族习惯宰了这只羊，羊皮算他的。这只羊的羊肉大概总有十多斤吧，不到两天我们就把它吃光了。也没有什么好烹调，无非是白水煮羊肉而已，实在是饿久了。

当时甘南地区教育事业极不发达。明显的是市镇和乡村的地主和富农的院宅，大门的两侧都贴有所谓"报条"。有的时间很近，纸的红色还很耀眼。什么叫报条？京戏的《连升殿》，川剧的《悦来殿》都讲到那些考秀才的、考举人的要是考上了，就不断有人送报条，用红纸写的，说他考上了秀才第几名或者举人第几名。这样送去以后，考上秀才或是举人的那一家，就得向那个送报条的人，这个人叫报子，给以赏钱。辛亥革命以后，四川大概还时兴了这么两三年。我们到甘肃的时候是1935年，亦即是民国二十四年，清王朝已经被推翻了二十四年了,这种科举制度的副产物,还在这个甘肃的边远区盛行不衰。科举制度废除的时候,大概做了一个比拟,把小学毕业算作秀才,中学毕业算作举人,大学毕业算作翰林。在甘肃这么一个地方,一下家里出了一个秀才,当然就是乡里的光荣了。

报条的形式如下:

兹报到:

　　贵府×少爷,讳前×后×,于×年×月毕业于甘肃省×县高初两等小学,经县知事×大老爷亲授文凭。

　　特此驰报。

这简直是"桃花源",不知袁世凯、黎元洪,何论张作霖、蒋介石。

9月底,我们离开哈达铺前进,到达漳县、陇西,渡过渭河,进占通渭、静宁和宁夏南端的隆德,并且越过了三千米高的六盘山,到达固原、镇原地区,继续分两路北上,向陕西保安县吴起镇前进。进到陕甘平原以后,曾经跟马鸿逵的骑兵交过两次锋。起初,对于骑兵总有一点胆怯,因为自井冈山以来,从未遇见过骑兵,全无步兵打骑兵的经验。但实际上骑兵也能打,只要部署妥当、沉着,打骑兵也不难。这两仗虽然我们没有取得全胜,但总把敌人的骑兵打下去了,并有所俘获。因为骑兵也有一个弱点,只要把他打下马,他的战斗力就连步兵也追不上了。此后在陕甘宁时期,我们自己也组成了一支骑兵队伍。

我们到吴起镇是分两路,一路走甘肃环县以北的洪德城进入陕甘交界的耿湾,经张崾岘直向吴起;一路从环县进入陕甘交界的铁角城,直向吴起。我们是10月19日到达吴起的。老百姓并不知道我们是什么部队,差不多都跑光了。只是由于贾拓夫他们事先做了工作,地方游击队才慢慢地出现了,同我们接上关系。我们都是南方人,陕北人都听不懂我们的话。我们也听不懂陕北人说的什么。譬如,我们跟当地老百姓讲什么,他回答不知道的时候,就用当地的土话说"解不下",但是发音却是 hai bu ha。这样我们就把他发的音了解为"害怕"。我们就又向他说"不要害怕,我们是穷人的军队,是工农红军"。这种语言上的纠缠,当时是很普遍的。

由于部队的长期转战,特别是在川西北以后,地区贫苦,粮食上得不到充分的供应,营养很差,加以天气渐冷,被服也得不到补充。过草地时牺牲很大,到了甘肃的部队,虽然保有生命,但身体很瘦,精神很疲劳。特别在服装上破烂得不成样子。没有鞋袜,很多人用毡子包在脚上,有人还穿草鞋。吴起已经是个很穷的地方了,但是对这样一支部队,当地的老百姓和地方党的干部,还都觉得我们实在像一支叫花子队伍,和中央红军的名声实在不相称。后来我代表陕甘省委在临镇工作的时候,那些县委同志还追问我,为什么你们搞得那样狼狈,实在像一群叫花子。后来这个地方的老百姓,追述当年的情况说:"他们穿着破烂的衣服,有的头上顶着沙蓬,有的头上顶着树枝编的圈子,脚底绑着烂毡子,饥饿、疲劳折磨着他们,有的战士行走间靠在路边蹲下来抱着枪就昏昏入睡了。"还有的说:"红军战士有的光着脚,有的穿着麻鞋,脚腿冻成了黑的,穿的衣服颜色不一,很单薄,很烂,连老百姓穿的都不如。"还有的说:"红军头戴烂毡帽,有镰刀锤子和红五星,衣服不统一,有穿灰色的,有穿缴获的国民党军衣的,有穿半截裤的,大部分穿麻草鞋。"(以上均见《陕西党史资料丛书(四)——红军长征胜利到陕北》,陕西人民出版社 1986 年版。)

这些都是当时当地的群众看见的事实,在人们的想象中,中央红军应该是军容极为整洁的,实际上却大谬不然,因此大为惊异,并且长期保留住这种印象。当时红军的尴尬情况恐怕还不只这一点。一是服装破烂,二是精神疲惫。综合起来加以详细的叙述,可能比上面引用的那几条还要可怕和可笑得多。但是我们当事人,却并没有什么特大的奇怪,因为从江西出发到陕北为止,这种情况是经过了一年过程,逐渐地演变过来的。我们已经习惯了这支部队的现况,而陕北的老百姓所看见的,乃是一支猝然出现在他们面前的现实和想象相矛盾的、说南方话的武装。所以他们长期地保留了这种印象。现在要我具体地回忆当时红军的一般军容究竟糟糕到什么程度,我也难以还它一个本来面目。至于我个人着装,从头到脚是什么帽子,什么鞋,破在什么地方,烂在什么地方,也没有准确的记忆了,我们大家都相信陕北地方群众所看见的那个红军,是真正的就是了。

这种情况,经过若干年,到了延安也没有完全改观。1942 年延安文艺座谈会上,毛泽东作总结报告的时候,他还是穿两条裤腿上带有两个很显眼的大补丁的布裤。这就可以证明那个时候的物质困难了。

其实,服装破烂是表面的,更具有叫花子特征的是每个人无一例外,都生一身的虱子。这东西只要生了,所有衣服的线缝,都是它们栖息繁殖的地方。不要说你用手捉不净,就是你用开水烫,用开水煮,也没有可能加以根除。根除的办法只有,头发刮光,衣服烧掉。而烧掉衣服当时是难以办到的。王猛扪虱而谈,形成一个大谋士的风度,历史上还为他特此记了一笔。说起来,我们人人都是王猛,因为当时人人都生虱子,人人也都会扪虱而谈。我的一身虱子,其他地方都清除干净了,最后集中在一件绿色的毛线背心上,这是1932年从上海穿到瑞金去的,但这件毛背心的御寒作用无法否定,要丢掉、烧掉实在太可惜。明知道还有虱子,但还得穿下去,当然次数是少得多了。一直到"双十二事变",1937年初我到西安,才忍痛把它拿去烧掉了。

对于长征,有毛泽东的估价。他说:"讲到长征,请问有什么意义呢? 我们说,长征是历史纪录上的第一次,长征是宣言书,长征是宣传队,长征是播种机。自从盘古开天地,三皇五帝到于今,历史上曾经有过我们这样的长征么? 十二个月光阴中间,天上每日几十架飞机侦察轰炸,地下几十万大军围追堵截,路上遇着了说不尽的艰难险阻,我们却开动了每人的两只脚,长驱二万余里,纵横十一个省。请问历史上曾有过我们这样的长征么? 没有,从来没有的。长征又是宣言书。它向全世界宣告,红军是英雄好汉,帝国主义者和他们的走狗蒋介石等辈则是完全无用的。长征宣告了帝国主义和蒋介石围追堵截的破产。长征又是宣传队。它向十一个省内大约两万万人民宣布,只有红军的道路,才是解放他们的道路。不因此一举,那么广大的民众怎会如此迅速地知道世界上还有红军这样一篇大道理呢? 长征又是播种机。它散布了许多种子在十一个省内,发芽、长叶、开花、结果,将来是会有收获的。总而言之,长征是以我们胜利、敌人失败的结果而告结束。谁使长征胜利的呢? 是共产党。没有共产党,这样的长征是不可能设想的。中国共产党,它的领导机关,它的干部,它的党员,是不怕任何艰难困苦的。谁怀疑我们领导革命战争的能力,谁就会陷进机会主义的泥坑里去。长征一完结,新局面就开始。直罗镇一仗,中央红军同西北红军兄弟般的团结,粉碎了卖国贼蒋介石向着陕甘边区的'围剿',给党中央把全国革命大本营放在西北的任务,举行了一个奠基礼。"
(《毛泽东选集·论反对日本帝国主义的策略》)

第六章
陕甘宁高原的奔驰

1935—1937

三十八

1935 年 10 月 19 日,我们终于进入了陕西西北部的吴起镇,二万五千里的长征到此就算结束。以后的战斗、生活开始了另一个历史篇章。

这个吴起镇,据说是战国时期著名军事家吴起打过仗的地方。但吴起是卫国人,当过鲁国的将,又做过魏国的将,最后出任楚国的相。他的军事活动不会到达这个地方,这个地方应该位于秦的北面,是一个邻近匈奴边缘的偏远地方。全国解放后,把它改成吴旗,并成为一个新县。为什么将"起"改"旗",我也说不清楚了。

我们那天下午到达的时候,还弄不清楚这是什么地方,但是两三个钟头以后,就有当地苏维埃政权和红军游击队的同志出面了。证明确确实实已经进到刘志丹的根据地了。不管这个地方怎么偏僻,怎么贫瘠,怎么荒凉,总是这支从 1934 年 10 月开始,1935 年 10 月结束,整整花了一年的时间,转战江西、广东、湖南、广西、贵州、云南、四川、西康、甘肃、宁夏、陕西十一省,既精神抖擞,又疲惫不堪的队伍,终于找着了一个落脚之地。

1936 年 6 月,中央把陕甘省委改组为陕甘宁省委的时候,就把吴起镇指定为省委所在地。吴起镇正北是陕西西北端的三边——定边、安边、靖边;西北端是宁夏的盐池,直到黄河东岸的吴忠、金积;正东和东南是甘肃的环县、华池,直到庆阳、合水,越过甘肃的东界,又是宁夏的预旺和同心城。这样一个从正北到东南的扇形区域,就指挥位置来说,吴起镇是适当的,但是唯一的缺点是没有作为省委机关的物质条件。1935 年冬天,它的居民仅有七户,三十来人。为了使它成为一个省委的指挥基地,我们曾派人去察看了一次。它仍然和一年前一样,是个人口稀少、经济萧条的荒山小镇。我们当时军事行动的基本方针是大力向西发展,目标是宁夏。因此省委指挥机关,应该前进到陇东、环县地区,向北、向西都更接近宁夏。考虑的结果,后来陕甘宁省委就没有设在吴起镇。

抗日战争时期,1942 年陕甘宁边区政府决定以吴起镇为县治,成立吴起县。划定由靖边、定边、志丹和甘肃的庆阳等县部分地区合并组成。但 1959 年撤县,并入志丹,镇名改"起"为"旗"。1961 年省政府又决定恢复县治设吴旗县。

现在沿着这条山谷,建起了一条七里长的新街道,临街都是楼房,靠山都是石窑洞。据说,这个县城大约有十万人口,以石油工业为主。追想起那个只有三十来人的小山镇,虽然在那里住了没有几天,第二次要去也没有去成,但对这样一个生疏的地方,当我们住进去的时候,居然感到好像回到了家里一样。现在回想起来,真是不胜感慨。

从整个局势考虑,干部会做大的调整。我被调去当毛泽东的秘书。长征结束了,我在干部团的任务也就完成了,自然会调离干部团,但调去当毛泽东的秘书,却出乎我的意料之外。我当过秘书,那是 1926 年在武汉时期。显然工作性质和工作方法都是两回事。我不熟悉毛泽东的领导方式,虽然到了陕北,但多多少少还是在行军状况下工作,以军事工作为主。不管怎样,只好去了再说。

我们随即离开吴起镇,沿着洛河,经过旦八寨、永宁、王家坪到达甘泉。11月初,毛泽东去甘泉以南道佐埠的十五军团司令部,见了徐海东。徐海东当时在鄜县前线,正在准备消灭套通和张村驿的地主武装,临时把他叫回司令部。除徐海东外,十五军团的领导还有政治委员程子华,政治部主任郭述申。同毛泽东一起去的,有工农红军北上抗日陕甘支队司令员彭德怀,那时,毛泽东就是这个支队的政治委员;还有贾拓夫,他是陕西人,参加了长征,这时他作为毛泽东熟悉西北情况的顾问;加上我,一共四个人。总的就是这七人,没有更多的人,也没有别的人。

这是我认识徐海东的开始。抗日战争时期,他调任新四军江北指挥部的副总指挥。1945 年至 1946 年,因为患肺病,在苏北根据地休养,住在淮安附近。那时我在苏北工作,经常去看他。解放战争时期,他转到大连休养。1948 年至 1949 年,我在大连工作,也经常去看他。我记得,他在大连,还送我一方大端砚。这方砚台很有名堂,是清初程正揆送给石溪的。现在我还保存在手里。真巧合,程正揆是湖北人,徐海东也是湖北人。

徐海东对毛泽东到他司令部来,表示了极为热烈的欢迎。毛泽东询问了许多十五军团的情况,特别问到榆林桥和劳山打东北军的情况以及对东北军战斗力的估计。根据东北军最近在甘肃东面和西安以北地区的调动情况,就考虑到要准备和东北军打一两仗。

十五军团是鄂豫皖的第二十五军徐海东部队和陕北的第二十八军刘志丹部队不久前联合组成的。对毛泽东来说,这是一个他不熟悉的部队。指挥员的指挥能力,战斗员的战斗能力,也就是说素质和士气,他全不了解。现在下一个战斗要由他来组织和指挥。对一军团,他和他们已经有了近十年的指挥关系,无论哪方面都了如指掌。如何把这支部队投入战场,对他来讲,是比较容易的。由于当面的敌人是很生疏的,战场的群众条件和地形条件也是很生疏的,他必然要事先作些了解。看来,他到十五军团司令部一次,经过跟徐海东的谈话,指挥这支队伍投入战斗,在他来讲,似乎在心理上增加了不少的把握。显然,徐海东跟他的谈话,他是满意的。为着指挥方便起见,毛泽东还主动提出,配给徐海东司令部一部无线电台。当时徐海东部队的军事通讯手段很落后,无非是手播电话机,徒步乘马的传令兵罢了。有了这样一部电台,当然使徐海东喜出望外了。我们在徐海东的司令部吃了一顿丰盛的午餐,又打马回到我们自己的宿营地。

11 月 20 日跟东北军的战斗,在葫芦河的直罗镇打响了。河水从陕甘交界的甘肃方面向东南流来,形成一个狭窄的谷道,因为是山地,河水很清。当时天气已冷,河的两旁住有四川的移民,大概是从川北逃荒跑来的。他们还保持四川的农业耕作习惯,利用葫芦河水,在河的两岸开小梯田种稻子。也保持四川农民的生活习惯,自己做泡菜、豆豉。他们是外来的客户,要打仗了,他们也不躲避,也无处去躲避,照常留在家里。我们宿营也借住在这些四川农民家里。我这个四川人,对这些同乡特别感兴趣,因为我可以从他们手里搞到大米、泡菜、豆豉这类在陕北难以搞到的食品。当然在那种物质条件下,毛泽东也感兴趣。

东北军四个师从甘肃庆阳、合水向西进入陕北,沿葫芦河直奔直罗镇、鄜县方向。我一军团从北向南,十五军团从南向北,将它的先头部队一〇九师歼灭,并击毙师长牛元峰。还歼灭增援部队沈克师的一个团。计俘敌五千余人,缴枪三千余支。这个战役的胜利,有很大的战略意义,它巩固了陕甘苏区,使它成为尔后红军战略发展,无论向东向西,都是一个坚实的根据地。由于历史的发展,党中央就是凭借这个根据地,指挥了尔后十三年的抗日战争和解放战争。

为了做东北军的工作,大部分东北军俘虏,我们都释放了。我记得毛泽东用苏维埃中央政府主席的名义,亲自起草了一封《致东北军五十七军军长董英斌的公开信》。他写好以后,就交给我,拿去油印。因为这个地方纸张不好买,不过印了百多份。印好后就派人送给一军团和十五军团管理俘虏的单位,指示释放俘虏的时候,尽量发给他们,要他们带回东北军去。

我记得这封信是用浅近的文言文写的,完全是毛泽东的文风。信中有这样的句子,"十一月二十一日之役,足下亲率四师之众,葫芦河边,老人山上,望远镜中,自当历历在目。百〇九师一上战场全军覆没,贵军长亦不得不星夜潜逃,不逃则已,一逃二百余里,暂借合水聊定惊魂。"当时我对这封信的遣词用字、谋篇布局非常欣赏,读了一遍又一遍。但这封信的主要内容,即在争取东北军方面,却把对张学良政治态度的估计放在和蒋介石同一个位置。意在把东北军的各级军官和士兵同张学良区别开来。这封信是1935年11月26日写的。

但是两个月以后,就由毛泽东领衔,用红军首长的名义发表了一封《致东北军全体将士书》,上款是张副司令(即张学良)、董军长(即董英斌)、万军长

（即万福祺）。从这封信的笔法看,也是毛泽东亲自起草的。虽然全信对张学良没有单独提出什么,但在争取东北军参加抗日统一战线这个意义上说,却包含了张学良,把张学良和东北军将士作为一个整体看待了。从把张学良和蒋介石一起看待,转到把张学良和东北军将士一起看待,这是毛泽东对东北军统一战线观念的明显转变,这对于尔后我们在西北战场上同东北军的关系和同张学良的关系的迅速发展,有很大的意义。

这次战斗俘获了好多匹军马。我自己的乘马从瑞金动身,经过一年的长途跋涉,已经不行了。我就在这次俘获的战马中,选了一匹很好的乘马。靠这匹马,我尔后在陕西、甘肃、宁夏广大地区的高山、平川驰骋了一年。

争取东北军的工作,这时大有起色。在榆林桥战役中被俘的东北军团长高福源,在我军过了一段俘虏生活以后,认识到我们这支军队是人民的军队,也是一支抗日的军队。高福源感觉到东北军应该转向抗日的方向,不应该听蒋介石的命令,与红军互相残杀。在他看来,东北军这支部队是可以抗日的,东北军的军官,包括张学良,也是愿意抗日的。这是东北军成分的地区性质所自然形成的。他主动提出来,假如我们相信他的话,释放他回西安,他可以向张学良、王以哲陈述他在红军中看到的真实情况。如果有可能的话,他将作为双方联络的桥梁,继续奔走。

毛泽东知道了这件事,就把高福源找到瓦窑堡去,见了一次面,给了他很大的鼓励。高向我们要一匹马,以便他回去。毛泽东很慷慨,不光答应给他马,而且吩咐给二百块银元,以作路费,这完全出乎高福源意料之外。他去西安的时候要经过鄜县,由省委派人送他出境。过了不久,他从西安回来了,随即又陪同李克农去了洛川,见了张学良。这个故事一直发展到1936年4月9日晚上,周恩来和张学良在延安会见。在我军和东北军的关系上,高福源扮演了极为重要的角色,贡献甚大。

当然,这时东北军仍然占有解放区里面的几个县城,如延安、甘泉、鄜县。东北军在城里出不来,我们也打不进去,相持在那里。最后,达到一种默契,和平共处。在鄜县、甘泉、延安三个县城,各自划定一个方向,三天一次,轮流在城外开放一个临时的集市,东北军不用为马匹的草料问题出城骚扰,老百姓向他们出售马匹所需要的草料。后来老百姓出售的东西,除了草料以外,还加上了一般的生活用品,同时摆摊出售面食。东北军和城里的商人也利用这个集市出售一些杂七杂八的东西,如火柴、香烟等。老百姓很得到一些好处,东北军当然也得到很大的好处,他不必再为大量的马匹饲料发愁了。使用的货币是国民党的法币。同时还约定,他们不带武器出城。这种市场交易大概一直维持到"双十二事变",东北军撤离延安、甘泉、鄜县为止。

省委住在鄜县套通,城里就驻扎着东北军,相距不过几十里,就这样和平共处下来了。

三十九

直罗镇战役后,东北军北线龟缩到庆阳一线的几个县城,南线只据有延安和鄜县两个县城。我们的力量,完全保有陕北、陇东部分的广大山区和农村。东北军已没有举行大规模进攻的战略意图,这样我们得到一个休整的机会,来考虑我军发展的问题,巩固陕北根据地的问题,同时促成二、六军团与四方面军的会合,并鼓励他们北上陕甘的问题。

就在这个时候,中央决定在瓦窑堡成立陕北省委,在鄜县成立陕甘省委,又把我从毛泽东的秘书工作岗位调出来,参加陕甘省委。我这个秘书大概当了不满两个月。新组的陕甘省委,朱理治当省委书记,因为他1934年就从上海被派到陕北来了,比我们早到陕北。李富春当副书记。欧阳钦当组织部长。我当宣传部长。萧劲光当军事部长,应该说就是省军区司令,跟后来的省军区司令又不大相同,没有可供指挥的成建制的部队,所以就任务来说,很像一个动员部长了。蔡畅当妇女部长。马锡五当省主席。省委机关先驻鄜县的张村驿,后驻鄜县套通。

提起鄜县,本地人都习惯叫鄜州。我们这批从南方来的南方人,对于这个县名感到很奇怪。我们都照认字认半边的规律,这是形声字的规律,把它念为"鹿"字的音,叫鹿州,本地人全听不懂。后来请教了本地干部,才知道要念"户"的音,叫"户"州。大概因为这个字太生僻,1964年陕西省政府审议这些县名,就借音把它改为富县了。葭县改佳县,醴泉县改礼泉县,盩厔改周至等,大概都是同一时间的事情。

到了鄜州,自然而然地就想到杜甫的那首《月夜》诗:"今夜鄜州月,闺中只独看。"从诗意分析,这里就应该有杜甫当年寄居过的地方了。我们在延安附近的一个地方住过一夜,名叫"豆腐川"。其实是我们把它念讹了,它本名是"杜甫川"。我们还以为杜甫的家当年就在那个川里呢。据说他不过在这里看过牡丹,原来这个川唐代叫"牡丹川",后人为纪念杜甫到此一游,改称"杜甫川"了。不过我记得,那里还有一个小祠堂之类的建筑,供奉杜甫。如今不知怎样了。那么杜甫寄居在鄜州什么地方呢?以杜甫诗为证,那里应该叫羌村。据弘治的《延安府志》"禄山之乱,甫避兵三川……甫家寓鄜弥年羁窭……"这是一个奇怪的地名。同一府志又说杜甫住在城南六十里。也不知是不是就是上面提到的那个怪地方。依照羌村的说法,其地应在鄜县以西三十里处,川名"采铜川"。但找不出什么羌村。当地人传说现在的大申号村就是羌村。

杜甫生在河南,早年放荡齐赵,宦游长安,中晚年奔波鄜州、天水、凤翔、成都、夔州,死在湖南。纪念这位大诗人的遗迹,恐怕只有成都浣花溪上的草堂了。那里是敞厅抱厦,小桥茅亭,一湾流水,满院梅花,极为幽雅别致。

陕甘省委的管辖地区,正北管到三边,正东管到宜川、甘泉,一直到黄河边上。省委组建以后,从地方情况出发,工作主要放在宣传群众、动员参加红军和保证军粮的供给上。因此各县的基层工作,就要成立县的动员部门、军事部门等。大规模组织民兵(陕北叫赤卫军),然后组织县游击队和县独立营,这些初级的游击武装,装备很差,成分也比较复杂,如掺杂有哥老会之类。弄得不好,还会有叛变的事情发生。几个月前,甘泉(当时改为红泉)县独立营就叛变了,所以巩固这样的武装组织要花很大力气。还要安定这个县的社会秩序,有土匪的地方要剿土匪。这些地区,大部分历史上都经过武装斗争和零星的土地革命,确实锻炼出一批县区干部,但是群众基础依然相当薄弱,党支部组织也才刚刚开始建立。

我们这个省委,除朱理治和马锡五外,都是长征干部,虽然到陕北已经几个月了,但总是初来乍到,对地方情况不熟悉,对地方干部不熟悉。省委考虑到总这样坐在省委指挥地方是不合适的,就派我到甘泉地区,作为省委的代表,帮助或者指导这个县委的工作,也兼管宜川(当时叫赤川)。县委不住在甘泉县城,住在城东一百多里的临真镇。它原来是一个县,元朝的时候,才废县并入甘泉的。所以它叫临真镇是不错的,不知什么时候,把临真简称为临

上左　1949 年 4 月，大连大学校长。
上中　1953 年在北京。
上右　1956 年在维也纳，时任世界和
　　　平理事会书记处中国书记。

中左　1959 年，时任驻缅甸大使。
中中　1975 年在北京。
中右　1980 年夏天。

下左　1981 年 9 月，国务院古籍整理
　　　出版规划小组组长。
下中　1984 年在中联部。
下右　1987 年在北京医院。

上图　1951年，中国代表团参加世界和平理事会会议。右四为李一氓。

下图　1952年12月12日，中国代表团出席在奥地利维也纳举行的世界人民和平大会。左起，
　　　李一氓、马寅初、陈叔通、钱三强等在大会上投票签名。

上图　1961 年，任驻缅甸大使的李一氓（左一）陪同周恩来总理出席中国工业展览会剪彩仪式。
下图　1978 年 3 月，李一氓率领中共代表团访问南斯拉夫期间，看望幼儿园小朋友。

上左　1962年，李一氓
　　　在庐山留影。
上右　1973年，李一氓
　　　在北京医院。
下图　1982年，李一氓
　　　在湖北咸宁。

上图　1981 年 9 月，陈云与李一氓握手。右二为李强，右三为陈仰山。

下图　1981 年 5 月，李一氓（右）与阳翰笙在人民大会堂。

上图　1984 年夏，李一氓在书房查阅资料。

下图　1986 年 11 月，中共淮阴市委在北京召开老干部座谈会，讨论修改《淮阴革命斗争大事记》，
　　　李一氓在座谈会上。

上图 1987年8月，乔石和李一氓（右）在北戴河亲切交谈。

下图 1988年，习仲勋（左）、李一氓（中）、陈丕显三人留影。

1983年，李一氓八十大寿时全家合影。前排右起，李一氓、王仪、李小薇；后排左起，李世泰、李蕾蕾、李薇薇、李世滨、李世培、李世珍、李苏苏。

镇,所以在现在的地图上,找不出临真镇而只有临镇了。

现在大家都叫西北这个地区为黄土地,但临真这个地方和我们说的直罗镇打仗的那个地方,都是些石山。如葫芦河、临真川都是石底子,水很清很甜,不像甘肃那里的水苦。同时,一个山头、一个山头还保有大面积的天然林。不过都是落叶树,冬天比较萧条。山林中黄羊(麃)成群,成为冬天猎户的猎取物。

因为人烟稀少,这个环境更容易为土匪所利用,就是在那个时候,也还有两三起小股土匪,出没在国民党和苏区之间的那些山梁上。老百姓和他们和平共处,我们也就很难消灭得了他们。陕北出土匪,这是有历史的,所以关中人尚称陕北人为"北山上下来的",意思就是说有土匪味道。国民党竟然下流到不惜装扮成土匪,利用这个地方茂盛的草木作掩护,武装袭击周恩来。

1937年5月25日,周恩来由延安带了一些干部和一排警卫战士,共约二十余人,乘一辆卡车前往西安。过了五十里铺,上了劳山北面的湫沿山,就遇到这些国民党土匪二百多人的三面袭击。当时所谓公路,并不具备公路的条件,无非把一条大路拓宽一点就是了。刚好在这个地区,地势坡度起伏甚大,弯道很多,前面的视界很短,加上山道两旁长满着灌木林,那时又是夏天,枝条就更为茂盛了,作为拦路抢劫的土匪,自然是一个好地方。那么这批政治土匪,利用这样一个地形地物,对他们极为有利的山隘来袭击周恩来,就是很自然的了。幸好周恩来根据他长期的军事生活经验,避开了敌人的射击方向,脱险了。可惜警卫战士以少敌众,牺牲了将近二十来人。

我在临真一住就是一个夏天,当中只去过一次宜川,没有回过省委,对省委的全面工作,我也不大了解。我在甘泉县委的工作任务,无非是组织和扩大县的武装,作为有建制的参加红军主力的准备。除此而外,便是征集公粮。陕北的公粮,基本是小米、黄米、杂豆,很少小麦。当地粮食的产量也不高。不过当时正当秋收以后,尽管只是两个县委,仍然征集了相当数量的公粮。为着使军需确有把握,一方面军的后勤部长赵尔陆还亲自到临真找过我一次。当然也适当地做些党的组织教育工作。因为全是山区,没有多少村镇,交通不便,党员数量也不多,依然是军事环境,所以像党的教育这类工作,没有要求它怎么样正规地进行。

我大概是1936年2月以后去临真的,那时红军已经渡过黄河,向东进入山西境内去了。等到 5 月红军做战略转移,又从黄河东岸西渡的时候,他们是从延长、延川这个正面过河的。而我刚好在延长以南,所以说红军过河也没有涉及到我的工作。

我手头有一份红泉县委的名单,刚好是我代表省委驻红泉帮忙工作时的那些县委同志。书记苏宝泉,组织部长白步洲,宣传部长韩相吉,县政府主席姚海亮,还有李广信、马明川。虽然共同工作的时间不长,对这些同志我今天还有一定印象。特别是苏宝泉,他年纪比我大,人很稳重,我那时三十三岁,他恐怕快到四十了。至于宜川县县委是哪些同志,我就记不清了。大概薛振昌是县委书记,黄广深是县政府主席。

四十

5 月,红军回到陕北以后,就开始考虑发展方向。东进才折回来,再东进当然不妥。北进是沙漠,地形困难难以克服。南进向西安,当然好,但力量对比,于我们不利。宁夏是国民党统治的一个薄弱环节,只要民族政策对路,是可以取得发展的。

中央决定把陕甘省委撤销,把陕西南部的工作,甘泉、鄜县、宜川及中部等地区都由陕甘省委交给陕北省委,另自成立陕甘宁省委,全部班底就是原来的陕甘省委,搬到吴起。

为加强陕北工作,把原来陕甘省委的欧阳钦留下来了。欧阳钦认为,甘泉、宜川,我住在那里近半年,情况熟悉,要留我在陕北,继续管甘泉、宜川的工作。并且认为,甘泉成立中心县委管宜川,或宜川成立中心县委管甘泉都不适当。中央原来的建议是甘泉设中心县委,管延长、宜川、甘泉三县工作。中央没有采纳他的意见,所以最后我还是告别了临真镇,走延长去瓦窑堡接受任务。

延长出石油,早见于《汉书》和唐人著作。沈括《梦溪笔谈》第二十四卷,有石油一项,说:"鄜延境内有石油,旧说高奴县出'脂水',即此也。生于水际,沙石与泉水相杂,惘惘而出。土人以雉尾挹之,乃采入缶中,颇倾淳漆。燃之如麻,但烟甚浓,所沾幄幕皆黑。予疑其烟可用,试扫其煤以为墨,黑光如漆,松墨不及也,遂大为之。其识文为'延川石液'者是也。此物后必大行于世,自予始为之。盖石油至多,生于地中无穷,不若松木有时而竭。"近人一讲石油,必引用《梦溪笔谈》这段话,认为沈括很有见识。说"此物后必大行于世",拿石油来注解"此物",就变成了石油后必大行于世。其实沈括讲的是,沈括自己拿石油烟做成的墨,并且做了很多。这个墨的名字,在墨模上定为"延川石液"。沈括所谓"此物后必大行于世"是指的这个石油的烟做成的墨,后必行于世。因为很明显,"世"字后面有这么一句话必不可忽略,"自予始为之",就是说拿石油烟做墨这件事情是从我沈括开始的。不能断章取义。查弘治的《延安府志》物质项内有石油一款。注明"出自泉中,民取之可以燃灯疗疮"。

我路过延长的时候,去看过那里的生产情况。地址在延长西门外,年产原油约二百吨。当时我们拿它没有什么用处,唯一的功用是拿来照明。那时石油厂兼做蜡烛。蜡烛成形后还可以,是直的、硬的,但只要一点火,热度一高,它就软化了。李商隐的诗句"蜡炬成灰泪始干",对延长蜡烛来讲,应该是"蜡炬成灰泪不干"。主要因为它缺乏石蜡作配料,不能抵抗高温。我在延长买了好几包蜡烛,想带回省委用,在马背上驮着。白天行军温度升高,它就软化了。到了省委拿出来一看,已经不是一支一支的蜡烛,而是一个白蜡饼了。可惜这个地区的石油储藏量不大,现在年产仅 15 万吨,但地区遍及延安各县,除延长外、延川、子长、安塞、延安都有油井。

我大概是 6 月 12 或 13 日离开临真,从延长经甘谷驿、姚店、青化砭、永坪,17 日到瓦窑堡。准备在瓦窑堡住两三天,就去陕甘宁省委。看一看在中央机关工作的老同志,就是那些在上海和江西认识的同志;也看一看在红军大学工作的同志,就是那些在长征路上,有八九个月共同行动的干部团和上干队的同志。这是那时瓦窑堡的两个大的中央机关单位。特别是红军大学的同志,非常热情,把能够在瓦窑堡搞到的好东西都拿来招待我,并且羡慕我这个省委的工作,成天东跑西跑,能够真正接触实际。可惜的是潘汉年在遵义会议以后就被派出去了,冯雪峰在到达陕北以后,也被派到上海去了,自然就都不会在瓦窑堡见面了。

新建的陕甘宁省委的工作,中央虽已有方针指示,我还是去找了周恩来,向他报告了我在甘泉的工作,并请示向西发展的地方工作的要求。我准备 22

日离开瓦窑堡。事出意外,21日下午,突然听见瓦窑堡北面传来密集的枪声。不久,中央就通知,即刻撤离瓦窑堡到保安(现在的志丹县)。那时,虽然到了陕北,能够在一个地方静住上几个月,但依然是马背生活,我也立刻叫警卫员备马,准备同中央机关行动。

这个枪声是从哪里来的呢?不久就查明,那是陕北高双城的第八十六师,驻在靖边东南石湾的一个团,突然向瓦窑堡袭击。我们事先没有察觉,等到发现敌人的时候,已经离瓦窑堡很近了。瓦窑堡那时驻有一个警卫营,是原来江西国家保卫局的那个警卫营,营长就是原来的营长李玉堂。上级命令他立即带领这个营去阻击敌人,掩护中央机关的撤退。他英勇地完成了这个任务,但他也就在这个战场上牺牲了。因为在江西的时候,我直接领导过这个营,同他很熟悉。只要一提到高双城袭击瓦窑堡这件事情,我总是非常怀念他的。

撤退并没有什么损失,但也有些措手不及。事变发生的当天下午,天一下就黑了。上千人都挤在去保安的一个沟里的小路上。大家很难都找到适当的宿营地,因此有一部分人不得不夜行军继续前进,一部分人没有办法,只有露营了,幸好是夏天,问题不大,如果是冬天,可就难办了。中央机关的目的是要到保安,而我的目的是要到保安更西更远的甘肃地界。因此第二天(22日),我就赶过先头部队,自由自在地根据我自己的行军速度,准备什么地方午饭,什么地方宿营。限定四天之内赶到陕甘宁省委。

四十一

当时的军事形势,是红军一方面军主力从山西渡过黄河回到陕北以后,国民党中央军主力加上阎锡山的晋绥部队向西,宁夏马鸿逵的部队向东向南,东北军从甘肃向东推进。同时,又在西安、延安之间,加强原有阵地,形成一个大的战略包围。这些敌军的政治态度是,国民党中央军是坚决反共的主力。宁夏部队反共也很坚决,但却是一支腐败的军队。这时,东北军和西北军都开始与我们有一定的秘密接触,他们对进攻红军态度不积极。在这种情况下,我们自应确定新的战略步骤,发展的方向,而不能无所作为。

我们刚从黄河西渡回来,不能再回师打山西,自然更不能主动去攻击东北军,唯一的战略发展方向是向宁夏。因为:(一)它的正北接近蒙古和苏联,成功的话,可以取得和蒙古、苏联的联系;(二)四方面军已离开四川向甘肃北进,我们要从宁夏、甘肃方向向南接应他们,以便于他们的迅速转移;(三)只有采取这个军事行动,才能确保陕北根据地。这是当时唯一正确的战略方针。

为了配合这次军事行动,解散了陕甘省委,重新组建了一个陕甘宁省委。它所管辖的地区,在陕西是安边、靖边、定边;在甘肃是华池、环县、固原、庆阳、合水;在宁夏是预旺、盐池。省委开始驻甘肃环县的河连湾,后来搬到环县曲子镇。

这个省委的名单,依照中央的通告:李富春任书记;罗梓明任组织部长;萧劲光任军事部长,也就是同我前面说的一样,就是陕甘宁的军区司令;蔡畅任白区工作部长;马锡五任省苏维埃主席,就是后来《小二黑结婚》里面的那个马专员;郑自兴任保卫部长。郑不久就调到军队里面去了,接替他的是李握如,这两个同志都是瑞金国家保卫局的工作人员,和我有同事关系,所以我熟悉他们。政府工作人员我就记不得有什么人了,由于当时财政问题很突出,粮食问题很突出,我还记得当粮食部长的是张慕尧,当财政部长的是杨玉亭。其他司法部门、文教部门、内务部门还有哪些同志就记不起来了。

我在省委照样当宣传部长。这样一个新开辟的、游击性很大的根据地,识字的人不多,教育不发达,没有印刷条件,说不上能够进行什么文字宣传工作。所以我从瓦窑堡赶了几天路,赶到省委的时候,除了了解一下陕西、甘肃、宁夏的情况之外,一时还无从着手进行所设想的宣传工作。

战略发展方向是对着宁夏。陕西的三边地区无非是作为后方,陇东地区不过是这个战略的侧翼,起掩护作用。向宁夏发展,省委必须紧密地配合部队的军事行动,依托部队,向宁夏河东广大地区,广泛地建立群众基础。省委考虑到陕甘省委时期,我曾代表省委住在临真,指导过甘泉、宜川的工作,那也是一个新发展的区域,省委就决定我代表省委住在预旺堡,靠近红十五军团,专管宁夏东北部的工作。这个地区大概是由同心城向北至中宁,沿黄河东岸至青铜峡。主要任务在于建立群众基础,建立党的基础,筹集粮食,调查道路和黄河的渡河情况。这和在临真主持工作不一样,我可以住在宜川县委长期不动,这种工作无法在预旺堡住下来。再说预旺、同心城这些地方也没有什么巩固的党的组织,跟敌人的部队犬牙交错,有时距离甚近。在省委的同意下,给了我一个骑兵排,连炊事员都骑马。

宁夏这个地区,人烟稀少,有时候四五十里之内不见人烟,要到什么地方去,每天的行程不会少于百里。粮食都是自带的。到一个地方要想从老百姓那里临时弄来三四十个人的饭是不容易的。自带粮食,可以找一个村子,下骑就弄饭吃,吃完上马就跑。晚上住下来,只能了解到二十四小时以前的敌情,要是有什么变化,就糊里糊涂了。宿营的时候只能靠警戒,所以晚上鞍不离马,能够做到说跑就跑。

宁夏这个小范围,没有什么高山,山梁比较平,地上长满了野草,很少树林,跑起马来,很是畅快。当地的野草根就是甘草,听说现在长甘草的地方,已经挖得不成样子了,可是当年却见不到有人去挖这些甘草。这是一种世界有名的中草药,欧洲有些药厂,把它精炼成一种提神的含片,呈黑色,尽管味道很苦,但销路很好。中药就把它当成一种所谓"引子",无论什么性质的中药剂都要加上甘草。有的人性格非常随和,可以同各种各样的人交好,四川就把这种人称之为"甘草"。

既然我离开省委进入宁夏,依靠十五军团来工作,我就把我这个骑兵排,开到预旺堡,靠近十五军团司令部住下来。一些与部队有关的工作,除非必要,我不去找徐海东、程子华,有事就找政治部主任王首道,但更多的是找政治部保卫部长杨奇清。

8月初,埃德加·斯诺由保安到宁夏前线,住在前敌总指挥部,总指挥是彭德怀。他对彭德怀做了一次专门的访问。我记得,是在斯诺住的一间民房的楼上,访问的时间是在晚上,翻译是一方面军政治部主任刘晓,他是湖南人,听彭德怀说湖南口音的话比较容易。就是这位刘晓,全国解放后,当过中国驻苏联大使,卸任后,又当过外交部副部长。

我的驻地靠近前敌总指挥部,所以我就去旁听了一个晚上。后来斯诺把这批材料写进《西行漫记》中。大概第八篇第二节彭德怀印象,第三节为什么当红军,第四节游击战术,都是那天晚上他访问的结果。但是他把那些材料做了综合,不是全写进去了。我个人对于彭德怀的了解,也是借助于他们那天晚上的谈话。

因为宁夏西部这个地区,是刚开辟的,我们并没有很好的基层群众基础,基层党组织很少,也没有什么力量。而且是个少数民族区域,汉族和回族历史上就有对立情绪,不太融合。我们又是一支汉族部队,在地方活动很困难。同时这个地区由于生产落后,地主的力量特别强。有些地主还有自己的武装。

虽然是少数民族,但又跟哥老会有联系。因此少数民族,加地主武装,加哥老会所形成的地方势力,很难对付。这种地方势力暗地里也就是土匪的势力。首先我们行动得非常谨慎,不侵害回族群众的宗教习惯,以取得他们的信任。又对他们进行了超过民族意义和宗教意义的抗日统一战线的宣传。但是要瓦解这些地主武装实在不容易,不能硬打。我们只有逐渐地建立起自己的游击武装,吸收一些贫苦的回民参加这支队伍。

所以陕甘宁省委一成立,就作了《对于进行游击战争与游击队突击的决定》(1936 年 9 月)来解决这个地区的地主、土匪武装的问题。首先指出原来的地方游击队的混乱和它的可靠性问题,如经常发生游击队叛变的事件。因此必须严加整顿:(一)加强领导,派最好的党员去当游击队队长;(二)加强政治教育,因为文化水平关系,即使是最粗浅的政治教育也是必要的;(三)积极行动,对这类地主武装进行分化瓦解;(四)加强群众工作和统一战线工作,不使自己孤立起来。这是李富春和萧劲光他们开会作出的决定。这个决定是必要的,而且是有收效的。

我在宁夏这么一个范围之内活动,和地方群众组织逐渐有了联系之后,无论长途驰骋,还是见村宿营,都不是那么情况不明,好像四周都是敌人那样,而是比较放心了。但也不能够麻痹大意,总要经常保持敌情观念。譬如,我住在预旺堡的时候,沿着甜水河向北,不到五六十里的地方有个下马关(今预旺县县治),驻有一个连的反动武装,也是骑兵。再沿河向北,韦州也驻有反动武装。我在驻地的房顶上就可以望见敌人。这地方的房顶不像南方一样是瓦顶,而是很简陋的不上梁起脊的,用木条排列起来,上面平铺芦草,再覆上一层粘土,晒干后再覆上一层石灰,非常平坦。屋外架上楼梯,可以直接登上房顶。住户就利用这个房顶晒粮食。这就是我当时的瞭望台。在房顶上用望远镜看下马关敌人的行动,甚至可以清楚地看到那些士兵在甜水河里饮马、洗马。我当然要提防他来袭击,但我并不怕他,因为十五军团就在这里。

还有一个例子,有一支地主武装,人数约百来人,武器也比较整齐,经过各种渠道做工作,收编了这支队伍,把他作为十五军团直接指挥的一支回民游击队,由十五军团挑选了一个营级干部去当队长,他也是回族,但不是宁夏的回族,而是湖北的回族。他同时带了一个政治委员。开始的时候还好,也听指挥,但不意某一个晚上,这支队伍竟把我们派去的两个干部杀死了。这支所谓回民游击队,完全不知去向。我们直到第二天中午才得到消息,派人去查,果然游击队没有了。只留下我们干部的两具尸体。这件事情,无论对军队,还是对地方,都震动很大。经过反复调查,了解到这支叛变了的游击队的活动区域,我们搞了一次突然袭击,但也没有把这支队伍消灭,只是击溃了。

我军西进的目的,在于占领全部宁夏,但是从东到西渡过黄河却是一件困难的事。走灵武经吴忠到青铜峡是很困难的,因为黄河岔道比较多,要连续横渡多少次。只有走中宁到中卫,水势比较平缓,没有岔道,一次就可渡过了。但这不是我的工作方向,我的工作方向主要还是在金积地区。另外要是渡河时间迟到冬季,也可以从冰上渡过。黄河结冰的最坚时期是 12 月至次年 1 月。这与我们当时军事行动的时间相距还很远。为着抢时间,不想等到冬季。因此我的任务,就是要准备多少个羊皮筏子。

南方的水上交通工具,除木船以外,还可以用竹排、木排,但北方没有这种材料。本地人就发明了不用竹木为材料的羊皮筏子,以羊皮充气做一个皮囊,但剥羊皮的时候,不能开膛破肚,必须从羊的头部把全身取出来,而羊皮本身还是很完整的,这却不容易。充气后的皮囊,每十二个为一组,以三乘四的比例,夹紧绑在一个由柳木制成的框架上,几个人坐上筏子,用木桨就可以横渡黄河了,也可以顺流而下。这样的小羊皮筏子,集十几、二十个可以连成一个大羊皮筏子,坐上一个连是不成问题的。照同样的办法,有人还做成牛皮筏子。但我当时没有本事找到很多牛,只能去找羊群来解决问题。

后来军事形势一变,二、四方面军北上进入甘肃南部以后,中央决定 9、10 月作战计划:一、二、四三个方面军联合行动,主要以一、四方面军为主,分别抢渡黄河,夺取宁夏全部。但是张国焘对这个计划表示消极,行动迟缓,贻误战机。因此前期的一方面军单独进占宁夏的计划落空了,后期的一、四方面军联合夺取宁夏的计划也没有能够实现。这样在我个人方面,也就不再为羊皮筏子费力了。那时我手里还有上千只羊,不做皮筏子,都当成粮食,奉命移交给四方面军了。

四十二

说到粮食,这是一个大问题,主要关系到军粮。除了军队的供给部以外,几乎全部粮食筹集任务都落在地方党身上了。省委把我派到宁夏,主持开展地方工作,实际上也有在宁夏筹集粮食的任务。当然,陕西部分的粮食,甘肃部分的粮食如何筹集,责任直接归省委。宁夏部分,责任却落在我身上了。

省委总的任务是3.3万石,包括小麦、小米、谷子(没有脱壳的小米)、玉米、黄米、杂豆、燕麦、高粱、荞麦等。其中1.6万石由前方军团自行筹集,省委直接担负1.7万石。

省委派省粮食部长张慕尧到预旺来帮助我。既然前方军团也在他的作战区内筹集粮食,那么预旺也自然在内,并且预旺的分配量是很小的。所以他基本上回到省委去不再来了,实际上筹粮任务就是我一个人担负了。这就使我要跟前方军团在预旺划定一个界线,哪些地方归他们去筹集,哪些地方归我去筹集。在那么一个狭小贫瘠的土地上要筹集700石粮食,也不是很容易的事情。但我比后方有一个有利的条件,我可以在宁夏这个小区域,也可以通过一些地方游击队在白区搞一些粮食,还可以揽到手好多羊群,把一只羊的重量抵充多少斤粮食来交给部队。这实际上就不用花许多不必要的力量,去征集那些难以征集到手的粮食了。部队也欢迎我这个办法,因为他们也需要肉食,这就等于他们拿出粮食来交换我的羊,以改善他们的生活。我估计为着充当军粮,为着要制造羊皮筏子,我弄到手的羊约有万只以上。有一小部分,还是从敌占区的黄河边上搞来的。反正这是个军事时期,由于我这一搞,宁夏河东这个小区域的牧畜事业,受到很大的影响。在敌占区我不仅要羊,也要骆驼,这样可以送到后方,编队作为运送粮食的运输力量。因为甘肃和陕北的粮食,也还得要向前方的部队运送。

部队除军粮以外,还有一个军马的饲料问题。粗饲料(粟草)当然由部队就地解决,精饲料(杂粮、豆类)可以由部队自己解决,也可以由地方酌情供给。这些都不算困难。

困难的是部队的燃料问题。那地方没有树木,也没有煤炭,燃料就是烧各种农作物的秸秆。这种燃料,显然不能充分取给。没有办法,彭德怀就下命令,把预旺县的荒无一人的县衙门拆来烧掉了。

就这样,在宁夏地区,凡是隶属省委的地方,一方面军前线各部队到达的地方,我都跑遍了。同时为了了解敌情和渡河情况,我也利用这个骑兵排精干和迅速的条件,曾经跑到过中宁以南的某个村庄或金积附近的某个村庄度过一天。当然这必须有当地群众负责掩护。我们大概都是晚上到,白天留在那村庄里,第二天晚上就离开了。这种冒险的事情,自然只能有一次两次,不能再多了。但作为第一手资料,收获是很大的。

在这个地区,这种马背生活不是一天走几十里路,假如只走几十里路,那就用不着带上骑兵了。村庄和村庄之间距离很远,而我每一次的目的地,都在百里以上。不行动则已,一行动就要跑一整天,才能到达我所要到的地方。我们总是拂晓就动身,假如全天的路程是一百二十里的话,就在路途中间选择一个村庄,既在那里休息一下,又在那里弄午饭吃。马匹也要得到一定的休息,及时喂养,这样才能继续前进。7、8月份还好,9月以后宁夏就冷起来了。我们也没有什么特别的防寒服装,7、8月是那一套,9、10月也还是那一套。特别是早晨出发的时间,月冷星稀,霜寒风劲,不敢揽辔徐行。为了贪图一下就暖和起来,只能登鞍策马就跑。这是这个时期内的经常生活。好在当年我只有三十二三岁,还顶得下来。既不伤风,也不咳嗽。但是,我的所谓慢性支气管炎,大概就在那个时候,不知不觉地染上了。

四十三

10月9日,一方面军和四方面军在甘肃的会宁会师。10月22日,一方面军和二方面军在甘肃静宁以北的蒋台堡(今属宁夏)会师。虽然有三个方面军大会师的胜利,但夺取宁夏的战略计划却被迫放弃了。因为敌人已沿黄河挺进,使我过河计划成为不可能。而已过河的徐向前、陈昌浩的西路军也处于不利的地位。这时我军的首要任务在于保卫自己,保卫陕北和陕甘宁边区。因此在一方面军来说就是后撤,在二、四方面军来说就是经过甘肃、宁夏向陕北转移。这时在这一狭小的地区可以说是大军云集。

张国焘的司令部也进到预旺附近来了。我作为地方党在这个地区活动的代表,当然要去见他一次,但跟他没有什么话好讲。一、四方面军在川西的时候,因为彼此驻地相距甚远,我没有去看过他。算起来我同他第一次见面是1927年的事了。那年7月间,我要去九江,离开武汉的时候,他找我谈过一次话。后来在南昌起义的行军途中,大概有时会碰面。十年过去了,前面所说的把上千只羊移交给四方面军，就是我在他的司令部见面的时候，向他交代的。朱德也在这个司令部，但为着避免麻烦，我没有去看他。

在这个司令部，我听到一些有关廖承志同志的谣传，可也是事实，他被张国焘软禁起来。但在行军途中还很自由。张国焘还让他写宣传品，刻蜡板，印油印件。我设法打听到他的住地，找到了他。人显得很疲劳，物质生活很差，好像我们到了陕北，陕北同志说我们像乞丐差不多。我尽可能地送给他一些布鞋、军帽，还有一套棉军衣。当然张国焘不会关心他了。后来，在延安清算张国焘的罪恶时，曾指责他的军阀主义，这是不错的。

这时，我在宁夏的任务已经完成了。我自应回省委交代工作。时间大概是 11 月初。我一个人不少，一匹马不少，把这个骑兵排交给了省委。在那样一种军事情况底下，实际也没有什么日常工作。听说张国焘脱离了四方面军，仅仅带了一个司令部到保安去了。我就对李富春说，这是一件好事。只要他失掉了和红四方面军的直接联系，他就很难作怪了。

为着保卫这个根据地，中央下定决心，要把尾追我们的国民党主力部队胡宗南部，在一个适当的地区，给他一个有力的打击。地点就选在甘肃西部北端的山城堡。敌人直接参加战斗的大概有三个师，为七十八师、四十三师、九十七师。敌人 11 月 20 日进占山城堡。我军采取在山城堡周围伏击的办法。21 日我军发起攻击，一举收复山城堡，并将敌人压迫到山城堡西北的山谷中。22 日上午，就地将敌一个师全部消灭。胡宗南部队经过这一打击，撤到甘肃，停止了攻势。至此，我们的军事环境，得到暂时稳定。三个方面军集结在陕西的安边、宁夏的盐池、预旺之间进行休整。

但这个变化给我们自己提出了一个难题，今后的战略究竟是什么？都挤在陕北这个区域，居民很少，粮食来源有限，而我们的部队又增加了二、四方面军几万人，军粮立刻变成一个眼前的最大困难。反正这支部队不能向北，翻过长城就是沙漠，战略选择只能是：（一）重新东进，再入山西，建立山西的根据地，寻找直接对日作战的机会。（二）再向西进攻宁夏和甘肃南部。但面对的敌人，仍然是国民党主力曾万钟的三个师，胡宗南的三个师（除七十八师），马鸿宾的一个师，同时还有东北军的十三个师。我们才从甘肃、宁夏地区撤出来；曾万钟、胡宗南的六个师，是战斗力很强的六个师；东北军和我们已经有较好的统一战线关系，再去打东北军，政治上不利。（三）这样只有向南了，而且必须迫近西(安)兰(州)公路,才能取得战略优势。但这样又会碰到一个问题,就是又和东北军见面了,还要和西北军的杨虎城见面,政治上照样是不利的。我们在省委开始议论这个问题,也没有什么统一的可行的意见。这时我想保安的中央也会感觉到这个难以解决的矛盾。我记得,毛泽东在给省委的一份电报上,最后写上两个口号,一是"中国共产党万岁",一是"共产主义万岁",可见当时的局面已经困扰得毛泽东也忧心忡忡了。

12 月 13 日晚,省委电台得到保安军委 12 日发来的一份电报,全文说:

(一)西安抗日起义详情如下:

十二日六时,已将蒋介石、陈诚、朱绍良、卫立煌、蒋鼎文、邵力子、晏道刚及其他中央人员全部俘虏,蒋孝先、邵元冲及宪兵一团长阵亡,钱大钧受伤,马志超及城防之宪兵警察和一部分中央军全部缴枪,除蒋死卫士二十多人外,西安城内冲突小小,可谓完全胜利。已宣布政治主张及十大政纲。

(二)向全军宣布加紧准备,待命行动。

军委主席团

这个电报是 13 日午夜收到的,译电员拿着电报把我们吵醒。大家拿着电报,点上油灯,看了以后,初步的反应是相顾愕然,怀疑竟有这等事。又重新翻阅电报的译稿,白纸黑字,中央绝不会无中生有,拿谣传来发通告,完全相信这个事变是真的。这时的反应,就是欣喜若狂。议论就变成把蒋捉到陕北来,游街示众、公审枪毙之类的信口开河了。那时中央的态度究竟是什么也没有通知我们,相信那时的保安城内也是议论纷纷,各种意见都有。等到 19 日中央的一次公开通电,主张"在南京开和平会议,并讨论蒋介石先生处置问题"。因为 19 日中央政治局扩大会议讨论了这个问题,制定了西安事变和平解决和联蒋抗日的正确方针。

跟着中央就来电报,调我去保安,脱离省委,也没有说要我干什么事情,但猜想总跟"双十二事变"有关。于是我稍做准备,行李简单,一个人,一匹马,离开省委所在地河连湾,前往保安。保安是陕北临近甘肃的一个很小的城市。党中央在 1936 年瓦窑堡被敌人袭击以后,就退处在这里。我到保安的时间,大概是在 12 月 19 日以后。

到保安以后,要我们立刻去延安转西安。我们利用一个晚上,在一个窑洞里面,传达了中央政治局扩大会议的结论。窑洞黑糊糊的,哪些人参加也不大清楚。照我的粗浅理解,即是西安事变可能导致内战,对抗日前途不利,但也可能促成团结,一致抗战。我们的任务在于争取后者。中央 19 日的决议,当然是正确的,也就成了今后一个时期我们工作的方针了。

至于调我个人来保安,交代的任务是作为毛泽东的私人代表回四川找刘湘。但是因为潼关不通了,暂时去不成了,就临时要我参加在西安组织国民党区的陕西省委的工作。定下来贾拓夫当省委书记,欧阳钦当组织部长,我还是当宣传部长,张德生当青年部长。还有一些其他的委员,如谢华、徐彬如等,因为没有开过正式的委员会,我和他们的接触也很少。另有一个董学源,原是西安的学生,负责西安的青年工作。对于陕西工作来说,除了北部外,凡是国民党区域,都由陕西省委负责。除西安和关中地区外,大体上都没有党的基础,特别是陕南的汉中地区被秦岭隔住,谁都不知道那边的情况怎么样。这些地区只能派巡视员去了解情况。省委工作依然以西安为中心,在渭水流域进行。

当时除张德生在西安之外,我们同博古、叶剑英一路到延安,等张学良的飞机。21 日离开保安的,大概就是这些人,浩浩荡荡,好像一个骑兵队一样。22 日到了延安,在延安休息了一天。我个人就把马匹、武器全部交给警卫员要他转回省委。

12 月 24 日张学良的飞机来了,就坐这架飞机到了西安。张学良这架飞机,是架很小的飞机,里面有七八个座位,还有一个小圆台子,围绕这个圆台有四把椅子,都是固定了的。这架飞机的驾驶员,还是一个意大利人,恐怕还是墨索里尼派出来的。我们这些人,最有本事的是骑马,也有人可能坐过骡轿、汽车、独轮车、担架、火车,可都没坐过飞机。坐飞机最大的忌讳是怕头晕。可是这架飞机飞得不高,好像也没有什么颠簸,沿着榆林西安公路的延安西安段向南飞,飞向西安。平时骑马要走十天的路程,不到两个钟头就到了。到西安上空以后,这个意大利驾驶员说,你们可以在上空鸟瞰西安城的全景,就绕着西安城飞了三圈。因为他要做圆形飞行,飞机必须侧身,三圈飞完下来,就弄得每个人都头晕起来了。当然在西安上空做这么一次飞行,对于对西安很陌生的人来说,也就很有意义了。

最奇怪的是坐张学良的飞机到延安来接我们的那个人,介绍的时候都说叫刘鼎,我一看就认识他,不就是阚尊民吗?这是个四川人,中学时期同在成都。他是省立第一中学的学生,中学生时代就对于机械有爱好。他会把一个破表全部拆散,又去搜求一些零件,把它重新装起来,变成一只好表。他还会刻图章。中学以后,据说他到德国留学去了。以后就没听见过他的什么消息。现在他是住在张学良那里的党的联络员。

到了西安机场,下了飞机以后,刘鼎把其他的人都分别送走,然后把我送到徐平羽家里住。徐是一个秘密党员,当时化名白丁,在陕西省政府教育厅当督学,因为他跟省政府主席邵力子有点沾亲带故。解放后他当过中央文化部副部长。其实他既不姓徐,也不姓白,他是有名的高邮王家的后代。

虽然我和刘鼎同在西安,但我只搞省委工作,跟他没有什么来往。西安事变结束后,张学良被蒋介石拘禁,东北军调往安徽,他就脱离了跟东北军的关系,回到延安。延安那时也有几辆汽车,正在训练驾驶员。这个训练班就起名为摩托学校,刘鼎当校长。他嫌车子太少。西安办事处又在西安从各方面搜集来二十多辆车子。七七事变后,我离开陕西省委,作为毛泽东的私人代表回到四川。在成都约住一个月,又返西安,要到延安去。他们就托我把这个车队带去延安,并估计三天可以到。平常骑马走路到延安总要十来天,现在三天就到,我当然乐意当这个临时的汽车队长。但一出西安城,就证明这是一件非常艰苦的工作,只要有一辆车子抛锚,其他的车子就都不能前进了。要等它慢慢修好才能走。陕北路上的大沟小河都没有桥,要从水里冲过。弄不好,就在水里面熄火了。停在水里更糟糕。路上有小村小店的地方,路被当地人挖断,想尽办法,使汽车不能通过,那些小店才趁机做点小生意。经过这趟,我才了解到西北行车的困难,也增加了西北行车的知识。那些司机熟悉西北道路,都有西北行车的丰富经验,随车就带有防滑的链条。过水时,更有套过水妙法:先把气缸用凡士林封闭起来,在汽车受水的上游一侧(包括车头),挂上油布,然后开足马力,一冲而过。车子受水的下游一侧可以不管它,因为水的流向是离开车子,并不是冲向车子。冲上车子的上游水流又被油布挡住了。开得好,虽然水深一点儿,车子里面也不会进水,也不会熄火。就是这样,也走了九天。还有一天晚上,前不着村、后不着店露宿在路上。结果跟骑马走路的时间差不多。勉勉强强到了延安三十里铺,我就打电话给刘鼎,要他来接车子,汽车我也不想坐了。我从兵站借了一匹马赶到延安。

以后他在延安和华北搞兵工生产,天南地北照样没有什么来往。不过到了1949年我到北京的时候(我是从大连带车子进城的),向华北财委要汽油,财委却指定由刘鼎那里供给我。我又跟这个阚尊民搭上关系了。大概进城以后,他来往于冶金、机械、航空三部之间,从事于机械、兵器、飞机制作技术的领导工作。

还是说陕西省委吧。我们是24日到西安的,大概在第二天,博古代表中央,就把我们召集到一起,宣布建立中共陕西省委员会,并确定了职务的分工。省委机关就在二府园纸坊巷。我这个宣传部长仍然住在徐平羽家里。

在西安搞省委宣传部工作,开始时比较简单。因为当时正在西安事变的发展过程中,政治形势变化很大,而党中央的态度有很大的社会影响。西安办事处每天把延安的电讯收下来,转交给我们,我们就把它编起来,油印成新华社通讯稿,向西安的党、政、军和新闻机构发送。干这个事情的有陈克寒和布洛两个同志,天天如此。我们都住在徐平羽家里,也吃在他家里。他仍然到省政府教育厅去上班。后来西安事变一解决,省委搬出西安,油印新华社的通讯稿是不行了,所以陈克寒他们都到延安去了。布洛又叫布鲁,解放后当广东的公安厅厅长,又改名陈波,其实他真名真姓叫卢茂焕。1951年被公安部定为"叛徒"、"特务",1972年又平反了。陈克寒解放后任出版总署副署长,后又当北京市委的书记。我们这个新闻稿的油印发行大概进行了五个月。

张学良被蒋介石软禁在南京,东北军被调往安徽,顾祝同带领国民党部队进驻西安。省委无法继续在西安公开工作。那时彭德怀的前线司令部,住在西安以北泾河附近的云阳镇,属泾阳县。为了取得掩护,作为前线司令部的一个下属机构,我们也住到云阳来了。

在云阳没有什么更多的日常工作,无非是选派一些巡视员,去各地了解情况、帮助工作,省委自己直接管三原和泾阳的工作。但这些都是组织工作。经过一番努力,在汉中地区,在关中地区,大概重新建起了二十五六个县的党组织。

由于张学良被软禁,东北军调出陕西,杨虎城也以出洋考察的名义离开了西安。国民党无论在军事上还是在政治上,都重新取得了对陕西的控制,使红军僻处陕北,处于孤立的地位。"双十二事变"的结果并不理想,但对我军来说,虽然事变当中有一个剑拔弩张的形势,但毕竟从 1936 年 12 月起到 1937 年七七事变,得到了一段整整六个月的休整时间。休整当中无论编制、训练、给养和政治教育等等,都得到了很大的改善。同时,我们已不再局促于保安。甘肃东部,完整地建立了十几个县的陇东根据地。宁夏我们依然保有预旺、盐池地区。陕西北面,由安边东向,保有安边、靖边,并取得横山、榆林、神木、府谷这些地区。由府谷南下,我们又开辟了葭县(今佳县)、米脂、吴堡、绥德、清涧。陕北中部,1936 年底,东北军让出延安,1937 年初,中央由保安进驻延安,作为指挥抗日战争和解放战争的中枢,直到 1947 年 3 月 19 日,共达十年之久。而鄜县以南,在"双十二事变"前后,我们还部分控制了洛川、中部(今黄陵)、宜川、铜川、耀县、三原。这一下把山城堡战役以后所面临的政治、军事、经济的困境,全部解除了。这可说是我党我军在长期斗争中一个非常关键的转折点。这样就能够使得在七七事变以后,跟国民党取得和平抗战的局面下,有如手挥五弦、目送飞鸿那样,比较自由自在地去对付以后发生的新问题了。

1935 年 10 月 19 日进入吴起镇,经过直罗镇战役,我参加以朱理治为书记、李富春为副书记的陕甘省委。作为宣传部长,并没有履行这个职责,而单枪匹马住在甘泉的临真镇,负责延长、宜川直到黄河西岸这个地区的基层工作。我军的军事行动从东征转为西征,1936 年 6 月底我又参加了以李富春为书记、由陕甘省委改组的陕甘宁省委。我还是以宣传部长的名义,代表省委跑到预旺,骑在马背上驰骋在由同心城到金积以东这个地区。1936 年 12 月底我们从延安飞到西安以后,我又参加了以贾拓夫为书记的陕西省委,仍然是宣传部长,到 1937 年 6 月底为止。从进入吴起镇到离开云阳,一共有二十一个月的时间。这是紧接着长征而来的,中国社会历史风云变幻、惊心动魄的二十一个月。我经过三个省委,都当宣传部长,都是在省的地区做基层工作。特别是在陕北和宁夏时期,更多的是做粮食工作。在陕西省委,我没有直接参加基层工作,也不需要做粮食工作,只是接触一些西安的新闻机构和西安的学生工作。

这样,长征以后,我在陕北的任务和生活就算结束了。

第七章
抗日战争——皖南

1938—1941

四十四

七七事变发生了,抗日战争开始了。

中央仍然要我回四川去执行任务,我就正式脱离了陕西省委的工作。但四川的关系,在潘汉年手里,他那时在上海。在 7 月 10 日左右,我从西安乘火车到了上海,找到潘汉年、冯雪峰。他们把我安顿下来,住在北四川路口的新新饭店。而后便介绍我去见刘航琛,他是刘湘派在外面的代表。经过简单谈话,他给我写了一封介绍信,介绍我去重庆,找川康殖业银行经理,这银行是刘湘系统的金融机构。这种接洽关系的事情就算办妥了。和潘汉年、冯雪峰分别多年,这是长征以后我们第一次见面,他们就留我在上海多住了三两天,随后我便离开上海。

回到西安以后,林伯渠交给我一封毛泽东给刘湘的亲笔信。为便于携带,信是用白绸子写的,大意是讲我军和川军联系的重要,并介绍了我作为他的正式代表。还有毛泽东给我个人的一封信,指示回四川着重做哪几项工作,这就是后来皖南事变时没有办法把它埋在战地山上的那封信。同时，林伯渠还交给我朱德写的十几封信、刘伯承写的十几封信，都是写给当时四川的高级军事将领的，如刘文辉、田颂尧等。这些人过去同他们两位都有或同学、或同事、或朋友的关系。我除了把毛泽东的信藏好之外，朱、刘的信再也无处可藏，只好把它们压在衣服箱子的中部。有什么检查的话，把箱子两头翻一翻，也不会有多大的问题。我就一个人坐火车从西安到了汉口，然后就买船票，从汉口乘长江客轮向西，到了重庆。

1921年离开四川到上海，是顺水由西向东经过三峡。这次是逆水从东到西经过三峡，前后已过去十六年了。这时刘航琛已回到重庆，我就直接找了他，没有去找那个银行的经理。我把毛泽东的那封亲笔信，给他看了。他要我到成都以后，先去找刘湘的参谋长张斯可。

我是中学时期离开四川的，事隔多年，对四川的军事、政治、社会情况都不了解，当权人物也不熟悉。回到成都以后，我先去过街楼街找到杨尚昆的兄弟杨尚仑，再找到当时已经失势的一个军人韩伯诚。刘伯承1926年在泸州起义的时候，韩曾经是刘的参谋长。上面已经说过，韩也是我三哥在川军里的一个朋友。因为抗日战争已经开始，八路军成立了，成都的反共空气，也没有以前那么厉害了。同时，中学时代的一批同学，特别是那批国民党分子，已经在成都有相当的地位，要避开他们也是不可能的。不如说是回家探亲，在成都公开和他们来往。看来成都还可以活动得下去。跟四川那些军事将领的来往，大体上我都请韩伯诚帮忙，拿着朱德和刘伯承的信，一个一个地去拜访。但对少数人，杨、韩主张把信送到就算了，自己不必去拜会。至于这批中学同学，我都跟他们见面了。特别是对其中有相当地位和势力的三位，一个是正在当四川国民党省党部书记长的李琢仁，一个是四川三青团的头子任觉五，一个是四川保安处处长王原辉，我还郑重其事地登门拜访。其他还有一些当县长的，当中学教员的，当医生的。这些同学只要他们在政治上不忌讳我是共产党，愿意和我保持一种老同学之间的正常来往，只要是怀着同窗友情而来的，我都没有拒绝。在这批同学当中，有时这个人请吃饭，有时那个人请吃饭，有时还到他们家里去打一场牌。李琢仁甚至还公开对我讲："你这次回来，尽管放心，我们好朋友还是好朋友。有什么事情要我帮忙，尽管说。"

在与四川军事将领的交往当中，我遇到一个困难。四川军队历来分为两派：熊克武一派,四川人习惯叫它"一军系";刘湘一派,四川人习惯叫它"二军系"。自从熊克武在广东被蒋介石拘留,部队在广东、湖南被解散以后,"一军系"就没有力量了。四川的政治、军事、经济一直是由"二军系"控制。那时,我三哥虽然死了,可他在川军里的朋友不少,我也认识一些,但都是"一军系"的,而且时间长了也不知道这些人的政治情况,这个关系很难利用。不过我还是去找了李铁夫,他过去是刘文辉的副官长,有什么事情也去问过他,对个人来说,还是可靠的。我也跟张致和有来往,他过去曾任川军的一个师长。因为这个关系,1937 年冬天,我还在延安的时候,他从成都到了延安,见过一次毛主席,我认为他还是可靠的。不过我更相信王季甫,他那时在成都开私人诊所,我有什么事情都不瞒他。他原来也是一个高级军官家庭出身,他的大哥王伯常当过熊克武部队的旅长,而他在成都又是一个私人开业的医生,来看病的人三教九流,无所不有,因此他知道的事情不少。我向他了解一些情况,也同他商量一些事情。

在成都住了一个月,工作成绩不大。加以刘湘被任命为第二预备军司令长官,他把司令部从成都迁到汉口,他本人也去了汉口。那么我在成都的工作目标就没有了,不久我也就坐飞机从成都经过汉中回西安了。

那时林伯渠在西安管事,我把到成都一个月的大体情况,向他讲述一遍。他要我回延安直接向毛泽东报告。我又离开西安前往延安,这就是前面讲过的替刘鼎带了十几辆汽车回延安的那一次。回到延安,我交了一份书面报告给毛泽东,并向他简要地叙述了去四川在成都的经过。他也认为刘湘已经离开四川,我没有再回四川的必要。既然刘湘的司令部设在汉口,我们已有汉口办事处,我也没有专为刘湘去汉口的必要。这样,我就留在延安。没有好久,刘湘就死在汉口了。

现在想来,我回四川的工作,不一定限制在刘湘这个范围,应该同时进行刘文辉、田颂尧各处的统战工作,还应该利用我三哥的老关系做老"一军系"熊克武部下的工作。同时,把我的那些老同学也看成是可以工作的对象,从而更大范围地开展联络工作,可能会活一些。因为时间仅仅一个月,我又离开四川已久,没有深入地分析这些具体情况,所以就搞不出什么名堂来了。

这样住在延安暂时无所归属。李富春就指定我一日三餐,都到延安合作社所属的一个小饭铺去吃饭,没有限制,随便吃,可以说我的给养算延安那个时候最高的了。中央对我以后的工作安排,还没有什么打算,所以就一直住到1937 年 10 月底。

四十五

对散在江南各省的红军游击队,国民党当成一个问题向我们提出来。我们只想把它变成当地的保安团队,国民党则坚持要把这些红军游击队集中起来,调离本地。因此,就有编一个新四军的说法,又有要叶挺当军长的说法。1937 年 10 月底叶挺到了延安,11 月初项英也到了延安,可能都是涉及到江南游击队的事情。他们两人在延安的时候,我也没有去看他们,因为这件事情同我没有关系。直到他们走后,李富春才把我找去说,江南游击队准备编为新四军,由叶挺当军长,项英当政治委员性质的副军长。叶挺临离开延安时,向中央要求派几个与他在大革命时期熟悉的干部去新四军工作。他曾点名要周士第去当参谋长,他们都是广东人,都属于国民革命军第四军,都经过南昌起义,但中央没有答应,另派了张云逸,广东人,去当参谋长。周子昆,广西人,去当副参谋长。周是叶挺当独立团团长时独立团里的一个排长,后来当连长、营长。冯达飞,广东人,是黄埔一期学生。还有我,去当秘书长。武汉时期,我们都同在一个军队党组织。李富春还提了一个问题,因为项英、叶挺我都熟悉,要我作为他们之间的缓冲人。当时听了也没有什么大的反应,但后来真正做起来,却不是那么容易了。

在延安做了一些准备工作,中央为新四军配备了一些中级干部。军事工作人员由赖传珠带队先走,约三十人左右。政治工作人员由我带队后走,约三十人左右。1938 年 1 月,我们从延安到西安,从西安到汉口。安顿了一下,根据武汉办事处的要求,这批干部先送南昌。从武汉到九江,由九江到南昌。至于后来南昌到歙县,我们大部分是从南昌到景德镇,由景德镇进入安徽的祁门到歙县。其实我在武汉也没有什么事,不过是见到一些长久不见面的朋友和同志,如郭沫若、潘汉年、梅龚彬他们,也见到由四川到武汉的韩伯诚,当然也见到了叶挺。在我们到武汉以前,新四军军部已在汉口大和街 26 号正式成立,挂有军部的招牌。新四军的战斗序列属第三战区,因此军部第一步由武汉移南昌,准备第二步由南昌移安徽歙县的岩寺。南昌军部设在南昌的三眼井1号,那是北洋军阀时期著名军阀张勋的私宅。军部移至岩寺以后,就把它当作新四军驻南昌办事处了。

四十六

新四军的作战区是在皖南,面对长江和京沪线的左侧面,所以军司令部准备设在皖南。1938 年 4 月 5 日,军部从南昌搬到安徽歙县的岩寺。

岩寺是歙县的一个大市镇,明朝李日华的《礼白岳记》就曾记了一条:"十里至岩市镇。街衢纵横,车毂凑集,聚落之雄胜者。以礼岳,故不敢迟回浏览。入一小肆中午餐,几案楚楚,薰炉砚屏若苏人位置。壁有文太史画一帧,题句云:秋色点霜催木叶,清江照影落扶疏。高人自爱扁舟稳,闲弄长竿不钓鱼。长洲文璧。"一个酒店居然挂上文徵明的山水,可见崇祯年间这个地方商业是很繁荣的。查弘治《徽州府志》卷二地理部分,即有岩寺镇之名,是宋代设官收酒税的地方,李日华把"寺"念为"市"是错的。

我们在这个地方进行了全军的集结和整编工作。任务完成以后,5 月初又搬到太平。住了将近一个月,国民党不答应,认为那个地方太靠近大路。最后,6 月中旬进驻泾县章家渡以北的云岭。军部在这里一直住了两年半的时间,到皖南事变前夕为止。云岭是一个小山村,周围有同样规模的村庄,如罗里村住军部,丁家山住东南局,章家渡住总兵站,新村住战地服务团,汤村住政治部,肖村住军医处,还有陈家祠堂、南堡村等。

皖南在明、清之间是雕刻、印刷出版业很发达的地方,其中又以徽州为最。同时,由于山上的古松树很多,所以用松烟制墨的手工业也很发达,集中在休宁和歙县,这就是有名的徽墨。明代制墨作坊主方于鲁、程君房,至今还是很有名的。宣城还出产有名的宣纸,泼墨作画,挥笔写书,惟此纸最佳。同时徽州商人还经营茶叶、食盐。这些商业资本,又在各地经营典当业,进行高利贷盘剥,所以徽商在全国的商业市场上是很有名的。

皖南多山,满山都是很高大的松树,但不值钱,可能是战争的原因,一百块钱就可以包一座山。部队就是这样包山取得炊事燃料的。但要砍成能烧的柴,颇不容易,还得花一百块钱包给农民。他们把树全部砍倒,树枝锯掉,这些树枝就无偿归属他们了。然后把树干锯成两尺长一段,再劈成木柴,很整齐地码在山上。这个过程的劳动量是很大的。部队还得自己上山去运回营地。都是些上百年的松树了,木质很好,现在想起来,也就算是不可避免的浪费了。

青弋江流经皖南,到芜湖入长江。水产丰富,物价也很便宜。渔民由江里面网出来的鱼很新鲜,不过一角钱一斤。叶挺曾经花十块钱,买了一百斤鱼,慰劳教导队的学生,大受欢迎。

皖南产茶,主要是绿茶,也有人做花茶。从军部到太平,不论是乘竹筏或步行,一般都经麻岭坑小河口,到太平前大多在铜山的山门歇脚。那里有一位刘敬之老先生,拥有大片茶园、林场,在屯溪、芜湖等地设有茶庄,在山门自置一座陈设讲究的庄院。他对我军友好,是一位开明士绅。从军部到太平路上,军部人员来往经过,都在刘家吃饭、休息,有时还在他家借宿。刘家从不收取我们的钱粮报酬,完全无代价供给。1939 年 2 月下旬,周恩来一行到军部。3月 14 日从章家渡返回,途中曾在刘家用餐、休息。周恩来见过刘家父子,还题了词送给他们。刘老先生送他的儿子刘寅参加新四军,刘寅在皖南事变后,长期在苏中、苏北工作,现离休在南京。我因公离开军部外出,或从外面回到军部,都要经过他的庄园门口,都在他那里休息和吃午饭。这个庄园,三面是茶山,出门隔一条大路就是青弋江。客厅很堂皇,家具非常雅致,壁上有些字画,阶前还有盆栽的花草。看起来不单是地主兼资本家的住宅,还带有书香门第的味道。后来由于修水库,把这座清雅建筑也淹没在湖底了。刘家所供给的午饭,菜很丰富,味道也很好,临时能做到这样也很不容易了。皖南事变当中,我们从阵地上跑出来,曾设想过先到刘家,看看他有什么办法。但随即听说国民党军队曾到他家里去搜查过,所以最后我们还是没有去。1958 年泾县在陈村建陈村水电站,中间曾停建、续建,1975 年始全部建成。就在陈村以南拦河筑坝,坝高 76 米、长 419 米,上游成为太平湖,山门和更上游的小河口(新四军后方)就都被淹没在湖底了。

从岩寺到太平要经过黄山脚下,那个时候没有游山的雅兴,也没有登山的时间,我同邓子恢两个曾经过黄山脚下,从汤口进山,在中国旅行社的招待所住过两个晚上。除了洗温泉之外,没有上山,抬头望望也弄不清是怎么样一个景致。直到 1957 年我才上过一次黄山,那已和新四军无关,就不提它了。

　　皖南的山水景色优美,黄山是很有名的了,还有九华山、齐云山。从地区来讲,宣城、广德、旌德、绩溪都有山水名胜。春天满山的杜鹃,秋天都是红叶的乌桕,但不通大路。松林很密,山径弯窄,当然还有一些小桥流水,看来是很好的风景。但是就是这样一个优美的地区,1941 年我们万般无奈,被迫地把它作为战场,攻不能前,退又无据,只落得一个全军覆灭的悲惨结局,至今想起来,还是一件恨事。

　　这个地区因为铅字排印发展,它的木版印刷业衰落了;由于文字书写工具的改变,它的制墨业也衰落了。而且山地多,农村土地还是租佃制度,农业种植基本上就是一季稻子。有水的地方都有钉螺,农民中血吸虫病甚为流行,水质也不好,农民长颈瘤的很多。我们在那里的时候,煮米饭都要放上点碘。

　　五十年过去了,据说云岭这些地方,除了添一条公路之外,生产还是很落后的,群众还是很贫困的。

四十七

　　1934 年 10 月中央红军撤离江西进行长征,留下来的部分红军和游击队就地坚持斗争,一直到 1937 年秋天。这些游击队分布在江西、福建、广东、浙江、湖南、湖北、安徽、河南八个省十五个地区。跨省界的有八个游击区,为赣粤游击区、闽赣游击区、闽粤游击区、皖浙赣游击区、湘鄂赣游击区、湘赣游击区、鄂豫皖游击区、鄂豫游击区。在一个省内不跨省的独立游击区共七个,为闽西游击区、闽北游击区、闽东游击区、闽中游击区、浙南游击区、湘南游击区、琼崖游击区。各游击区的红色游击队集合起来,就是我们现在所讲的新四军。长江以南的编成了三个支队:第一支队陈毅,包含湘鄂赣傅秋涛部队和浙赣、湘南、湘赣各部队;第二支队张鼎丞,包含闽西、闽南、闽赣各部队;第三支队张云逸,包含闽东、闽北和闽北黄道的部队。长江以北编成一个支队,即第四支队高敬亭,包含鄂豫皖高敬亭部队、鄂豫周骏鸣部队。另湘南李林、刘厚总两部约三百人编为军部特务营。这个刘厚总就是皖南事变后谋害项英的那个刘厚总。部队改编时把他调出来,拟送他到延安学习。但他到了武汉就不愿走了,甚至要求回家。武汉办事处无法,又把他送回军部。大概项英突围时认为刘那点游击习气正对他有好处,所以就出毛病了。

这跟八路军的兵力构成大不相同。八路军是一方面军、二方面军、四方面军的正规部队组成的。主要成分是来源于江西、福建、湖南、湖北、安徽、四川的农民。他们不但抗日坚决,而且经得起大的战斗。这一点八路军比新四军强。新四军装备差,新兵多,游击习气浓厚,抗日战争的政治军事思想准备不够。其次,抗战一开始,由于国内政治生活的要求,新四军从上海、江苏、浙江吸收了上千的男女青年知识分子,这些青年知识分子也只能就近涌向新四军。从文化水平的构成来看,八路军就不如新四军了。八路军知识分子主要来自当时的北平,但为数不多。

新四军的领导机构——军部,主要领导干部是从延安派去的,勉强可以组织成一个参谋处,后勤部门一部分,政治部的组织人数也很少。因此形成了这么一种情况,譬如组成医务处的医务人员全是由叶挺介绍来的,没有一个党员,当然业务水平比较高。延安派的一个医务人员戴济民,业务水平不高,年纪比较大,只能负责教导队的医务工作。不过这些医务人员后来有很大发展,全国解放以后,在医务行政部门、医务教育部门、解放军军医部队,都担任了负责的领导工作,全都入了党。甚至后来抗美援朝志愿军的卫生部长,就是新四军军医处吴之理医师。他对近代战争的战地救护工作有着很丰富的指挥和组织经验。副官处也是叶挺介绍的,有的还是他的亲戚。后勤部门,包含兵站,有叶挺的叔伯兄弟,还有后来上海煤业救护队的主要工作人员。延安来的同志如宋裕和等,他们实际上占少数。政治部的宣传部、组织部、民运部、保卫部的负责同志,如李子芳、朱镜我等倒都是党员。只有敌工部是由叶挺介绍,任用林植夫当部长。说来奇怪,林植夫是国家主义派《孤军》的总编辑,在国家主义派里面是极为反共的,但他参加了1933年的"福建事变"。因为他是日本留学生,日文不错。由于叶挺的介绍,而他本人又愿意参加新四军的对敌宣传工作。这是一个抗日统一战线,我们没有理由拒绝他。1941年的皖南事变,他被国民党俘虏,1945年日本投降他才被释放。后来他参加了中国民主同盟。解放后他是中国人民政治协商会议全国委员会的委员,又是福建省人民政协的副主席。

从上面情况看,新四军指挥机构和八路军指挥机构有很大的不同。开始的时候,应该说统一战线的色彩是比较浓厚的。当然经过抗日战争的整个过程,就把这批同志锻炼得甚为成熟了,其世界观,从爱国主义思想进步到共产主义思想,并且都加入了共产党。

四十八

军部在南昌时,正是上海煤业救护队由上海战场撤退到南昌的时候。这个救护队,是上海煤业工会组织的战地救护队。开始的目的是支持在上海作战的国民党部队。等到上海一放弃,它也跟着国民党部队西撤,先到金华,后到南昌。为着工作方便,他们又在煤业救护队前加上一个中国红十字会的名义,意在标明自己是中国红十字会领导的一个上海煤业工会的救护组织。他们到了南昌后,知道新四军成立了,这个组织里面有的同志,就想把这个救护队归属新四军,为新四军服务。但当时的江西省政府主席熊式辉,也看上了他们的几十辆汽车,想把他们划归江西省政府管辖。我们知道这个情况之后,就找了他们的负责人叶进明。这是个老党员,但那时还没有党的关系。通过他居然说服了全队,摆脱了熊式辉,跟新四军合作。那时叶挺、项英都在南昌,由他们两个人出面,请他们吃了一次饭,并且讲了些抗日道理来争取他们。

上海大小煤炭业的经营店主都是宁波人,因此这个救护队的成员,主要是煤店的店员,也有小部分是这些煤业主的子弟,自然就都是些宁波人。但他们于抗战开始后,在上海、浙江进行工作的时候,吸收了一些上海、浙江的青年来参加他们的工作。因此其成员到后来也不完全是宁波人。全队总数约一百二三十人,他们的车辆都是当时上海那些煤店营业的运输车辆捐凑成的。自从这个救护队归属新四军以后,首先利用这些车辆,从福建、江西、浙江把参加新四军的原来红军游击队接运到安徽的岩寺集中,以便进行整编。利用这些车辆,我们建立了浙江温州到安徽太平的兵站线,太平到军部没有公路,是不通车的。在兵站的建设上,除了一个延安来的同志当站长之外,差不多兵站的工作都由他们负责了。

其实他们对于新四军建设贡献最大的还是筹建了一个印刷所。最完整的时候,有全套的铜模,有一二三号的轮盘机三台,有四开机一台,石印机一台,甚至还有打纸板和胶板的全套设备。排字、铸字、刻字、印刷、装订、校对这些工种都是完备的。它承担的任务主要是印《抗敌报》三日刊。这是一张八开报,后来又增加成两张,"抗敌报"三个字是请周恩来写的。这个印刷机构,名为战地文化服务社,它除了印《抗敌报》之外,还印《抗敌》半月刊。这是政治部宣传部编辑的一种综合性刊物。还印《理论与实践》,全是翻译涉及联共党史、马列主义的文章。还印《学习》半月刊,这也是政治部编辑的指导政治工作的刊物。还印《战地青年》,这是东南局青年部与政治部合编的。还印《抗敌画报》,这是在新四军工作的一批画家和木刻家共同编辑的,也是政治部宣传部的刊物。还印一个《建军》季刊,是军部自己编辑的。无论写稿和译稿都是利用延安的材料重新编的。当时正是学斯大林的《联共(布)党史》的热潮时期,印过《联共(布)党史》,一些马列主义理论和文艺方面的小册子。不过《抗敌报》的影响最大,在那么一个农村地区能发行好几百份。它主要宣传八路军在华北的胜利,新四军在江南的胜利。

后来纸张用量很大,从上海买纸不容易,我们就利用本地出的竹纸。但是需把纸幅的宽窄、纸张的厚薄加以改善,使它适合印书印报。这不但降低了成本,比买白报纸合算,同时,还支持了皖南山区特有的手工造纸业。煤业救护队的叶进明当所长,忻元锡当副所长。后来陈昌吉当过所长,黄源当过副所长。

我同这个救护队,从南昌开始就有接触。列入新四军的编制后,除了兵站系统以外,他们的成员,特别是年轻的,都送到教导队学习半年,然后分配到军部的其他单位工作。以到政治部的人为最多,也有少数人调给东南局。这时他们大多数都已经入党了。他们几个负责人叶进明、忻元锡、陈昌吉有什么事都来找我。因为我对办印刷所的兴趣很大,也就找他们一起想方设法把这个印刷所办起来。他们来往于上海和皖南之间,对这个工作出的力量最大,也最有成绩。后来印刷所只有陈昌吉一个人负责,我们又调黄源去当副所长。

煤业救护队的这批同志,在皖南事变当中牺牲的不少。其中有杨志华(军政治部)、叶梧影(军教导队)、毛中玉(军教导队)、田经纬(摄影)、邵延鸣(军教导队)、施奇(军机要科)、洪德生(指导员)、周玉寒、王心渊。还有董纯道(连指导员)在苏北牺牲。参加新四军部队以后作战牺牲的,有金克华(一支队)、毛纪法(营长)、黄飞熊(兵站)、毛梅卿(军教导队)、缪凤楼(作战参谋)、陆稼穑(团特派员)、周山(军区政治部保卫部长),他们都是为抗日战争牺牲的,为反对国民党反动派牺牲的,为党的事业牺牲的。

四十九

政治部为了搞好部队的政治工作和对群众的政治宣传,创办了《抗敌报》。初起之时,印刷条件不具备,出的是油印报。后来在屯溪弄到了几台石印机,就出石印报,还是不定期。大概在 1938 年底,才从上海弄来铅印机,改出铅印报。因为印制条件不好,开始时出的是五日刊,后来器材、人员、技术条件都有所改善,就正式改出三日刊了。现查 1939 年 6 月的《抗敌报》还是五日刊,那么出三日刊可能是 1939 年下半年的事了。这个报一直出到 1940 年底皖南事变的前夕。这个报无论在新四军当中,或者在安徽、江西、江苏新四军力量所及的群众当中,都有很大的影响。对华北八路军的抗日战绩作了大量的报道,因为北方兄弟部队的战斗和新四军在江南的战斗已经密切地联系起来了。这两者的胜利皆足以鼓舞本军的士气。当然,对新四军的各个支队对敌作战的胜利,更作了详细的报道。对全国的群众运动、统一战线的发展,也作了同等重要的报道。政治部的宣传部长朱镜我同志主管这个报纸,对于它的编辑、设计,特别是一些社论、专刊、署名文章的组织安排,费了很大的力气。

我对于这个报纸,也很感兴趣,有时也在这个报纸上发点议论。但对于这个报纸的收藏,无论南京、合肥,现在都找不全了。据知现在安徽博物馆藏《抗敌报》8 期,其中有 1 期是 1939 年的,有 7 期是 1940 年 5 月的。安徽省档案馆藏有 96 期。其中 1939 年 5 月—12 月的共约 20 期;其他都是 1940 年各月份的,共约 70 来期,最迟的到 12 月 13 日(第 214 期),已经是皖南事变的前夕了。《抗敌报》的总期数大概接近 220 期,现在保存下来的,不过是一半罢了。

我是记得写了好几篇东西,如今只找到五篇。一是 1939 年 10 月 11 日,二是 1939 年 11 月 11 日,三是 1939 年 11 月 16 日,四是 1939 年 11 月 26 日。第二篇是对于一个团参谋长王槐生五十大寿的祝贺。我引用了当年 3 月斯大林在联共第十八次代表大会上关于老干部的评论,并借此对老干部和新干部的对比作了一点发挥。第三篇题作《皖南的粮食，农民与军队》，因为当时反动的国民党地方势力，不准农民卖稻米给新四军。原在杭州抗战后搬到浙江金华的《东南日报》，是一份 CC 派的报纸，也造谣说新四军压低粮价，并强迫封仓。我们不能不公开予以反击。第四篇《两种说法，还他两个例子》，涉及到"满洲国"和波兰的问题，作了对比。第五篇原来有，现在找不着了。第一篇文章，是为纪念新四军成立两周年而写的。就在这时候，欧洲战场发生了一个重要的战局变化，希特勒进军波兰，同时苏联也命令红军进占波兰的东部。以一个社会主义国家，加上斯大林的威望，竟然与德国法西斯"瓜分"波兰，引起全军的惶惑。看来有必要对这个事件、这个事变作一次分析。我就写了《漫谈苏联红军向波兰进军》一篇短文，我把它转录在下面：

漫谈苏联红军向波兰进军
—— 为本军二周年的抗敌报的纪念刊作

李一氓

一、立场、观点与宣传

在欧洲第二次大战爆发的今天，为了战争的宣传，是依照他自己的国家和阶级的立场与观点来进行的。战争的双方，都口口声声，是为了人类的正义，但人类是哪一个国家的人类？是哪一个阶级的人类？正义是哪一个国家的正义？是哪一个阶级的正义？抽象的人类，抽象的正义，是希特勒、张伯伦、达拉第口头上的东西。

另一方面，我们客观地来接受这些宣传的时候，我们必须有自己的立场和观点，来考核这些宣传，鉴定这些宣传，择别这些宣传，认识这些宣传。而结果，正义就只有一个，也只应该有一个。

我，以及与我在一个立场和观点的——无须乎特别申明，这个立场是马克思列宁主义的立场，这个观点是马克思列宁主义的观点，而不是别的立场和别的观点——在无论他怎么样地宣传底下，希特勒的，及类似希特勒的；张伯伦的，及类似张伯伦的；达拉第的，及类似达拉第的，我都不能相信。

假如要我相信，我相信他是谎话。

我有我的立场,我有我的观点。

只有这样,才不会被希特勒的,及类似希特勒的;张伯伦的,及类似张伯伦的;达拉第的,及类似达拉第的谎话所惶惑起来,动摇起来,模糊起来。

二、苏德瓜分波兰——谎话

唯物辩证法的学生,绝不相信形式逻辑。形式逻辑的公式是这样的:希特勒进军波兰,占领波兰,是侵略波兰——苏联红军进军波兰,占领波兰——所以苏联"侵略"波兰——苏德两军同样进军,同样占领,即同样"侵略"——即等于瓜分波兰。

这个公式很能骗人,受骗者定是一位傻子,唯物辩证法的学生绝不受这个公式戏法的骗。

我们必须辩证法地更深刻地来考察苏联红军进军波兰的内容和实质。

A:

波兰是怎样一个国家?一个法西斯蒂的国家。在复国的二十年,以皮尔苏斯基为首,执行法西斯蒂政策,对内压迫民众,虐待无产阶级,镇压共产党;对外,一贯亲德、反苏,且曾于苏联建国之始的内乱尚未肃清时期,帮助白党,侵占苏联领土。

B:

在英法苏谈判时,波兰的态度是怎样的?不要再提英法两国的阴谋,他主要是想造成德苏两国的交恶,以及要苏联给英法以片面的保证,而英法并不给苏联西陲以保证;于此,英法苏谈判本身就有若干弱点存在,不能达到成功。再加上波兰的顽强反对,不愿接受英法苏协定的保证,特别反对苏联履行协定时假道波兰出兵的提议,英法苏谈判终至于破裂了。

C:

波兰东部领土,是波兰乘苏联内战尚未肃清时占领的,其中民族为白俄罗斯与乌克兰两种民族。波兰法西斯蒂统治时期,曾极残暴迫害,现乘时要求解放。苏联对于同民族的白俄罗斯人与乌克兰人,不过稍加援助。

D:

苏联虽与德国订立互不侵犯协定,但如德国全部占领波兰后,德国即与苏联西部完全接境连界(从前德苏间是隔着一个波兰),而希特勒终究是希特勒,法西斯蒂终究是法西斯蒂,苏联必须保证自己西陲的安全,不遭受任何的威胁和意外。

E:

苏联经济的本质,并不是资本主义的,其发展也不是帝国主义的,它没有需要殖民地的必要。波兰东部,对于苏联,也就没有殖民地的意义。

从上面的论证,我认为(一)苏联红军有权利反对一个二十年来一贯反苏的法西斯蒂波兰;(二)苏联红军有权利保护自己的兄弟民族,并且来解放他们;(三)苏联红军在波军溃败的条件下有权利在国境外陈兵来保障他们自己国家的边境。

另一方面,德国,有没有这些权利呢?他的行动和他的行动的意义是什么呢?

波兰一贯来是亲德的,做德国法西斯蒂的东方警犬;在英法苏谈判中,极力作梗,反对苏联的假道出兵建议;而德国(波兰的投靠者)是真正地占领侵略波兰,如同占领侵略奥国、捷克一样,增加了德国的殖民地,对于波兰人民,并非解放,而是用德国法西斯蒂去代替波兰法西斯蒂,变波兰人民为殖民地人民。

把这两方面对比一下,就清楚地看出德国侵略波兰与苏联红军进军波兰,是有本质上的不同。

形式逻辑的公式是谎话。

三、民族解放的另一途径

波兰东部的白俄罗斯人与乌克兰人,在波兰法西斯蒂专政下,已呻吟了二十年,现在开始抬起头来,伸直腰来,在苏联红军的帮助底下,彻底实行资产阶级的民主革命:推翻地主经济,分配土地到农民手中来,建立起自己的苏维埃国家,获得了政治上经济上的自由与平等。这是一件民族解放运动的伟大史绩。

民族解放事业,可由被压迫民族本身的革命行动来完成,也可以由与这一民族有关联的、同情的民族之直接援助来完成。苏联红军进军波兰,就是属于后一个范畴。

凡是赞成民族解放运动的,决不会反对苏联红军的进军,不如此,难道反而愿把白俄罗斯人与乌克兰人放在德国法西斯蒂底下来宰割吗？或者让波兰法西斯蒂继续压迫下去吗？而事实又是波兰已处在必败的地位,不可挽救的德国法西斯蒂魔手快要伸进来了！不如此,难道反而不愿意推翻波兰地主,不愿意分配土地,不愿意建立苏维埃,不愿意波兰人民取得政治经济的自由吗？

这,或者那,只能抉择一个。赞成苏联红军进军波兰保护和解放白俄罗斯人与乌克兰人,他就懂得了唯物辩证法,就学会了马克思列宁主义,否则,他就是形式逻辑的服从者,听信张伯伦、达拉第说谎的傻子。

国际形势的变迁与宣传,是一个万花筒,我拿着的唯物辩证法的显微镜。

十月三日在"运甓营房"

在当时情况下,主要是为了澄清事实,维护这个唯一的社会主义国家,维护斯大林的威望,这篇短评居然在全军得到较好的反应,很解决问题。至于这个事实本身,五十年后的今天,世界史史学家,第二次欧洲战争的史学家,俄波关系和俄德关系的史学家,怎么评价,现在都与我没有关系,即或他们对我的那些论点全部否定,我仍然认为这在当时是必要的,假如我们默不作声,听任这种传言在全军流行,作为共产党,作为新四军,我们也就站不住脚了。

这个小报几乎每期都有社论,其中涉及国际问题的、欧洲战争形势问题的,大体上我写过一部分。但是因为社论都不署名,现在也很难回忆和分辨出来哪些篇是我写的,哪些篇是别的同志写的了。

因为有这个报纸和《抗敌》杂志,遇到什么实际问题,就写点感想、发点议论,在那上面发表。特别是我写的那些短文章,我还给它们起了一个统一的标题,叫"运甓营房随笔"。并且编了"之一"、"之二"、"之三"的号码。现在仅在《抗敌》杂志上找出了一篇。我把在军部睡觉、办公的地方,叫作"运甓营房",意思是学陶侃。现在听起来,可能幼稚可笑,而我自己则认为当时确实是正正经经的。

在《抗敌报》上的署名文章都用的是李一氓。

除了《抗敌报》以外,我们还办了一个《抗敌》杂志,半月刊,是个综合性的刊物。主要内容以国内的抗日战争为主,尤以新四军的抗日战争为主,也涉及新四军战时政治工作,有些文章则转载自延安的出版物。大体上是有关全国性的政治问题或者战术性的军事理论,也发表一些涉及战斗的或地方的文艺通讯。这个杂志,有一个编辑委员会,一共七个人,他们是:朱镜我、李一氓、林植夫、夏征农、黄源、冯达飞、薛暮桥。基本上是以政治部为主,教导队也参加。现在能够找到创刊号,三十二开的。也有第 1 期到第 3 期的目录,登在第 4 期上。确知第 4 期是 1939 年 6 月 1 日出版的,第 5 期是 6 月 15 日出版的。也有第 1 期到第 6 期的目录,登在第 7 期上,确知第 7 期是 1940 年 2 月 15 日出版的,第 8 期是 3 月 1 日出版的,第 9 期是 3 月 16 日出版的。第 10 期是文艺专刊,4 月 1 日出版。第 11 期是 4 月 16 日出版的。第 12 期是 6 月 16 日出版的。而后,继续出了第 2 卷。第 1、2 期,第 4、5 期找不到了。第 3 期是 8 月 16 日出版的。最后出了一个第 6、7 期的合刊,是 12 月 1 日出版的。从创刊到停刊共出了 19 期,18 本。情况大体如上。现在缺 7 期,实存 12 期。

这个杂志说是半月刊,实际上并没有按期出版。它当是 1939 年五一出的第 1 期,加上 1940 年全年,应该出 40 期,实际上它只出了 19 期。根据现有的目录,我在第 3 期上写过一篇《在游击区内用军事方法与日寇作经济斗争》,主要是主张破坏敌占区的铁道、公路和水运,以瘫痪它的交通运输。第 7 期上写过一篇《民主、宪法、抗战》,第 8 期上写过一篇《反汪述愔》。第 9 期写过一篇《炸药和哲学》,主要是反对张君劢的理性主义和二元论。因为他在《近代思潮的特征》上,对辩证唯物论进行攻击。题目之所以叫作《炸药和哲学》,不过是拿炸药的物性作为比喻来反驳他。第 10 期上写过一篇《我们的艺术和我们的艺术家》。第 11 期上写过一篇《泛论思想》。第 12 期上写过一篇《欧战新形势》。我在第 2 卷第 2 期上写过一篇《认识和拥护中共中央的"七七宣言"》,这篇宣言的正式名称叫作《中央为抗战三周年对时局宣言》。主要意思是:

"各党各派的抗日同志们! 任何敌人的进攻必须抵抗,任何困难必须克服,任何投降阴谋必须反对,任何投降分子必须同他奋斗到底。"中共中央声明:"我们是始终实践自己的诺言的";"在团结抗战与国共合作期间,采取任何对内的暴动政策与破坏政策是绝不许可的";"我们约束自己领导的抗日武装队伍,将其行动限制在战区与敌人后方及陕甘宁边区二十三县境内";"我们继续执行本党六中全会在民国二十七年十一月所作'不在一切友军中发展党的组织'的决定,一部分地方党部尚未严格执行此决定者应即加以纠正"。本党认为:"要克服即将到来的空前的投降危险与空前的抗战困难,必须取消现在存在着的'反共'、'限共'、'溶共'、'防共'、'制共'的政策,因为在这个政策的执行中已经产生了削弱抗战力量"的不良后果。又"必须改变在抗战中的许多做法,必须实行抗战的言论、出版、集会、结社自由,必须释放一切被捕的共产党员与爱国分子",等等。这都是很清楚的,我不过用四千字来阐述我的认识和表示拥护,也算是在全军内部进行一次宣传。

19期中我可能不只写了这8篇,但现在其他的查不到了。上面所提到的8个题目的文章都全了。不过都是为了当时的实际问题提出一点看法,没有离开现实的空论。

这些文章除署名"李一氓"之外,也用了两个过去用过的笔名,一是"叶芒",一是"德谟"。提起这些宣传工具的时候,我总回忆到煤业救护队的同志,替我们作了很好的物质安排。而朱镜我同志则是这两个刊物的最尽力、最有见识的总编辑。他原是日本留学生,后来在上海主持党的文化工作。抗日战争开始后被党派到新四军来,一下就适应了军队的特殊环境,这是颇不容易的,不像有些知识分子同志,到了军队过部队生活,开始一个较长时期,总是那么格格不入。

五十

皖南事变的全过程,我曾向中央有一个系统的报告,这个报告是我到香港以后请廖承志同志代发的,所以把它抄在香港的那一节去了。但要把各方面的情况都能包含在内,还是不够的。四十多年之后,各种文字材料发表了不少,特别是当时的档案材料(包含国民党部分),尤为丰富。此外,当时一些亲历其事的同志的回忆和一些研究新四军的历史学家,对皖南事变做了历史性的分析和论断。现在我更没有必要去追述那十一天的更为详细的全过程了。

因此,我的回忆就从战争的最后时刻说起。

我找机要员译出叶挺署名的向延安发的最后一份电报,并要求电台立刻拍发。拍发完这份电报以后,我就招呼电台台长立刻把这套电台的所有设备全部砸毁。回头我又招呼机要员把所有的密码本全部烧毁,为求烧得快些,分成两处烧。等到我去检查完电台砸毁情况,回头来那些密码本就已经烧光了。我就带着这两批人从后院出来。但是作为军部指挥的前院,上至军长下至勤务员,一个人都没有了。

当晚天色很暗,伸手不见五指。出大门后,只看见山坡上密集的人影很纷乱地在奔跑。最后我也爬上山追上了一个战士,我问他军长他们哪里去了,他就用左手指了一下。我要跟着上去的时候,后面的人也不知是谁把我挡住,不准我向那个方向去,说:"不要去增加他们突围的困难,人多了,目标大。"那时已经跑得很乱,我身边报务人员已经没有几个,机要人员也跑散了。我就同这少数人跑到一个山沟里面。我估计现在乱跑也跑不出名堂,还不如找个茅草多、树木多的山腰隐蔽下来,等天明了再想办法。

在行动中,我遇到了一个警卫班,我立刻要他们跟我一路走。住下来的时候,在路上捡到一支全新的俄国式的手提机关枪。同行的还有几个干部,我就说服他们同我在一起,反正只要我们没有什么动静,不被国民党的包围部队发觉,是绝对安全的。当然,从这时起只好挨饿了。听到山沟里有流水的声音,找人弄点水来解渴这是完全办得到的。就在这个时候,听见左面二里外的山上山下枪声非常密集,但是没有几分钟枪声逐渐停止了,我猜想叶挺去的那个方向发生了问题。后来证明,大概就是那阵枪声后,叶挺就被俘了。叶挺怎么被俘的,后来有不同的说法,我不在场,就弄不清楚了。当天晚上,我把图囊里面所带的一些重要文件,如我回四川时毛泽东写给我的指示信,叶挺和项英之间互相不满意,叶挺写给我的一封长信,还有我那一本仅仅整理了《从金沙江到大渡河》一段的,其他还都是素材的长征日记,都埋在皖南的山上了。埋的时候是很舍不得的,现在也还是很后悔的。但是即使不埋,后来下山的时候,也不可能把它带出来。

实在太疲劳了,我也就在茅草里睡熟了。但醒来向左右一望,又少了好多人,各奔前程去了。特别是那个警卫班都是短枪,是很有战斗力的。当时我留他们在一起,意思是即或冲不出去,有这么一班人,我们也会在皖南的山里活下来。他们这一走,使我全然不知所措。我问那时还在一起的人,这个警卫班怎么走的,说是因为李志高,就是军参谋处的作战科科长。以后他跟项英他们碰在一起,等到刘厚总谋杀项英,他又从皖南渡江到皖北,到了新四军第七师,不知为什么他又自杀了。因为他已经自杀了,我也就不愿说什么了;反正在一个重大的历史事件中,偶然的事情太多了。

在这个时候,我依然想的是多找些人在一起,找到地方党的关系,做有组织的突围。这个白天只好还是躲在茅草丛中忍饥挨饿。注意一下周围山头的情况,看来国民党的部队已经开始撤出战场。当天晚上,我们就试着摸下沟去,想找个单独的农家去弄饭吃。但是就在那个沟里面,这个山坡、那个山坡都下来一些人,有二三十个。这些人中有胡金魁,他原来是江西国家保卫局的人,长征以后在瓦窑堡入党,后来在保安当中央的交际处处长。斯诺访问陕北时,所有的接待工作都由他安排。《西行漫记》的中文版上有他的照片,但是他的名字却译错了。新四军成立的时候,他当三战区所在地的新四军的上饶办事处主任。我们大家就都推举他带一两个人,到农民家里弄饭,弄到后拿到这个山脚下来。但是我们左等他也不来,右等他也不来,究竟过了多少时间也很难算定。一下要弄二三十个人的饭也不容易,但是这些饿了一两天的人,总觉得等的时间已经很长了。因为在战争环境下,有人怕出问题,所以这顿饭没有吃成,大家就散到各自的山上去了。据他后来说,他把菜饭都弄好拿来时,一个人都看不见了,他还非常惋惜。这个同志解放后一直当湖北省委的统战部长,工作做得很不错。

这顿饭没有吃成,又爬上山去过了一个夜晚,等到天亮就陆续下山了。山沟的水很清凉,大家都饱喝了一顿。有的人又洗脸,又漱口。当然今天遇见的人,也不完全是昨天晚上等那一顿饭的人。估计周围已没有国民党的军队,就想大胆地闯进农民家里去弄饭吃。去的人还算警觉,看出有个小村有地主武装,就赶快回来了,说不行。但为时已晚,他们已经被地主武装发现,地主武装跟上来了,虽然人数不多,不过两三个人,但我们不能公开抵抗。他们首先开枪,这一来在水沟旁边的人就乱跑一通,把原来那个没有形式的组织打乱了。不知道为什么跟我跑在一起的是余立金、钱俊瑞和三个教导队的学生。今后这六个人就要共同度过一个短暂时期的困苦生活。而且由于有钱俊瑞在内,后来在"文化大革命"当中,余立金和我两个人,糊里糊涂地白白吃了一场长达五年之久的官司。这是后话。历史就开了这么一个玩笑。虽然他们开枪没有伤人,也没有继续进攻,却把我们的一顿饭给弄吹了。我们在山沟里隐蔽了一会儿之后,决心转移目标,到另一个山沟里去。大概在新的山沟里住了二三天(1月20—22日),找到一家对我们很同情的农民,每天晚上都能弄到饭吃。

我们估计,国民党部队认为战斗已经结束,都撤走了,而这样无限期地住下去,总不成一回事,商量的结果是一起下山到徽州,然后分散。我决定去桂林转重庆,余立金、钱俊瑞去宁波转上海回苏北,三个福建青年要求回家去,这样也比较好。时间离过旧历新年不远了,我们是白天躲在树林里,晚上到一个农民家里吃饭。我们向他提出要下山的计划,要求找几套冬天农民的衣服来改换便装,他满口答应好办。果然,在晚上他拿来一些棉衣和棉裤,大家选择了自己适合的棉衣,当然都是粗布的,我们脱下了军服,并把所有涉及军队嫌疑的东西,不管有用没用全丢给主人了。其中包括我用了十年的一支红色派克笔,实在有些舍不得。有些短武器,没有告诉主人,都悄悄塞进他的粮食堆里面去了。主人还替我们设计了一些道具,如钱俊瑞提个竹篮子,里面放一些香烛,表示回家过年去了。我拿一个竹杆子,上面挂了一些小的野兽皮,如黄鼠狼之类的皮,可以冒充上山收皮毛,现在年底应该回家了。余立金搞个什么名堂,那三个青年又是怎样装扮的,时间过久,也就说不清楚了。

这些事情办停当以后,由主人带了我们三四里路,指给我们一个去太平的方向。为着感谢主人招待我们吃饭,并且帮助我们做上路的准备,我们送给他五十个银元。我们六个人分为四起,一个教导队学生在前,余立金、钱俊瑞第二,我第三,再有两个教导队学生殿后。中间各相隔二三百米。只要前后能够照顾到就行了。这不过是一句空话,实际走起来,前边的人是走得很快的,有时你根本看不到前面的人。一个晚上,一个白天,这四股人就各不相顾了。我是走得最慢的。第二天下午绕过太平城下山上公路,就连走在我后面的两个青年都超过去了。我拼命地赶,傍晚到了公路旁边一个小茅店的时候,他们已在那里吃过饭睡觉了。当然我们装作不认识,互不相干,他们睡他们的。第二天早晨,他们比我起身得早,从此之后一直到徽州,我就再没有见到他们了。

一路只有我一个人,为着不使自己过分引人注意,我连那个皮毛杆子都丢在公路旁的草丛里去了。走了两天,脚上打了泡,越走越慢,但也无可奈何。担心的是有两次遇见七十九师向浙江撤回的部队在公路旁边休息,为了防止出现意外情况,我就拼命地赶到他们的前面,摆脱他们。原来相约第三天都到徽州,但我实在是走不动了,天已经黑下来,我才赶到潜口。

潜口镇外有一个小茅店,是人力车夫晚上寄宿的地方。我就要求在那茅店里借宿一晚上,店主显然分别出来我不是一个人力车夫。他就说这个地方过些时候,是会来查店的,查起来不方便。不如我先借一个烘炉给你,你到对面山坡下面一个茅棚底下去等一下,等查过店,我再把你找回来。我向他说,我也没犯什么事情,我怕什么,我实在是走不动了。也不知他怎么想的,就说那好,我们到街里找个地方去住。随后把我带进一个面馆说,你反正饿了,先吃饱,我们再去找住的地方。饥者易为食,我居然吃了两大碗,吃得饱饱的。然后他把我带上街,摸黑走进一所像是祠堂一类的大院。

在一个空空荡荡的厅堂里,隐隐约约地看见有几张缝衣服的案子。当时正是阴历十二月的最后两天,当然不会有月亮,房屋又大又深,有点什么声响,外边也不会有人听见。他让我等一下,他去租两床棉被来。我们就睡在一张缝衣服的案子上,他睡一头,我睡一头。我自然难以入睡,心里暗自盘算,他会不会怀疑我身上总有点什么钱。假如他心术不正的话,要谋财害命是很轻而易举的事情。我想还不如透露一点给他,看他有什么反应。皖南驻有两个军的四川军队,我就说我是川军的,因为想家开小差了。他反而安慰我一句,说你安心睡吧,有事情明天早晨再说。我就更拿不准他在想什么了。从他说话的口气听来,似乎还不至于拿刀对付我。可是睡不着还是睡不着。但由于生理原因,一连走了三天,实在太疲劳了。在这么安静地方睡一觉,不知不觉地精神最后还是松懈下来。一觉睡到第二天早晨,我自己设想的那一场谋财害命的血案,并没有真演出来。

醒来过后,他又要我等一下,他去把棉被还了,回头就向我要棉被的租钱,并说他有办法搞到通行证,问我究竟要去哪里。我就说回四川总得经过桂林,你就给我搞一张从潜口到桂林的通行证。他说这个通行证恐怕要多费一点钱。我问他要多少,他伸手就要八十块,这种事情也不好讨价还价,我就给了他一百块钱,包括棉被的租费在内。然后他又提出来,说是明天就过新年了,大家交个朋友,能不能让他把新年过得宽裕一点。我心想,昨晚那样天黑地寒,没有死于非命,总算大幸了。我又拿出一百块钱送他,看样子他是很满足了。因此又带我去吃了两碗面,算是一顿早餐。然后,把我送出潜口。

早晨,自然什么都收拾停当了,我就准备离开潜口。那个潜口人还为我雇好了一辆人力车,一直坐到徽州。临分手时,那个潜口人明白地告诉我,你不是川军,你是新四军的,我们没有恶意,你放心走吧。我既不能承认也不能否认,只是含糊其词,感谢他帮了许多忙。我就一个人坐人力车到徽州去了。

这时,就是我一个人。余立金、钱俊瑞他们在我前面,现在都不知道到哪里去了。等我下了人力车,进到徽州街上,才看到他们两个人。他们已在徽州的估衣铺,换了一套新衣服。两个人匆匆忙忙地对我说,他们立刻就要上船去宁波转上海。我们事先曾经讲过,他们两个人去上海,再回到苏北军部,我一个人直接去桂林,准备回重庆,向办事处报告事变经过。他们那时好像要极力摆脱我。从部队失散,我们三个人突围出来,一路下山,到此就分手。

我也学他们的样,在徽州街上买一套新衣裳,又买了一个小箱子,买了一些徽墨和一些茶叶,准备作为做贩卖茶叶生意的借口。但那时已是阴历除夕(1941年1月26日),不仅当天没有交通工具,就是第二天(正月初一)也没有交通工具可以去金华。我只好租住徽州城外的一家旅馆楼上,熬过年初一,到初二再说。因为要过年,旅馆的店员都把大门关上赌博,也没有什么人来,我一个人耐着寒冷躲在自己的房间里,就这样平安地度过了除夕和初一。

第三天请旅馆的人帮忙,在去金华的出租小汽车上买了一个位置。大概9点钟的时候,就上车去金华了。车上有四个客人,跟汽车司机同排的人大概是个普通人,同我坐在后排的两个人就是七十九师段茂霖部的两名下级军官,大概是战事结束以后他们先回浙江去了。两个人还议论一番,谁缴获得多,但是都说想不到新四军的装备这么坏。我同他们坐在一排,只好听着。车子到了金华,下车以后,我就住到金华的花园饭店。趁机又在金华街上买了一件绸面的丝绵袍子,还买了一床丝绵棉被。那时物价不高,总起来不过二十几块钱。临走时,在徽州买的那件布棉袍就丢掉了,这件丝绵袍我一直穿到香港。以后我就坐浙赣路的一段火车到了江西的鹰潭,这一段火车没有煤炭作燃料,烧的是木柴,因此车速很慢。窗外一片战时的后方景象,现在也很少人记忆得起了。从鹰潭又改乘长途汽车到了湖南的衡阳,又坐火车从衡阳到桂林。

在徽州买了旅行皮箱,在金华换了衣服,而且在潜口已经弄好了一份通行证,所以一直到桂林,旅途上还算顺利。即或在什么地方有什么检查,有了一张通行证,也就能够大胆地敷衍过去了。最危险的是在潜口的那晚上,既然那样一个险情都度过来了,安然到达桂林,就真算幸运中的幸运了。

五十一

我、余立金、钱俊瑞三个人从山上突围下来,虽然有些困难,但都安全地通过了。历史证明本来就没有什么事情了,但是祸从天降,二十多年后的1968年3月27日,中央文革在东郊的工人体育场召开了"彻底粉碎'二月逆流'新反扑,夺取无产阶级文化大革命全面胜利誓师大会"。就在这个大会上,宣布:

一、杨成武犯有极其严重的错误,决定撤销其中国人民解放军总参谋长的职务,并撤销其中央军委常委、军委秘书长、总参党委第一书记的职务;

二、余立金犯有极其严重的错误,又是叛徒,决定撤销其空军政治委员、空军党委第二书记的职务;

三、傅崇碧犯有严重错误,决定撤销其北京卫戍区司令职务。

把三个人搅在一起,变成一个著名的"杨余傅事件"。其实是三回事,杨成武是杨成武的问题,余立金是余立金的问题,傅崇碧是傅崇碧的问题。看来他们的罪名都差不多,只有余立金多了一个"又是叛徒"的罪名,所以经过和结果也不一样,而傅崇碧的错误前少了"极其"两个字。

据杨成武同志对我说:"我是1968年3月22下半夜被抓起来的,当晚被带到了人民大会堂。23日批斗了我。斗完后,把我送到了湖北咸宁以北三坡机场的山里,这里就关着我一个人。我的全家被抄,全家人被分别关到了四川和河南洛阳。他们诬陷我的罪名之一部分,就是说我勾结余立金夺吴法宪的权,勾结傅崇碧夺谢富治的权,为'二月逆流'翻案,叶(剑英)、聂(荣臻)、陈(毅)、谭(震林)是我的黑后台等等。1968年7月,我被送到洛阳关押,1971年1月,转到开封,关押在刘少奇同志曾被关押整死的那个房子,也睡那个床铺。1972年,我又被转到侯马,直至1974年。前后被关押达七年之久。"

傅崇碧同志对我说:"事件发生的当晚,我被一架飞机送到沈阳,下飞机后就没有自由,关押我的住地有两道岗哨,一名科长和一名连长专门率二十多名战士看管,不能外出放风。在沈阳时期换住地两次。1968年10月转到吉林省辽源矿区关押,直到1974年10月送回北京。在东北整整关押七年。"

林彪他们为什么要整杨成武、傅崇碧,事情与我没有牵连,就不去议论它了。就在那个大会上,余立金当场就戴上手铐被逮捕了。由于是"叛徒",一直关在秦城监狱,到1973年年底才被释放。

《文化大革命十年史》(天津人民出版社)和董保存的《杨余傅事件真相》(解放军出版社)都详细地记载了这个事件,但两者对余立金的"叛徒"罪名是来自诬陷,却都没有反映出来。这是钱俊瑞因别的案情被捕以后,涉及到皖南事变,他就胡乱攀诬,把余立金和我拉进去,说是都被国民党捉去,叛变了。只有《杨余傅事件真相》这本材料中133页提供了一个说法,据说打倒后找到的"罪证",是余立金专案组找到一个国民党某师的军需处长,写了一个证明材料,"1941年1月,我所在的师参加了'皖南事变'。在皖南的一个小村庄,我亲眼看到一队由国民党兵押送的新四军官兵,这些人中间,有余立金、李××、钱××……"。大概专案组的人太不高明了,怎么会相信国民党这位军需处长的瞎扯,除非这个军需处长以前就是余立金、李××、钱××的朋友,否则他怎么会说在一队俘虏中有一个人就是余立金,又有一个人就是李××,还有一个人就是钱××,真是天大的笑话。这本书也很奇怪,既然作证是假的,而杨余傅事件1974年就平反了,书是1988年出的,为什么不直接写成"李一氓"、"钱俊瑞",而要在那里打几个"××",好像要替这两个人保全名誉一样。说得不好听一点,这两个人还挂着叛徒的嫌疑。书既专名为《杨余傅事件真相》,那么余立金被攀诬一事,就应有真实、详细的叙述。对这个关键性的问题只字不提,对余立金怎么是"叛徒"这个问题的来源就弄不清了,要清楚就不能去引用那军需处长的话,只要点名说出是谁攀诬就行了。

余立金事情宣布以前,我已经被扣在养蜂夹道国务院外事办公室的后面,不准回家。有一天,突然看见好多军人,来找国务院外办我那个专案组的造反派,我想可能出事了,这与余立金的事情大概有关联。但我又想,皖南事变的事情,国务院外办的造反派专门花了好多时间到安徽、广西去进行了反复的内查外调,事情清清楚楚。那么这些解放军又来干什么呢?果然不出所料,1968年8月11日晚上,突然由外办的造反派带进来几个解放军,出示了一个拘捕证,要我签字。当时,全局都是乱的,找不到什么人去抗议、去上诉,谁也不会理你,只能签字。于是准我收拾一些简单的行李,就把我押进了一辆吉普车,送到一个监狱里面去了。不料,这场既非事出有因,更是查无实据的皖南事变的案子,在监狱里一拖就是五年,浪费了我到现在为止的十七分之一的年华。

过了几年莫名其妙的牢房生活，我后来偶然写诗的时候，把它典故化，写成"请室"——恕我不加解释，简单一点去翻词典，麻烦一点儿去读《史记》，就知道那是怎么一回事了。还是齐燕铭学问好，他看这首诗的时候，向我笑了一笑。

这个监狱是解放以后新造的，造得非常坚固，但是生活条件上并不算很完备。原公安部副部长杨奇清，正是这个建筑的主持者，原财政部副部长胡立教，正是这个建筑的财政预算的批准者。但竟有这样的怪事情，我在那里的时候，他们两个"自作自受"，也都同时被关在那里。后来都出来了，大家见面不免开了一个颇带点儿苦味儿的玩笑，认为早知如此，还不如当时财政部多花一点经费，公安部把它设计得更舒服一点。

有一天来了一伙人，威严高座，颇有点儿三堂会审的样子。把我放在被告席上，坐在一个木制的绣凳上。这个绣凳很特别，座心里面大概放了一半的沙子，拿起来都很沉重，要随便举起来打人更说不上了。这都是那些典狱官的发明创造，好像是拿来对付一批江洋大盗一样。首席审判员一开始，东不问，西不问，就直接要我系统地叙述皖南事变和我突围出来的经过。这下我就明白了，整个毛病就出在皖南事变身上，而来源呢，就是余立金那里，实际呢，就是钱俊瑞那里。提到皖南事变，我没有什么可害怕的，我只是想到被钱俊瑞这种人攀诬，无缘无故受这场灾难，实在不值得。

这个专案组前前后后，拖拖拉拉，重重复复，问来问去，主要的就是这一件事。当然也涉及了我生平中一些别的问题，但是无关紧要，他们都一笔带过。他们也确实又花了一些工夫去安徽、广西，特别是突围出来从太平到桂林这条路线上，进行了实地的调查。因此对地理情况他们比我更熟悉。看来这件事情不到一年或顶多两年时间，他们已经把它弄得清清楚楚了。理应宣告我无罪释放了，但是不知为什么，也不知这个案子压在哪里了？因此后一半的时间，全是闲住在那间"请室"里面，白白地看着春去秋来，铁窗外白杨树的叶子落了又长，长了又落。不知道是一种什么心情，总不能说是消极悲观。这条命就交给这副木板，总不能说是寿终正寝。我那时已快七十周岁，难道就这样了此残生？

就在这个期间，偶尔也来一批余立金专案组的空军青年造反派，向我乱七八糟地用尽了威胁的语言，总想压迫我承认一点儿什么。但也奇怪，这批人来的时候,我那个专案组的成员,只陪同来一个人,什么话也不讲,使我大概猜测到他们中间的关系。照实来说,空军那个专案组实在太坏。我这个专案组的成员姓甚名谁,当时他们自然不会告诉我,只是后来才知道一些人的名字及所属单位,但还有一些人至今也不知道。成员中有北京军区的,也有总参谋部、工程兵部、政治部的。他们的姓名这里只好略去了。这些单位后来查询他们对我的态度,一般来说除个别外,都还不错。后来我完全可以托他们替我买书,向我家里要衣服,替我送进来。他们都乐意帮这个忙。

当然这五年的"请室"生活是惨淡的。冬天房子里面虽然有暖气片,但也很冷,棉被不成棉被,也没有枕头,要拿《毛选》当枕头是不允许的,大概是怕亵渎神灵。一日三餐,一个星期除一两次面食之外,全是窝窝头。一个星期大概有一次猪肉。那个时候只嫌动物油少,不嫌动物油多,香极了。在蔬菜上最苛刻的是,他们把白菜心儿吃掉了,煮给我们的全是白菜帮子。芹菜他们吃了芹菜杆儿,煮给我们的全是芹菜叶子,很苦。据说可以治高血压,但我也没有高血压这个病。看病也是不像样子,不管你生什么病,无非给你两片阿司匹林。有个女医生特别盛气凌人,好像全中国只有她一个人革命的样子。牙科医生稍微好一点。我曾经拔过牙齿,也补过牙齿,医生给了几片止痛药,一包漱口的盐。离开治疗室以后,管理员随手就把那包止痛药片丢在路旁边,只递给我一包盐。

《史记·绛侯周勃世家》记载,周勃从监狱里释放出来以后,曾讲了这么一句话:"吾尝将百万军,然安知狱吏之贵乎!"可见监狱制度和狱吏的严苛,在封建时代是很厉害的,连统率过百万大军的周勃,都大为感慨。

在监狱五年,我不愿意给那些所谓"狱吏"找麻烦。我认为同狱吏吵吵闹闹没有多大实际意义,因为把你捉起来关进来,不是他们的权力,要把你放出去,也不是他们的权力,另有其人。他们不过是奉命把你看守住,不让你自杀,他们就能够交差了。1983年我还去过那里,典狱长把我当贵宾招待,还在他们招待所的餐厅吃了一顿很好的午饭。我重新参观了当年我住过的那些楼房。他还说,据记载,我这五年是最守规矩的一个。大家当成笑话。我只得告诉他,我的哲学是:你们无权把我捉进来,你们也无权把我放走,我没有必要同你们大吵大闹。

到了1972年,刘建章夫人刘淑清同志把监狱情形写了一封信,通过王海容递到了毛主席手里,毛主席看了居然无所顾虑地批示:"请总理办,这种法西斯式的审查方式是谁人规定的,应一律废除。"批件落到周恩来手里,周恩来就指示三条,最后一条中间有这么一句话,"凡属主席指示的'这种法西斯式的审查方式'和虐待殴打都需列举出来,再一次宣布废除,并当着在押犯人公布,如有犯者,当依法惩治,更容许犯人控诉。"这样他们也老实地进到我的寝室来了,念了这两个文件。我就说,这个跟我无关,我并没有拿什么法西斯的办法对付谁,这是指你们,只要以后你们遵照主席和总理的指示就算不错了。

根据这个情况,公安部长李震也着了忙。他们大概把被关押的干部分别了一下,腾出一幢楼专门来安排某一类干部,改善了他们的生活条件,褥子也加了一张,被子也改成好被子了。主要的是改善了伙食,不再吃窝窝头了。每顿都是一个带肉的菜,有时候早晨还发一个鸡蛋。那时正是冬天(1973 年 1月),有时甚至于还吃上了西红柿和黄瓜,这大概是伙食费增加了的缘故。三磅的热水瓶也换成五磅的热水瓶。家属去探视的时候,也准许带去一些食品,如肉食和糖果。生活大为改善了。

毛主席批示说这种法西斯的方法是谁人规定的,我自然更无法知道是谁人规定的。可是至今也没有人出来承认是他规定的,当然我也不能随便猜想是谁人规定的。大概只有将来搞"毛著"注释的同志会有名有姓地指出这是谁人规定的了。我很难加以解释。一些经过长征,有四十多年党龄的干部,党听信半句谣言,就把他当成"反革命"抓起来,而且在事情已经弄清楚以后,还一直关在那里不理,党对于党自己这样的成员都没有底了。既然作为主席的毛泽东已经公开认定这是法西斯的方式,那么涉及到我这个时期的回忆,我把最没有多大意义的五年的"请室"生活,做这么一点轻描淡写,也就够了。

1973 年 9 月初,我从"请室"出来,转到阜成路三〇四医院,所谓监外就医,这是一个要被释放的信号。三〇四是一所陆军医院,临时担负这种任务。我这一下完全改变为一种医院生活。实际上并没有什么病,一天无事可干,我从家里要来一瓶墨汁,一支大字笔,一些竹纸,每天写十来张拳头大的字,以此消遣时光。医院虽然照常看病,但我只是看牙科,也就没有吃什么药。

不久,又从三〇四转到复兴路复兴医院。复兴医院当时正修成一座专门为监外就医而建立的病房楼,作为医院还可以,只是没有放风的地方,不如秦城,更不如三〇四。三〇四有个非常开阔的大菜园可以随便走,这个病房楼,只能够上到楼顶,楼顶又隔成很多小格子,只好像坐井观天一样,透一点空气,完全没有散步的回旋余地。不过没有好久,到了1973年10月17日,就正式把我释放了,《释放证明书》上写明我是受"拘留审查"的。以某种嫌疑拘留审查,这个时间是应该有限度的。有的法律规定,长一点不过几十天,有的法律规定,短一点不过四十八小时。在限定的时间里查不出实证,就要放人。因为皖南事变,既然有人诬告了你,这就是一种嫌疑,拘留审查是合法的。但一审就审了五年,一千八百天,这是一种不成文的刑法史的特殊现象,因为释放的时候是宣告无罪的。这五年当中,并没有判我一天徒刑,但白白地遭受这五年的铁窗之苦。

大概这三个人,我、余立金、钱俊瑞,我是第一个被释放的。我记得被释放的头一天,专案组的人(我说的是另一个人,因为那个专案组组长早已不见面了,据说已经离开专案组了。因为专案组的人对我都不通姓名,所以我也无从说起他的姓名)就问我,你看余立金究竟有没有叛变的情况?我非常诧异。我就回答他,你们都是经过详细调查了的,首先你们应该相信我在皖南事变中没有任何叛变行为。只要下山以后一路上余立金和我在一起,我就担保他没有叛变行为。但是1941年1月25日在潜口的那天晚上,他是和钱俊瑞在一起的。但是除夕那天,在徽州遇到他们,他们两人也没有什么异样可以怀疑的,我就敢断定他们没有叛变行为。只有我去金华,他们去宁波到上海这个途中,我不和他们在一起,我不能担保。但是我想从徽州到宁波到上海这一段,你们是会查得清楚的。这件事情你们应该清楚,完全是诬陷,除此之外没有别的解释。过不了几天余立金就被释放了,回到东郊民巷空军招待所。大概钱俊瑞放得最迟,他曾写过一封信给我,说当时红卫兵威胁得怎么怎么凶,因此他不得已做了一些假供,并请求我谅解。

五十二

镜头还是转到桂林。

1941年春节过后,元宵节(2月10日)前几天,我从衡阳乘火车到桂林,时间已很晚了。我要去八路军驻桂林办事处找李克农同志,但八路军办事处在哪里,我不知道。我想到先去找桂林的救亡日报社,找着救亡日报社自然就会找着八路军办事处。但救亡日报社在哪里,我也不知道。《救亡日报》是公开的报纸,报头上印有报社地址是不成问题的,而报纸是可以从报摊上买来的。我下了火车,在车站站口不远的地方,就买了份《救亡日报》,看清报社明确地址。但我没有来过桂林,不知道如何走法,于是叫一辆人力车,把我拉到救亡日报社。

报社大门是关着的。我敲门进去,看见一位工作人员。我既不能自报姓名,也没有问他姓甚名谁,我就说我想打听一下,八路军办事处的地方。他随即回答我:"办事处已撤退了。"这一回答使我心凉了一半。我就又问夏衍呢?回答:"到香港去了。"又问长江呢?回答:"也到香港去了。"这两个回答使我另一半心也凉了。想了一下,只好铤而走险,直接告诉他区区何许人也,请他想法帮忙;或者即刻离开报社,去找李济深的桂林行营。又想了一会儿,觉得两者俱不妥,还不到那个地步。于是我又问总还有什么人留在桂林,没有去香港。他沉默片刻,回答:"秋江没有走。"听了这句话,我心里的一块石头才落了地,立刻请他把秋江找来。他打了个电话,一下就把秋江找着了。我和秋江通了话,作了我是谁的暗示。过了一会儿,秋江来到报社,见面后不需三言两语,就把我带走了。

现在回忆这位和我对话的,在桂林我第一个见到的,是谁?始终不知道姓名,也说不清其相貌,后来也未进行过调查。这位接待我的人,解放后大家同在北京城,也互相认识,但从未提起过在桂林这码事。他到底是谁?大概在1984年,他偶然向我透露,就是他,诗人,擅长写日本俳句的林林是也。写至此,我不能不感谢他,要是没有他的帮助,我可能在桂林会碰壁的。这个救亡日报社的社址在桂林太平路21号。八路军办事处早在1941年1月20日就撤离桂林,回重庆了。

当晚,由秋江安排了一个临时住处。一个小院落,似乎没有人,进入一个小房间,仅一桌一椅一木板床。幸好我还带有勉强可以过得去的卧具。他则替我张罗了两碗面,然后告别说,明天再想办法。

第二天一早,他来了,给我一个资源委员会的证章,冒充资源委员会的职员,并移到当时桂林算是上好的旅馆,环湖旅馆,在桂林环湖路。这个旅馆不错,可以说是仕宦行台,谨慎一点,可以掩护下去。因此我大部时间住在旅馆,不大出去,以免碰见熟人。我的原设想是从桂林到重庆,向周恩来同志报告皖南事变经过。我托秋江找李济深,要求利用桂林行营和重庆来往的交通工具,或至少交通手续。但李济深认为去重庆太冒险,还是回苏北新军部好,他保证把我送到香港。事情只能如此。他要我在桂林等一个人,由他送我去韶关,转乐昌机场,上去香港的飞机。等的人是李章达。我认得这个广东人,他曾任孙中山元帅府的警卫团长,1927年夏天,北伐由广州出发时,他正任广州的公安局长,曾请客为我们送行。他来送我正好。

在桂林闲住,不想去找什么人,以免麻烦,只弄到一本什么词,闲翻。有个晚上忽然发现是元宵节,从春节在徽州度过,第二天离开徽州,辗转到了桂林,一下就半个月了。不无感触,就写了一首《绛都春》词,写好后忽然决定不加上下款,寄给在重庆的郭沫若,他定会猜出来写此词者为谁,可以代报平安。后来知道,词真的寄到了,他也猜出写词的人了,并汇了几百元钱到桂林来接济我。可惜我已离开桂林,没有亲收,但我还是感谢他,所以1942年底在苏北解放区时,我又曾寄给他一首词《念奴娇》,中有"桂林邮汇,感君慰我穷魔"之句。

因为写了第一首《绛都春》,觉得很能抒发感情,在这以后,大概到1949年,写了上百阕,主要是在苏北写的。因为有皖南事变的渡江一案,所以把这个草稿题为《击楫集》。又因为皖南事变,军部全军覆没,而自己也以此冒险历经皖、浙、赣、湘、桂、粤六省,始得安抵香港,所以词意都比较低沉,即使到了苏北解放区,情绪也没有转过来。1949年以后,闲时较少,一直住在城里,即或偷闲可以去跑琉璃厂看画看书,实无引发写词的灵感,所以就很少写词了。有时有那么一点灵感,为了简便起见,都改写七言绝句。渐渐地诗和词各占一半,前一半词多于诗,后一半诗多于词。我有一个誊清本。1966年"文化大革命"的风暴,无端袭来,势不可挡,为了减少麻烦,决心把这个誊清本付之一炬,演了一出《焚稿》剧,同时烧掉的还有在缅甸当大使时的正式日记——我一生没有写日记的习惯,这个为时约五年的日记,也不能保存下来。即或如此的灰飞烟灭,还被外事办公室的造反派从《流沙》上,从一个油印本的《赣游诗草》上去深文周纳,无限上纲,指责我在庐山上的一首诗:"筐篮篓袋杂纷陈,小市梧桐树下成。买得梨瓜三五个,日中交易利民生。"是反对大跃进,主张自由市场,因此是反党、反毛主席、反革命,罪名越来越大。所以不得不烧。现在想起来有一点后悔，百来阕词没有了，而写的时候，依腔托韵，是颇为沾沾自喜的。其实也用不着后悔，低沉的调子，不管怎样，总还是要挨骂的。自己并不是什么词人、诗人，烧就烧了，算了。

秋江把李章达介绍见面后，也没有更多的什么寒暄，一切由他定。第二天，我们就搭火车由桂林返回衡阳，又由衡阳搭车到韶关。他似乎很熟悉韶关情况。我们到韶关后，租住在一条作旅馆的大木船上。那是战时的新发明，住在北口的船上，一有空袭警报，就把船撑离韶关，摇到人少、目标小的下游，这样可以等于跑防空洞。空袭警报解除了，又摇回到韶关市岸边抛锚。把船包用了，也不会有别的旅客，因此船上又干净，又清静，又平安无事。船上还有一个好处，我们把三顿饭包给船上，广东船娘极会做菜，色清味香，李章达这位广东人都大为称赞，我则更为欣赏了。去香港飞机不是什么班机，说有就有，说没有就得等好几天到十来天。所以我们在韶关等了将近一个星期，终于在李章达一位朋友的帮忙下，得以顺利地到了香港。

后来，我还停留在香港的时候，大概1941年4月，李章达本人也来了香港，廖承志要我向他道谢，在半山道我住的半山旅馆，请他吃了一顿饭。解放后，他也常因公来北京，我都去他住处看他。李和廖承志很熟，廖很尊重他。因为在同盟会期间，李常闲住在廖家，当过廖承志的启蒙老师，是我们很好的一个朋友。廖告诉我，他这位老师有个习惯，凡是和人谈话，总不是对面和人谈，而经常是把自己脸侧向相反方向，好像正和另外一个相对的人谈话一样。注意之下，果然如此。

在韶关的时候，广东省委书记张纯清（张文彬）不知怎么得到了消息，知道我到了韶关，托李章达转告，他要见我。李章达的说法是："你们党有个姓张的同志找你去，他会派人来带你。"于是约好联系办法。一天下午，来一个人先见李章达，李让我随他前去。我随他走出韶关城，在一个近郊区进入一家瓦房民居，张纯清热情地同我握手。安顿下来后，问起皖南事变的情况。我简要地叙说了事变的经过，并附带说明我突围出来的情况。他深为震动。因为我党独立作战的一支部队，因行动错误而遭受严重损失的，只有1936年11月四方面军北上时西路军在河西走廊的一次；军部全军约万人，在皖南泾县覆灭又是一次。他听了我的简要叙述之后，把皖南事变后中央《关于项袁错误的决定》给我看了。

自突围以来,大概已近一个月了,由于切身关系,这个决定对我有很重要的意义。我就要求他替我发个电报给中央,说"我已安全脱险到粤,经过间接关系找到了文彬同志,我对中央的决定完全接受和拥护。由孟秋江介绍李章达送我到韶关,即准备由韶关飞香港,转道上海回苏北。"

他答应将这个电报发中央,就先离开这个民房走了。还是那个同志把我送回韶关船上。这时是 2 月 24 日。这个电报广东省委替我向中央发了,即作为我打给中央电报的第一号。

张纯清是个湖南同志,在江西苏区我认识他,因为他当三军团的保卫局局长,在保卫局系统有工作关系。1945 年抗日战争胜利以前,省委在韶关遭受国民党反动军阀破坏,被捕入狱,从广东转押到重庆,他患严重肺病,病死狱中。廖承志被国民党拘押在重庆的时候,曾和张纯清同在一个监狱。

五十三

在韶关,李章达把我介绍给他的一个朋友,广东人,大概是他的一个好朋友,认为可以信赖的,名字叫什么现在忘记了。那个人也要去香港,就托他在路上照顾我。那时飞机场并不在韶关,而是在乐昌,还要坐汽车向北走好几十公里。我先在桂林问好了夏衍他们在香港的电话。飞机是中美航空公司的一架小飞机,不过坐三四十个人。下午从乐昌起飞,晚上才到香港。到香港以后,我就在航空公司的办事处打电话找到夏衍他们。他们就从航空公司的办事处把我接送到半山道的半山饭店。

那时在香港负责的是廖承志和潘汉年。我有责任向他们详细报告皖南事变的经过。他们两个人大概听了我好几次报告,听完以后,要我写成电报报告中央。我把电报编了号,以在韶关发的电报为第一号,在香港发的就从第二号算起,一共发到第六号。现在依顺序把这些电报稿抄在下面:

报告第二号

一、我军之编组:

(一)第一纵队以第一团、新一团编成,人数约三千,司令傅秋涛,副

司令赵凌波(原军参谋处长),参谋长赵希仲;

(二)第二纵队以第五团及军部特务团编成,人数约二千余,司令张正坤,参谋长黄序周(军副官处长);

(三)第三纵队以第三团及新三团编成,人数二千余,司令黄火星;

(四)军直属队(包括教导队一个营)人数约一千。

二、敌军军力:

(一)总指挥上官云相,原三十二集团军总司令,副总指挥唐式遵,原二十三集团军司令,在太平设指挥所;

(二)第一四四师唐明昭,川军,隶五十军;

(三)第一○八师戎纪五,原东北军,隶二十五军;

(四)第五二师刘秉哲,中央军,隶二十五军;

(五)第四十师方日英,中央军,由苏皖边调来;

(六)第七九师段茂霖,中央军,由浙江诸暨、绍兴前线调来;

(七)第六十二师冷欣;

(八)新编七师(预备队)田仲毅,川军;

(九)野战炮总队之一部,附炮六门;由浙江前线调来。

三、我军行动路线:

(一)走原来三战区指定到苏南的路线,必须通过五十二师及一○八师的防地,那时该两师兵力及六十二师冷欣部,已分别集中。同时,经过地区均已筑好工事。

(二)稍偏南走五十二师及一○八师之背面,仍须打两个师。

(三)再南,走泾县、宁国以南,旌德之北,脱离五十二及一○八师,有与四十师遭遇之可能,但只打四十师,我估计力量有余。

(四)故决定走第三条路。

四、我军行动迟缓之原因:

(一)自决定北移后,项英同志始终动摇不定,有时想苏北,有时想皖北,拿保全力量作为不坚决迅速行动之掩护。我个人曾三次进言,催促行动,少数损失可毋庸顾忌,皆被拒绝。且以"从苏南你可以穿便衣走,而枪杆子不能化装"之语加以斥责。并在一次干部会议上,暗中指出某些干部不顾保全力量的观点之不正确云云。而叶希夷始终想得点子弹,后来闹僵。战区则非行动后才发子弹,而叶则非子弹到手后才走。虽中央电到,谓得到战区的子弹与饷款只能认为是例外,叶笑语说"不留一点情(指顾祝同),就发一万也是好的"。

(二)只有到后来中央书记处给项袁周的斥责电到了之后,同时得到情报四十师已进到泾县、旌德之线,才决定行动。那时还是十二月二十九日,但如果决心快,在三十一日或一月一日就出发,事情也不会闹到如此之糟。

(三)我三十日曾往催语袁国平促项行动。并向周谈,行动既决定应即作行军部署。但不知何故,决定到四日晚出发。

(四)四日大雨,晚间青弋江水涨,原来决定徒涉,此时不得不搭浮桥,而工兵计算河幅有误。搭好后还差二十米,又拆后重搭。加以军部由云岭出发到渡口竟会走错了路。由云岭到茂林四十里,连过江耽搁,到五日正午才到齐。

(五)五日又大雨,晚上未能行动,到六日晚才行动,又迟了两天,使敌人有时间准备好而我反变为被动。

报告第三号

一、六日下午决定作战部署,以第一纵队出涵岭向南攻击榔桥河,以第二纵队出高坦向北攻击星潭,并且箝制三溪之敌,以第三纵队出中岭直攻星潭。军部随第三纵队前进。

二、七日晨,第三纵队下中岭,为百户坑,坑口已为四十师以工事及火力所阻塞。道路窄狭,山势陡峭,攻击不能得手。而当天第一纵队之攻击虽已冲出求岭、剪口,但终为敌所阻止,并为当前河道(雨后水涨)所钳制。而五二师后军亦到,遂不能南攻星潭,至第二纵队亦在高岭、坑口,与敌肉搏。至此,战局已出意料之外,处于被动及不利地位。

三、当日下午开会二小时,叶希夷提出二个方案:

(一)立即后撤,循来路回茂林,再渡青弋江,打太平、洋溪、石埭、青阳,甚至再南出祁门、景德镇。袁认为可以考虑,项反对,认为政治上说不过去。叶反称此时求生存第一,政治上说得过去否,其次。但终被打消。

(二)翻百户右侧山梁,由另一坑口打出,但要翻无路的山,右侧坑口是否亦为敌所封锁不知道，待侦察地形与敌情后再出发，此时天已黄昏，非次日晨不能决定，耽搁时间而无把握，亦被打消。

四、参谋处李志高及叶超提出第三方案，决心继续攻击正面，任何牺牲在所不惜，项亦反对，认为损失力量。

五、至此不得不提出第四方案，即由高岭南之园岭翻出；避免与四十师作战，可与第二纵队会合，以便转至太平、洋溪间丘陵地带，而任第一纵队与四十师及五二师相持，但必须与七九师遭遇。会议情形并不顺利，反复讨论而项本人则无具体意见，但又反对别人的意见。

六、七日午夜撤退，选派第五团于八日占领园岭，下午我虽占领园岭，而七九师亦于当日到达山脚，向园岭攻击前进。

七、现在战局更形不利，园岭既占不成，正面攻击星潭之机会又已失去，遂迫得只有向原路退回茂林，进至铜陵、繁昌，相机北渡皖北之唯一出路。

八、此时在军部掌握中的队伍，只有一第三团，一特务团及一教导队了。七、八日晨（还是九日晚记不清楚了）得情报，刘雨卿已令一四四师由茂林封锁我之来路，以收夹攻之效。我遂仓惶出动，此时三团尚未吃饭（特务团尚未撤下，第五团尚在园岭），军部与教导队先行，距离茂林十五里遂与一四四师发生战斗。时深夜大雨，敌情不明，第三团赶上很迟。项袁动摇，脱离部队而去，亦在此时。

报告第四号

一、打星潭未奏效，转移阵地。又因七九师赶到园岭，未如愿。同时又接到情报，上官云相令一四四师由茂林堵我后路合围，以收夹击之效。故于十日晚，决定先期由来路退回茂林，仍转至铜（陵）繁（昌）地区作战及准备渡江，但此时军部已与第一纵队、第二纵队及第三纵队之新三团失去联络，同行动者只有教导队及第三团。项于是日晨即丧失信心，命令军需处将现金进行分配。自己并将马背上的行李分交四个卫士随身携带，一切机要文件，概行烧毁。

二、晚上行动至离茂林二十里山谷出口处，即与川军（一四四师）接触，我军实行动太迟，但时当黑夜，敌我不分，且下大雨，而第三团尚在军部序列之后,久等都没有赶上,使战局增加困难,不可能当晚达到突围企图。

三、我此时因情况不明,同时多次离开队伍,向前去探听消息,晚十时左右,项忽派人叫我几次,皆未找着。等我回到我的位置,知道项派人来找过我,遂去项处,那时袁国平、周子昆皆在。项一手握我,一手握袁,周在其前左不作一语,即匆匆向后走,此外同行者仅二三卫士。我初不知他是何用意,我还以为找地方开会,决定最后处置。但又不见有老叶,行数十步后,袁始说他的卫士没有来,周又自话说,他没带钱。我才恍然,项又要来他三年油山那一套。我即追问项叫过老叶没有,项反答叫了他不来。此时我对项此种行动不大赞成,我当即表示我不同他们走。项即反问,那你怎样办?我说,我另想办法打游击,也要带几支枪脱离队伍,也要想法救出几个干部,我还想把军法处、秘书处及胡立教等设法从铜陵、繁昌过皖北。项当即表示赞成,与我握手,并说把××(电文不清)也带走,他身上还有钱。袁当时表示愿同我走,又听说今晚无把握,须等明天看清情况再决定。结果仍与项、周同走,因同行之猎户是他们唯一之向导,于是分手,他们继续前进。

四、我一个人转回后,因找张元培、胡立教及军法处、秘书处的人未找着,首先遇见李步新(皖南特委书记),我告诉他说老项他们走了,后走到河边祠堂叶之指挥所。当时我想告诉他这个消息,但又觉得太突然,刺激太甚。我想留下与叶一块,但又觉得项袁周党军政都是负责的,我没有与叶共存亡的责任,即或算开小差吧,也是奉命的。遂决定不告诉叶,仍然退出。找着张、胡、杨(帆)(军法处)等,并与李步新的地方党同志共三十余人,也就离开了队伍。过了一晚,十一日下午,在石井坑的谷道中,我们下山吃饭,遇见第五团全团撤退出来,向石井坑口出去,大家遂决定不管其他队伍在哪里,我们决定随第五团打游击。十二日后出至坑口才晓得,军部也打到石井坑来了。

五、项袁周他们也在附近山上,跟在第五团以后,下来与军都会合。

六、我承认我当时没有坚决反对项袁等的动摇,只是简单不满意、不与他们同行动而已。

七、我受了他们的影响,没有到最后时机,便脱离部队,这是我的错误。

报告第五号

一、经过几天行动及连续战斗与转移后,大部分部队已失去联络。军部于十二日晨转到石井坑时,教导队也不知去向。又当日五团三团特务团教导队及一团之一部皆会合于此。总计人数尚有四千,唯已建制零乱,弹药缺乏。

二、石井坑口有居民百余家,地形相当开阔,四围山地可守,粮食可吃一星期。

三、此时项袁初回,对整个局势不能表示意见;小饶(漱石)不懂军事;叶坚主守,以为能拖延四五天看延安有无办法,或能从蒋身上得出一线希望。

四、唯当日六个师已将我团团围住。仅石井坑南之东流山尚在我手中,守兵只有一排,且未筑工事。

五、合围为一圆形,大坑(茂林北)系我特务团阵地,稍形突出。但在十二日战斗中,为五二师所截断,特务团牺牲殆尽。

六、当日得情报:上官命令当晚总攻击。未见实行。十三日上午八时起,枪炮声齐作,总攻击开始了。上午特务团阵地既失,而东流山亦为敌所夺(因守兵过少,增援过迟)。此时我毫无突击力量,加以敌已重围,突围全不可能,而弹尽粮绝,坚守亦不易矣。

七、下午军部指挥所也无法移动,延到黄昏前,指挥阵地上亦流弹纷飞,至此叶亦不得不提出分散突围。会议未定。而任光(音乐家)为流弹所中,人心动摇,即草草分批四走。

八、此时四面阵地仍在我手中。天渐晚,我已艰苦坚持二日一夜,战至天明,手榴弹打完,且未退一步,不惜与敌人拼刺刀。敌牺牲亦大,疲困亦甚,故当晚战斗稍松。

九、十四日战斗当系各自为战,我军或被俘或牺牲或冒险冲出,总之战斗于此结束。

报告第六号

这次战役的失败主要的当然是项的政治领导的错误,但如单就军事来说,也犯了极大的错误。

1.出动太迟,假如能提早四五天,结果也不会如此之难堪;

2.估计敌人太低,估计自己太高,以为四十师不堪一击;

3.在地形选择上当把自己放在高山上,放在深谷中毫无作用;

4.战斗准备不足,非战斗员太多,行装太多;

5.行军过久,行军力不强,敌人是每天一百里路,我们仅四十里路;

6.使用兵力不恰当,兵力分散,假如全军作一路攻击,不会感到兵力不足与彼此脱节;

7.缺乏大兵团作战经验,过去三年,战斗都是团为单位,这次六个团一齐打,毫无协同作战可言;

8.因过去子弹多,不注意节省弹药,到后来有枪无弹;

9.参谋长工作差,周子昆只能管后方勤务与教育工作,对作战部署与指导毫无把握;

10.项毫无指挥山地攻坚作战之经验;

11.战时工作全无计划,对连指导员只要求单纯的鼓动工作,缺乏整个战役的组织工作。

这是我对于这次战役失败的意见,中央军委如别有查问的,我当据实回报。

五十四

皖南事变是从1941年1月4日起到1941年1月14日止,历时十一天。我写电报是3月间的事,中间隔了不过五六十天,是我亲身经历的一件大事变,因此记忆非常清楚。要我现在再做详细的回忆,达到电报的程度,就很困难了。

皖南事变是有结论又没有结论的问题,在项袁错误决定上,已经指出了那些错误,但最后又说这个问题要由七大作出决定,而七大和七大以后的各次代表大会,都没有涉及这个问题。现在争议很多,我不愿意卷进去,我的看法还是保持我向中央作出的报告。因为那是我亲身经历的实际情况。我承认在新四军工作当中的错误,没有在叶项之间做好工作,更重要的是我知道了项袁准备离开队伍,既没有劝说他们不能这样做,也没有去找叶挺报告这件事情,反而自己学他们的样子,也找了几个军队干部和地方干部,脱离了部队,其实也没有跑出包围圈,被迫依然返回军部。虽然时间很短,从黄昏到夜半,不超过十个钟头,但总是一个这一生都感到遗憾的错误。后来华中局向中央报告,要给我一个口头警告的处分,我二话不说,决然接受下来。所以1942年以后,党内多次填表,在处分一个栏目上,我总是规规矩矩地写上皖南事变口头警告。至今想起来,不知为什么当时会错走这一步,作为一个共产党人,可能还差点什么。

就这样在香港住了大约一个月,依照潘汉年的提议,说是他不久要去上海,他陪我一路比较保险。他也警告我在香港不要一个人乱走。由他介绍认识了好多我原来不认识的朋友,如金仲华、羊枣(即杨刚的哥哥)、陈此生、恽逸群、郑森禹。原来熟悉的朋友,除廖承志、潘汉年,还有梅龚彬、夏衍。照潘汉年的说法,早晨可以找这些人去饮茶,晚上可以同这些人打牌,这就是最保险的方法。对香港我也不熟悉,也不会讲广东话。从皖南来,什么东西都没有了,又准备去苏北,要添一些日常用品,廖承志就请他的姐姐廖梦醒陪我去逛那些大百货公司,当广东话的翻译。就在这一个月内,我既到了香港又不得不去澳门一次,去慰问叶夫人,同我一路去的是潘汉年和梅龚彬。对叶夫人我也无话好说,只能说打败仗是无可奈何的事情,这怪不上叶军长。他在国民党军队中有那么多老朋友,还有个共产党跟国民党的战时关系问题,料定叶军长不会有什么事。

4月中旬,潘汉年决定回上海,我就跟着他走。离开香港的时候,我把在徽州买的墨全部留下来送给廖承志的母亲何香凝夫人作绘画之用。我们坐的是美国的柯立芝总统号游船,买的是一等舱,海上几天,安全地回到上海。到了上海之后,潘汉年回到他自己家,就把我交给当时的上海市委书记刘晓了。刘晓对去苏北的交通安排,也要我等等,走一条比较安全的路线。他把我安顿在一家不包含伙食的寄宿社,房间不错,但必须在外边吃饭。跟着把我介绍给王纪华,说是交通安排定了以后就来找我。因此我就在上海羁留了十几、二十天。刘晓很胆大,他还陪我去看了一场当时美国最有名的《乱世佳人》的电影。我平时也没什么事情,潘汉年有他自己的事情,也不大来找我。特别下午无事,就约一两个人在当时有名的DD'S喝咖啡。有时也去看一场下午的电影。好像还看过一回什么话剧。而总是焦急地希望赶快离开上海。

果然有一天王纪华把我领到他家里去,说晚上坐船走,等交通来一路去。但是条件却很苛刻,不准带什么惹眼的东西,好多香港买的东西都不能带,特别冬季服装只好丢掉,打扮成一个商人,由一个交通员带着,在黄浦江码头上一只小火轮,两个人装作互不认识。船出长江口沿海岸线向北,走南通附近的任家港口岸。那里还是个敌占区,宽度不大,不过十来里,那儿没有日本人,只有伪军。因为我的行李很简单,也没有惹眼的东西,就是一个人。中间在一个什么地方吃午饭,被伪军检查了一通。原来就在上海办好了敌占区的通行证,所以就顺利地通过了。步行径去陈家酒店,然后到掘港(东台)、栟茶,就进入苏中解放区了。当天黄昏到角斜(即海安),那里有我苏中二分区的兵站,专门接待上海来的人。交通把我交给这个兵站,他的事情就算完了。事后我曾经问过王纪华,他也不知是谁,大概这些交通的姓名,为保守秘密起见,也没有告诉他。不久前我几经周折才打听到,这个同志是鲁平。回想当时我能坐船、走路,从上海顺利地到了苏北,我总是要感谢这位交通员鲁平同志。

此后即由苏中区的兵站,继续派人把我送到盐城华中局。

五十五

我离开延安的时候,李富春要我作为叶挺和项英之间的缓冲人。当时,我也没有对这个问题做出过什么设想,也没有向李富春提出过什么要求,就这样很轻率地答应下来。到了军部以后,一直到皖南事变,你说他们之间一定有什么尖锐的矛盾和冲突,也很难说出来。在日常情况下,项英还是很识大体的。军部的正式会议都由叶挺主持,前方部队的报告、请示,项英都请叶挺首先批注意见。1940年秋季反日寇对泾县的扫荡,作战计划是叶挺定的。凡是叶挺介绍到军部工作的非党干部,不管人数多少,项英都表示欢迎和信任。至于说一些小事如叶挺单独有厨房,项英从未表示异议,甚至项英还在叶挺的生活细节上,做了适当的处理,维护了叶挺的威信。

对于叶项的关系问题,后来我做了考虑。有人说是叶挺作为部队首长,不习惯政治委员制度,因此,叶项矛盾好像应该由叶挺多负些责任。这个理由不是事实,因为大革命时期,叶挺当第四军独立团团长,在武汉时期当第四军二十五师师长(1927年1月),后又改当第十一军二十四师师长,南昌起义时,又改当第十一军军长,团、师、军都有党代表,也就是政治委员。南昌起义的时候,聂荣臻就是他的党代表,他们合作得很好,不能说叶挺不习惯于政治委员制度。但是新四军的这两位——部队首长和政治委员,却在平常情况之外,另有两个特殊情况:(一)是大革命时期叶挺和他的团、师、军的党代表,两个都是共产党员,他们之间的问题,可以在党的会议上得到解决。而在新四军,部队首长叶挺却是脱党十年之久的非党员,叶项之间只有行政关系,只有抗日统一战线的关系,没有党的关系。这就使得两方面之间很难于自处一方面和对待另一方面。(二)更重要的是,部队的构成和直接指挥的关系与叶挺当团长、师长、军长时不一样了。那时,部队的构成和直接指挥关系属于叶挺方面,而派去的党代表跟部队的构成和直接指挥却没有历史关系,或很少历史关系。而新四军的情形却恰恰相反,部队的构成和直接指挥关系属于以副军长名义出现的项英方面,而派来的叶挺跟部队构成和直接指挥历史上却毫无关系。这种基本情况,自然会在叶项两方面发生各自的影响。但两方都不能明白地摆出来,叶挺摆不出来,项英更不能摆出来。因此叶项之间的关系,要是非常具体,有如《红楼梦》所说的那样,“咱们倒是一家子亲骨肉呢,一个个不像乌眼鸡,恨不得你吃了我,我吃了你”(探春语,见第七十五回),那倒好办了,可以一个一个地根据双方是非,以大局为重,一个一个解决好了。但是这个矛盾却是来无影去无踪,双方都没有直接向我表示过。我当时也没有完全清楚地认识到这个问题的重要程度,而且我无权把他们拉到一起进行仲裁。

　　影影绰绰的,叶挺总想借口离开军部,采取躲避的办法回重庆、回澳门。影影绰绰的,项英总想使叶挺自己离开新四军,并且帮助他离开新四军。1938年初,叶挺离开过军部,从武汉去香港回澳门,携同李夫人回到军部。同年秋天又离开军部送李夫人回澳门。大约就是这个时候,叶挺跟余汉谋商量了东江游击队的事情。12月到宝安县深圳墟(即现在的深圳特区)任广东东江游击指挥。事先他同项英商量过,项英大为赞成,并且送了叶挺三百支步枪,真正运到韶关去了。又答应抽调一些广东籍的军事政治干部去加强他部队工作。叶挺也居然在那里活动了一个非常短暂的时期。但终被蒋介石发现,加以指责,余汉谋也就只好把这个名义撤销了。这支部队后来归曾生领导。叶挺只好回到重庆,又耽搁了一个时期,才由周恩来陪同回皖南。

1939年春,周恩来从重庆亲自陪着,把叶挺送回皖南军部。周恩来和项英有几次私人谈话,别无第三者在场,他们肯定谈到叶项关系的问题。周恩来走后,叶项之间开始保持一种和谐的状态,但这种状况可能不是真实的,而是互相克制的结果。

同年5月,新四军成立江北指挥部(皖中),以张云逸为指挥,叶挺亲自去主持了这项工作,并到四支队检查工作,顺便处理了高敬亭的问题。因地处江北,第四支队原不归军部指挥,而是归中原局指挥;战斗序列也属于第五战区(廖磊),而不属于第三战区(顾祝同)。高敬亭的那些罪名,大概是廖磊向蒋介石报告,又是由蒋介石批准执行的。军部事后才知道。现在这件案子中央作了平反。叶挺到8月才回皖南。10月他又去重庆,项英也同意,去向蒋介石要求增加军饷,增加弹药配给,增加五、六两个支队的编制,但蒋介石都没有同意。恐怕叶挺认为没有达到目的,回军部不好交代,所以一直拖在后方,到1940年8月才回军部。叶挺离开军部若干次,当以这次时间为最长。不久皖南事变就发生了。

皖南事变前,他们曾议论过,把皖南部队分为两部分,一部分由军部直接率领,不声张地从皖南渡江到皖北;另一部分留在江南,俟机转移皖北或苏北。但由谁率领军部过江,谁率领留皖南部队,两人都非常客气,并且都承认率领留皖南部是一项更艰苦、更负责任的任务。项英认为叶挺应该带着军部过江,这支部队有一个指挥部,人数比较多,叶挺以军长的名义过江,更为适合;项英自己带领少数参谋、后勤人员留皖南,直接依靠一个指挥部,人数少,活动方便,这个地方又有地方党和很好的群众基础,作为政治委员留下来自认为适合。叶挺则认为项英应该带领军部去皖北,及早靠拢江北部队,留下来的部队虽然人数少,但由他来公开以军长的名义应付第三战区,可能更为方便。各自都谦让一番,各自都不愿意承担把困难任务丢给对方的责任,因而没有达成一致的意见,也就没有形成一个行动方案。现在看来,无论谁过江、谁留皖南都是一个比较好的方案,可惜他们过于谦让了。

叶挺曾经下过一次决心离开军部,以后不再回来,他亲笔写给我一封信,表示他很多苦恼,看来这种苦恼也不完全是和项英的个人关系。他说,居士不适于当一个大庙子的方丈,就是暗示一个非党员不适于当新四军军长。这封信我给项英看过,项英没有太大的反应。我得信后,叶挺已经离开了军部,我作为缓冲人,明显的是失败了。可惜原信也在皖南事变中遭了同样的命运,埋在山上了。叶项之间关系固然很紧张,其实这种情况在哪里都有,如后来的苏北军部,陈毅和饶漱石之间,关系不是也很紧张的吗?

五十六

关于皖南事变的问题,基本上是一个国民党蓄意反对共产党的问题。而它反对的手段是针对十八集团军和新四军采取军事措施。它的总的借口是华北十八集团军的部队多次与山东省政府部队发生摩擦,新四军部队又渡过长江进攻江苏韩德勤部队,并追溯到陕甘宁、晋察冀、晋绥、苏鲁、苏皖等地过去的事件。它把十八集团军和新四军的罪名归结为四项:一、不守战区范围自由行动;二、不遵编制数量自由扩充;三、不服从中央命令破坏行政系统;四、不打敌人专事吞并友军。

这种争执,要是事情在共产党和国民党之间进行,无论如何两党是一个平等的地位。共产党不仅在立场上不让步,即或在语言上也可以直率地针锋相对。糟糕的是把共产党和国民党之间平等的争执,替换为十八集团军和新四军与重庆中央军事委员会两个总参谋长之间的不平等的上下级的争执。即使十八集团军和新四军的立场不动,在语言上就难以那么直率地针锋相对了,而他们不得不选择那些在官僚主义文牍上所惯于使用的"恭顺"字眼。就是这一点,对我们来说,也是很不利的了。譬如它在所谓"皓"电上说:"关于第十八集团军及新四军之各部队,限于电到一个月内,全部开到中央提示案第三问题所规定之作战地境内,并对本问题所示其他各项规定,切实遵行。"

对于这个提示案,中共中央通过周恩来有一个反提示案,双方并没有达成一致的协议。国民党根据它单方面的提示案就下命令,很明显我们是不应该接受的。朱德、彭德怀、叶挺、项英却没有办法向何应钦、白崇禧提出,限你一个月怎么怎么,又怎么怎么切实遵行。可是换成共产党与国民党之间解决问题,国民党就不敢用限一个月怎么怎么,又怎么怎么切实遵行的文牍语言了。不要认为是一个文字问题,从文字上所表达出来的含义,实际上是对我们有一定程度的威胁性。

1940年10月19日，国民党总参谋长何应钦，副总参谋长白崇禧，请第十八集团军办事处叶参谋长剑英即转朱总司令玉阶、彭副总司令德怀、叶军长希夷一电，就是有名的皓电，照《佩文诗韵》中上声韵的分部，皓字韵是第十九个韵，拿这些韵的编号来代替日期，如"东"就是1日，"冬"就是2日，"江"就是3日，"皓"字刚好编在十九，所以就是指的19日。电文的内容已摘要如上。

二十天以后，1940年11月9日，朱德、彭德怀、叶挺、项英，电复何应钦、白崇禧，即所谓"佳"电。这个电报是在延安起草的，分为六点：甲、关于行动。说明八路军、新四军是对敌抗战的，至于如尊电所指，与他军一部发生龃龉，皆责不在我，拟请中央派员查明，以求公平。乙、关于防地。认为本军部队，均属本地战士，如概行北转，这些战士志在保家，乡情极重，调遣为难。且转动以后，家乡毫无保证，如平江惨案等，新四军部队深受其祸。所以我们要求，允许大江南北各部队，仍以就地抗战为宜。重要的这里有一段说："兹奉电示，限期北移。德等再三考虑，认为执行命令与俯顺舆情，仍请中央兼筹并顾。对于江南正规部队，德等正拟苦心说服，劝其顾全大局，遵令北移。仍恳中央宽从限期，以求解释深入，不致激生他故，重增德等无穷之罪。"这就是我们承担统一地把新四军调到长江以北的允诺。对于江北部队则说了一句很活动的话。叫作"暂时拟请免调"。丙、关于编制。丁、关于补给。戊、关于边区（指延安）。己、关于团结抗战之大计。这些问题都不直接涉及新四军，更同新四军北移没有直接的联系。但这封"佳"电却在原则上同意新四军北移。不过究竟从什么地方渡江，渡江最初时间，集结地点，渡江以后的作战区域等具体问题都没有规定。这样想来重庆当时恐怕也没有做具体的谈判。延安对新四军北调当然要有一个具体打算的问题，新四军则有一个根据中央的承诺如何遵行的问题，自然又有一个新四军在现行战斗序列下，跟三战区如何讨价还价的问题。

中央对国民党做出这个承诺，显然是一种妥协。国民党的要求是：黄河以南的新四军、八路军，扫数北调至黄河以北，指定防区在河北、察哈尔、山西一小部、山东的黄河以北部分。而我们的对策既不是完全对抗的全部不动，也不是屈从于国民党的要求，全部北移至他指定的区域，而是把新四军的江南部队，渡过长江进入长江以北的战区，就算把"皓"电所提出的要求，应付过去了。这样我们就依然保有长江、黄河之间广大的抗战地区。

对于"佳"电，1940 年 12 月 8 日，何应钦、白崇禧又给朱德、彭德怀、叶挺、项英发来了一个"齐"电，用了很长的篇幅，在部队行动方面、在政治方面、在防区方面、在华中敌后的游击武装方面、在补给方面、在边区（延安）方面，尤其对于我们说"国民党正在策划反共高潮，肃清投降道路"等等，均以中央口气多方辩解，全是国民党中央向共产党中央的政治反扑，都不是单纯的两个参谋长与一个集团军和一个军之间的问题。我们是让了一步，但从"齐"电上看不出国民党让了什么，总是摆出中央的架子，企图压服我们，把"佳"电都——"驳斥"了。照理我们还应该有一个什么电，加以反驳，不能够他把我们的电"驳斥"以后，我们就一句话也不说了，这样反而在两党关系上好像国民党占理了。其实这种论争应该继续下去，一方面可以表示我们对抗战到底的严肃态度，一方面可以把新四军北撤的时间条件拖延下去，不能让国民党限期一个月就一个月，这样的听话，这样的老实。

江南这个阵地是放弃了，但是应该说党中央不是自愿的，而是和国民党妥协的一种手段，一个结果。是不是不放弃对党来说更好一些呢？因为要皖南新四军北撤，并不是出自共产党中央的主动的战略考虑，更不是出自共产党中央直接下的北撤的命令，不过是我们顾全大局，维持国共两党的抗战团结。国民党的顾祝同从他的局部来讲，把新四军赶过江北，他会是非常高兴的。国共之间既然已经形成了这个妥协，新四军的叶挺和项英自然应该服从中央的意图，应该想尽妥善的办法达到完全过江的目的。

但事变的进程却转变成另一个结果，恐怕主要是我们把国民党想得太好了。在何应钦、白崇禧给朱、彭、叶、项的"齐"电（12 月 8 日）之前，12 月 3 日何应钦已向蒋呈报称："若江北异军竟敢攻击兴化，则第三战区应将江南新四军立予解决。"12 月 4 日，徐永昌也向蒋介石呈报"三、若江北匪伪竟敢进击兴化，则第三战区应立即将江南 N4A（新四军）予以解决"。蒋介石对这个第三点批了"可"。跟着 12 月 10 日蒋介石给顾祝同密令称："（二）该战区对江南匪部，应按照前定计划，妥为布置并准备，如发现江北匪伪竟敢进攻兴化，或至限期（本年 12 月 31 日）该军仍不遵命北渡，应立即将其解决，勿再宽容。"表面上，顾祝同还在跟叶挺讨论什么北上的路线问题，其实他们在"齐"电以前的三四天，已做好解决新四军的计划，在"齐"电以后的两天，蒋介石已下定了解决新四军的决心。所谓以江北新四军进攻兴化为条件，完全是一种借口。真正的说法是如蒋介石密令第二点所提的那样，要在 12 月 31 日以前解决新四军。

当然，我们在江北并没有打兴化城，但却于 12 月 13 日开始打了韩德勤的老巢，兴化以北的曹甸、车桥，打了十八天之久。可惜这一仗并没有打好，攻坚不利，就主动撤下来了。顾祝同、上官云相等把跟叶挺的保定（军官学校）同学之谊，早就抛在九霄云外。这批反动分子，决心要消灭新四军，决心要反对共产党，也就顾不得叶挺了。蒋介石以七师之众，布置在皖南新四军的周围，形成一个大包围圈，他们肯定是要动手的。我们没有看重七个师比三个团的军力悬殊问题，而是认为我们可以对付某一个师，置其他六个师于不顾，安然就道。然而我们兵力不集中，地形不熟悉，所以栽了一个大跟头。可是现在想来，即或我们能够先机地、巧妙地或者顽强地突破这一个重围走向苏南地区，但其前途还是困难重重。如何跨过水网、公路、铁道，躲开伪军、日寇，而又能自由驰骋地接近大江南岸是很不容易的。宋裕和的先遣队只有一千人，虽然零零散散的，不成队伍地都过了江，但他带的两三百担物资，却都留在江南，不知下落了。真正送到江北盐城军部的不过几担而已。这个队伍当中的某些干部，还买了良民证，坐火车从镇江到上海，再由上海党组织经过秘密交通坐小轮船把他们送到苏北。我并不是说皖南事变新四军遭受了这一场极大的损失是命该如此，就把我们指挥上的错误掩盖起来了。我只是想说，在这个军事活动的客观条件上，明摆着一个跟着一个的困难。没有一个料敌如神、当机立断的高级指挥员，是难以完成这个任务的。

皖南事变我们失败了，国民党兴高采烈。在 1 月 17 日用军事委员会的名义，发布了撤销新四军番号的通令，说"着将国民革命军新编第四军番号即予撤销，该军军长叶挺着即革职，交军法审判，依法惩治，副军长项英着即通令各军严缉归案讯办"。又在 1 月 30 日用行政院的名义把这个通令转发一次。其实委员长也好，行政院也好，都是那个蒋介石。

历史的进程总是朝着一个不以人们的意志为转移的相反方向前进。有如毛泽东所总结出来的那条规律"坏事变好事"。国民党这个命令一发，事情就好办了。他没有料到，这样他就给中国共产党一个无法无天、独往独来的自由。事已至此，中国共产党于 1 月 20 日（"号"电）自行宣布：任命陈毅为国民革命军新编第四军代理军长,张云逸为副军长,刘少奇为政治委员,赖传珠为参谋长,邓子恢为政治部主任。他们随即于 23 日("漾"电)宣布就职。国民党决心解决皖南新四军的时候,不知道他们考虑过这个后果没有,显然他们是没有考虑过的。前面所讲的国民党行政院 1 月 30 日发的通令,是在陈毅他们建立新四军新军部并宣布就职以后的事。国民党无非追说一次新四军的番号已被撤销了,但它却不敢下命令再解散新四军,通缉那个代军长。他们那时可能过低估计了中国共产党反击的决心,认为共产党无可奈何,只有忍着把这个苦果吞了。

如此就造成了这样一个局面,这个新四军可以说是一个新的新四军,完全是共产党领导的新四军。国民党没有这个编制的番号,也不属于哪一个战区的战斗序列,跟国民党的军政部不发生任何补给关系,并且这个新四军从四个支队一下就改为七个师,比原来国民党答应新四军编两个师的编制还要多出五个师来。只要是敌后,它愿意去就去,跟国民党的军队不发生任何友军关系。在长江以北的江苏地区和安徽地区,在皖南事变以后我们有权利去打那些和伪军、土匪勾结的国民党军队,我们打了第三战区副司令长官并任江苏省政府主席的韩德勤,还生俘了他,并且肃清了他底下的两个保安司令,第一个王光夏,第二个徐际泰。把我军、国民党军、敌伪军这个三角关系,简化为我军和敌伪军的单纯对抗关系。就在这个广大的苏北和皖东地区,我们建立了以新的新四军为主的根据地。当然我们还得遵守中国共产党 1937 年 7 月 7 日《对时局的宣言》:"我们约束自己领导的抗日武装队伍,将其行动限制在战区与敌人后方。"这样我们就逍逍遥遥地、无拘无束地一直打到 1945 年抗日战争胜利。

抗日战争胜利了,蒋介石要勾结美帝国主义,发动反共的内战了。但事先美国的马歇尔还出面,做出调解的样子。这样就有所谓调解执行部的组织在北平成立了。这个时候国民党的忘性也太大了,它不是连续两次宣布把新四军的番号撤销了吗?但这个执行部,还在新四军作战地区,成立了六个调解小组。山东济南小组,我方代表为邝任农;泰安小组,我方代表苏岗;青岛小组,我方代表姚仲明;烟台小组,我方代表仲曦东;德州小组,我方代表符浩;江苏有淮阴小组,我方代表韩念龙。这些小组都有美国代表上校一人,国民党军官一人。可见国民党五年以前对于他已经宣布不存在的新四军作战地区的这些调解小组,自己还是派人参加了。皖南事变的苦果不是我们吞下了,而是它自己吞下了。

至于项英问题,这是皖南事变遗留下来的一个历史问题。接着皖南事变以后,1941 年 1 月 15 日中共中央就作出了《关于项袁错误的决定》。作决定的时间距战斗结束的 14 日,仅隔一天。这个决定的最后一条(四)说:"将项、袁错误提交党的七次代表大会讨论议处。"因此,项英的问题没有最后解决。七次代表大会并没有提上日程进行讨论,八次代表大会也没有讨论,后来一直到 1987 年的十三次代表大会都没有讨论。第十四次代表大会会不会讨论也不能预测,现时只好让中国共产党党史学家去议论了。至于我个人,很难有什么意见。

第八章
抗日战争——苏北

1941—1946

五十七

1941年夏天,我从上海到了苏北盐城,向华中局报到。当然要把皖南事变的情况向华中局作一个详细的报告,以后就无事了。据我个人分析,必然会有一个闭门读书的机会。那时华中局也没有一定的招待所,不管你住哪里,反正都是住老百姓的房子,一样的都是吃大锅饭,都是公家发的食,能够住哪里就住哪里,华中局绝不会过问。那时杨帆已同胡立教两人从皖南突围到军部,杨任军部军法处副处长兼盐阜地区保安处长。军部答应了我的要求,同意我住在盐阜保安处,吃他们的饭,住他们的房子。

因为在桂林已开始写词,在盐城无事,有时也搞所谓倚声填词的玩意儿。距离皖南事变才几个月,因此写起来格调总是相当低沉的。幸好在"文化大革命"中,这些东西已经被烧掉了。

空出来的时间很多,看《三国演义》也没有什么意思,就从杨帆那里借了一本郭大力、王亚南翻译的马克思《资本论》第一卷。我不是学经济学的,这方面的知识很少。1928年到1932年在上海,因为有一个生活的问题,不能整天只看书而不问别事,所以对像《资本论》这样的马克思的主要著作,也没有摸过。现在吃饭不要钱,住房子不要钱,借这个机会,读完《资本论》第一卷,大可以增加马克思主义的理论知识。说得不好听一点,也可以打发这住在江北敌后县里的一段无所事事的时间。自己排了一个日程,一天看多少页。第一卷大概有八百多页,一天看十页,八十天也就看完了。我是勉勉强强看完的。当时就懂了,说不上,但是看完以后确实有两个好处:一、从马克思运用黑格尔的辩证法,对于当时资本主义生产的各方面,进行细致深刻的分析,得出了前所未有的结论,超过古典经济学,使我领悟到对于社会现象的观察,要向马克思学习,走细致、深刻的道路,走唯物辩证法的道路。二、我不是学经济的,但有时必须讲一点涉及经济问题的东西,必须参考一点马克思的理论的时候,那么就会记起在《资本论》第一卷当中,找出什么章节来供参考。现在我还在这样做。若不是在几十年以前通读了《资本论》第一卷,想从马克思的经济理论当中取得有益的理解或得力的佐证,头绪纷繁,是难以做到的。

后来在国外,有机会我还搞一点外国善本书,买到了《资本论》第一卷1867年第一版的德文本,《资本论》第一卷1875年第一版的法译本,《资本论》第一卷1886年第一版的英译本。摆在我书架上不久,就都让给北京图书馆了。

皖南事变的问题,我在韶关的时候,广东省委张文彬同志就给我看了中央对项英、袁国平错误的决定,我通过广东省委向中央表示"我完全接受和拥护"。这是1941年2月24日的事情。

回到盐城军部以后,这件事情还是没有了结,华中局认为我"对项英的机会主义错误采取调和态度和自由主义,应该在组织上给一个警告",中央批准了这个意见。所以,在1941年秋天的一个晚上,把我找到华中局去,刘少奇、陈毅、饶漱石、曾山这些华中局委员都出席了。还有二三个列席的人,是谁,我现在记不清楚了。要我在会上再就皖南事变中我的错误,正式做一次检讨。我只好又将那些说过的话再简要地编成一个系统的发言,自然这就跟开正常的检讨会一样,到会的人都提出了他们对我的批评。最后,刘少奇宣布,根据中央的批示,给我一个口头警告。于是,又照正常的手续,我再一次发言,表示诚恳地接受华中局同志们的批评,并完全接受华中局所提出的、中央批准的组织上对我的口头警告,从这次错误得出教训。

会开到很晚,将近结束的时候,还拿出一大盘蛋糕来请大家吃。我是一个批评对象,对这盘蛋糕我迟迟没有动手。为了缓和这个气氛,陈毅发话了,说:"错误归错误,吃蛋糕归吃蛋糕。"我也只好去拿一块,表示领这个情,把蛋糕吃了。

这是我1925年入党以后,全部党的生活历史中唯一的一次组织处分,虽然是最低级的了——口头警告。我认为这次会议后,这个问题就算结束了。但1942年初的华中局扩大会议上,我还得做一次公开发言,再检讨一次皖南事变的错误。

五十八

1942年1月20日到3月5日,华中局在苏北阜宁县单家港召开了华中局的第一次扩大会议,历时四十五天。出席的有华中局委员四人,即刘少奇、陈毅、饶漱石、曾山。正式代表二十六人,我把名单抄在下面:

赖传珠、彭康、李一氓、刘玉柱、刘子久、吴芝圃、邓子恢、金明、罗华生、刘顺元、张劲夫、罗炳辉、张爱萍、江渭清、邓振询、黄克诚、刘彬、吴法宪、彭雄、宋乃德、陈丕显、管文蔚、谭光廷、刘炎、钟期光、叶飞。

其中赖传珠是军部参谋长,彭康是华中局宣传部长,我是从皖南来的,其他都是淮北、淮南、苏北、苏中的党政军的领导干部。拿部队的序列来讲,就是一师(苏中)、二师(淮南)、三师(苏北)、四师(淮北)。五师在湖北,七师在皖中,交通不便,都没有代表出席。此外列席的有二十五人,华中局、军部干部旁听的有二十一人。我才从皖南来,对这些同志认识的很少。除了华中局、军部的同志我认识的多一点外,其他地方上的同志我几乎都不认识。总的来说,七十六个人我几乎一半以上不认识。

会议进程第一阶段,是预备会议。首先是四个战区的首席代表向大会提出他们的工作报告。苏北那时没有统一。淮海区和盐阜区,各自作了独立的报告。由于人事不熟悉,地理情况不熟悉,军事情况不熟悉,对于他们的报告,我只是感到非常生疏。老实说,听是听了,总是没多大兴趣。

我出席这个会议,没有什么具体工作,不能像他们那样作个什么工作报告,我只能把皖南事变的情况,简略地再报告一次,主要还得在会上作一次公开的自我批评,明确两点:一是拥护党中央关于项袁错误的决定,二是接受中央口头警告的处分。

对于淮海区金明的报告,我照样没有给以多大的注意。会后华中局告诉我,要我到淮海区去工作,这时我才注意到在大会上金明所作的有关淮海区工作的报告。金明的报告(1942 年 2 月)分两部分:一是一般情形,二是关于淮海区工作。我把它的第一部分全部抄录下来了,这是一个偷懒的办法,不然我到了淮海区,还得自己花很多时间去认识这个客观环境。我完全没有想到从1942 年到 1945 年的工作,就是在这个背景下坚持下来的。我要感谢金明同志为我提供了很好的材料。

这次会议主要议程是刘少奇代表华中局作了《目前形势,我党我军在华中三年工作的基本总结及今后任务》的报告。同时,陈毅作的《论军事建设》的报告,黄克诚作的《目前军事建设中部队政治工作》的报告,可以说是这次会议的两个副报告。刘少奇在报告中,对第三师、盐阜、淮海地区提出了具体任务:"深入巩固根据地,并向敌占区开辟工作;切实实行三民主义,在政治上赛过反共派,以争取广大的各阶层人民团结在自己的周围;还应普遍深入地发动与组织群众,切实地争取青年,改造政权,广泛地建立人民武装。"

后来我在淮海区工作,所以把这段有关的文字抄录在这里。

1942 年 3 月底,刘少奇因奉中央调令回延安工作,不知怎么一来,把华东局书记、新四军政治委员交由饶漱石担任,他就离开盐阜区,经淮海区北上。我当即和他同路,到我今后要在那里工作下去的淮海区。

到了淮海区以后,经过一段工作实践,我认为建立抗日根据地,主要还是要巩固和发展根据地及巩固和发展抗日队伍。巩固根据地主要是要发展农业生产,保证军粮民食,首先要求保证军粮。所以有必要提高农民的积极性,具体的问题是搞好二五减租。

减租减息的口号是 1937 年 8 月在中国共产党《抗日救国十大纲领》中提

出来的,为第七条"改良人民生活"七项措施之一。这个纲领当时是带有全国性的普遍意义,但国民党并不承认这个纲领,也没有在国民党统治区施行。我们那时只有一个陕北的解放区,已经进行过土地革命,也不会倒回来,再施行这个政策。那时八路军还没有编成,我们还没有进入敌后战场,更没有建设抗日根据地。我们具体地执行这个政策,是在有了巩固的抗日根据地以后的事情了。

1941 年 5 月公布的《陕甘宁边区施政纲领》第十条上面说:"在土地已经分配区域,保证一切取得土地的农民之私有土地制。在土地未经分配区域(例如绥德、鄜县、庆阳),保证地主的土地所有权及债主的债权,惟须减低佃农租额及债务利息,佃农则向地主缴纳一定的租额,债务人须向债主缴纳一定的利息,政府对东佃关系与债务关系加以合理的调整。"因为停止了土地革命,在陕北某些县和甘肃东部,就施行了减租减息。

1941 年 12 月,因为华中局要开扩大会议,中共中央给华中局发了一个指示。大意说:两年来,华中的党与新四军,在开辟与坚持苏皖根据地上,有很大成绩。但因为不断和敌顽进行反扫荡和反摩擦的战争,没有机会整顿自己、深入各项工作,包括减租减息等等。中央最近发了许多指示,还准备发关于土地政策的指示。紧接着,1942 年 1 月中共中央就作了《关于土地政策的决定》,原则上论证了减租减息的必要和意义。并加了三个附件,对根据地的减租减息作了详细的具体的规定。2 月中央又发了《关于如何执行土地政策决定的指示》,这是一个很有必要的策略性的指示。此后全国解放区都照中央的指示执行了,但情况并不平衡。到了 1944 年 2 月,中共西北局还发了它自己的《关于减租的指示》;同年 5 月,中央还发了《关于在新区要彻底实行减租减息,在老区发展生产运动给华中局的指示》。两者都在于纠正执行减租减息过程中的过左行为。

建立淮海区以后,还来不及实行减租减息。其实行是在 1942 年华中局扩大会议作了具体规定以后。实际上,只要认真执行,对地主利益损害不大。因为地主要估计到,一旦沦为敌占区,遭受的损失会比减租厉害得多。而对于农民,却是一个极大的鼓励。当然在减租上要有一番计算,现在的租是多少? 减多少? 累计性地减,还是平均数地减? 起点是什么? 不过这个减租的问题只涉及地主和佃农两方,不涉及富农。佃农方面有一个农民救国会做他们的代表,和地主进行交涉。但是地主对于减租也不是那么听话,他们总是尽可能地玩手腕应付减租,而佃农方面有时不免也有过高的要求。双方的矛盾不仅是不可避免的,还是连续不断的。我不想回忆这个全过程,这既是一个抗日的统一战线,也是一个涉及农民的群众运动。

不久前,陶白同志从南京,把我1942年6月给他们的信,复印了一份给我。

萧陶:

陶白同志信悉。复如下:

(一)为彻底打一下地主,农民自动要求三十年(即1941年)的退租是可以的,县政府假装不管。(二)地主六佃户四的分租法,与新《征粮条例》不合(地主四佃六),应改为五比五再二五减,此点明日报上将有一行署布告及对各县有一训令。(三)柴草应仍循旧例,凡有柴草全不给地主者,应行妥善纠正之。

关于退租减租问题,因宿迁无县农救会,县政府不得不打头阵,甚难办。否则完全可推到县农救会身上去,比较好,以政府可以不负责也。不过宿迁地主所提出之问题,并不是诚心诚意想解决问题的,而是意在反攻与威胁。你们必须打退这种企图,一定要地主软下来而请求救济时,才可于此时拉他一把。同时,你们也要注意,农民已逐渐走上偏向,此时当不宜迎头浇冷水,但一定要想法,控制着不要再超过目前的限度,否则是有害的。现在退租问题,只可于秋田区域行之,麦田区域应即停止,而以大力进行今年的减租工作。

县委应该密切注意这些问题,给各分区委以适当之指示,勿过左,也勿右。如有纠纷,可由农民方面(已过火了的),由区乡调解后,适当让步,个别解决。能够很善于运用策略,这问题不是不可以解决的。

这封信是写给宿迁县委书记萧崧甫、县委秘书陶白的。他们来信说些什么问题,现在已无从查起。根据我这复信,他们提出些什么问题大体上已清楚了。退租问题是减租问题引起的一个追溯性的农民行动。淮海区减租是1942年开始的,开始以后,农民进一步要求要减1941年的租。但是这个租他们已在去年照以往办法交给地主了,因此退租就是要按二五减租的办法在他们应交的地租当中退还一部分。当然我们也是默认了这个行动,认为可以从1942年追溯到1941年。宿迁的群众工作基础并不怎么好,那个地方地主比较多,减租减息引起的问题也较复杂。这封信所讲到的问题,在淮海区有一般性,也有某种典型性。

在这个问题上,我们解决了所发生的具体问题。在执行当中,一般讲,我们没有什么过左的地方,也没有什么过右的地方。既能对地主保持抗日统一战线,也能够对农民适当减轻他们的负担,调动他们的抗日积极性,并且在必要的时候,动员青年加入抗日武装。宿迁已临近陇海,在这方面,他们对敌伪的武装斗争是有成效的。

淮海区的地方干部多,这些干部有些是地主家庭出身,因此对于二五减租极不赞成,有的干部家里就没有减租,有些干部借口说,这是家里的事,他已经出来工作了,管不上。在减租问题上,不仅直接与地主阶级发生矛盾,而且也间接和地主出身的干部发生矛盾。针对着这种情况,1942年我在《淮海斗争》上发表了一篇《二五减租在淮海党内》的文章,副标题是"一个阶级教育的问题",着重讲这些党员入党,参加抗日斗争,和进行资产阶级民主革命,弄清楚实现削弱封建剥削的重要性,它对抗日和民主都有意义。思想上还要作更进一步的准备,彻底推翻封建剥削。凡是这样出身的党员干部,无论在军队中或地方上,都要严格要求自己,首先保证在自己家里实行减租减息。这个问题不一定如此就解决了,至少在今后的减租减息运动中减少了好多阻碍。

五十九

淮海区一般的亩产是二百五六十斤,坏的亩产不过七八十斤,只有六塘河边极好的地,亩产可到五六百斤。那几年,年年收成都不错,没有闹过旱灾,也没有闹过涝灾。不仅军粮民食都得到保障,还能输出一部分粮食和植物油,去换取布匹、棉花、药品以及一般的民用品。当然那个时候老百姓冬天大部分时间还要吃山芋干。

农业生产搞好了,就为征收公粮打下良好的基础。解放区开始建立时,因为敌伪区面积大,部队和地方各自为政,对粮食生产的整个情况不十分清楚,征收办法也比较简单。淮海区征收救国公粮,在1940年根据地逐渐形成以后就开始了。当然开始的时候并没有什么一定的规矩,到1941年才有一个正式的条例,叫作《征收救国公粮办法》。1942年重订了一个《淮海区救国公粮公草征集条例》来取代上一年那个《办法》。以户为征收单位,根据他拥有的田亩数来定等级,共分为七等;又根据亩产量来决定征收率。同年,又把田赋改成实物。大概1941年是淮海区粮食很困难的一年,1942年的征集条例比1941年的征收办法较好,改变了一些不合理的地方。同时在粮站上也有改进,贮藏、保管、支付都上了轨道。同样也减少了随意摊派,随意开白条子。那年收成也好,所以说就把1941年那种困难的情况扭转过来了。

虽然这一年也有一些别的困难,特别是敌伪对于解放区进行了一次大规模的扫荡,使我们不能不遭受一些物质损失。我们只能收到一千二百万斤左右的公粮,这样一来军粮感到特别紧张。我又了解到根据田亩征收公粮,大半沿用旧的粮册,隐瞒、匿报、分散、转嫁弊病很多。抗日战争期间,已经在田地里挖了许多交通壕,这些交通壕已经不生产粮食了,但还是按原来的情况,把这些交通壕面积统算在征收公粮的亩数之内。考虑到人口因素,有三口之家与六口之家,耕同数的田亩,出同数的公粮,是不合理的,可能出现人口多土地少的家庭负担重,人口少土地多的家庭负担轻。由于战争,荒地很多,还有地主逃亡,使得许多土地关系都不很清楚,也无法征收公粮。还有一些其他的问题。为了保证抗日部队供给,即粮食的供给、被服的供给、弹药的供给,既要提高公粮征收总额,又要使家家户户负担公平,就要研究一种新的办法。

鉴于以上这些问题,我们首先决定对全区土地进行一次普查,对田亩进行实地丈量。1943年12月我们颁布了一个清查田亩实施纲要。以县为主体,以乡为单位,由乡长、粮政助理员、农会和士绅代表五至七人,组成田亩清查委员会。在清查之前,广泛宣传清查意义和目的,再召集村民开会,将业主与佃户分开陈报。业主报姓名、住处、人口、田亩数及田亩四至范围;佃户报姓名、业主名、佃耕数。将业主与佃户报的两相对照,再验证地契,评议土地肥瘠。允许密报检举不实之处。这样在全区一共进行了四个月,查出八十多万亩的黑地,为进一步修改征收公粮公草办法,提供了公平合理的依据。关于公草,这里要解释一下,淮海区是没有燃料的地方。既无树木,也无煤炭。因此稻秆、麦秸、包米秆、红薯藤,甚至野草都可作燃料,但麦秸和红薯藤又是非常重要的饲料,不能随便烧。这样,在征收公粮的同时,就要征收一部分公草作为部队炊事燃料和马匹饲料。清查田亩的用费,每乡规定纸十张、毛笔两支、墨一锭、铅笔一支。所用的麻绳十丈,由各乡向农民借用。这是再节约不过了,也是抗日时期穷地方想出来的穷办法。

为了公平征收公粮公草,先搞清查田亩,我们公布了《淮海清查田亩实施纲要》。如像前面所说的,由于土壤性质形成的田亩等级,就有好田、坏田的区分。我们经过详细调查,颁布了《淮海区田亩等级厘定细则》,把淮海区的土地分为数等,如一等是壤土,二等是黄土,三等是黏土,四等是砾土,等。比上田、中田、下田、好田、坏田的概念,更实际了。在这个基础上,我们在 1943 年,颁布了一个《淮海区厘订征收救国公粮公草暂行条例》,一共三十四条。这个条例之外,我们又颁布了《淮海区征收救国公粮公草暂行条例重订要旨》。为了说明重新规定的必要性和这个新条例的更为公平和切合实际,我们把这个《要旨》转载在这里。条例的基本内容都在这里了,因此也就不再加以叙述了。

(一)因为清查田亩,使本地区人口、土质、亩数彻底调查清楚,施行更加合理征收方法之条件得以具备,故有征收救国公粮公草暂行条例之重订。但边区因清查田亩尚未彻底,故仍沿用三十一年(1942 年)的征收条例。

(二)重订本条例根据三个原则,一、发展农业生产;二、保证抗日军队及民主政府给养;三、使人民负担合理。

(三)本条例征收率之重订,以不增加负担为原则,主要的使负担合理,其负担公粮公草之多寡,一律按照人口多少、田亩多少、土质好坏决定。若人口多、土地少、土质坏之业户,其负担予以减轻;而人口少、土地多、土质好之业户,则酌予提高。使人民能够按照负担能力负担公粮公草。其提高减低数均不超过其收获量一定之百分率。

(四)具体方法将征收率按照每人平均亩数区分为十六组,将田亩按照收获量及土质区分为十六等。每组征收率依照土地等级而有十六级征收率,依照组别按照收获量征收百分之一至百分之三十一。但一组十六级征收率均不超过同一百分率。以此一户公粮之征收率可依照人口多少而有高低不同,该户好坏田亩亦得按照等级而有区别。

(五)更有进者,即一户田亩等级经确定后,即不再更订,业户因可增加生产资本与提高生产情绪,而从事增产以减低公粮负担比例而无所顾虑,对于社会生产力之提高与农业技术之改进更有极大裨益。

(六)本条例关于东佃田亩之折算,订为东四折,佃六折。因本地区业已普遍实行二五减租,东得利益百分之三七点五,佃得收益百分之六二点五,约合四与六之比。征收救国公粮是按照各人负担能力,故东佃田亩折算改为四六,不但合理,并可使东佃关系更趋于协调。

(七)自耕农及佃农经营农业生产有牲畜、肥料、种子及劳动力负担,为补偿起见,本条例对于上列农户规定予以九折之待遇,即其田亩得实行九折后,再以人口平均之,以培养其扩大再生产之能力。

(八)对于雇有雇工之农户,本条例规定,得将雇工计算在业户人口之内,既足以减低雇主负担,保证雇工职业,更合奖励多雇工人经营农业之意。

(九)本条例规定平均每人有一亩田之业户,其田亩收获量在一百二十斤以下者,免征公粮,如十口之家有十亩田亦免征公粮,因此使社会之基本生活得以合理保证。

(十)本条例规定宅基及交通沟免征公粮,夏秋二季分收小麦、玉米,缴纳公粮者既实际负担减轻,更免玉米调换小麦折算之亏负。

(十一)本条例之计算或嫌烦扰,但简便与合理,二者不可兼得时,当趋就合理。若土地清查正确、人口调查实在、土地等级无讹,按率征收,殊为一劳永逸。

(十二)本条例实行后,业户负担势必有增加者、有减轻者,得失之论在所不免。但负担轻者,前已负担过重,其减少之部分,适足以弥补其以前之损失;而负担增加者,其前曾少纳,按照负担能力而言,亦应无所怨喟。

为着使得这个规定的内容能够清楚地看出来,同时把一份征收率的表格也附在这个要旨的后面。

根据这种情况,为着使得新的征收办法能够避免理解错误、顺利执行,我们又作出一个《重订征收救国公粮公草条例举例》。共分六类:(一)自耕田的计算说明;(二)自耕田加佃入田的计算说明;(三)佃出田的计算说明;(四)自耕田加佃出田的计算说明;(五)典进田的计算说明;(六)典出田的计算说明。每一种都提一个或几个数据说明,它应该怎么计算,它应交公粮的标准是应属于下面表的哪一级。这样就非常清楚。收公粮的工作人员,就能够没有错误地执行这个办法。由于这六个文件上的规定,一田亩清查,二田亩等级厘订,三征收条例,四征收条例要旨,五征收率表,六征收条例举例,这样就形成了一个完整的征收公粮的原则和详细的规定。它体现了负担合理的要求,从而能够促进农村生产,能够保障部队供给。它的办法是累计和平均两方面的协调,被征收的一方他们会自己进行比较,自会感觉到这个办法的合理性。这种合理性,在以后两三年的执行当中都得到了证明,很少发生征收公粮的纠纷。

现在看来,很细微的分为十六级,一斤一亩地去计算,把加减乘除四则运算都用上了,是不是太琐碎了一点呢?但当时我和请来帮助我的陈易同志设计这个方案和计算方法的时候,确实诚心诚意想既能做到百分之九十的公平,又能增加公粮征收的总额。我先找了些搞粮食工作的同志征求意见,然后发出了油印的草案上千份,征求全区、县、乡干部和许多开明士绅的意见。多数人嫌搞得过于细致,实际上是说搞得那么烦琐。因为一看那张表,16×16,就有 256 个征收率,认为不易贯彻。我请他们找一个例子去计算,比较一下是以前的办法好,还是新的办法好?哪一个公平?最后他们也不得不承认我这个新办法有道理。复杂是复杂一点,其实计算方法也无非是加减乘除,并不要用什么高深的数学公式。我就在这个条例的最后一条,写上了"本条例自公布之日起实行"。

那个时候还有个好处,虽然是这么大范围的粮食财政改革,党委内部也没有正式讨论过,党委只知道有这么件事,那么多表格,那么多条例,他们也弄不清怎么一回事。我作为副书记,也能算代表党委,无非是希望改的结果能够多搞一点公粮,至于说你怎么去搞,怎么去改,他们也不大用心去管。因为还有一个更大的矛盾在他们面前,就是日本帝国主义。从抗日武装斗争来讲,收公粮自然就成为一件小事了。同时还有个好处,这种事情也用不着报告上级,并不需要把六个文件弄得整整齐齐送到华中局,请他们去画圈圈。因为这个办法的原则也是在华中局财经会议上肯定下来的。它要求一要公平,二要合理,三要简单。简单的办法是以每户人口平分每户拥有田亩数,求得每人平均所有田亩数,根据人均亩数及田亩土质,定出公粮征收率。我们上面的条例也好,要旨也好,征收率也好,无非是把它具体化了。他们知不知道我们搞了这个新办法收公粮,这是无关紧要的事。无非在某一个时候,我们向他们报告一声,我们收了多少公粮,本地区今年没有旱灾、水灾,军粮充裕,民食也还对付得过去,他们就放心了。那才真正是权力下放。

平均每人所有田亩数及各种等则之征收率

分 组		一	二	三	四	五	六	七	八	九	十	十一	十二	十三	十四	十五	十六
田亩等数	每亩收数量(斤)	1亩以下	1.1↓2	2.1↓4	4.1↓6	6.1↓8	8.1↓10	10.1↓15	15.1↓20	20.1↓25	25.1↓30	30.1↓40	40.1↓50	50.1↓60	60.1↓80	80.1↓100	100以上
一	20以下	免	免	免	免	免	免	免	免	免	免	免	免	免	免	免	
二	21~40	免	1	2	2	2	2	3	3	4	4	4	5	5	5	6	7
三	41~60	免	2	3	3	4	5	5	6	7	8	9	9	10	11	12	13
四	61~80	免	2	4	5	6	7	8	10	11	12	13	14	16	17	18	19
五	81~100	免	3	5	7	8	10	11	13	14	16	18	19	21	23	24	25
六	101~120	免	4	4	8	10	12	14	16	18	20	22	24	26	28	30	31
七	121~140	1	5	7	10	12	14	17	19	22	24	26	29	31	34	36	37
八	141~160	1	5	8	11	14	17	20	22	25	28	31	34	36	39	42	43
九	161~180	1	6	9	13	16	19	23	25	29	32	35	38	42	45	48	49
十	181~200	2	7	10	14	18	22	26	29	32	36	40	43	47	50	54	55
十一	201~220	2	8	12	14	20	24	28	32	36	40	44	48	52	56	60	61
十二	221~240	2	9	13	18	22	26	31	35	40	44	48	52	57	62	66	67
十三	241~260	3	9	14	19	24	29	34	38	43	48	53	58	62	67	72	73
十四	261~280	3	10	15	21	26	31	37	42	47	52	57	63	68	73	78	79
十五	281~300	3	11	16	23	28	34	40	45	50	56	62	67	72	78	84	85
十六	300以上	4	12	18	24	30	35	42	48	54	60	66	72	78	84	90	93

说明:

一、以亩为计算单位。

二、以户口平均每人亩数。

三、半年以上雇工包括在户口内,乳母、女佣、仆役概不得作雇工,儿童作成人计算,长年在外者不计入。

四、抗日军人、工作人员、雇工不计入人口之内。

五、在本地区以外居住者一律以五口人计。

六、自耕田除种九折而还以人口平均之。

七、佃出田(业主)四折后、佃人田六折计算(佃户)打九折后,以人口平均之。

八、公草照公粮二倍征收,租田业主免征公草。

不过军事时期根据地分散,实际情况千差万别,你只能权力下放。假如要统一集中,那就什么事都办不成了。

粮食收上来了,假如说收粮食的人就是管粮食的人,要粮食的主要是军队,其次才是地方,保管和支付都没有制度,自然浪费很大,也会弄得管粮食的行政单位心中无数。因此我们建立了粮站来保存粮食。站与站之间的距离不超过四十里。抗日部队的粮食,由部队后勤部按季作好预算,我们发他粮食代金券。他可以在他周围四十里内的粮站,凭代金券买进粮食。这样一来,他就无法凭部队的白条子随便领粮食了。粮站与粮站的距离比较近,部队无论用人力和畜力,运输起来都比较方便,只要他有粮食代金券,他就可以随处领到粮食,用不着花很大的力量自己建立粮站。这样,军政关系、军民关系、军军关系都取得了良好的解决。不会因为粮食问题,使得军政、军民、军军之间发生矛盾。军粮问题,那时要是供给得不善,管理得不好,是会发生很大问题的。曾经发生过在一个粮站上,一支部队和另一支部队争运粮食,几乎动武的事情。现在因为领取方便,供给充裕,这种事情后来就没有发生了。

六十

这个解放区是个落后的农业区域。土壤不好,缺乏灌溉系统,只产小麦、花生、玉米、高粱、山芋。侥幸的是,那几年没有遇上什么天灾,引起歉收的情况。特别没有什么水灾。因为花园口黄河决口,黄河改道从山东利津入海,不再发生夺淮的问题,洪泽湖、淮河、运河的水位不会猛涨。由山东南来的沂水水系注入骆马湖,因山东拦截,水量减少多了。加上濒临东海,有海洋性气候的调节,雨量适中,也不会发生旱灾。同时,还有另一个原因,在抗日根据地内,用于防御敌伪的进攻,普遍地挖了交通沟,以便随时掩护转移。因而沟渠纵横,即使下大雨,亦容易排水,不致淹涝。翻在沟两侧的又是好土,所以农业生产得到了基本保证,获得了较好的收成。

这个地区没有什么工业,商业也不发达。因此布匹、棉花、医药、纸张以及其他的军民日常用品,都要从上海、徐州搞来,这给我们一个很大的困难。粮食、花生油怎么输出去,又怎么把那些东西买进来,这一出一进,是一个非常复杂和困难的问题。由于敌伪的封锁,不可能照正常的商业行为输出什么,输入什么,而是要找许多特别的关系,不能不用走私的办法。淮海区的许多地方干部,凭借他们的关系,就能够解决这个问题。虽然有时卖出的东西太贱了,买进的东西太贵了,棉衣的布料买来太迟了,这种种吃亏的地方和不方便之处,想来难以避免。但我们总是千方百计地解决了这个问题,还没有遇见过寒冬腊月部队还在穿单衣的情况。但是不管怎样进出,买进来的可能是布匹、纸张、棉花、药品及其他等等,出去的基本上是粮食和植物油料,都是农产品。事实的教训,商品交换媒介的价值要求稳定,在敌占区市场上,逐渐形成以布匹或者面粉来衡量所有商品的价值,代替了国民党的法币和敌伪政权的伪币。同样,在农村则是以粮食为媒介来衡量各种商品的价值。我们在出口粮食上,也是根据这条规律,来进行布匹等等的交换,而不是先把粮食卖成法币或伪币再去买布匹。因此我们拥有充分的粮食和植物油的储存,不仅保证了军粮民食,而且是开展对外贸易的主要手段。至于以布匹或粮食作为交换媒介,一直到1949年解放初期依然如此。

淮海区作为一个小的独立型的经济区域,在货币问题上,它必然要同法币和伪币进行斗争,排斥这两种货币进入淮海区的流通市场。同时南面的苏中解放区,北面的山东解放区,西面的淮北解放区,他们都发行了自己的货币,淮海区这时也就有必要建立一个小银行、小金库,发行一种以元为基本单位,以角为辅币的货币。印刷是很落后的,无非是石印的、木刻的。没有一种好的经得起使用的纸张,因此就采用一种白细布来印成钞票。印制的成品当然是很粗糙的。虽然我们也在上面用号码机打了号码,也用我的名字制成一个铜印,按张印在上面,这个铜印我保存下来了,现在有时还用一下。这种货币因为比较粗糙,假造起来是很容易的,并且发生好几次假造的货币在集市上流通的情况。这当然是敌伪军搞的,我们也采取了许多防范措施。它的发行保证不是金子、银子,唯一的就是粮食。我们只把它当成商品流通手段,没有把它当成财政手段,因此发行量很少,说不上通货膨胀,不过确确实实肃清了法币、伪币在解放区的流通。当时抵制伪币比较容易,这是一个抗日的问题,而抵制法币就比较困难,因为它不但有长期的发行历史,而且有全国通用的合法地位。它在淮海区的发行量当时估计有二千万之多。我们也不得不抵制山东解放区的货币、苏中解放区的货币、淮北解放区的货币。其实大家都一样,自然,政治上这很说不过去,而经济规律的实践却只能如此。物价也在涨,但并不是我们搞了什么通货膨胀,而是受周围地区的外来的经济影响。这当中只发生过一次风波。山东一个旅,借住在陇海路以南,要调回去了,他们就拿他们手上的淮海区钞票乱买东西,引起混乱。我们立刻去把他们手上淮海区货币全部收下来,或者给以物资,或者拿我们手上有的山东解放区钞票与之兑换,事情也就顺利地过去了。我们投放的淮海区钞票,现在想来,大概要超过二千万元,没有这个数字,是不能把法币全部排挤出去的。同时使用这批货币,能够在生产上发挥作用。我们每年发的春耕贷款,大概都在一千万元以上。我们还发放了一些纺织业的贷款、榨油业的贷款、一般手工业的贷款和商业贷款。这对于农业和根据地的生产事业的发展,起了很大的促进作用。同时按情况设立了税局,征收盐税,这是一个大数目;至于其他一些商店的营业税,过境商品的过境税,虽是财政上一个来源,但为数不大,在财政上作用也不大。

鉴于战争环境,行署那时候真是行署,明天在哪里?后天在哪里?自己也不知道。加上交通不便,地方上发生了什么财粮问题,行署无法及时处理。为着保障财粮制度的贯彻执行,我们依照行政区划,在每个中心县委设立了一个财粮监理员代表行署,行使有关财粮工作的一切权力。这又是一种权力下放的办法,使得实际工作的执行井井有条,而我自己正可以脱身于那么多的管不了的事情之外。那个时候正在实行精兵简政,区党委没有几个人,行政公署也没有几个人,只能搞权力下放。因为所有财粮制度都建立起来了,他们执行起来也是很方便的。实行财粮监理员制度以后,解决问题方便,避免了官僚主义。搞后勤的部队同志就很赞成,因为有什么问题,就近就会找财粮监理员解决,而不必一路跋涉去找那个还不知在哪个庄的行署李主任。我现在记得第一监理员是汤化愚,在灌云地区;第二监理员是卢钝根,在宿迁地区;第三监理员先是江剑农,后是夏雨,在沭阳地区;第四监理员是周伯平,在涟水地区。

情况是好了一点,但还是有问题。因此,1943年区党委为着节省物力财力,给各县党委一封信,提醒大家注意这个问题,假如说有开源节流,这封信就专门讲节流。为着搞清楚当时是些什么困难、什么缺点,有必要把这封信附录在这里:

各县委、县政府党团、各机关支部：

敌后的游击战争和根据地的坚持，是长期的艰苦的。

一切斗争时间愈长，物力财力的消耗愈多，而我们的困难愈甚。我们已坚持五年了，我们还得继续坚持下去，最好的打算还有两年。今年击溃希特勒，明年赶走日本。但这仅是从一定的客观形势的估计和我们的信念出发，事实本身是否如此，还决定于客观形势的发展和我们主观的力量。因此，只作明年的希望，口头的乐观，而无一实际工作，那胜利是不会自己来临的。

由于坚持长期抗战的观点，由于抗战愈久物力财力消耗愈大的观点，由于愈消耗愈困难的观点，由于抗战愈坚持，敌人愈加残酷的观点，由于只有拼命渡过最后困难才能得到胜利的观点，节省物力财力这一问题，就必然地提到今天的重要的议事日程上需要解决。解决这样的问题，也就是党今天的责任。

物价无限制的上涨，法币日益下跌，伪币强制地提高价格。而我们呢，在这方面准备不足，过去仅印了三十几万元的五角票，现在虽然准备大批出地方钞票，但物质条件的限制，使我们的工作很迟钝，印制不会多，使我们和伪币的斗争，处于劣势地位。

由于物价的飞涨，法币的暴跌，人民生活水平是降低了，部队与工作人员的生活水平，更加异常地坏。但我们有什么办法呢？

由于敌寇的封锁，由于我们是这样的农村，仍相当依赖城市的农村，货物的流通极为阻滞。盐，过去依为税收的主要来源的，今天几乎没有了，税局税所是分设在各处，但收到的税却极少极少。

公粮预计收五千万斤，但谁能保证一定收齐呢？敌人拼命地收买奸商偷运出口，在边区抢，在某些地区增加了据点（如桑墟），还有土匪恶势力大肆活动，我们能收公粮的区域是相当地受了限制，我们不知各县委、各县政府机关，注意这件事没有？认识这件事的严重性没有？采取什么对策没有？

冬天又来了，棉衣的准备，布呢？棉花呢？

这就是我们今天的困难，穿衣吃饭的困难。党不能保证穿衣吃饭，就影响工作，就影响战争，就影响敌后的坚持，就影响我们能不能很好地走上胜利的途径,这是极显然的事。

在行政公署改组时,号召建立财政上统筹统支时,虽然没有遭遇极明显的抵抗,但消极的抵制是有的。地方存款完全用掉,原来预计各县自己可以维持两个月的,现在都得在行政费用中一一照支出来。支出经费的预算呢?都是报得愈多愈好,没有那么多的人,也要报那么多的人。有些人就是不负责,完全由会计任意填数目字,一个县总队部工作人员四人,杂务人员却填四十几人。开会也是没有计划的,一个县农民代表会,会议上千人,开到第七天,还加上五匹马——有哪个农民代表骑马来开会的?随便招些土匪,就叫区警卫队,一不能打土匪,二不能抗敌伪,除了吃公粮之外,还要为非作恶,携枪叛变,好处在哪里?抚恤阵亡的,随便就发五百、一千,区署也有马……像这一类例子多的是。

我们淮海区的党,一方面曾经历过艰苦斗争,艰苦奋斗的作风是有历史的;另一方面我们确实是过了一段贫苦生活,勤俭节约也是有历史的。不能因为有上面这些例子,就指责同志们是大手大脚,铺张浪费的,也不能说我们在执行统筹统支上完全没有问题了。情形有两方面,好的要表扬,要光大;不好的要指出,要纠正。

那么,所谓节省,是不是要弄得比现在要苦,要困难呢?不是的,也是不必要的。但是,如果随便请客,除了烟酒、纸张上的浪费以外,还不讲公共卫生,病人多,这些是不是可以节省的呢?完全可以的。勤务员实事求是地少几个好不好呢?规定以外的马匹,都编给通信班或骑兵用好不好呢?多个勤务员,不如雇个长工种菜,改善大家生活。与其把钱花在不得当的地方,不如好好建立一个手榴弹厂。有一个人就要办一个人的事,不必要的要裁减。大家都朝节省的方面想,就会多出钱来,多出公粮来。只有从多出的钱、粮中,才能解决棉衣问题,解决印钞票的问题,解决生活改善的问题——提高菜金或多发粮食,解决战争问题——有手榴弹或子弹。这样,才能长期坚持下去!

一切应该顾及整体、全局,应该牺牲个人和局部的利益,服从整体与全局的利益。一切只顾个人,只顾局部,只顾我过得好,只顾我这一部分过得好,而不顾别人,不顾整体,不顾全局,就是对革命不负责任。

中央在去年就号召精兵简政,这个政策,完全是敌后长期坚持抗战所必需的。我们今天的军事建设、政权建设,能够说已做到精兵简政了吗?能够说在这方面我们已采取了必要的步骤了吗?我们在精兵简政上有些什么成绩呢?我们的同志在思想上是不是有了彻底的认识呢?

区党委要求各县党委,并号召全体工作同志,讨论这个问题。在自己方面,经费和粮食的预算是不是随便呈报?经济经手人员是不是有贪污浪费的情形?对公物有没有不爱惜的地方?有没有不依预算范围而随便开支的?有没有用了再说的?谁执行粮食财政制度最好?谁执行得最坏?把检查这些工作,变为县委、县政府党团和机关支部的责任。县委主要责任是要领导好。县委及每个机关支部,可以组织一个审计委员会,负责审查这个机关的经费支出情况。县的每月的经费预算和粮食预算,无论党与群众团体以及行政的、学校的、自卫队的,都应经过县的审计委员会审核。完全要实际的。反对浮报、滥报。行政公署的财经处和粮食处,对各县按月支出的经费预算及粮食预算,自8月起,或将不加审核,报多少即照发多少。但将来如查出预算中有浮报滥报及不负责随便填数目字的情形,各县县党委会全体要负责任,特别是县委书记要受党的警告处分。

区党委希望县党委、县政府党团及各机关支部,以布尔什维克的精神来对待这个问题,在这个问题上加强党性的锻炼,反对对这个问题的官僚主义态度。8月份内,区党委责成行政公署党团,要有组织地派员检查这个工作,并作出一定的结论。区党委将以此作为考察各县党委工作成绩的一种办法。

六十一

1943年3月18日,三师七旅十九团第四连在淮阴城北的刘老庄与日寇发生一次战斗,全连壮烈牺牲。1946年3月,政府就地建了一个烈士墓。我为这个烈士墓写了一个碑记,文如下:

三十二年(1943)三月十八日,拂晓,从淮阴城里开出一支国际强盗的队伍，日寇六十五师团的三个步兵大队，一个骑兵大队。配备有野战炮、重机枪。过了老黄河、盐河，向北，梳子样地"扫荡"过去，一直"扫"到涧桥、刘老庄。刘老庄，在春天，交通沟从庄子里伸出来，散兵壕式地弯曲，不知去向，傍着土地庙，站着持枪的哨兵。战士，枪弹都上了膛，机枪都褪了衣，手榴弹都挂在身上，但态度是安详的。这位置是一个连，新四军第三师第七旅第十九团第二营第四连，从连长白式材、指导员李云鹏到司号员、通讯员，一共八十二个人。发现敌人，哨兵以连续的发射，代替报告。一个连八十二个人，立刻进入交通沟，抵抗。交通沟是断绝的，不能够撤退了，抵抗。就是一个连，没有友邻部队，不能够得到援助，抵抗。优势的敌人，迅速地完成了包围，不能够突围，抵抗。再不是春天，再不是安详，而是战斗。保卫刘老庄。保卫自己。敌人发起冲锋，一次，无效；二次，无效；三次，无效；四次，无效。敌人认清了对方不能退，集中了炮火，上一百门炮，轰；指向着一条蜿蜒的交通沟，轰。这个连，八十二个人，从拂晓到黄昏，度过那极端的紧张、残酷、饥饿、悲壮的十二小时。只有枪弹声、炮弹声、手榴弹声。只有鲜血、挣扎和死。八十二个，八十一个，八十个，七十九个，七十八个，一个一个地递减到不成为连。两个排，一个排，两个班，最后还不到一个班。整天的战斗，整天的射击，剩下来的子弹，最后还不够一支枪的连发。绝望地牺牲下去，亦英勇地牺牲下去。他们凭了什么？有这样不挠不屈不止的抵抗的力量。等到一条交通沟都寂静下来的时候，天已经和战场一样的昏暗，敌人才能迟钝地踏上交通沟的边沿。顺着交通沟，错乱地躺着一个、两个、三个……八十二个中国人民的战士，每一个都染洒着透红的中国人民的鲜血。注视一下，没有一支完整的短枪、步枪、机枪，全都折断了、炸碎了，弹药都射尽了，手榴弹都掷光了，敌人想要，但是不能够拿走一样还像样的武器，作为他们"胜利"的代价。他们亦无可奈何地搬回他自己的极丑恶的黄色军服包裹着的法西斯侏儒的腐兵的瘟尸，二百几十具。这便是他们在新四军面前应有的"缴获"。三年后的三月十八日，刘老庄依然是春天，就在那断绝的交通沟旁边，已经长起方圆几里的柳围；在柳围的中心，高大地堆起一个奉安中国人民英雄的山陵，在山陵的正面，洞开着一个大门，"八十二烈士墓"的墓门。淮阴现在是胜利地和平了，但是不会忘记的，烈士们的亲爱的伙伴，还在山海关的长城外，为中国人民的事业奋斗。他们也更不会忘记这八十二烈士，因为这是他们最好的榜样。五年中，直到克复淮阴淮安为止，我与三师同志们，共同工作，共同担负敌后的一切灾难，我不能不怀忆生者，我更不能不悼念逝者。向八十二烈士，我致布尔什维克的敬礼！

中华民国三十五年(1946)三月十八日

成都李一氓谨记

战斗经过，这个碑记已经作了详细的叙述。我还在墓门前，写了一副对联："由陕西到苏北敌后英名传八路，从拂晓达黄昏全连苦战殉刘庄。"战死的烈士的名字，除了那个碑记所列的之外，还应加上副连长石学富，文化教员孙尊明，排长尉庆忠、蒋元连、刘登富。后来涟水独立团第二连全连，在连长宋丁祥、政治指导员许醒民的率领下，加入十九团二营，补建为新的第四连。四连全连在刘老庄的壮烈牺牲，应该说是，这支从湖北到陕北，又从陕北到苏北的中国工农红军传统的英雄主义的表现，而新四连的慷慨补建，则又是淮海人民坚持抗日的热烈的爱国主义的表现。淮海人民对他们，至今还留下非常崇敬的感情。

1944年冬天，淮海区抗击敌伪的斗争，逐渐争得优势。泗阳县建立了一个抗日战争牺牲烈士的纪念堂，地点在裴圩子。实际上是一大间砖木结构的大厅，并没有什么纪念的实物。采取了个老办法，把泗阳县为着抗日斗争牺牲的战士，都在一块大木牌上，分行留下一个一个的名字，写上他是泗阳的哪乡人，属于哪个部队。又请区党委、军区如金明、刘震他们写了些刻四个大字的匾，有的是红底金字，有的是黑底金字，挂在墙上。我自己写的是"日星河岳"。县长夏如爱要我替这个纪念堂题个名字，我就根据中国的旧传统，为它取了一个非常旧的名字叫"昭忠祠"。现在看来是太陈旧了。这个建筑的旁边有一大块空地，他们筑围墙把它围起来，作为一个烈士基地，把能放进去的棺材都埋在里面了，又在里面种一些观赏花木。这位县长又要我替它取个名字，因为埋在墓地里的都是爱国烈士，而主持修建这个墓地的人又叫夏如爱，因此我就替这个墓地取了一个"爱园"的名字。就是这个爱园，在一个空地上又修了一个会议室，居然成为一个风景点，还可以利用它开什么会议。

解放战争胜利以后，泗阳县的行政中心改建在众兴集。他们嫌这个爱园离众兴集太远,裴圩子在众兴集以北约七十华里,其实这个爱园早在解放战争中就被国民党部队烧成废墟了。他们就在众兴集附近,仿照当时的样子,重建这个昭忠祠和爱园,并且扩大规模,建成了一个公园。亭台花木点缀的面积加大了,昭忠祠和墓地就只占大爱园的一角了。

1944 年冬天这个墓园建成的时候,夏如爱要我为这个墓地写一通碑记。大概是受毛泽东在延安写的《向国民党的十点要求》行文的影响,我竟把这篇碑记,写成了骈文。

泗沭抗日烈士公墓碑志

封豕长蛇,盘踞上国,城狐社鼠,糜烂是邦,亦既八年于兹矣。所幸八路军、新四军抗战部队,江淮会合,游击坚持。四年之中,涤荡所至,乡里粗得静宁,人民蒙基庇托。民主壁垒,屹然敌后。窃以倭祸于明则涂炭东南,于清则割地输款。然深入腹地,迭陷名城,掠我资源,奴我民族,弄张邦昌之政府,屯金兀术之膻腥,久历时日,未有若今日之甚者!而我淮海健儿,义旗高举,保一方干净之疆土,树百世民主之规模。殊无一弹一饷,受助中枢,仍能前赴后继,效命家国。虽猖獗之贼寇,亦不得不遍布碉堡,困守孤城,视为侵略中国所遭之癌。敌后战场,于以开辟,民主根据地,于以创建;比之往史,确乏前例。惟八年抗战,日月蹉跎,虽胜利之可期,尚反攻之有待。让长春宫里,留釜底之游魂,使衡岳山下,添西窜之妖氛;受患日深,元气日损,此其故何也?岂不以宰衡以独裁为庙略,将帅以干戈为儿戏;军令政令之说行而赏罚不明,异党奸军之说行而敌友不分,厂害益炽,人心益疲,致遭商队之讥,遂成观战之实,有以致之哉!故八载至今,我国仍不能不止于抗战相持之局,我泗沭仍不能不处于敌后被封锁之境。由于相持敌后,敌伪仍得肆其骚扰劫掠之毒,而人民之生命财产,仍不能不感受威胁。于是而保卫乡土,坚持敌后之忠勇将士,仍不能不有壮烈之牺牲。谋国之咎谁属?求胜之途何在?固已昭然。民国三十三年孟冬,邦人士有泗沭昭忠祠之建,以木主祀抗战以来之死于保卫泗沭者,八路军、新四军阵亡将士及地方殉难义兵皆与焉。复于祠侧辟爱园之隙地,为泗沭抗日烈士公墓,以安八路军、新四军阵亡将士及地方殉难义兵之遗体。崇德报功,固得其宜。为鬼也雄,其魂也忠,其志也烈,而其事也可衰已。盖反攻如早,胜利已获,今日动荡之敌后,岂非和平之乡村;今日殉国之烈士,岂非建设之干部耶!

这是在 1946 年以前写成的东西了,抄在这里,只能勉强当作对抗日战争回忆的个人记录。

六十二

1943 年秋冬,全党整风运动刚完,全地区参加整风的干部即将回到各自的单位。有同志发起开个联欢晚会,在节目安排中插进了一两个京剧的折子戏。哪里去弄服装呢?有人异想天开,去把庙子里神像身上的黄袍、红袍剥下,居然穿着起来,把戏演出了。那晚演的什么折子戏,我已很难回忆。不过三件事情引起我组织一个京剧团的想法。一、我原不了解淮海区有为数不少的干部都会唱京戏,那天晚上居然锣鼓全套都能打出来,有的同志,显然可算票友,不仅会唱,还会做。二、从神像身上剥来几件破袍子,看起来实在不像样,与叫花子差不了多少,要能有一套完整的行头多好。三、眼前有个沭阳人叫方樵,就住在解放区,是个旧艺人,但本事可大了,能唱能做,能文能武,熟悉各个行当的腔调,在乐器伴奏上,能打能拉。

把这三件事一凑合,有这个方樵,等于找到了一个全能的顾问,或万事通的导演。但角色,从这批干部票友同志中,能不能配得齐全?编排结果,几乎老生、花面、丑角、小生、旦角的青衣、花衫都能配起来,只差武行,这可以请方樵慢慢教。当然,人数还很不够,就决定从淮海中学中抽调一批男女学生,加以培训。剩下来的问题是:行头哪里来?当时我们在宿迁北面、陇海路的新浦镇上,有几个社会关系,替我们卖出粮食、油料、生猪,买进医药用品和布匹等属于军需的东西。我们就详细开列了一张行头的长单子,交给他们,并限期要搞回根据地。这些人本事大,派人到北平、天津,居然买了两副完整的戏箱运回来,价钱亦不贵。因为当时平、津市面萧条,那些组班演戏的老板,没有生意,而行头放在家里又毫无生息,反不如脱手卖了算了。一套是从天津买的,一套是从北平买的，——流泽同志他们写的回忆说是从上海买回来的，不是事实。因为淮海区筹办军需的社会关系，都在北面，没有上海的关系，比不得当时的苏中区。

行头到手之后，全靠票友不能成立剧团，必须把票友转成职业的工作人员或演员。但有些同志还要照顾本职，只能暂时当票友。从淮海中学调来个别教员和学生，从地方上党政干部选调一些会拉会唱的，还从军队文工团中调来些搞音乐工作的，这样就集合了五六十人。自成单位，还得有团长、副团长、庶务和炊事人员。

除了行头之外，还要制备一套可随时拆装的舞台装置，至少要有后幕、前幕。在农村来讲，前幕是很华丽的，当时全用了朱红缎子。完全是野外搭露天舞台，还要有天幕。其他椅桌，都是临时借用。演出多在晚上，照明，先用油灯、电石灯，后来才加了四个汽灯。

剧目，一开始，不能上角色太多的，不能上武戏，不能上太无聊的戏，不能上全本戏——只能是折于戏。开始演出的剧目大概是：《打渔杀家》、《女起解》、《三堂会审》、《贺后骂殿》、《二进宫》、《辕门斩子》、《汤怀自刎》、《拳打镇关西》、《风波亭》等。作为一个剧团，成立演出之后，逐渐互相熟悉，就排练了全部《失空斩》、《甘露寺》、《四郎探母》，后来加紧练习武打，1946 年还演出了延安的剧本《三打祝家庄》。剧目亦就丰富起来了。

只有舞台，没有观众的座位，站久了亦不行。自带板凳，又会弄得很乱。利用露天想办法，就面对舞台挖横沟，一排一排分前后若干排挖下去，人坐在地面，足放在沟里，多化点工夫，也可以前低后高，居然秩序井然，观众亦乐意。冬天就难过了，足在沟里，特别冷，首长们特殊化一点，在沟里烧起木炭。不管怎么样，机关干部爱看，战士爱看，周围十几里的老百姓也爱看。灯火通明，锣鼓喧天，实在是活跃了敌后的文化生活。

锣鼓刚响几天，可就"大事不好了"。有人向华中局告了我一状，罪名是不艰苦奋斗，买行头，唱旧戏……。骑虎之势已成，总得想个办法对付过去。千幸万幸，郭老的《甲申三百年祭》已由延安广播，敌后别无参考书可得，就凭这篇文章内容，我闷声不响，连人物和故事情节，敷衍成一出京剧脚本，定名《九宫山》。立刻请剧团同志，设计唱腔，分配角色，打破西皮二黄的界线，一场西皮，一场二黄，皮黄杂用。人物众多，李自成、李岩、宋献策、牛金星、红娘子、吴三桂、陈圆圆……全团的同志都参加。服装也勉强够用。九宫山李自成被杀害后,余部在掩埋了李自成后,合唱一首不是京剧唱腔的新歌,李文涛同志作曲,激昂慷慨,气派不凡。彩排结果,还要得。演出以后,颇得好评,先送到阜宁第三师师部去演了几场,然后打电报报告华中局,送这个剧团到淮南华中局及新四军军部去演几场。反正《甲申三百年祭》是郭沫若写的,是中央作为整风学习辅助文件广播给各解放区的,这个《九宫山》就是根据郭文改编成京剧的,无论如何政治上站得住脚。请华中局和军部全体同志看一场戏,所幸华中局亦没有追究下去,我亦就不必辩白什么了。现在《九宫山》剧本已找不到了,不算什么著作,只想为剧团找个立足之点。自然,我当时就不抱有追悔不及之意。

《九宫山》这个剧本,1947年夏天我暂时住在烟台时,因阿英同志提议,并由他自任导演,由烟台京剧团排演过一次。

组织这么一个剧团,没想到惹出这么一场风波。四十年过去了,我总觉得好笑,告状的同志既赢得艰苦之名,但也未尝没有从《打渔杀家》的演唱中得点戏剧文化的乐趣。

这个剧团一直在盐城地区、淮海地区,为部队和医院作慰问演出,亦为群众演出,锣鼓一响,二三十里远的人都赶来了。到1946年涟水战役之前,则常在淮阴城内演出。周恩来同志的堂弟周恩澍,是梅派名票友,剧团同他配合,演过《刺汤》。还有个京剧女演员蓝萍,同她的丈夫路过淮阴,剧团同她配合,演出了《起解》和《会审》。在淮阴已不是露天舞台,而是在城南公园内临时修建一座室内舞台。1946年冬,国民党进攻,我们从淮阴撤退。这个剧团到山东后,曾经和山东京剧团合并过,但工作人员不久都被华中局一个一个调走,主要的是调回淮海区做地方工作,坚持对国民党的游击战争,剧团亦就不存在了。所以这个剧团的同志们,在他们的后期工作发展上,少数仍留做文化艺术工作,多数则转到其他方面去了。全国解放后,又有部分同志,改行参加工业建设。四十多年过去了,剧团从组成到解体,前后不到四年,现在同志们分散全国,各奔前程,来往亦少,我总常常怀念他们,感谢他们当时支持了我,并进行了这场活动,为苏北解放区军民丰富了文化生活。

根据还能回忆和了解的情况,大致可以列一个名单。

一、方樵,全国解放后任过淮阴地区清江市人民剧场经理,已故。

二、蒋复,组团时任团长,演老生。解放后曾任山东省社会科学院院长。

三、吴石坚,淮海区潼阳县区长,县文教科长,继蒋复任剧团团长,演老生。解放后曾任南京戏剧学校校长,已离休。上海京剧演员吴江燕,电影演员吴海燕,就是他的女儿。

四、袁硕,淮北大众剧团音乐教员,吴石坚走后,调任团长。曾任江苏徐州地区文化局长。

五、沙维,从军分区文工队副队长调来,演老生。现任天津市人民艺术剧院院长。

六、周正,原在灌云地方工作,调来演小生。曾任山东省体委副主任,两个援非国家体育场是他主持修建的。

七、董战,原在运河特区地方工作,调来任司鼓。曾任机械工业部设计研究院机关党委书记。

八、吴耀,演小花脸。曾任河南省开封师范学校校长。

九、流泽,演老生。曾任上海市文化局演出处处长。写有两篇有关这个剧团的回忆,一载《战地文艺纪事》(上海戏剧学院 1982 年编印),一载《华中抗日斗争回忆》第二辑(上海新四军和华中抗日根据地研究会 1983 年编印),同执笔者丁瑶。

十、张大弓,三弦,剧团秘书。曾任上海越剧院行政科长。

十一、滕云,原在淮海中学工作,调来后主要负责行政。现任广东造纸厂厂长。

十二、汤宜陶,地方干部,会操琴。曾任山东建筑材料工业学院副院长。

十三、何衣虹(女),青衣,唱工不坏。现在徐州地区图书馆工作。

十四、顾乃锦,文武花脸。其父是鼎鼎大名的上海阔人顾竹轩。现任上海黄埔区文化局副局长。

十五、王莹(女),青衣。现在北京。

十六、李钧(女),青衣。

十七、汤化葵(女),花旦。现在上海杂技团管人事。

十八、丁瑶(女),彩旦。现任上海戏剧研究所办公室主任。

十九、陈文远,武生。现为解放军艺术学院教师。

二十、胡明,武花脸。现为杭州京剧团教师。

一个一个的也记不那么清楚,就能了解到的列举这么二十位同志,至于现任工作可能大部分都离休,要知道这已是四十多年前的事了。

六十三

1945 年夏天,把盐阜、淮海两个区合并为苏北区,黄克诚当书记、我当副书记兼苏北行署主任;原来的两个区降级为专员区,当时简称专区。

日本投降后,新四军军部命令"应把津浦路以东,长江以北,陇海路以南,运河两岸整个地区打成一片,占领所有城镇,解放所有地区"。淮阴、淮安就在运河线上。我们就准备由淮海军区第十旅,担任主攻去收复淮阴。这次军事行动就由十旅旅长刘震同志指挥,他也是淮海军区的司令。这时原驻淮阴的日军南坂大队已撤往海州。接防淮阴的是伪军第二十八师潘干臣部队。潘干臣原是国民党的一个军参谋长,带部队投降后,当了师长。这个人非常反动,我们进军淮阴后,他态度很顽固,拒不投降。那时各地的伪军都很恐慌,再不会有什么外来力量的支援,也丧失了粮食、弹药的补给。我们分别把淮阴城周围的敌军据点都肃清了。固守淮阴的伪军力量有八千人,人数再多,也只是一支孤立无援的部队。潘干臣想得到淮阴以外的国民党部队的救援,完全是妄想。奇怪的是在一个城里挤了很多敌伪县长,如国民党的行政专员、泗阳县长、淮阴县长、涟水县长;汪精卫的淮阴伪县长、泗阳伪县长。

我们只需要克服淮阴城城墙这一关,那八千人就很容易解决了。但在那时的装备情况下,爆破这个城墙,我们还是只能采取老办法。我们把淮阴城东面花街的民房,一家挨一家地打通,迫近城墙角下,这样就不会被敌人发觉。然后向城墙挖地道,挖好以后,用棺材装上锑恩锑(TNT),拉上引线,把棺材送进城墙下面的地道,然后回填加固。9 月 6 日晚上,发起总攻,进行爆破。爆破一举成功,把城墙炸开一个缺口。攻城部队首先利用这个缺口爬进去,扩大战果。东城以外的各方面,在知道城墙已经爆破的情况下,也搭好云梯,奋不顾身地爬上城墙。这些部队分头解决正面的敌人。最后把潘干臣打死了,把他这个师整个消灭了。

进攻开始时,我和吴觉爬上闸口旁边的中华楼饭店的三楼上,向城里看得很清楚。后来我们就下了楼,跟着指挥机关,经过花街民房进入阵地。城墙爆破以后,攻击部队还没有进去多少人的时候,我和指挥机关也就跟着进城了,一直到最后结束战斗。就在当天晚上,地委机关和行署也进来一部分人。吴觉是淮阴地方有名人士,熟悉地方人情,把他拉进城去很有必要。至此以后,我就自己安营扎寨,和刘震分开了。

淮阴城是1939年2月被日军占领的,到这次解放为止,被日伪军盘踞达五年半之久。在9月份内,淮阴以外的县城如淮安、盐城以及其他各县也全部一一解放了。苏北根据地连成了一片。淮阴在苏北来讲是一个古城,韩信的老家,是一个经济中心。光复淮阴,是苏北抗日战争的一大胜利。我在淮海区到抗日胜利为止,前后工作了四年,虽然是敌后,但没有参加过什么战斗。敌伪"扫荡"的时候,作为领导机关,也不是战斗部队,只要不麻痹,为敌所乘,它的"扫荡"总是落空的,躲过它就行了。

淮阴解放后,我就住在淮阴的安乐巷,一直到1946年9月,刚好一年。我是以军事胜利者的资格进入淮阴城的,但却是以军事上战略转移放弃淮阴,而离开淮阴城的。以后就住无定址,事无专业,一直到1948年初。历史对人的影响是很奇怪的。

在三师部队解放淮阴、淮安后,中央鉴于全国形势的发展关键在于东北,我军必须抢在国民党之先派一大股力量,去尽可能地占领东北各地;而当时距东北最近的是华北部队,但是人数仍显不足。因此中央就调三师迅速出关,经过山东、河北。那个时候我在淮阴,边区政府还没有成立,我还以苏北区党委副书记的身份在那里主持工作。三师是全军北上的,无论军事机关、党政机关都没有留多少人。我跟这个部队,特别是师部和淮海区的十旅指战员们共同工作了四年,渡过了抗日战争的艰苦岁月。我以留在苏北党的负责人的身份为他们北上送行。请了这个师师部、四个旅部、十五个团部的全体团级以上干部,大概有百多人,摆了十多桌。自从幼年大醉以后,我已不大喝酒,但作为主人,只好为每一桌的同志敬一杯酒。酒是苏北当地的高沟大曲,不过幸好杯子是土窑小酒杯。为了表示诚意,没有弄虚作假,拼了命,一桌一杯。十几杯下来,很够受了。这一来,客人都一齐起哄,要一个人回敬一杯。这可惹不起,就是一桌一杯也要挡着,否则不堪设想。我只好用个大言欺人的办法,说:"可以,不过应先从黄师长起,我们先来五杯。"我知道黄克诚不会喝酒,同时我们师长也大发善心,怕真的把我灌醉了,力加阻拦,他当然也不愿喝。讨价还价,结果是另指定一个同志代表全师回敬我一杯,以表示感谢。这样才收场。但我对三师全体同志们北上开辟东北,长途跋涉,任务艰巨,确实抱有敬意。当年年纪刚过四十,为了给这些同志送行,也为了庆祝坚持敌后根据地的胜利,慷慨地也就一口气把十几杯酒吞下了。

这支部队七旅、八旅是盐阜区的,十旅、独立旅是淮海区的,总人数有三万五千人。这支部队于1945年9月底离开苏北,11月底从河北的玉田出发,经过丰润、迁安,跨过长城的冷口,经青龙进到辽宁的建昌,完成了向东北挺进的战略任务。在东北时期,他们主要活动于齐齐哈尔方面,开辟了西满广大根据地,部队在战斗中不断壮大。据黄克诚同志的记述:中国人民解放军第三十九军完全是以新四军第三师部队为基础编成的;第四十三军和第四十四军中都各有一个主力师是原新四军第三师部队的基础;第四十九军中也有原新四军第三师的部分干部。在解放战争时期,他们参加了辽沈战役、平津战役,南下解放湖南、广东,又参加抗美援朝。现在又以一个完整的现代化陆军集团军,成为中国人民解放军主力之一。但是从苏北北上到现在已经四十多年了,只能留下这支苏北抗日部队的历史和传统。想起那十几杯酒,我仍然觉得豪情依旧。作为纪念,我把这个师的团以上干部的名单留在这里,他们都是我一桌一桌地敬过酒的客人。

师长兼政委	黄克诚
副师长	刘 震
副师长兼参谋长	洪学智
政治部主任	吴法宪

下辖七旅、八旅、十旅、独立旅及特务一、二、三团

七旅:

旅长	彭明治
政委	郭成柱(代理)
副旅长	王东保
参谋长	黄炜华
政治部主任	刘锦屏
十九团团长	张万春
政委	郁 文

二十团团长	彭　飞
政委	魏佑铸
二十一团团长	马仁辉
政委	宋维轼
八旅：	
旅长	张天云
政委	李雪三
副旅长	胡继成
参谋长	庄　林
政治部主任	陈志芳
二十二团团长	王良太
政委	姚书梅
二十三团团长	李荣泗
政委	于　辉
二十四团团长	刘　岱
政委	沈铁兵
十旅：	
旅长	钟　伟
政委	王凤梧
参谋长	黄忠诚
政治部主任	贺大增
二十八团团长	彭金高
政委	罗友荣
副团长	张　峰
二十九团团长	王凤余
政委	田养泉
副团长	赵永夫
三十团团长	王林夫
政委	晁福祥
副团长	南仕荣

独立旅：

旅长兼政委	吴信泉
副旅长	冯志湘
参谋长	杨启轩
政治部主任	石　瑛
一团团长	喻和坦
政委	蔡　永
副团长	潘宗元
二团团长	吴大林
政委	吴　书
副团长	刘汉章
三团团长	张竭诚
政委	李少元
副团长	惠占云

师特务一团

团长	郑贵卿
政委	黄励华

师特务二团

团长	高　峰
政委	（缺）

师特务三团

团长	何文清
政委	杨宝生
副团长	钟福云
副政委	徐　贵

六十四

日本投降以后，我们打下了淮阴、淮安、盐城，大体上苏北地区无论哪个县城、哪个市镇都把伪军全部消灭了。同时苏中地区、淮北地区、淮南地区所有的县城都收复了,所有的伪军都消灭了,日寇都集中撤退了,整个华中地区全部统一起来了。收复的这些县城,崇明、启东、南通、如皋、海门、江都、扬中、泰州、泰兴、靖江、高邮、东台、兴化、宝应是原属苏中区的;盐城、阜宁、淮安、淮阴、涟水、泗阳、东海、灌云、沭阳、宿迁是原属苏北区的;邳县、睢宁、萧县、铜山、砀山加上安徽的亳县、宿县、涡阳、蒙城、泗县、灵璧、凤阳、寿县,河南的永城、夏邑、商丘是原属淮北区的;六合、仪征、江浦,安徽的五河、来安、全椒、嘉山、盱眙、天长、定远、怀远、滁县、合肥,是原属淮南区的。一共有江苏的三十二个县,安徽的十八个县,河南的三个县,共五十三个旧县区。原来军事上是统一指挥的,有个华中军区司令部,即新四军军部。党的统一领导是华中局,现在全区都统一了,就建议设一个苏皖边区政府,作为统一的政权。华中局和华中军区准备住在淮安,边区政府就住在淮阴。行政上把原来的四个行政区划为八个专员区,编号苏中分为一、二区,淮南分为三、四区,苏北分为五、六区,淮北分为七、八区。边区政府的组织很简单,就是把原来四个区的行政公署主任,改任政府主席。譬如我原来是苏北行政公署主任就当主席,刘瑞龙是淮北行政公署主任,季方是苏中行政公署副主任,方毅是淮南行政公署主任,就当副主席。外又加一位教育家韦悫当副主席。当然这个机构的正式名称应该叫苏皖边区临时行政委员会,所以还有军政主要同志都参加的二十七个委员。在分工上刘瑞龙代表华中局管群众工作,方毅在华中局财经小组下管财经工作,我以兼华中局宣传部长的关系,就管文教工作。当时还因为联合国救济总署派有一个代表耶生,奥地利医生,住在淮阴。在军调处执行部北京那个三人小组的下面,各战区还有地区性的三人执行小组,并且有数字编号。淮阴小组就是第十七小组。我方的代表是韩念龙同志。国民党的代表叫萧凤岐,上校,山西人。后来又有一位杨超,上校,四川人。美军代表是亨利·邓克(Henry Denk)中校。这样,好像还要加上一点涉外的工作。我开始搜集一点字画、瓷器,也就是乘这个空隙。

边区政府1945年11月1日宣布成立,到1946年9月19日解放战争全面开始,我们放弃了淮阴,存在时间还不到十一个月。从我个人来说,并没有做多少事情。

其实从中国共产党来讲,是真正愿意和国民党合作建国的。蒋介石公开撕毁停战协定,发动对解放区的进攻,似乎在我们预料之内,也似乎在我们预料之外。因为在淮阴的时候,我曾经得到华中局一个通知,说党中央要从延安搬到淮阴来。参加南京工作的同志有事情要开会就去南京,没有事情又不开会就可以回到淮阴的总部。中共中央的总部就要建在淮阴,就由我负责找一个适当的地方,建立中共中央总部。当时我的设想是砖木结构的平房,地势要高,不会被水淹。我也曾和少数同志到淮阴城外面走过几趟,看了些地势较高的位置。还没有定下来的时候,解放战争就开始了,这个计划自然没有实现。这个苏皖边区政府机构虽然存在时间很短,但是人员配备甚为理想,可以作为日本投降以后解放战争爆发以前,苏北政治的历史纪念。

边区政府各厅处院局长姓名表

部 别	职 别	姓 名
秘书处	秘书长	张凯帆
民政厅	厅 长	陈荫南
	副厅长	孟东波 刘 丹
财政厅	厅 长	方 毅(兼)
	副厅长	汪道涵
教育厅	厅 长	刘季平
	副厅长	白 桃
建设厅	厅 长	计雨亭
	副厅长	刘宠光
高等法院	院 长	季 方
	副院长	徐风笑
公安局	局 长	龙 潜
	副局长	黄赤波
卫生处	处 长	江上峰
交通局	局 长	朱月三
	副局长	荣建生
盐管局	局 长	陈 易

楊柳大堤從水寬
人烟深處入淮安鼓
樓文塔勞追憶眼底
風雲三十年

红石桥跨沙泯清
锦江水味知情亲
山城
无奈多回忆
隔岸
酒家料可寻
隔岸酒楼上

阳金桥上

红石桥跨沙泯清，锦江水味亦情亲。

山城无奈多回忆，隔岸酒家料可寻。

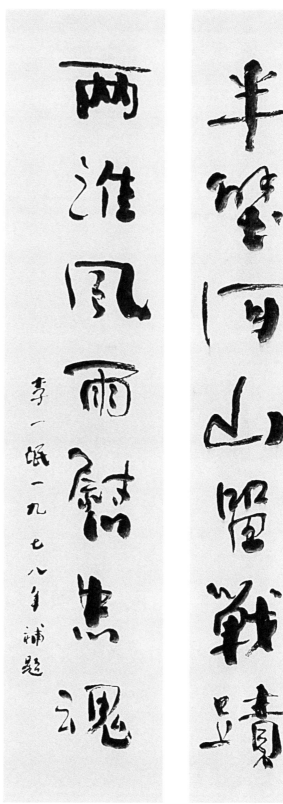

半壁河山留战迹，
两淮风雨慰忠魂。

僻在城边书声琴韵　悠然林下鸟语花香

文律運周，日新其業。變則其久，通則不乏。趨時必果，乘機無怯。望今制奇，參古定法。

甲子正春錄文心雕龍一瓶

主人颇有江湖气，坐客能谈山海经。

抗日战争时同吴觉同志共事淮海区，曾撰书此联以赠之，三十五六年后重过南京，虽历劫无重数，而雅兴不减当年，回京后曾直同志告以联语。因重录寄之，当共哄笑，然这一段历史不可没也。

写在郭老所藏孙子木简册之末借读后题

兰台著录已茫然断简重寻银雀山幸有奇书能借读老兵兴致跃当年

一九七四年稿　一九八二年元旦补书于北京

李一氓

陋政

写在郭老所藏
孙子木简册之末，
借读后题

兰台著录已茫然，
断简重寻银雀山。
幸有奇书能借读，
老兵兴致跃当年。

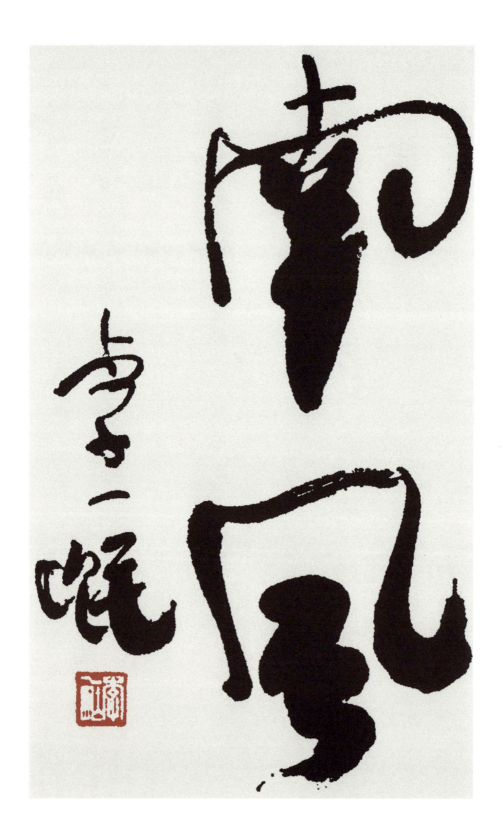

南风

何岩友墨名不显
墨形方程惟传
世甚少此墨左
侧已稍磨损一
九七五年捐缴
故宫博物院
一氓记

何岩友，墨名不显于
方程，惟传世甚少。
此墨左侧已稍磨损，
一九七五年捐缴故宫博
物院。一氓记

夏雨同志：信
奉悉，至感。
别有恩者，成
都有个林延年
同志很想找钱
君匋刻个印，
我已介绍他来
找你，特预为
通知。包揽闲
事，幸勿为怪，
敬礼！李一氓
九月八日

（书法作品）

念奴娇·寄沫若重庆

嘉陵江畔，有故国愁思，故乡风物。解佩汉皋何日又？寂寞山城如昨。丕岭阵前，党人碑上，旧恨填新曲。桂林邮汇，感君慰我穷蹩。

何事金石摩挲？当年豪气，不准戎衣着。聊托风流诗与酒，忧国鬓霜，嫉时骨硬，老去先生郭。女神何处？幽居长在空谷。

一九四二年一月盐城

废园

六年不测久离家，
燕子归时正落花。
入眼满园荒草没，
更从何处记繁华。

只余蔓草与荒烟，
难觅当时芍药栏。
自有惜花人护养，
嫣红姹紫亦徒然。
（芍药）

树树整枝作碗形，
春华秋实味津津。
乱条败叶推门处，
但道城春草木深。
（桃）

上左　行年八十矣

上右　一泯所藏

下左　一泯草草

下右　一泯題

上左　融安

上右　一氓读书

下左　一氓精鉴

下右　还有

	副局长	孙笃生
货管局	局　长	李人俊
	副局长	孙冶方
华中银行	行　长	陈穆
	副行长	徐雪寒
交际处	处　长	徐平羽

这个名单当中,陈荫南、计雨亭、季方算是民主人士,其他的同志现在都是党内知名人士,我就不在这里一一注释了。但少数同志已经过世,健在的则都是七十以上的老人了。回想当年把这批人集合在一起,虽然时仅一年,有这么一个同事的关系也很不容易了。

在民主人士当中,我特别要提一下计雨亭。他是苏北人。用当时的话来说,他是一名开明士绅,但是他确实是一个真诚和共产党合作进行抗日斗争的民主人士。他的儿子加入了解放军,对于减租减息政策,没有持过反对的意见。全国解放以后,他一直当江苏省政府的水利厅副厅长。他本人又很熟悉苏北的河道和水利设施,为人也非常豪爽,好喝酒,量亦大。1946年春天,我从淮阴去沭阳县,计雨亭同行。沭阳分区的同志,有吴觉、张克辛、李干成、吕镇中、陈书同,还有其他人,在沭阳县政府请我们吃午饭。那个县政府就是原来袁枚当县长,在里面种了藤萝的老衙门。由于计雨亭喝酒有名,而他的这批同乡又都是会喝酒的,大家围攻他。这顿饭下来,计雨亭被灌得大醉,不省人事。我当天下午回淮阴,他也不能回去,只好把他留在沭阳休息。据说休息了两天才好一点。这一直影响着他的健康。后来谈起这件事,凡是参加围攻的人,都非常歉然。我虽没有和他拼酒,但我也没有阻挡那些同志。写到这里,我也觉得非常遗憾。

蒋介石要打内战是肯定的了。

为着使南京不受威胁,他自然想进攻淮阴、淮安,消灭苏中解放军的主力。首先在苏中地区,进攻的面积很大,包括海安、高邮、泰州、如皋、泰兴。从7月中旬开始,一直打到8月下旬。我们打了七个大胜仗,消灭了敌人六个旅。我们称之为七战七捷。但国民党的反革命的内战范围包括全国,苏中这些局部的胜仗,并不能阻止国民党要大打。因此中央的"七月指示"提出:"战胜蒋介石的作战方法,一般的是运动战。因此,若干地方、若干城市的暂时放弃,不但是不可避免的,而且是必要的。暂时放弃若干地方若干城市,是为了取得最后胜利,否则就不能取得最后胜利。此点,应使全党和全解放区人民都明白,都有精神准备。"苏中的战役并不能保卫淮阴,从全局来看,淮阴也没有非固守到底不可的必要。因此苏中战役以后,边区政府就进行了撤出淮阴的准备工作。

1946年7月,除我、少数干部和公安局领导干部仍然留在淮阴以外,把边区政府干部和有关单位约二千人左右组成黄河大队,由计雨亭任大队长,徐平羽任副大队长,刘季平任政治委员,刘丹任副政治委员。大队下面设了十个中队。第一中队是当时的边区政府的参议员等,中队长是郑曰仁;第二中队是干部队,这队人数较多,职务也参差不齐,中队长是樊玉琳;第三中队是淮北的雪枫干部子弟学校,校长是汪达之;第五中队中队长是张奇;还有一个中队是财政经济干部学校,记不清应属哪一个中队;第九中队是医院的病员;第十中队是新安旅行团,中队长是左林。7月初离开淮阴北上,到达山东解放区沂水的铜井,按华东局指示继续北撤到渤海区,经过蒙阴、新泰、泰安南大汶口、肥城、东阿、聊城、临清,在临清休整了一个短时期,又转到德州西南的河北故城,住大杏基村一带。这时已是1947年的春天了。当他们北上经过山东沂水时,正是莱芜战役的前夕,这支队伍有二千多人,他们的行动被国民党军队发现了,总怀疑是华东野战军的一支主力。国民党也弄不清他们为什么走这么一条路,意图何在,总是对这支队伍采取监视行动。所以在莱芜战役的时候,这支队伍无意识地起了一个在战线西侧的钳制作用,使敌人不能在莱芜战役中及时地增援李仙洲。他们经过长途行军,疲惫不堪,由冀南区党委与华东局联系,同意这支部队留在故城进行休整。这时我跟这个大队可以说是全无关系了。

大队在故城住定以后,主要任务是学习、生产。党内也进行过一次整党活动。同时也调了部分干部参加当地的土地改革。大约在1948年初,第三野战军在濮阳成立,随军干部学校两次从黄河大队调出地方干部,学习政策,准备接管城市的工作。第一次由刘季平带队,第二次由徐平羽带队,第三次又由华东局调出一批干部到青州华东局党校第二部学习。至此留在故城的就只剩下家属、病员了。山东和苏北的军事形势好转以后,他们又长途跋涉南下回到了苏北。

撤退前，国民党曾空袭淮阴两次，时间是 1946 年 6 月 1 日，全丢的是烧夷弹，想把淮阴一把火烧掉。但是这种烧夷弹火力不大，又不爆炸，很容易地就扑灭了。最后，我带了少数人和谭震林同志一起，一直坚持到 9 月 19 日晚上。我们还坐吉普车到了王营子，想把那座桥炸掉，后来也没有炸。假如要固守淮阴，炸掉这座桥有意义，可以在此阻止敌人的进攻。但既然要放弃淮阴，炸掉这座桥，敌人可以在没有任何军事威胁的情况下，慢慢地把这座桥修复起来。当晚，四周都非常寂静，只有我们吉普车两道前灯的光，在黑夜中闪耀。于是我们又从王营子回头，离开淮阴向北，把这座孤城，暂时地甩在后面了。

有人认为，淮阴弃守，就整个华东战场的形势而言是不可避免的，但由于思想准备不足，撤出比较仓促，又未能大量歼敌，因而，对于当时华中战局及部队情绪有一定影响。这恐怕不准确，一、从物质上来讲，地方和军队都没有什么特大的损失；二、撤出淮阴并不能说是很仓促的。至于说大量歼敌，那时三师已北调东北，要作战只能靠苏中部队，它在苏中战役以后，显然没有力量进行连续的作战。要么就由山东野战军回头，增援两淮地区。当时我确实听到一些同志的意见，怪山东野战军不来增援。但分散山东野战军的主力，也不是好办法。同时也要找适当的战机，才能进行战斗。所以在放弃淮阴以后的 10 月下旬，我们集中兵力，就是说苏中部队加上淮南部队，在涟水地区进行战斗，攻击来犯之敌——国民党七十四师和二十八师。连续战斗了两个星期，歼敌一万多人，为莱芜战役消灭敌整编六十九师打下基础。跟着，华中野战军会合山东野战军，在宿迁地区歼灭敌整编第六十九师全部、整编第十一师一部，共二万余人。时间是 1946 年 12 月 15 至 19 日。华中地区虽然留下了第十一、第十二两个纵队的兵力，坚持这个地区的斗争，但从整个战局来讲，华中已变成一个辅助战场，这两个纵队也就成了偏师。即或拿后来的渡江战役来讲，解放军也是从安徽的东部突破长江而不是从苏北北岸突破长江的。解放军沿江东进，一直到南京、上海。华中在抗日战争时期是一个重要战场，新四军在这个地区立住了脚，把部队扩大到十多万人，成为南方一个很大面积的抗日根据地。抗日战争一结束，这个地区的军事重要性就大大地减低了。可就是以这个地区的部队为主，加上山东部队编成了第三野战军。这个地区部队的一部分，编成了第四野战军的主力。他们在整个三年解放战争当中，对解放东北、解放华北、解放中原、解放华东贡献了力量。倒不在于当时是不是要保住江淮地区这一片土地。

六十五

淮海地区 1927 年就开始有了党的组织。当时曾有过几次小规模的农民暴动,都很快就失败了。由于那些年经过"盲动"、"立三"、"王明"三个时期,不知积蓄力量,国民党又逐步加强镇压,淮海党组织不断遭受破坏,党员大多被捕,有的被杀。到 1935 年初夏,这个地区的党组织就被破坏无遗了。

1937 年上海失陷,日军向南京进攻,国民党军队节节败退,苏南苏北的局面极为混乱。此时淮海区一批过去的共产党员,有从监狱出来的,有逃亡外地的,他们纷纷回到家乡,进行抗日活动。宋振鼎从武汉归来,他找到大家,说明他到武汉八路军办事处,见到张爱萍、吴仲超两位同志,得到指示:先回家乡发动群众,组织抗日救亡团体,积极创造条件,建立抗日武装。于是大家就开始活动。

由于他们与当地各阶层有千丝万缕的关系,党的坚决抗日的主张又受到普遍欢迎,他们很快就立住了脚,组织了许多以抗日进步青年为主体的抗日团体,其中最大的是"苏北抗日同盟会"。迨到 1938 年底,1939 年初,中共山东分局领导下的苏皖特委派了三批干部到苏北:吴云培、夏炳桂(夏岩)到宿迁北部,建立宿迁县委,余耀海、孙朝旭到东(海)、灌(云)、沭(阳),建立海属临时工委;张芳久、高兴泰、戴曦到淮(阴)、淮(安)、涟(水)、泗(阳),建立淮属临时工委。

接着,在各县县城沦陷之后,党组织就领导地方干部组织八路军山东纵队陇海南进支队第三团(在东、灌、沭活动)和第八团,不久又成立了第九团。同时成立了统辖八、九两团的淮河大队,在淮、淮、涟、泗活动。所以,在 1939 年上半年,这个地区就又有了党的组织,并且有了八路军的游击队了。

从 1939 年夏收时到 1940 年春,先是苏皖特委后是苏皖区党委,先后又派了万众一、李凤、杨汉章、杨纯、胡笳(唐棣华)等来到淮海区。他们到了之后,成立了苏皖区委第二和第三地方工作委员会。第二地委辖东、灌、沭,书记杨纯;第三地委辖淮、淮、涟、泗,书记是万众一,后是杨纯。

自 1937 年末到我军主力到来之前这一段时间,先是国民党顽固派的压迫,后是敌伪与顽固派的包围夹击,斗争是异常艰苦的。但他们的工作与斗争,为主力顺利到来,为淮海抗日根据地的建立,准备了条件,特别是干部和群众的条件。

这个时期在淮海活动的骨干力量,在东、灌、沭主要有汤曙红、张克辛、周瑞瀛、孙海光(冠五)、孙存楼、钱天素、孙笃生、周晓江、周镜涵、章维仁、厉国桢、孙良浩、徐禹民等同志。在淮、淮、涟、泗主要有宋振鼎、吴觉、夏如爱、谢冰岩、张一平、夏仲芳、李干成、陈书同、陈亚昌、万金培、林士均、王伯谦、薛华甫、朱启宇、赵心泉、丁九、谢楠、陈克天等同志。那时还有新参加工作的一大批本地青年同志,现在还能想起来的是周文科、周文忠、张德雨、吴振林、石铭大、石振邦、张光亚(庐诚)(女)、袁淑英(女)、纪乐天、石光辉、罗青渠、张鸿志(女)、朱慕平、朱启勋、朱启杰(女)、王雨洛、石林、王国干、黄公勋(徐坚)、潘子明(潘三歪)、罗运来、黄钰、刘大模、方秉文、许邦议、王一香等等。

我是 1942 年到淮海区的。从 1937 年到 1941 年整整五年,就是有这么一批同志,他们做了开辟淮海区抗日根据地的工作。他们对于这个根据地是有贡献的。我在这个抗日根据地工作了五年多,记录一下他们的名字,当然是很不完全的,必然还有疏漏,但我应该记录这段历史,并且回忆到他们。

第九章
从山东到大连

1946—1949

六十六

在成都当学生的时候,去过武侯祠、望江楼、杜甫草堂、昭觉寺。在上海不知道有什么古迹。在广州无非去黄花冈。经过长沙的时候,连岳麓山也没有去过。到了武汉,游过黄鹤楼,那是一个算命卜卦的地方,实在没有什么古味儿。长征中跑遍了西南、西北那么多省,也没有有意去寻访什么古迹。石达开兵败的安顺场,或许算一处古迹了,但也没有去追寻石达开的那些战斗细节。到苏北住了那么多年,淮阴可算是有古迹的地方了,也不过听说一个漂母祠。当然,长江的三峡、武夷山、萌渚岭、大相岭、小相岭、六盘山都跋涉过了,但都是些名山大川,虽可以开阔胸襟,却不能发怀古之幽情。

1946年秋天,涟水战役以后,莱芜战役之前,我们放弃了淮阴,向北转移到山东,从宿迁跨过陇海路,经郯城到临沂,向莒县前进。

这是一个中午,天气很好,秋天山色非常开朗。在大路的左侧,隐隐看见远山山半腰的一些楼阁,掩映在红叶的树林中。我问向导,那是什么地方,他说那个地方就是有名的浮来山。宿营地已经定下来了,就在前面五六里路,不如趁此机会去看一个究竟。同行的有十来个人,到那个山腰也不过两三里路,打马向前,一会儿也就到了。山叫浮来山,这一群建筑就是有名的定林寺。进了山门,最引人注目的就是一棵很大的白果树。树干不高,但是树围很粗。守庙的人津津乐道地宣传说,这棵白果树是春秋时期的,鲁隐公跟莒子在浮来山会盟,就在这棵白果树下歃血定盟。后来一查《春秋》,果然在鲁隐公八年有"九月辛卯,公及莒人盟于浮来"这一段。《左传》上则说是:"公及莒人盟于浮来,以成纪好也。"为什么说"以成纪好也",因为《春秋》鲁隐公二年有"纪子帛、莒子盟于密,鲁故也"。所以六年以后,鲁公和莒子在浮来山的会盟,《左传》就回头解释为"以成纪好也"。那棵白果树是很粗大的,他们在浮来山会盟,是不是就在这棵白果树下,很难说,把这棵白果树说成是春秋时就有了的,未免太玄,只好在信与不信之间了。但我相信他们的盟会,可能就是在那片山坡上,搭上一些帐篷,整地设坛,举行会盟仪式。有没有那棵白果树,并不重要。为着渲染这两位小诸侯的会面,就说是在那棵白果树下,也未尝不可。因为古迹这个东西,后人加以穿凿附会,甚至于伪造,是常有的事情。

至于那一群建筑,楼阁殿堂,在这样一个偏僻的山岭中,规模可算宏大了。四十多年过去了,不知现在怎么样。这个定林寺,也有一个传说,说是刘勰出家就在这个庙子,并且在这个庙子里面写出我国古代著名文艺理论批评著作《文心雕龙》。近代文艺评论家写了许多论文,考证刘勰没有在莒县当过和尚,刘勰虽然是莒县人,却流亡南朝,在齐梁间住在南京或镇江。他写《文心雕龙》是很年轻时候的事。至于弃官到镇江定林寺出家,那已是晚年的事了。现在这个北定林寺在莒县北面十七八华里,把它说成是刘勰晚年回到家里建立的,恐怕靠不住。当我们去参观的时候,建筑还很完整,有明天启以来重修庙宇记事碑四座。有一座五开间的藏经楼,有文心楼,还有传为刘勰所题"象山树"石刻等。

在行军当中,居然有这么一个机会,去游览了这么一个古迹,涉及到这么一棵春秋时代的白果树,那就比天台的宋梅、南京的唐梅还要古老了。还到了鲁公和莒子会盟的地方。身临其境,浮想联翩,似乎在一个宽敞的楼上,有一个和尚在专心致志地写一部叫作《文心雕龙》的文艺论文。后来每当翻阅《文心雕龙》的时候,总回忆起这一次策马游山的情景。鲁南的山虽不高,但秋天的景色非常绚丽。即或没有银杏树,没有刘勰这些传说,那个浮来山的秋景也实在是很动人的。

鲁南沂蒙地区,由于山地多,又都是石头山,农业很不发达,人民生活十分贫困。我们是秋天通过这个地方的,秋高气爽,满山红叶。远远望见浮来山,山林的树梢上还冒出一角定林寺斜楼的碧瓦屋脊,风景非常动人。远山、石壁、小溪、倒松、古寺、山村所形成的自然美,很吸引人。正因为这样,也就决定了它的落后的、很难开发的经济状况。要开发就必得破坏这个东方式的自然美,要是欣赏这类自然美,舍不得破坏它,也就是舍不得前进,就只有把这种自然经济的小农制度维持下去了。

到了山东以后,虽然我这支队伍只有二十来个人,几匹马,但是人要吃饭,马要吃草。到临沂以前,还可以就地向地方政府支到粮食。等到了临沂以后,没有军事情况,向地方支取粮食有好多手续,非常不便。这使我不得不去找黎玉,当时的山东省政府主席。但又不能为粮食问题天天去找他,我就要求他给我一道在莒县、诸城、平度、莱阳,随地都可以支取粮食的政府命令。当时,他面有难色。不知道他怎么想的,后来批给了一批足够我们吃半年的粮食。但是他有个条件,要我以苏皖边区政府的名义,给他打一个借条,保证在苏皖根据地收复以后,如数归还。我照他的意思打了借条给他。奇怪的是,苏皖边区政府,一直到今天也没有恢复,借到的粮食是被我们吃掉了,甚至现在的安徽省政府或者江苏省政府,也从没有替苏皖边区政府还过山东省政府这批粮食。山东省政府也没有人来向我讨这笔粮食账。对山东来讲,这就成为烂账了。1942年以后,每到春季青黄不接的时候,鲁南至少有一个旅要移军就食淮海区,时间大约两三个月,这已经成为常事。

六十七

我到沂水的大小诸葛去向华东局报到以后,华东局对我临时也没有办法安置。但闲起来也不是事儿,就要我到烟台去当华东局的特派员,去调查烟台的经济情况。这样我就转到烟台了。

烟台，是山东有名的军港区，包含威海卫。1895 年甲午战争的末期，刘公岛的海军，被日本海军击败，海军提督丁汝昌自杀，就在这里。这地方曾经是德国租界，街道、建筑、商业都很西方化了。烟台有一个张裕酿酒公司，生产葡萄酒，主要是白葡萄酒，也生产少量的白兰地和香槟酒。它自己有葡萄园。酿酒生产，当时还在进行，有一个意大利酿酒师，主持生产工作。张裕（张弼士）是广东人，这个酿酒业的资本，应该算是民族资本，在烟台还有张家的后代主持那个公司。我曾经对他的葡萄栽种与生产以及酿酒业的经营情况，做了一个详细的调查，向华东局写过一个报告。此外也进行过农村种植业的生产状况，城市的工业生产、工人生活及商业物价的各种情况的调查，分别向华东局作了报告。那时烟台市长是姚仲明。

就在这个期间，我和金明曾坐吉普车同去过一次黄县，因怕国民党的飞机轰炸，来回都走夜路。金明是以胶东区党委副书记名义去视察北海地委工作的，地委即在黄县。黄县这个地方在胶东是很富庶的，有不少的大地主、大商业资本家、大官僚，丁菊苏家族最有名。丁当过袁世凯时代的参议院议员。反袁后又兼过黎元洪的总统府秘书长。在所谓"府（黎元洪的总统府）院（段祺瑞的国务院）之争"中，黎被段赶下台。直系曹（锟）吴（佩孚）反段，又把黎拥上台，最后直系又赶走了黎。丁大概始终属于黎元洪方面，1923 年黎下台以后，他就脱离北京的政治生活，回黄县了。我去的时候，地委正进入备战状态。忙着收拾物资，运进山里，掩藏起来。其中还包括丁家的古董、字画。我去看了一下，丁家有四进院子，旁边有花园，还有要搭梯子翻墙才能进去的五间密室。很多硬木家具，甚至有些广东家具，还是原来用薄的竹皮捆的那个样子，堆在那里还没有拆包。好的铜瓷器、字画，他们都装捆起来了，但是还有好多东西散乱在地上，有一个很大的树根笔筒就丢在墙角里。我拿来一看，有小篆"小松所得"四字，我肯定是黄小松的遗物，反正是他们丢弃了的，我就向他们讨来。进北京以后，我在这个笔筒上，请人刻了"一九四七年得于山东黄县，一氓记"。这个笔筒，一直在我的书案上。同时也在地上捡过几张碎纸，都是郑板桥的笔迹。这是我在战争环境中，能够见到的，仅有的地主官僚家庭了。解放后，还在济南旧书店发现黄县丁菊苏所藏的半部宋版杜诗，就替成都杜甫草堂买下来了。地委副书记那时是夏如爱，是我在淮海区工作时的同事。

我们从黄县回烟台,路经蓬莱,说是去看看蓬莱阁。夜晚天气不好,也不是有月亮的时候,从公路上望去,只看见黑糊糊的一堆房子。至于说阁外的海浪海涛,更看不清楚了。进蓬莱阁的时候,我们是把所有人带的电筒一齐打亮,然而即使电筒再多,光线也是很弱的,进门只看见门,再远就看不见了。看见一些碑,拿电筒一照,竟是冯玉祥的题字。再前两步无非是上台阶、下台阶。因此游兴就不高了。可以这样说,我们到过蓬莱阁,但没有游过蓬莱阁。因此,只好仍然坐上吉普赶夜路回烟台了。

8月间,我们了解到国民党军队把在胶济线上的六个整编师组成胶东兵团,总指挥是范汉杰,将于9月内采取行动,进攻烟台和蓬莱地区。华东局通知寄住在烟台的华东的女同志和休养员都转移到大连。当时大连由苏军占领。我则被通知离开烟台去文登,靠近胶东军区的东海军分区。

烟台和大连之间,有一艘公开挂苏联旗的小客轮,可以载运一些穿便衣的同志,由烟台去大连。但不经常来往,主要的还是大连和烟台之间我们的一个秘密的交通线,负责输送来往人员。黄昏坐上一艘渡船离开烟台,再上一只停泊在烟台外海的小汽船,大概第二天早晨,就可以在大连最近便的地方登陆。那些女同志和休养员都是这样去大连的。这种晚上航行的秘密交通线,组织得很好,在整个运行期间,没有出过一次问题。

我停止了烟台的工作,带领少数人到了东海军分区,分区司令员彭林(栋材)很客气地接待了我。但他总觉得对他来讲,在战争时期,我们这些人是一个包袱,在任何行动当中,都要照顾到我的安全。其实他并不愿意接受这个任务,便向华东局提了意见。华东局对彭司令员的意见,做了考虑之后,就要我同样地离开山东去大连。这样,我又从荣城回到烟台,打点去大连的事。

就照上面叙述的那个办法,我带了少数人,全副武装,准备万一碰到国民党的船,以便抵抗。好在那正是下弦月以后的几天,在辽阔的海面上,是一片乌黑,分不开天和水。我睡在舱底,只能听见海浪冲击船身的声音,当然船本身也还有马达的声音。由于一片黑,这种简单的节奏,反而觉得很寂静,好像这个环境很适合于睡一大觉。似乎很冒险,其实在夜色苍茫中,一个隐隐约约的海岸已经在望了。拂晓的时候,船靠上黑石礁,这就算到大连了。在大连不能把枪带上岸,也没有带枪的必要,就把所有的武器交给船上的同志带回了烟台。

六十八

在大连,华东局有一个搞经济工作的机构叫大华公司,后改组为华顺商行。主持这个经济工作的同志,都是原来新四军后勤部的负责干部,如朱毅、李竹平、曹鲁,他们在大连都有日常工作。

我到大连以后,住在岭前,这是日本人的一个住宅区。日本人遣返后,空房子很多。有一路有轨电车通到市区,所以交通也方便。其他撤退到大连的病员和妇女都在大连闲住。烟台属于山东,大连属于东北,他们无论在烟台、在大连,都是客人,我也不例外。

既然我在大连没有工作任务,闲住在大连,实在无聊。我估计不会有什么新的任务,还不如趁这个间隙到哈尔滨去看看。因此我向华东局提出一个报告,说我要求去哈尔滨,得到批准。同时也把这个要求通知了东北局。

国民党当时尚占有安东(今丹东)、沈阳,我们无法从大连经过沈阳去哈尔滨,只好绕道朝鲜。11月7日,我与宋之的同路,从大连上船,去朝鲜的南浦(大同江口)。南浦城里有大连大华公司一个办事处,但因为当时朝鲜查鼠疫这个传染病查得很厉害,只准我一个人进城,其他的同志要到一个免疫站住三天,没有病情才能出来。我又只好在城里等了他们三天,然后坐火车去平壤。我们在平壤设有东北局驻朝鲜办事处,朱理治任东北局派驻朝鲜的全权代表。我到了平壤,就去办事处找他。办事处在平壤大同江西岸钗贯里一〇四番地。因为我们是过境,没有什么具体事情,也不懂朝鲜话,无非去看一下大同江,上一次牡丹台,也看了一次朝鲜的歌剧。奇怪的是,大同江岸侧的石壁上,有些游人的题记,署年都作崇祯几十年,已经相当于清代的顺康之间了。牡丹台上有一个叫锦绣山的山顶上建一座高大的亭子,挂有一个红底金字的大匾,题"乙密台"三个字,书法作黄山谷体,非常飘逸,印象很深。"乙密"是人名。传说古代有位"乙密仙人"在此游览过;还有一说高句丽时代有位"乙密将军"坚守此地抗敌守土。不知应从何说。经过朝鲜战争,又经过恢复和建设,今天的平壤当然大不一样了。当时,我注意到朝鲜绵纸即所谓高丽纸的贵重,我想买一点也没有买到。既然是过境,我们就急急忙忙买几张车票,一直由平壤向北到图们,过江后进入吉林,改乘东北的火车,走黑龙江的牡丹江到哈尔滨。战争时期,火车上也没有什么软硬卧,更没有餐车,能够维持通车就很好了。

后来(1948年),我又一个人去过一次平壤。因为李富春到平壤召集会议,讨论中朝贸易项目,把一部分进出口项目给大连。那次是从大连坐苏联的军用飞机去的,在飞机上没有什么困难,我不会讲俄语,就不讲,它飞它的。到了平壤以后,飞机场上全是苏联士兵,我又不会讲朝鲜话,那些士兵也不管我,弄得我在飞机场不知所措。大概有一个多钟头,在苏联士兵面前,全靠手势表达意思。他们恍惚了解到我要找中国人,才打电话给东北局办事处。这样,朱理治才派人来把我接去。这是我生平坐飞机最尴尬的一次。

到了哈尔滨之后,当晚我就去见了李富春。华东局也派了一个搞经济的小组,作为华东局办事处,驻在哈尔滨。我就暂时住在华东局办事处。宋之的被东北文联的塞克接去了。塞克即陈凝秋,会写歌词。延安那个《生产大合唱》就是他写的词。他们原来就是朋友。过了一两天,李富春把我安排住在一个犹太资本家的住宅里。可能就是俄国侨民会会长拉宾的住宅,和俱乐部在一条街上,现归松花江地区公安局使用。

哈尔滨有很多流亡的白俄资本家,其中有犹太血统的人,他们大概垄断着哈尔滨啤酒酿造业、烟草工业和皮毛市场。我住的这家主人,年岁很大,成天在三楼上不下来,子女大概都在欧洲,一幢临街三层楼的洋房里空无一人。那时已是冬天了,东北局给他的条件是,房子的暖气全是我们负责烧,我们住他的房子都暖了,他也就能够过冬了。我们住在二楼。他对我们也有一个要求,就是一楼的大客厅我们不能去。为着好奇,我们曾经打开看过一次。客厅很大,可以开一百人的舞会,最显眼的是一架表演式的三角大钢琴,其他陈设、家具等,已经拉得乱糟糟了,即或他让我们用,我们也未必用它。这幢房子是很豪华的,带有俄国地主、贵族、老式资本家夹杂起来的味道。一间房子包括墙壁、灯饰、家具、窗帘是同一种颜色,另一间又是另一种颜色。我记得我住的那间就是全天青的。还有全粉红的、全浅黄的等等。东北局派了一个大师傅给我烧饭。我同两个警卫员就在那里住了几个月。后来张平化生病到哈尔滨休养,也同我住在这一幢大房子里。

大连这个城市日本味道很浓,哈尔滨这个城市则俄国味道很浓。房屋外墙的颜色差不多都是粉黄颜色,这可以说是俄国城市的标准色调。有些房子用木栅栏围起来,结构样式也是俄国式的。那时哈尔滨唯一的百货公司秋林,是俄国人的资本。有许多东正教堂,偶然遇到一些宗教节日,都是属于东正教的。中国老百姓有些口语,如铁桶、面包之类,都直接用俄语发音,如喂得罗、列巴。把一个城分为道里道外,俄国人大体都住道里。当时还有一个白俄侨民组织的俄国俱乐部,在商务街,即现在的上游街,为哈尔滨市科学宫。

每个星期六晚上都有舞会,去跳舞的已经很少有俄国人了,绝大部分都是那时哈尔滨各机关的中国男女同志。似乎已不是俄侨俱乐部,而是中国人的俱乐部了。去这个俱乐部总要有些花费,如一杯茶、一个蛋糕之类。我们很简单,不管刘澜波跳舞不跳舞,都把他拉去当主人,由他请客。他那时正当哈尔滨市长,这是一个很宽宏、很正直的同志,我就是在哈尔滨认识他的。正因为有这段来往,到了北京以后,虽然各不相关,他搞电业,我搞外事,但我们却成了很好的朋友。

平时也没有什么地方好去,我就到哈尔滨图书馆去借些书。根据这些资料,我编过一个颜真卿碑帖的统计表。如这个碑原在何处,是哪年写的等等。但后来嫌资料不全,也就放手了。又借到过一本有名的劳伦斯(P. H. Lawence)的小说《查太莱夫人的情人》(Lady Chatterleg's Lover),这是一本已被删节过的 Pure Edition。我不过是拿来练习英文的阅读兼消遣罢了。哈尔滨这个城市是汉文化比较落后的地方。在旧书市场上,完全没有什么孤本、善本。我看过有一部汲古阁的《十三经》,就算了不起了。但对于这类书我也没有什么兴趣。那时刚把"满洲国"推翻。还有一些这个小朝廷的文献流传在市场上,我曾经想收集这类东西,但是想来想去,也没有多大意思,只买了几本康德年间的历书,要了一些"满洲国"的纸币。除此而外,没有再扩大搜求别的什么东西了。

宋之的在哈尔滨同一些搞文化工作的在一起,因为他是剧作家。由于没有什么话剧团,他临时也难以写出新的剧本。哈尔滨有个京剧团,演出水平还好,角色也很整齐,但都是演的传统京戏。宋之的根据老川剧《九件衣》的情节(这是一个昏官搞冤案的悲剧)编成京戏,交给这个京剧团排演。演出效果很好,演出时几乎场场满座。宋之的也因为这个新编京剧,在哈尔滨各方面都得到很好的评价,甚至东北地区党政军的许多领导干部,都到剧场看过这场戏。这个剧团现在不知怎么样,当然演员已经换了两三班了。后来四野很看重这个剧团,辽沈战役以后一直到南下,四野曾带着这个剧团,在长春、沈阳演过,也长期在武汉演过。但究竟还是哈尔滨的剧团,最后还是让它回到哈尔滨了。

当时东北分成好几个小省委。苏北三师黄克诚带到东北的干部,也分管一个省委,就是佳木斯省委。这些干部都是原来华中苏北区的,如佳木斯市的书记、市长、公安局长等等。1948 年春节的时候,他们就邀请我到佳木斯过年。佳木斯市长是朱光,公安局长是黄赤波,还有其他的同志,他们把我安置在市委机关里面。由于我单身在哈尔滨,到了佳木斯同他们共度这个春节,对我来讲,很难得了。

东北这个地方,京戏很盛行。佳木斯也有个京剧团,当然水平赶不上哈尔滨,但他们特别为我安排了两个晚上的京戏。我要感谢他们,在佳木斯过了这样一个很热闹的春节。但他们有工作,我住在那里也妨碍他们,所以过了春节我就回哈尔滨了。

为着对付火车的简陋条件,东北干部搞了个特殊发明。做上四块每块一尺宽的木板,搭在两个对坐的硬席座位的两边,拼成一个硬卧。自带卧具,很可以不理别人高枕而卧了。因为是军事情势,铁路局也管不上。到了目的站以后,就由警卫员取下来,捆在一起,寄留在火车站,回程再用。看那个样子,每个机关的领导干部都备有一套这样的用具。我就是这样在朱光的陪同下回哈尔滨的。后来从哈尔滨到大连又另是一种办法了。这可算是东北铁路史上的一些非平常的情况了。

回哈尔滨以后,算来我到了哈尔滨已接近半年。这时东北局已开始酝酿大连工作的调整,征求华东局同意,要我去大连工作。不久我就和伍修权同志由哈尔滨回到大连了。

六十九

我在哈尔滨住了半年,东北局和华东局商量,决定要我去大连接替刘顺元的工作,担任旅大地区党委副书记。

那时大连、旅顺是苏联武装部队的军管区。苏军是 1945 年 8 月 8 日宣布对日作战后,8 月 22 日以空降兵三百名占领旅顺和大连的。到 8 月底,苏联空军、陆军、坦克兵,约计一万人进驻旅大地区。根据《雅尔塔协定》,苏联和国民党政府签订了《中苏友好同盟条约》,规定苏军在旅大地区驻军三十年。

这时国民党已经在大连公开成立国民党市党部,并且不断地要求国民党委任的大连市长沈怡到大连上任。1945 年 10 月东北局才派韩光到大连当市委书记,但韩暂时先以中共大连工委名义工作,后扩大为旅大地委,韩光任书记,刘顺元为副书记。对这个地区的行政机构,相应地成立了关东行政公署,选大连的资本家迟某为主任,刘顺元为副主任。同时旅大地委与苏军协商,除海港、铁路、自来水由苏军代管外,将大连的造船业、电业、渔业、石油工业改成中苏联营企业,由我方管理。当然那些已被苏军拆散的工厂,也就无从说起了。

这时中国人民解放军对国民党的军事优势还没有建立起来,苏联不大相信中国共产党能取得最后胜利。它当面的对手是美国和国民党,当时美国在大连还有领事馆,国民党在大连可以公开活动。苏军提出过共产党也应该公开出来和国民党一样在大连活动。韩光同志主张党在大连暂不公开,以便于对付国民党的时候,不至于影响我们。东北局也就同意了韩光的意见。所以旅大地委,一直处于非公开状态,当然中苏双方内部是保持了经常的接触。同时苏方不反对在农村搞土地改革,但坚决反对开群众大会斗争地主,戴高帽子游街,扫地出门等,认为有点像中世纪的味道。当然以后在这方面,我们也采取了克制的态度。我们的同志都是从解放区来的,不大了解在对外关系上苏军决不让我们影响它在旅大地区的占领军的形象和地位。在对内问题上,虽然遇事和我们协商,但他保有最后决定权。

苏军在进驻旅大以后,军纪实在有些问题,这就引起了两方之间的一些摩擦。对此,刘顺元的意见特别大。加上他本人有不修边幅的习惯,在社交场合,苏联人甚至对他穿布鞋、不刮胡子等等都不满意,认为他是有意的。这种情形甚至反映到斯大林那里了,传出大连有这么一个反苏分子。最后苏方向中方提出,要求把刘顺元调离旅大的工作岗位,中国共产党也只好顺应苏联的要求。这件事情一直影响到刘顺元同志的工作。全国解放后刘少奇还说,刘顺元的工作要安排在一个没有苏联顾问的地方。

刘顺元是华东的干部,我也是华东的干部。当时大连的经济力量尤以华东的为最大。东北局认为拿我去顶刘顺元这一角色是适当的,华东局也同意了,中央也批准了。

那时哈尔滨不能直接到大连,沈阳、长春都是国民党军队。1948年春,我跟伍修权就在哈尔滨挂了一辆车开到图们,过江进入朝鲜到达平壤,又从平壤到新义州,再过江到安东。那时火车冬天没有暖气也没有餐车。我们在车上搞个火炉子自己烧饭。过安东以后,就改坐汽车到了大连,这已是东北解放区了。

伍修权所以到大连,是东北局让他当东北局的代表,去解决一下大连的问题,同时视察大连的兵工生产。他当时是东北局的委员和东北军区的参谋长。他到大连后开了一两天的会议,征求党员干部的意见,最后他根据东北局的意图发了一次言,事情就顺利地解决了。刘顺元离职,行政公署副主任由韩光兼,分工我当副书记兼一个财委书记。不久东北局又派欧阳钦来当旅大地委书记,韩光改为副书记,其他不变。

七十

当时旅大的经济情况非常特殊,没有原料,没有粮食,没有煤炭,流通货币是苏联的军用票。工厂即或能开工,但发不出工资。军工企业的生产不能作为商品去卖钱。只有中朝两国在鸭绿江中游共同使用的水丰发电站的电力有剩余。同时华东、东北、冀东、华北、胶东各解放区都有财经代表驻在大连,他们各自代表一个利益集团,矛盾不断。而且大连自己没有海运,自己又不能发行货币。我就是在这种局面下来负责财经工作的。

首先建立了一个财委办公室,对外取名大华公司,这是利用从前华东同志所办的大华公司的名义,借用过来的。地点在中山广场,七一街1号,现已为干部宿舍。我请王润生当秘书长。再搞一个研究室,还替研究室建立了一个小的图书馆。但是就所承担的责任来讲,最紧迫的问题还是怎么样想法弄到粮食,来供给这个地区的民食;怎么样想法弄到现金,能够按时发放机关和工厂的工资;怎么样想法能弄到煤炭,来炼焦和作为民用燃料。

那个年代,旅大地区粮食产量是很低的,1947年只生产了14万吨,估计它每年需要粮食25万吨至30万吨，显然不能自给自足。幸好苏军的粮食供给是由他们自己解决的。由于军事原因，这个缺额不能从大连附近的东北地区得来。可以从山东的胶东运出一点儿，但山东也处于严重的军事斗争的局面，粮食的生产和供应都存在很大问题。从朝鲜买一点儿，数量也不多。有时苏联船只也运售一批粮食，这些都不解决问题。我们主要是向哈尔滨要，无偿拨付我们的粮食。由东北把粮食运到朝鲜的新津，再租用苏联船只运到大连。他们有船常从海参崴到大连，所以在运送粮食上，只要东北能及时地把粮食运到新津，装上苏联船只再到大连，并不十分困难。但有时东北的粮食预先运不到新津，使苏联船只装不上货物，或者苏联船只已经满载，无法在新津装上粮食，那就要发生一个短暂时期的粮食恐慌了。这种情况我经过两三次，别无补救办法，只好依赖新的粮食运到大连为止，粮食一到就救命了。煤炭情况也大体如此。

至于说到工资和货币，只能就地解决。当时大连通用的是红军银行发行的军用票。我们虽然有关东银行，但它只履行一般银行的职能，没有货币发行权，工资的形式只能是苏军的军用票。我们没有什么商品可以大批卖出收进军用票，我们没有大批的军用票存款，财政税务收入的军用票为数甚少，按月的机关和工厂的两类开支是非常大的困难。

唯一的办法是向红军银行作抵押贷款。一般可作抵押品的如厂房等，红军银行自然不要，我们也没有什么有价证券，即或有，红军银行也还是不会要，他要的是硬通货黄金。幸好那个时候我们保有近万两黄金。我们就拿去作抵押品，向红军银行借几十万军用票来发放工资。当然还的时候要付息。最奇怪的是，抵押贷款的条件是借款的利息要由抵押品的黄金当中扣出。当时我们也无可奈何，不然他就不借给你。这可以说是全世界银行贷款业务中抵押贷款的唯一现象，再找不出第二个例子来了。每月发放工资，都要计算一下，如果自己有足够的军用票，那就罢了。但如果不够，还得向红军银行借款，就还得受这个特殊条件的约束。作为抵押品的黄金变成了利息，到我归还借款收回抵押品时，这个抵押品就少了一大截。如此恶性循环，等我离开大连的时候，这个可以作为抵押品的硬通货黄金就剩得不多了。

今天回忆起这件事，我还不自认为是吃亏上当，因为无论如何总是按时发放工资了。在货币问题上，当一个市场上只有一种货币的时候，只能够把这种货币来作为流通单位和计算单位,别的任何东西都不能离开这个货币而独立存在,其他任何有价值的东西都不能离开这个货币而单独存在,黄金也是如此,它也不能离开军用票而单独存在。

国内的军事形势一天天地有利于中国共产党,不利于国民党;有利于人民解放军,不利于国民党军队。东北情况尤其如此,这就逼着苏联军队不得不开始调整他在大连的一些政策。他建议停止使用红军的军用票,改由大连地区的关东银行发行自己的货币——关东币,这样东北局就同意了。地委派马列、陈瑞光两个同志去莫斯科定制关东银行的新钞,票面分1元、2元、5元、10元四种,究竟印了多少亿现在说不出来了。这笔关东银行新钞的印刷费和由莫斯科运至大连的运输费,苏方即在新币中扣除了8300万元。钞票运到大连以后,仍然掌握在苏军手中。1948年11月决定,从15日到19日,在五天之内用新印的关东币兑换红军的军用票。换时苏军只告诉我们一个他要兑换的军用票数额,他就在新钞票中直接扣除相等的数额,就算红军各单位所有的军用票一次兑换了。现在估计这个数目字为20亿元或稍多一些。在我们方面要拿军用票兑换新钞的分三部分,一是东北的后勤机关;二是旅大地区的公共机关(包含所有企业);三是旅大地区的人民。三者兑换37亿元。加上苏军兑换数字,总计共兑换57亿元以上。这就把苏军军用票在旅大地区流通的问题解决了。只是东北后勤机关兑换以后,提出来他们还有一部分军用票要求兑换新币。兑换的限期他们是知道的,限期以后又提出来,我们实在没有办法答应他们。经过多次的商量,我们只给他们兑换了要求数目的一半,也只好如此了。

解放战争胜利以后,全国统一,各地方发行的地方货币,分期用中国人民银行的人民币取代了。关东币的使用时间不超过两年,大概在1951年初就停止流通,改用人民币了。

七十一

大连工业系统接收下来以后,就把原来日本人的经营系统打破了。除由苏军代管的和中苏合营的企业以外,关东公署直接管理的有关东实业公司所属的三十个大小企业,此外法院、公安局、金县、大连县、旅顺市、水产局,分别经营十一个企业。货运系统如建新公司、裕民公司有七个大单位,分别经管三十六个大小企业。最后私人经营的共有三十个企业。因为系统比较乱,管理得也不好,他们的原料收购、技术管理、成品销售,都直接影响大连市场。大家都同意进行一次系统性的调整。依照产业性质,把私营企业也纳入这些管理机构。

把关东实业公司扩大,依照产业性质管理十个大单位,纺织业有七个厂,造船业有四个厂,铁工厂有十四个,一般轻工业(裕民公司)有十一个厂,烟草业有十一个公司,矿业有二处,窑场有四座,油脂业有六个厂,酿造业有十一个厂。在实业公司之外,还有一个皮革被服总厂,下辖七个分厂。同时还有一个关东水产公司,下辖盐场、水产十八处。以上十二大类同属公署工业厅。工业厅对于所属的企业只行使政策、方针性的领导,各企业单位有各自的经营权,包含人事、财物。第二就是不属于工业厅管理的建新公司,它是一个独立的企业,直辖化学、机械、兵工十一个大厂。我还保留了两个私营企业的大公司,一个是医药公司,另一个是电器公司。

这次调整,主要是扩大关东实业公司的管辖范围和有系统地加强盐场、水产管理,成立了关东水产公司。这对以后建立管理制度,扩大重要企业,改进生产技术,保证市场供应,稳定物价,有积极的作用。

对于建新公司,华东财委会派了一批管理干部来到大连,并拨了一笔资金,接收了一些化学工业和机械工业的旧厂,主要是大连钢厂和大连碱厂,建成一个兵工联合企业。它有一个裕华工厂,专门生产一二四式、三八式、九四式三种规格的炮弹,还生产迫击炮、苏联式转盘冲锋枪;有宏昌工厂,生产隐形压火雷管;有化学工厂,生产硝化棉、无烟火药;有铁工厂,生产炮弹引信;其他还有制铁工厂、机械工厂、制罐工厂,都是作为军工生产的附属企业。生产的引信、雷管、无烟火药等不计,他们共生产各种炮弹 47.6 万余发,迫击炮 1430门,对华东的解放战争有很大的贡献,也部分地支援了辽沈战役。但是,他们的创业是很艰难的,比如全国著名劳动英雄、宏昌工厂厂长吴运铎是在试验炮弹时受重伤的,裕华工厂厂长吴屏周是在试验炮弹时光荣牺牲的。

建新公司可以算是一个华东企业集团。我到大连工作,在组织上可以说是和华东局已经没有关系了。他们突然向华东局建议要我兼任建新公司的政治委员。总经理是朱毅,我这个政治委员的对外名义就是副总经理。其实整个生产过程我都没有管,他们无非是利用我这个财委书记的关系,替他们找按月发放工资的现金和工厂工人按月所需要的粮食。这样就使这个公司的生产能够顺利地进行。我离开大连以后,这个政治委员的名义,也就自动地消失了。而全国解放以后,建新公司这个企业所属的生产单位也就自然都移交给东北了。

在工作过程中,逐渐解决了粮食、煤炭的问题。各解放区驻大连的经济代表的关系也得到了妥善调解,减少了相互间的矛盾。市场供应勉强可以满足消费的需要,物价趋于平稳,特别是军事工业有所发展。又组织了管理民用工业的关东实业公司。这时,我感觉到有出一个经济刊物的必要,就用大连经济研究会的名义,出版了《经济》(月刊)。为了反对工业管理中无组织状态和盲目性,我就在创刊号(1948 年 10 月 10 日)上写了《论经济工作中的制度与计划》作为发刊词。大连的工业,无非就是建新实业公司和关东实业公司两大部,我做过一些了解,感觉到一些问题,因此利用一次干部学习会,作了《关于工业管理问题》的讲演。后来登在《经济》的第二期(1948 年 11 月 20 日)上。我的大意是:这些近代企业我们从来没有搞过。工厂和管理人员,管理人员和工厂互相都是很生疏的,主要在于我们不懂技术。后来提倡的外行领导内行的说法,只有政治意义。在技术上,我们还是要求工厂管理人员学习和逐渐掌握他管理的那个工厂的专门技术,不然他就无助于这门工业或这个工厂的生产力的提高。其次,我就讲到降低成本和厉行节约,这是提高生产的必要的两方面。根据这些意见,我对大连工业当时管理中的缺点,提出一些问题。因为工厂都是接收来的,所以工厂没有固定资产的估计数目,对机器不保养、不爱惜。在财会制度上,开白条子的制度无法扭转。买砂轮不给钱,却批一两千万去修礼堂。废料多、废品多,库存品不分类、不上架。机器不维修,没有防护制度,经常发生工伤事故。原料供应,产品推销无制度、无计划。购进原料时互相竞争,提高价格。该买进的不买,不该买进的买了。应该多买的少买,应该少买的多买。原料发下去的时候,收购部门随便提价。订货或者售货,都不签合同,都没有手续。售货的可以随便接受订货,甚至订货者最后不知去向,无处收款,无处交货。成品没有一定的规格,没有一定的标准,不商品化。原来很好的商品,为了贪图小利粗制滥造,自己把自己的名牌砸掉。讲到工资,特别是工资中的平均主义倾向相当厉害,熟练工人和非熟练工人都是一样的工资。计件工资、计时工资、加班工资,也没有什么一定的标准,或高或低,或有或无。不过当时全地区没有统一的工资标准。党的机关、政府机关、教育部门、工商企业各为系统,也没有互相攀比,只有系统内的平均主义,还比较容易纠正。此外也涉及到当时政治工作的方式问题,主要是会议太多,如一个立功运动,总公司、分公司、工厂、工会、小组长,层层动员,实际上是同一个内容。还有就是报表太多,也太滥,计算单位不统一,栏目顺序不统一,数字不准确。恢复生产初期,接管人员都是外行,还可以说得过去,长久下去就不行了。特别是报表当中还有许多协和语(半中半日的名词)没有改掉。此外下至工人,上至厂长都能做出很好的成绩,有时也会犯重大过失,但是没有奖惩制度,顶多上个墙报。这就需要以物质形式进行惩罚或奖励。在管理工业上,我们这些管理人员正是昔日的指导员、政委、书记、部长、科长,甚至编辑、记者,没有受过资本主义科学教育或企业管理教育,也缺乏苏联社会主义的管理经验。所以问题就在于学习。我引用过毛泽东同志的一段话:"从'老百姓'到军人之间有一个距离,但不是万里长城,而是可以迅速地消灭的,干革命,干战争,就是消灭这个距离的方法。说学习与使用不容易,是说学得彻底,用得纯熟不容易。说老百姓很快可以变成军人,是说此门并不难入。把二者总合起来,用得着中国一句老话:'世上无难事,只怕有心人。'入门既不难,深造也是办得到的,只要有心,只要善于学习罢了。"我们拿这个来要求大家都来学好近代化的工业管理。并且要把工业管理完全企业化,凡是留恋机关领导作风、供给制度的、手工业方式的,都不会把工业管理好。

后来在《经济》第七期(1949年4月20日)上,我又写了《论折旧》一篇短文。因为我们的工厂设备都是接收来的,后来也并没有多大的扩建,对于固定资产一项都不大注意,甚至于在估计生产成本的时候,也不把固定资产一项计算在内。其实,我们对于在我们手中的固定资产特别是机械设备,并没有作出精确的估计,究竟它应该值多少钱。既然不知道固定资产的价值,也就无法做折旧的计算。生产的成本中既然不包含固定资产的一定比例,那么它这个生产成本就不准确,它的生产价格也随之不准确;它进入市场时,它的市场价格也就跟着不准确。在估计我们这些固定资产,特别是机器设备要更新换代的时候,必须作出定时的,如十年、八年的按年的折旧比例,把它作为更新换代的准备金。我的意思无非是要求:一、把当时所有的企业的固定资产都普遍地作一次精确的估计,把它固定下来;二、在生产成本当中必须加入这个固定资产的因素,以保证生产价格的准确性;三、在商品出售以后,提出按规定的折旧费,作为设备更新的准备金。这主要是为当时大连的企业情况提出来的。

七十二

1948 年 11 月 2 日,通过辽沈战役,我军最后占领沈阳,取得全战役的胜利。这个战役的某些指挥员都是我所熟悉的苏北同事,我想他们的战利品很多。大概在 11 月 5 日,我就派一个同志去沈阳找第十四兵团第三十九军的刘震、钟伟他们。主要我是想要一辆好轿车、一辆小吉普和一支全新的带子弹带的左轮枪。他们那时虽然占领了沈阳,但已做入关的准备,对于战利品也带不走,因此很慷慨地就答应了,给了我一辆 1946 年的福特汽车,一辆小吉普车,并一支带一百发子弹的左轮枪。当然,我非常感谢他们。

这辆轿车是黑色的,还很新,油漆很亮,样式照那时来讲是很摩登的了,特别是一辆美国车,运到大连以后,行驶在街上,颇有招摇过市的味道。因为车子比大连所有的车子都要新,自然,我们的同志也非常羡慕。但也引起了苏军最高指挥员的兴趣。他就派翻译到区党委,要求把这辆车子借用一天,作郊外的野游之用。中国人民解放军真正缴获了国民党军队使用的美国车子,我们乐得借给他们去玩一天。这辆车子 1949 年我到北京的时候还带到了北京,1951 年我离开北京出国的时候,就把它交给外交部了。至于那辆小吉普,就由大连一个同志开去使用了。那支左轮枪,按照规定进北京城的非军事干部,不能保有任何枪支弹药,也就由公安部接收了。

大概 11 月下旬,在沈阳开了一个东北的经济会议,也涉及大连,我就代表大连去沈阳出席。沈阳才被克复,市面还比较萧条,也没有什么可以去娱乐的地方。沈阳同志就自己找一个地方,晚上开舞会。但也不一定都跳舞,有的人打麻将,有的人打扑克,还不是打桥牌那样的水平,也有的人什么都不玩,只是到场助兴。这好像是形成一派和平的气氛,但实际上在这个所谓俱乐部的屋顶上、阳台上就架有好几支轻机关枪。才进沈阳,对沈阳情况不熟悉。现在说起来可算是一种奇谈,但当时不能不做一点军事准备。一晃就四十年了,那时在场打麻将的、打扑克的、跳舞的同志们，要点名的话，现在在世的人恐怕也不多了。

七十三

大连的经济在对外贸易方面，除了跟北朝鲜、南朝鲜有关系之外，主要还和香港有关系。大连有些土特产，如苹果等，向香港出口，也从香港进口一些民用品，特别是医药类。因此大连在香港设立了一个办事处。那时，苏联货船来往于大连和香港之间，这也就是我们所依靠的海上运输力量。虽然贸易额很小，但解决了我们当时军民各方面的日常用品的需要。在工作上也和华东地区在香港的组织有一定的联系，后来逐渐发展到取得华南在香港的工作组织的帮助。因此，在第一次全国人民政治协商会议的准备工作上，发挥了把留在香港的民主人士秘密运送到大连的作用。

当时，有一大批赞成党的新民主主义方针、反对蒋介石战后独裁的各方面民主人士。早些时候，他们不能在国内立足，纷纷到了香港。后来军事形势发展有可能要召集一次全国政治协商会议，但他们如何从香港到北平却成了问题。（一）他们无法公开从香港到广州经武汉赴北平；（二）也无法公开从香港坐船到上海转北平；（三）也无法公开从香港坐船到天津转北平。因此中央决定，由大连跟苏联方面商量好，派出一只苏联的客货轮到香港去接这批人，把他们从香港送到大连，再从大连经沈阳到北平。1948 年 11 月，我们收复了沈阳；1949 年 1 月，和平解放了北平，这已经变成一条通路了，虽然迂回较大，我们还是这样办了。苏联的客货轮在香港没有停靠香港或九龙的码头，而是停在香港的外海，由香港的组织派小电船，分别地把这些民主人士，一个晚上都送到船上。到齐以后，立刻启航。这批民主人士下决心，把家属都留在香港，对他们的亲朋好友都没有打招呼，只身北上。等到他们到了大连，香港才有人知道这批民主人士都不在香港了。这是 1949 年 2 月的事情，党中央和东北局派来接这批客人的是李富春，我以大连主人的资格参与这次接待。

这批客人是：李济深、郭沫若、谭平山、蔡廷锴、蒋光鼐、茅盾、梅龚彬、王昆仑、章伯钧、章乃器、沈钧儒、黄琪翔、李章达、李任仁、陈劭先、朱蕴山、罗隆基、马叙伦、郭冠杰、陈此生、陈铭枢。这批人当中，有我原来认识的，如郭沫若，1938年在武汉相逢后，又过十年了；梅龚彬，最后见他是在1941年的香港；还有谭平山、章伯钧、茅盾、朱蕴山、郭冠杰几位，大革命失败以后，他们各奔前程，就没有再见过了。李章达，当然要感谢他皖南事变以后把我从桂林送到香港。陈此生是皖南事变后，我在香港认识的。这个名单，可能还漏掉了谁，现在也很难记得那么准确了。

这批民主人士是分几批从香港动身的，有的是经过朝鲜到安东、到沈阳的，有的是直接到安东、到沈阳的，有的是从香港到大连、到沈阳的，还有经过烟台的。我上面回忆的那个名单，哪些人走了前两条路线，哪些人经过烟台、经过大连，准确地说，我分不清了。但是，我同这些人都见过面。因为李富春到大连接他们去沈阳的时候，我也陪同去了沈阳，所以在沈阳都见了面。

到大连的民主人士，都住在原南满铁路的大和旅馆（现名大连宾馆）。大连尽力招待了他们，当然以本地物产海鲜为主了。住了不多久，就由大连派车子，把他们送到沈阳。我也陪同他们在沈阳住了若干天，等他们离开沈阳去北平时，我才回大连。在沈阳他们住的是沈阳的协和旅馆（现名辽宁宾馆）。沈阳的招待就以东北的特产为主，如哈士蟆、鹿筋等。这对一大批南方客人来说，是很特殊的了。无论是大和，还是协和，都是当时大连和沈阳最好的旅馆了。只是大连的那个大和，原来还由苏军占着，经过协商，他们还算客气，临时让出来了。这两个旅馆最初是日俄战争以前，俄国人修的，建筑的形式和内容都很带俄国式。日俄战争以后，才由日本占有，成为南满铁路的附属企业。虽然旅馆的名字改成大和、协和，带有很浓的日本味道，但那个辉煌的样子，还极大地保有俄国的气派。东北有些地方，常常不免留下俄国和日本的历史烙印。

这些人是第一届人民政治协商会议的成员，知名度都是很高的。他们都分属于现在的中国国民党革命委员会、中国民主同盟、民主建国会、中国民主促进会、中国农工民主党、中国致公党、九三学社，但是当时参加政协的还有另外三个组织，一个是以李章达、沙千里为代表的中国人民救国会，后来这个组织并入民主同盟；一个是以谭平山、陈铭枢为代表的三民主义同志联合会，一个是以蔡廷锴、蒋光鼐为代表的中国国民党民主促进会，这两个组织后来都并入中国国民党革命委员会了。

七十四

1948年夏天,胡愈之从香港到大连,准备去河北平山的党中央驻地,我接待了他。就在他等待机会有人送他去河北的时候,他同我谈起战争形势时说:毛泽东估计的胜利时间从现在起还要两年,这未免太长。在他看来,胜利时间不需要两年,大概再有一年就行了。我问他是怎么估计的。他说除军事形势外,还有一个人心向背问题。国民党不仅军事崩溃了,经济崩溃了,政治也崩溃了,因而人心亦崩溃了。在国民党区域,没有哪个阶层不希望解放军胜利,没有哪个阶层不希望蒋介石垮台。现在统治阶级已经到了不能照旧统治下去的时候了,革命正在走向质变,只需对国民党军队稍微增加一点压力,它必然很快地就会被彻底消灭。因此对胜利估计为还要两年时间,可能长了一些。国民党区域的广大人民已经等不及了。被他这一说,我大为欣喜,完全相信他的看法有道理。而这个有道理的看法必须早日要党中央知道。我们原来安排是有方便的人同路时,才送他去平山,经他这一说,我报告了旅大区党委,认为这是一个很重要的见解,建议应该立刻送他去党中央所在地见毛泽东同志。临走时我还着重提醒他,到平山后,一定要把这个看法告诉毛泽东同志及党中央。

"今后我军占地日广,国民党军兵源粮源日益缩小,估计再打一个整年,即至明年春季的时候,敌我两军在数量上可能达到大体上平衡的程度。我们的方针是稳扎稳打,不求速效,只求平均每个月消灭国民党正规军八个旅左右,每年消灭敌军约一百个旅左右。事实上,从去年秋季以后,超过了这个数目;今后可能有更大的超过。五年左右(1946年7月算起)消灭国民党全军的可能性是存在的。"(《毛泽东选集》第1197页,《关于情况的通报》〔1948年3月20日〕)

"这样,就使我们原来预计的战争进程,大为缩短。原来预计,从1946年7月起,大约需要五年左右时间,便可能从根本上打倒国民党反动政府。现在看来,只需从现起,再有一年左右的时间,就可能将国民党反动政府从根本上打倒了。至于在全国一切地方消灭反动势力,完成人民解放,则尚需较多的时间。"(《毛泽东选集》第1253页,《中国军事形势的重大变化》〔1948年11

月 14 日〕）

这两篇文章写作的时间,先后相距约 8 个月。我军的胜利时间,依前一篇的估计,从 1946 年 7 月算起,需要五年时间,则要到 1951 年 7 月去了。但后一篇以中国军事形势发生重大变化为根据,估计为从现在起,再需一年的时间,则为 1949 年 11 月。后来军事形势急剧发展的结果,完全证实了毛泽东同志的这一预见。

1948 年 11 月新华社的社论,特别提到:“从现在起,再有一年左右的时间,就可能将国民党反动政府从根本上打倒了。”这一估计的正式宣布,振奋全国、全军的人心,使全部事态按照这个进程取得胜利。显然毛泽东同志吸收了胡愈之的意见,又根据自己掌握的双方军事的形势,作了更为准确的分析,把胜利时间缩短了一年。

毛泽东把这个缩短一年的估计,称为中国军事形势的重大变化。对这一变化最初提出很有意义的分析的,我以为是胡愈之。这是他平生对党最大的贡献。我不是说没有他,毛泽东同志就不会逐渐发现这个变化,我只是说他起了他应有的积极的一定的作用。

七十五

1948 年 9 月到 1949 年 2 月,中国解放战争的形势有很大的发展,1948 年 9 月到 11 月,进行了辽沈战役,完全肃清山海关以北,东北三省的国民党部队,解放了全东北。这个形势大大地改善了大连的政治、经济地位。1948 年 11 月到 1949 年 1 月进行了淮海战役,消灭了国民党军队五十多万人,解放了长江以北的广大的中原地区,使国民党的最后堡垒南京、上海暴露在人民解放军的面前。同时,1948 年 11 月到 1949 年 1 月底,人民解放军全部解放了北平、天津、张家口地区。现在人民解放军的任务就在于渡过长江解放全中国了。中国革命战争的完全胜利是人人都能够预料的了。在这种形势下,苏联党不能不对中国的局势作出准确的认识,料到中国共产党会取得民主革命的彻底胜利。

这样,在大连这个局部地区,无论从全国看,还是从大连看,公开党的活动在大连已经成为必要，而且大连党也已经具备了公开活动的全部条件。同时，苏联方面也表示同意。因此东北局批准，把中国共产党旅大区组织公开出来。1949年4月1日至3日旅大党召开了活动分子大会。这实际上是一次代表大会，但因为下层组织的基础不宜暴露，同时还要保留一部分秘密组织，所以就叫它活动分子大会。其主要目的是把党在旅大地区公开就是了。大会的组成共有620名代表，162名列席代表，出自大连市、旅顺市、金县、大连县的地方党组织，和全区各级政权机关、工商企业、群众团体、大中学校的党组织。会期一共只有三天。区党委书记欧阳钦作了《在目前形势下的旅大党的任务》的报告。最后一天，由我代表大会作了闭幕词。作为我在大连工作时期的记录，我把这个闭幕词全抄在下面：

这次的活动分子大会，是旅大党的空前的会议，所谓空前，并不是从人数上，从时间上，从地址上，而是从旅大党的历史意义上来说的。因为，这一个时期，特别从大会上，表现出来，无论在党的内部组织生活上，在政策方针的决定与执行上，都是团结的，一致的；这样就可以确定地说，大会是团结的和成功的。关于为什么要开这次活动分子大会，同志们都知道，我们党是在旅大解放之后就在旅大工作的和领导工作的。现在为了适应形势的发展和劳动人民的要求，我们从下级组织到区党委，都完全公开了。大家知道这个决定以后，全党都非常高兴，工人阶级、劳动人民和革命知识分子，都非常高兴，可见这件事在今天有完全的必要，并且是适时的步骤。这次大会，就在于这样一个旅大党的历史阶段的时期，来讨论我们今后的任务，并得出一致的决定，作为今后全党工作的方针。

现在我们已开了三天的会，听取了区党委欧阳钦同志的《在目前形势下的旅大党的任务》的报告，并详细地讨论了这个报告，热烈地提出了有关今后工作的许多宝贵的意见，并且作出了决定。

没有问题，我们的党在旅大已经是有群众基础的党，已经是有政治威信的党。毛泽东的名字，在旅大广大劳动人民的心中，就是幸福。我们相信大会代表一定能够领受大会的决定和精神，在各个地区，在各个工作和企业部门，领导和团结全体党员，领导和团结全体工人、农民、职员、教员、公务人员、学生、革命知识分子和所有劳动人民，把大会的报告和总结，贯彻到每件工作上去。特别在生产工作上,在文化工作上,我们必须要有计划地更积极地将工作做好。要很显著地看出来,1949 年比 1948 年好,1950 年比 1949 年好,1951 年比 1950 年好,真正做到突飞猛进,日新月异。我们已经说过,党是在领导着我们,而我们全党又是空前地团结的,空前地一致的,现在需要的就是行动,而我们又可以完全行动起来的,大会以后,就是行动,就要行动。

因此,由于苏联的旅顺驻军保卫了旅大,由于苏联同志从各方面积极地帮助,由于苏联三十一年建国经验之给了我们以完整的模范,和给了我们以学习的机会,由于党中央与毛主席的英明的领导和完备而正确的方针政策的规定,由于东北局的正确领导和及时的随时的指示,由于我们党在旅大的群众基础的确立和党的政治威信的增长,由于旅大劳动人民,特别是工人阶级之阶级觉悟的提高与自我牺牲精神,由于党三年半的工作成绩的积累,最后由于我们党的空前的团结一致,我们相信大会讨论后完全接受了的任务,是一定能够完成的。

我们这里,地区虽小,但要做的工作很多,基本的,主要的有:政权的民主化,基层政权的改造,公安局和法院工作的加强;建设新民主主义青年团,做好职工工作,做好妇女工作,做好中苏友协的工作;经济工作方面:要把工业提高一步,改善质量,降低成本;要扩大银行工作,要加强商业贸易工作,要改进和扩大合作社工作,要严格地整理财政工作,要研究进行耕者有其田的工作,要增加农业生产,要增加渔盐生产;文化工作方面:要办好大学,办好中小学校,特别要做好识字运动,消灭文盲,做好工人和农民中的文化工作,加强防疫和治疗的卫生工作,办好党报和通讯社与广播电台。至于党的工作,要严密党的组织,提高阶级的政治警惕性,加强无产阶级的成分,提高马列主义的理论水平,学习毛泽东思想……详细地来列举我们立待要做的工作,那是太多了,但不管怎样,三天大会的讨论和决定,使我们有了方针,也有了一定的具体实施的步骤,依靠党的坚强领导,依靠每个地区、每个工作部门、每个企业部门和每个教育文化部门的全体同志的努力,我们保证我们自己领导的,和自己工作的部门,一定完成任务。

现在,大会宣告闭幕,我代表区党委向到会全体代表致布尔塞维克的敬礼,并祝健康!

这个闭幕词是我在第三天大会讨论以后,很匆忙当中写成的,只给欧阳钦和韩光两位看过,他们没有提什么修改意见,我就照样念了。现在抄在这里的也就是原来的稿子。不过最后提到"要做好识字运动"的后面,我加了"消灭文盲"四个字。四十年以前的原稿上是没有的,加在这里就变成八十年代的修改稿了。我觉得那篇闭幕词提的各项任务都没有什么错。现在加上这四个字"消灭文盲"就更为完整了。因此,把它说成1949年原来的稿子上就有这四个字也未尝不可。现在我们还有两亿文盲,实在太可怕了。

在活动分子大会以后,旅大区的中国共产党的公开机关就在现在的中山区同兴街25号大楼公开设立了。

七十六

日本投降后大连相继建立了一个工业专门学校,一个医学专门学校和一个俄语专修学校。1949年冬季,大家认为有必要把这三个学校改为工学院、医学院、俄语系,合并成立大连大学,并准备增设财政经济学院,办成一个实科大学。经过东北局批准,开始进行筹备,由段子俊负责。校舍不成问题,因为三个学校都有自己的校舍。只要再找一个大学办公地址就行了。而当时的大连在房子问题上是非常特别的,大批日本人遭返以后,空房甚多。对学校来讲,主要还是要请到好教授。仅仅限于原来的教师就不够了。那时,全国的军事形势逐渐向南发展,上海、南京、武汉、广州的大学都无法开学。同时这些教授们出于对国民党腐败统治的不满,赞成新民主主义革命。因此我们医学院院长沈其震到上海、香港邀请了一批名教授到大连大学担任工作。因为大连这个城市是一个沿海的工商业、文化发达的城市,适合这些教授个人的生活习惯,并且我们的条件比较好。一是他的教授地位不变,二是他的薪水不变,三是只要把书教好,不必参加政治活动。所以理工科方面请到了石油化工专家张大煜,雷达专家毕德显,光学家王大珩、彭少逸,力学家钱令希,水力专家李士豪,数学家徐在言,物理学家解骏明,生物化学家耶琼云,生物学家伍律,化学家陈世骢,化学家李昌甫,他们都在工学院执教。参加医学院教学的有两位有名的病理学家杨简和葛树培,有著名内科专家杨济时,此外还有心脏内科专家陈锵,胸内科专家叶兴杰,寄生虫病学专家沈汝祆、何琦、汪民视,细菌学家熊荣超、王经绥,小儿科专家杨德耀,生理学家吴襄,组织学家薛社善和马修权,解剖学家吴汝康。

1949年4月,大连大学正式开学。东北局指定我当校长。中间我们曾拟议过由曾昭伦当校长,但没有成为事实。开学那天,我对于大学的任务和办学精神提出了三点:一是学习先进的科学技术;二是树立为人民服务的精神;三是建立实事求是的学风。我在那个开学讲话当中还明显地有向苏联学习的倾向。其实大学的筹备工作和开学后的管理工作,都是由段子俊负责的,我不过挂个名。而且在武汉解放以后,四野准备要我去武汉当市长。6月初我就离开大连了,所以当校长的时间也很短。

大连大学是成立了,但工、医两学院那么多的好教授并没有全部留下来。因为全国解放以后,各大学都照常开学了。有些教授就回到原来的教学单位去了。有些更有专长的,又被改调到中国科学院去了。所以上面那个名单看起来很热闹,但真正留在大连大学任教的就少得多了。不过也还都是当时有名的,就其教学质量而论,还是很有水平的。所以后来工学院、医学院都办得很有成绩,形成了自己的专业科系。可惜的是,不知为什么1950年7月由东北人民政府下令撤销大连大学,分别保留三个独立的教学单位,大连工学院、大连医学院和俄语专门学校。又过十多年,搞什么"备战备荒为人民"、"加强三线建设",卫生部决定把大连医学院迁往四川的自贡,西南局最后又决定把它迁往贵州的遵义。1966年开始基本建设,1968年完工,1969年转移到贵州遵义,包括全体教职员工、还没有毕业的两个年级的学生和全部教学设备,改称遵义医学院。到了1978年国务院批准辽宁恢复大连医学院,1982年又从遵义医学院调回大部分原大连医学院的教职工。这个大连医学院边建设边教学,到1985年恢复到1969年的原来规模。这么一折腾,从财力上讲,从人才上讲,都是浪费。不知道为什么六十年代中期,对于国际局势的分析总是那么悲观,认为大战就在眉睫。倒是留在大连的工学院在教学上取得很好的科技研究成绩,现在已经升级为大连理工大学了。我既不懂工也不懂医,实在说不上怎么能当这个大学的校长。但是大学校长的这个名义对于我却有一点好处。1958 年我到缅甸去当大使，写给缅甸政府的大使履历，其中一条就是我曾当过大连大学的校长。这对缅甸政府来讲，是很可以说得过去的了。

6 月初，我同曾群、李竹平他们坐一辆柴油机车离开大连，先到沈阳，去找了李富春，因为大连有些工作还得向他作一次汇报。随后从沈阳坐车到天津，那时天津的军事管制委员会主任正是黄克诚。天津，我从来没有到过，我就作为黄的客人在天津住了好多天。虽然战争刚刚结束，但应该参观的地方也都去过了。这样，6 月底我才到北平。没想到此后就在北京落籍了。

第十章
过眼云烟

七十七

我的家庭不是什么书香门第，更说不上是什么世家巨族。我记得我家的藏书——用这词实在不恰当，不过有那么几本：木刻《四书》一部，木刻《古文观止》一部，木刻《昭明文选》一部，石印《龙文鞭影》一部，活字本《石头记》一部——这是非常奇怪的一件事，石印《西厢记》一部。此外，恐怕就是商务印书馆的中小学教科书了。我家有什么古字画？挂在墙上的一幅立轴，假的宋徽宗的白鹰；一副对联，郭尚先的隶书——郭曾任四川学政，所以郭书在四川较多。如此而已。这和我后来收藏些古籍，收藏点古董字画，实不相称。首先没有这个传统，没有这个环境，因而没有这类知识；至于没有这个财力，则更不用说了。

大革命时期，有几个国民党中高级军官，搞了些字画，我连看也不看。1932 年我到江西瑞金时路过汀州，住的一家地主房子，也有那么一点字画，我翻也不翻。后来看见胡底同志有个绢本山水手卷，也是随便看一看，记不清是哪位画家画的，欣赏不了那有什么奥妙。长征中进入遵义时，住在一个地主知识分子家里，藏书不少，也随手翻过，随手丢去。以后更没有什么机会接触这类书籍字画。偶然之偶然是在 1945 年。

1945 年抗日战争胜利，苏北根据地首先解放了淮阴城和淮安城。以后，高邮、泰州、宿迁、沭阳等县城都解放了。这些城市在苏北来讲，都是些有旧文化传统的城市，出著作家，出书画家，出收藏家。在淮阴城，部队在完成军事任务转移时，我去看了一下，发现战士把字画屏幅铺在地下睡觉，转移后那些字画遗留下来也无人去收拾。我要警卫员替我一幅一幅地卷起来，拿回去慢慢欣赏。灵机一动，我向那些熟识的指挥员同志们打招呼，如他们遇见这种情况，最好都收来送给我。这在他们是轻而易举的事。因此渐集渐多，这些字画不仅有来自淮阴、淮安的，也有来自沭阳、宿迁、高邮、如皋等地的。弄到手几十种字画，有中堂，有条幅，有屏，有楹联，有手卷，有册页……有山水，有仕女，有花卉……糟糕的是作者的名字对我都是很生疏的，还得弄一部《画史汇传》这样的辞典性的书来翻查。当然，还得要有几个同好之士，可以商量定夺。这就是钱杏邨同志。他住淮安城里秦家的后花园，窗明几净，花繁草软，倒是个好地方。这个秦家富于收藏，偶尔也拿出几样来给我们看。但他究竟有什么好东西，至今未能猜透。拿出来的东西，现在想来，也都很平常。

抗战胜利了，战争过去了，但人们的正常生产未能一下恢复，而淮阴、淮安市民的生活来源是有限的，因此每天都有小市，什么东西都有，其中就包括一些旧字画、旧瓷器、旧印章及杂七杂八的所谓"古董"。在这种小市摊上，偶尔也能买到一两件东西，我就买了两张散页的郑板桥的字，一方金农款的歙砚。在高邮同志送的东西中，就有吴去尘的明墨，王伯申的字，王小梅的花卉，都是没收高邮伪县长的——这位伪县长刚好是徐平羽的堂叔。乱七八糟有这么些东西，平时可以展玩，但军事情况一来，反而成了包袱。

1947 年夏天，国民党撕毁了停战协定，进攻苏北解放区。在涟水战役以后，我们放弃了淮阴、淮安，向山东转移。这些东西丢了可惜，也没有什么地方可以保存，我把它们装起来先送到山东某地，后来又把它们分成两部分，一部分送到烟台，一部分就地存放。就地存放的部分，多是瓷器，有两三箱，这批东西以后没有下落。送到烟台的部分，后又转到大连，多是字画。1949 年全国解放，又从大连把它们运到了北京。这部分字画数量虽然不少，但实在没有什么好东西。老实说，我对于玩字画，虽然有了兴趣，但还没有入门，懂得很少。

　　第一届全国政治协商会议时，江苏的行政还没有统一，苏北一个代表团，苏南另自一个代表团。苏北代表团是由以前的苏北解放区商定的代表组成的。由于这些字画大部分是苏北的东西，我就把它们全都拣出来，交给了苏北代表团，让他们带回本地去，只留下了很少几件。

　　我在大连的时候，曾经买过一幅陆行直的《碧梧苍石图》。这是一幅元初的画。此人作画，流传下来的恐怕只有这一件，所以就拿出来捐给了故宫博物院。1951年"三反"、"五反"，因为我曾在东北住过一个短时期，"三反"、"五反"办公室向我查问长春溥仪那批字画，我声明：第一，打长春我不在场；第二，占领长春以后我也没有去过长春。老实说，直到现在我还不知道长春是什么样子，无论怎么查也查不到我的头上。在东北，我去哈尔滨和在大连工作，那里已经没有战争，我没有可能随便拿到什么东西。我把捐那张元画的故宫博物院收条给他们看，这事情就算了结了。

七十八

　　进北京以后，我常常跑琉璃厂，主要去书画店，如西琉璃厂的博雅斋，东琉璃厂的宝古斋(店东邱震声)、茹古斋、墨宝斋、贞古斋。宝古斋门面大，存货多，有很好的东西；贞古斋有个青年店员叫苏庚春，他有什么好东西，总是让我有看和买的优先权，现在到广东博物馆当书画鉴定员去了。故宫博物院搞书画鉴定的刘久庵，也是琉璃厂的店员出身，因为工作久了，他们就自然取得了鉴定的知识和经验。那个时候琉璃厂古书店、古字画店的经营方法比较好，可以一直到它店后的客室坐下来，还给你倒杯茶，什么卷什么轴抱来给你看。你还可以点名，画家要什么人的，书家要什么人的。有时他还向你推荐，说他新收了一件什么东西。当然他也有保留，绝精的、绝好的不一定给你看。来往久了，他对待顾客的办法也不一定这样死，他也会把绝精的、绝好的给你看。看画不一定买，可以选几件自己有兴趣的，带回家去看，他也让你随便带走。假如你有事，十天半月不去琉璃厂，他还会把书画卷轴用个蓝布包袱包好，送到你家里来。这几家书画店我常跑，遂逐渐和他们的掌柜、店员熟悉了。跟店员熟悉很有好处，他会透露给你，他们店子里又新收了什么好东西。

　　进城的头十年,不大买书,专收字画。宋元画少,也买不起,我的注意力基本上集中在明末清初的书画家。实际上,也集中在石涛,因此买石涛的比较多。但没有大幅,只有些册子、手卷还算精品。其中有一个山水册子,一个兰竹册子,都没有作者的亲笔署款,只有单页的图章,一些同志把它们看成是假的,但是有山东莱阳赵家的藏印,这个藏印是可靠的。画也不错,我以为是两册好画。我收的石涛画不全是在北京买的,有一个册子、两个手卷和一个花卉轴就是从上海买的。画中九友中最好的有张学曾的一大幅绢本山水。买这件东西的时候,还有一件赵子昂的花卉,东西是真的,但非常破损,我没有看上眼。正在这个时候,徐邦达来了,问我为什么不要?我说只收一张宋元画没多大意思,还是让故宫博物院买去吧。这幅画经过重新装裱,焕然一新,已算故宫博物院藏画的甲级品了。还有两幅龚半千的山水,他的山水画大半都是浓墨,一片黑,我有一幅却非常疏朗。还有一张流传很少的沈朗倩的北派山水。

　　看画买画,有时很走眼,有一幅很好的姚云东的山水,我就当面错过了。后来得到一幅姚云东的字,想配一幅姚云东的画,始终没有机会。由于住房和收藏的物质条件关系,我不大要大幅的东西,反而收了不少的书画扇页。琉璃厂书画店有一个好处,你出一个题目,他可以替你东奔西走搞来。因此我就收集了许多清朝文人画家的书札,从王烟客起,共有二百多件,附带收点明人书札,其中有封严嵩的信,可算很特别了。琉璃厂的画价逐渐贵起来,好东西大概都由故宫博物院收了。1958年以后,我又长期在国外,因此就不大买画了。

　　字画有时候买来是很破旧的,必须加以重新修装。有的裱画工人手艺非常好,画面破损的地方,他可以用原纸原绢补起来,除非你对着太阳照,是完全看不出补的痕迹的。有的纸本颜色灰旧了,经过他的冲洗,完全可以变成全新的样子。琉璃厂有一个尚古斋,裱工王家瑞,是个老师傅,手艺极好,我的字画,如要重新裱装,都经过他那里。有人说苏裱好,我看尚古斋的工艺水准,比上海、苏州都好。现在则是哪里都不行了。

七十九

　　当时琉璃厂的古陶瓷店有大观斋、蕴玉斋、雅闻斋、震寰阁,只要到琉璃厂,不管买不买,总要跑进去看看。至于古陶瓷器,我无法当陶瓷器的收藏家,只想买些标本,和好玩的小件,因此就想买明瓷各朝的代表作。现在有的,无非是宣德、正德、嘉靖、隆庆、万历、天启、崇祯的,始终买不到永乐和成化的,因而这个想法就破灭了。宋瓷就只想买点好钧窑,现在有一点盘子碟子,但始终买不到什么很好的东西。唐三彩只想买一匹好唐马,但也没有看见很好的。后来只好买一匹唐骆驼,釉色和形态都很好。汉代,我有一条河南出土的大灰陶狗,首大身小,颇有一点蜀犬吠日的样子。还凑了一套晋青瓷小品的文具,放在书桌上,居然很像样子。这虽然很勉强,质量也粗细不等,但终竟凑成了。关于彩陶,我没有看见过什么顶好的,所以我一件也没有。

此外,琉璃厂还有两个专卖商周铜器和汉瓦当的地方,一个叫通古斋,一个叫尊古斋。这两个地方,基本上搞洋庄,对中国人看不上眼,甚至有时我们同郭沫若一起去,问他有什么好铜器,他也是爱管理不管理的样子,拿出几件破瓦当来对付你。我们当中既无人收铜器,也无人收瓦当,所以后来大家就不去了。

当时琉璃厂还有个好处,可以买到明纸,甚至有时候还可以买到宋纸。至于清初高丽发笺,各色洒金旧蜡笺,都很容易买到。现在这些东西连影子都不见了。

八十

说到玩明清墨,我也感兴趣,因为我已有一些明清墨,又同张子高、张絅伯、尹润生、周绍良来往,他们都是玩墨有名的。只要在北京,星期天上午都在国际俱乐部(即在台基厂那个旧国际俱乐部)找一个房间,大家带些墨来,相互赏玩,大有比赛之意。他们有的玩带年款的,从顺治起,一直到宣统都不缺;有的专收有私人名款的,如吴梅村等人的墨;有的专搞一家墨店的,如吴天章的墨、胡开文的墨等等。因此我也趁热闹,买了些明清墨,不成系统,共约二百多方,当然都不是精品,比他们收藏的差多了。

手工业美术品,琉璃厂有很好的旧漆器。这个漆是天然漆,不是近代的化学产品。当然,买宋元雕漆不容易了,但可以买到很好的明清漆器。明末清初,扬州卢家的漆器是很有名的。乾隆时袁子才在《小仓山房文集》上有一篇《都盛盘铭》,开头就说"卢叟制器负重名"。这个卢叟就是卢映之,后来传给他的孙子卢葵生。道光时顾千里写了《漆泥砚记》,首称"邗上卢君葵生以漆泥砚见惠"。种类有食盒,有小花架,有文具盒,有漆砚,有上漆的锡茶壶、锡酒壶。我从琉璃厂收集了不少这类漆器,计二十多件。卢家漆器开张于明朝末年,在太平天国战争波及扬州以后就停业了,所以他的东西大概都是咸丰以前的。卢家漆器无论是在造型上,在用料上,都是非常考究的。他本人还会画一点山水,顾千里在《漆泥砚记》里说他"尤擅六法"。我有他一个小山水手卷,是个小名家的派头。有人说他是一个工艺匠,这不对,他当然是个大作坊主和大商店主,既懂得器皿的制作技术,亦懂得漆漆的技术,又长于经营。但至于说他会画画,今天就很少有人知道了。

我收藏砚台,非常外行,是要带款的。即或质量很好的端砚,只要没有款识,我亦不要。我有一个石溪大砚,是徐海东在大连送我的。徐紫珊的龙尾砚,是抗战胜利以后,部队同志送的。还有一方金冬心的歙砚,是在淮阴的一个药铺里面,我拿别的砚台换来的。只有一方达受的澄泥砚,是在北京买的。1974年以后,有同志问我要砚台,我也拿好几方送人了。

八十一

不再搞字画,兴趣就全部转到买书上去了。买书的地方在琉璃厂,也就只有那么几家,因为琉璃厂还是字画店比旧书店多。那些旧书店,我常去的是邃雅斋(店东董会卿)、来薰阁、富晋书社(店东王富晋)。有时,也去东四隆福寺的修绠堂(店东孙助廉)。后来因为社会主义改造,这些书店都归国营了,而国营最集中的地方就是中国书店。早期,邃雅斋的店员李金绍,后期,中国书店的工作员王春华和我较熟。所以好多比较好的书,都是经他们手得来的。他们得到什么好书,认为我会感兴趣,就都留给我了。他们无非知道我爱买词集,爱买有版画的书,爱买山志游记。可惜王春华在"文化大革命"期间,被迫害致死。一个普通书店的服务员,也会有这样的遭遇,真是奇怪。

有时因为外出旅行到安徽,到苏州,到上海,到杭州,我也逛书店,所以说有些好书又是从这些地方的旧书店得来的。

此外,中国的旧书,有时买到手的时候,是很破烂的,必须要修补,重新装过。隆福寺修绠堂有一个很会修书的老工人韩斯久,如明刊本的半部《三国志演义》,就是他经手修的,要一张一张地补虫眼,加衬纸,工作很麻烦,但很精细。我并且找了明瓷青纸做封面,装好以后,漂亮极了。四川杜甫草堂有几本好书,也是这个老工人动手修的。

我上面已经说过了,我买书是为了赶时髦,除广泛地搜集词书以外,就是买戏曲、小说、版画,因为搞版画,就涉及到山志寺志和游记。同时也收集明朝的历书。

我收书这个时候,宋元本很少在市场上出现,即或有,也是一些拉散了的零本。上海同志告诉我,有部宋本《花间集》,但我不大相信,非常偶然地就在眼皮底下溜走了。对我来说,也没有什么可追悔的地方。要以收藏宋元本见重,这已不是时候了。这个情况,同这时已无法收藏宋元画一样。同时,我也不愿意收经部、子部、史部某一些大部头的书。因此我收的书,以明本为最多。我之所以看上明本,特别是明本那些少见的书,从时间上说,就类似清朝人看重宋元本差不多了。我也收清初的,主要是康熙本。

当然,五十年代正是中国社会结构的一个大改组的时期。这些精神产品,自然会顺着改组,做一次重新分配。要买明版书,比起现在,要容易多了。但是由于我的兴趣的主观限制,和经济的客观限制,我也只是收了一些当时我认为可以收的明刊本,并不是见明版就要。

我收的明本,最难得的有《唐十二家诗》(嘉靖本)、《枯树斋集》(崇祯本)、《杨文敏公集》(正德本)、《楚辞集注》(正德本)、《汝南诗话》(明刊本)、《咏怀堂集》(崇祯本)、《渔石唐先生诗集》(嘉靖本)、《泰泉集》(嘉靖本)、《王十岳乐府》(万历本)、《西儒耳目资》(天启本)、《乐府遴奇》(明刊本)、《放翁律诗抄》(正德本)、《张愈光诗文选》(崇祯本)、《明十二家诗抄》(明刊本)、《石田先生集》(万历本)等等。

小说有《三国志演义》半部(万历插图本)。戏曲有《玉簪记》(明刊本)。山志有《九嶷山志》(崇祯本)、《武夷山志》(万历本)。寺志有《延庆寺志》(天启本)、《破山寺志》(崇祯本)、《雪窦寺志略》(弘光本)。版画有《方于鲁墨谱》(万历本)、《列女传》(明刊本)、《玉镜新谭》(崇祯本)、《搜神记》(明刊本)。还有些是明刊本的算命、测相、琴棋书画一类的闲书。还有明朝的考卷,属于陕西、四川的本。收这类东西,只为了好玩而已。

上面这一类书,也有很好的清本,特别是康熙本。我发觉清初的书籍,尤其是康熙本的集部,字的笔画很整齐,书面比较宽大,印制时用纸用墨都很讲究。即或不是开化纸,而是竹纸,也都不错。我收下了的,书名就不在这里列举了。

我收的明朝历书,包括成化、嘉靖、万历、天启、崇祯,大概有十多本。顺带又收清朝的历书。有清初顺治、康熙的历书,有祺祥(后改同治)元年的历书,也有嘉庆、光绪的满文历书。还有辛亥革命以后,民国正式成立以前,民间刊印的《黄帝四千六百十一年历书》。历书,明朝叫"大统历",清朝叫"时宪书",普通就都叫皇历了。

据说明朝的皇历,都是从明朝塑的菩萨肚子里面搞出来的。塑泥塑菩萨的时候,预先在背上开个孔,肚皮里是空的,等到开光那天,要从孔里放进五谷,和一本当年的历书,然后封起来,这样就赋予这位菩萨以生命而诞生了。据说这些历书都是从山西来的,因为那里气候比较干燥,几百年后历书在菩萨肚里也不会坏。有的人知道这个秘诀,就专从菩萨背后取出来,当成古董卖钱了。

实在的,我的书主要是词。这是从 1948 年在大连就开始收起了,到"文革"为止。以后看见我没有的,也还收一些。现总计约 2300 余册。当然这里以清人专集为最多,也有不少的近时铅印本。但最好的是《唐五代二十一家词》的王国维手稿本,《宋六十一家词》的汲古阁的初印本,《花庵词选》(明万历本),《花草粹编》(明万历本),《花间集》明正德、万历、天启等 7 种,《草堂诗余》和《类编草堂诗余》的明嘉靖、万历、天启等 22 种,还有些宋、元、明人别集的明刊本,还有些词选、词韵、词谱、词话的明刊本,其他的总集、选集、别集的康熙本。还有两种明抄本及一些清人的稿本,数量不多。我自己编了一个书目,这是几十年来,颇费心力收起来的。最近,编《全明词》、《全清词》,这些书就很有用处了。

八十二

成都的杜甫草堂是中学时期星期天游玩的去处,每学期可能去两三次。

那时,在成都无非是薛涛井、望江楼、武侯祠几处而已,别无可去的地方。

全国解放后,成都市把杜甫草堂修整得不错,并开始找北京画家画些杜甫诗意图,请有名人士写些匾对,很惹眼的要算郭沫若和陈毅写的那两件了。郭书联是:世上疮痍,诗中圣哲;民间疾苦,笔底波澜。陈书联是用杜句:新松恨不高千尺;恶竹应须斩万竿。原来他们极希望得到毛主席写首杜诗,或题"草堂"二字,但多次努力,皆未能如愿。我注意到这个情况,就建议他们收各种本子的杜诗。我自告奋勇,在国外工作时期,从维也纳、伦敦、莱比锡、巴黎的旧书店,收到若干种杜诗的英法文译本。在国内工作时期,利用我常跑琉璃厂之便,只需向旧书店打个招呼,除了我要的版画、山志寺志之外,再加上一项杜诗,就会不断地从旧书店送来了。早期是邃雅斋,后来是中国书店,送来杜诗的本子不少。成都杜甫草堂把这些书都买下来了。这样,我的杜诗集子也全都送给他们了。有好书时,我垫钱替他们买下来,他们再还我的垫款。有时他们汇一笔款存在我这里,我随时看见好书就买了寄去,最后同他们结账。有些书没有法子买到全本时,重要的残本也买,抄补为全帙,如明隆庆本《杜诗通》就是我拿明纸请人抄补缺卷的。重要的是在山东济南替他们买了半个宋本,即《杜工部草堂诗笺》,原藏碧琳琅馆方柳梧,后藏山东黄县丁菊苏。在中国书店替他们买了一个残宋本,即《草堂先生杜工部集》,这个残本原是罗振玉家的。特别是这本书,我想法精加重装,并就近请了北京的名人和名四川同乡,长长短短写了不少题跋,成为很可炫耀的一件珍本。但后来北京图书馆赵万里知道了,向我索要,以为应归北图,我不给;他还告到了文化部。我是为成都杜甫草堂代买的,文化部也无奈我何。

后来我没机会去为他们找英法译本的杜诗,却千方百计托日本朋友西园寺公一找了不少日文本的杜诗集子,特别是吉川幸次郎的《杜甫诗注》,原拟出十多卷,注者只出了五卷就去世了,就是这五卷也弄全了。

大概我送给杜甫草堂的杜诗本子约三十种,外文本四十来种;代购的则约三十五六种,其中多属孤本、善本。

作为一个纪念馆,既已有现代人的有关杜甫的书画,我又为他们搜集前人有关杜甫的字画。这也是很方便的。跑琉璃厂时,顺便给书画店打个招呼,凡是书家写杜诗的,画家画杜诗诗意图的,我都要。因此这又为杜甫草堂搜罗了若干写杜诗的字幅,如丰坊的草堂长幅,朱鹤年的杜甫像,伊秉绶的隶书集杜联。黄晋良楷书小幅,则是替他们从郑西谛藏的一个字册中讨来的。

在四川来讲,眉山有三苏纪念馆,我曾把一部日本木刻的《苏东坡集》和苏辙《栾城集》抄本都送给他们了。也替他们买了不少苏东坡的字帖。我还替杨升庵纪念馆买了些明清本杨氏著作,还买了点明嘉靖的瓷器。以嘉靖为基本时间,从四川、云南、北京的背景出发,搜集些实物资料,搞个像样的杨升庵纪念馆是可能的,但我所存的杨慎著作的明清本,则在"文化大革命"后,都捐献给四川图书馆了。至于江油的李白纪念馆,搞得最晚,恐怕没有什么东西了。这些纪念馆,杜甫草堂之所以有个规模,主要是在李宗林任成都市长时,比较有水平,眼光远,也慷慨,舍得在这方面花钱,同时有几个懂行的工作人员热心办事。有这两个条件,才能办成功。当时,如杨,如苏,如李,处处都是经费不足,一个县能出几个钱?而且也没有懂行的人,全不知道如何搞法。我之所以不愿把明清本杨升庵著作送给新都县,也是这个原因。

必须弄清楚,这些都是文化事业;而旅游事业一开展,指导不明确,把这些文化事业加上浓厚的商业性质,以俗为上,就没有多大意思了。

我能够为成都杜甫草堂做点什么,毫无特殊意义,只是我自己看画搜书跑琉璃厂的副产物,和一点点乡思的点缀而已。

八十三

"文革"中,我这些书籍、字画、小古董,以前被说成是玩物丧志的东西,现在被定罪为属于"四旧"了。这些书籍,被国务院外事办公室的"造反派"加以查封。他们拿去没有用,也还规矩,没有随便拿,只把这批东西移交北京图书馆。北图很苛刻,他们把我的书加以选择,好的,他们没有的,就要。他们接收了 1729 种,总 4607 册。其中,中文线装书为 1280 种,总 3454 册。他们接收的时候,抄了一个清册,一式两份。北图留一份,外办"造反派"保存一份,所以这个数目是清楚的。奇怪的是,他们连我的两个大书柜也搬去了。

北图不要的书,外办的"造反派"都移交给首都图书馆了。这部分书,因为没有清册可查,究竟有多少册,我也弄不清楚。后来在 1974 年的时候,退给我一大部分,有 2341 本,但没有退全。书籍拉的很乱,直到现在也没有退清。

我也没有再去问了。

北图这部分书,1974年的时候,国家文物局通知北图把书全部退我。当时有同志劝我,把这批书捐了。我考虑到今后不再玩书了,就把这部分书分成三部分:一、好的版本书,除下列二、三外,全部捐给北京图书馆。二、全部词类书,加上一些带版画的书籍,仍然继续保存。对于这些词书,后来我还做了一个详细的编目。三、书中凡四川人的著作和有关四川的著作,单独提出来,捐给了四川图书馆。所以捐给北图的书,最后是582种,总1558册。北京图书馆"革命委员会"打了一个很不客气的收条。

收　条

兹收到李一氓同志拨赠我馆书刊582种1558册。

北京图书馆革命委员会

1975年6月25日

1989年,上海古籍出版社影印了明弘光本和清乾隆本《雪窦寺志两种》,我在前面写了一个长序。雪窦寺在四明,属宁波,我把影印本样书送给了宁波大学图书馆。宁波大学回给我一个捐赠证书,题:"承蒙捐赠我校《雪窦寺志两种》一部,特表示深切谢意,谨奉上捐赠证书。"我拿到这个证书的时候,自然就想起北京图书馆给我打的那个收条了。要在那个收条上找"承蒙"、"深切谢意"、"谨奉上"这些字眼儿,是根本不可能的。

至于我收藏的那些字画,外办"造反派"也做了同样的处理,把它们全部移交给故宫博物院。也造了清册,一式两份,给故宫博物院一份,"造反派"自己留一份。1975年7月由国家文物局通知故宫博物院,把字画等全部退我。同样的理由,有同志劝我把这批东西就捐给公家算了。我也考虑到今后不会再有兴趣搞这些东西,因此仍然是三个办法:一、除下列二、三外,所有字画、颜帖等全部捐给故宫博物院。二、陶瓷器小古董等收回自存。三、四川人的作品和有关四川的文物,单独提出来,捐赠四川博物馆。捐给故宫博物院的东西大体是:

陶瓷器11件,绘画、书法、拓本331件,明清墨18件,佛造像4件,外国文物2件,以上共计366件。

故宫博物院还给了一个感谢状说:"兹承李一氓同志捐赠下列文物,特此致谢。"那就算很客气了。这是吴仲超当院长时候的事情。七年之后,我曾写过一封信给故宫博物院。

故宫博物院:

我想把我已捐赠给故宫的石涛的作品,全部影印为一册,作为我一生藏画的纪念。这不是苛求,谅能同意,请通知我,我就请人来拍摄。如你们能代为拍摄,把底片交我,所有拍摄费用,由我承担奉还,亦可。盼复。

出乎意料,故宫博物院复了我这样一封信:

您给故宫博物院和彭炎同志的来信已收到。我们同意为编印出版您原藏石涛画集提供方便条件。但有关出版事项,需进一步商量落实。我们考虑,编印出版可有两种方法:

一、由您本人编辑和联系选定出版社。我们根据出版社提出的目录和规格提供照片,具体事宜由出版社与我们商定。

二、如果您本人不承担编辑工作,则请您联系好出版社后,由我们编辑,请您撰写专论文章或前言。

请酌定,望示复。

后来他们还是勉强把照相底片给我了,但我要印石涛画集的兴趣也就冷下来了。

至于说捐给四川图书馆的书,共计72种,243册。捐给四川博物馆的文物,最好的是多种四川画家吕半隐的书画,还有他流寓江苏泰州时的一个竹笔筒。此外,有一个大的灰陶汉狗。这么大的灰陶汉狗,故宫博物院也没有。我以为是四川出土的,所以送回了四川,其实这类汉狗都是在河南出土的。另外,清初名作家汪懋麟写的一大幅诗,因为他是扬州人,我就转送给扬州博物馆了。

1977年以后,又有同志说我应该把这些东西从北图和故宫要回来,我以为捐就捐了,义无反顾,何必再要,只要我凭良心对得起国家文化事业就行了。

从我收的山水版画书中,我想编十来本明清木刻的山水画丛刊。计划大致是:一、西湖十景;二、扬州;三、武夷山;四、九嶷山;五、黄山;六、盘山;七、五台山;八、南京;九、避暑山庄,等等。经过活动,上海美术出版社印了一本 30 幅的《西湖十景》,明 20 幅,清 10 幅,东西印得不错。但不知为什么,他们兴趣不大,后来就没有继续下去了。跟着又同人民美术出版社商量,以另一种装帧形式,印出了《避暑山庄图》(三十六景),也印得不错。但不知为什么,他们同样没有多大的兴趣再印别的,甚至连我交给他们作底本的康熙原刻本的《避暑山庄图咏》都下落不明了。因此我也扫兴得很,不再去找这个麻烦。北京图书馆如果知道,会说那部《避暑山庄图咏》还不如保存在他们那里好。同时,上海美术出版社还印了一本明刻的陈洪绶的《水浒叶子》,这比郑振铎以前印的两种还要好。有如梦幻一般,明清木刻山水画的编印计划,就如此有头无尾了。

八十四

时间渐渐地流逝,一个人的生命自然也就不容情地越来越老了。对于还在我书架上的那些明清善本和二千多册词书,书柜里面的那些古陶瓷器及漆器、砚石、竹木雕等手工艺美术品,必须为它们找一个落脚之处。否则,再碰上它们碰过的那个命运,拉散了,未免可惜! 我不想把这些东西再朝北京图书馆送,再朝故宫博物院送。北京图书馆收藏的中国线装书孤本、善本,总的来说,可算是世界第一,我再送去几百种,又没有一本宋元版的东西,对他们来说,只能是可有可无,增加不了他们多少收藏的价值,而且我已经送过一次了。故宫博物院收藏的古陶瓷器、古漆器、古代手工艺美术品等,其数量之多,品级之高,也可算是世界第一,我再送去几件汉狗唐驼、宣德青花,也增加不了他们多少收藏的光彩,而且我已经送过一次了。

淡淡的一缕乡思,引我决定把这两类不算怎么好,也不算怎么多的书籍和陶瓷等艺术品,全部送回成都,缴交四川图书馆和四川博物馆,为我这些东西找一个比较妥当的安身立命之处,这也是我最后结束我藏书和藏古文物生活的上策。

1987 年我向四川党的负责同志正式提出来,他们当然很欢迎。于是由四川图书馆和四川博物馆的同志来北京具体点收,装箱运回成都去了。四川图书馆接收的词类总集、选集、专集为 2382 册,明清善本共 692 册。原来我本想利用这些书写点什么题跋之类,现在是写不成了,书架都空了。但是这些书在已经送藏四川图书馆之后,我还是写了两篇书跋,一是跋曹学佺的《蜀中广记》近抄本;二是跋谭瑑青的《聊园词》稿本。现在我还准备为乾隆刻两色《耕织图》袖珍本写一个长跋,但能不能写成,就要看时间和收集的资料如何而定了。

四川博物馆接收的书画很少,仅 28 件,不过其中有石涛 6 件,清人书札 6 大册(约 160 人),算是不大容易搜集的东西了。另有陶瓷器、漆器、砚台、铜漆器、竹木雕,共 105 件,古墨 53 锭。有一幅石涛山水,根据石涛的题款,我曾收集了一些资料,准备写一篇跋,现在不行了。可是有关的诗文,我都楷抄在原画的绫边上。前面提过的那个卢葵生的小画卷,在接交时,我说我准备在上面写点东西,就把画卷留下来。现在已经写好,原卷重接过,托天宝同志带回给他们了。

收藏书画历来都有各种形式的记录。分时代的,有唐张彦远的《历代名画记》,唐朱景玄的《唐朝名画录》,清厉鹗的《南宋院画录》;分地方的,有宋黄休复的《益州名画录》,清陆时化的《吴越所见书画录》;皇家藏书画的,有宋代的《宣和书谱画谱》,清代的《石渠宝笈》;记录自己所见书画的,有宋代周密的《云烟过眼录》,清代莫友芝的《郘亭书画经眼录》。清代收藏家发明了一种体裁,用"销夏记"的名称记录自己的藏品。意思是藏者在某年的夏天把自己所藏的书画翻出来,根据卷、轴、册分别记录这些书画的作者、内容,并把那些书画上的题跋、题诗全部抄录下来,汇成一册,以此来消遣这个炎炎的暑季,所以定名为"销夏记"或"销夏录",如孙承泽有《庚子销夏录》,高士奇则用自己的名字定为《江村销夏录》,吴荣光有《辛丑销夏记》,曾协钧有《壬戌销夏记》,端方有《壬寅销夏录》。当然还有其他的记录方法。

我的这些东西无论从哪方面看,都不够格写成什么"销夏记"之类。因为以前那些书画记,都是从晋朝、唐朝算起,一直到宋、元、明,清朝人的作品就差多了。我的那一点点东西,所谓云烟过眼,不过是作为一种自己的回忆罢了。

唐朝人看晋、南北朝的东西不过三四百年,宋朝人看唐朝的东西也不过三百年,明朝人看宋、元东西也不超过四百年。当然清朝人看宋元东西就到七百年了。我们现在看明清之间的东西,已差不多四百年。拿时间来讲,假如我们收藏明清之际的名家书画,就和唐朝人保有晋、南北朝书画,宋朝人保有唐朝书画,明朝人保有宋元书画差不多了。所以我们即或仅有一点点明清时代的美术作品,也不能妄自菲薄,非唐、宋、元不可。有一个很明显的例子,唐永泰公主墓是全国解放后,1960 年到 1962 年才发掘的。永泰公主死于大定元年(701 年),墓里那些石棺、石椁上的浅刻画,埋在土下已有一千二百多年,现在全部墨拓出来,不是可以看成是唐拓了吗? 当时我也拓了一个全份,为初拓本之一,自是很贵重的了。当然从美术考古学的观点来看,这类美术品自是越古越好,但社会变动和自然灾害使得这些东西就越古越难找了。《云烟过眼录》上,周密记录的那些宋以前的东西,现在很少保存下来。我的这一点东西,对于我真是云烟过眼了。但它们依然是云,依然是烟,依然在北京和成都悠悠而光彩地飘浮着。

我祝福它们的存在。

首版后记

　　一氓离开我们整整一年了。一年来,在李鹏、乔石同志和中联部领导的关怀下,经过许多同志的努力,这本《模糊的荧屏》(《李一氓回忆录》)终于付梓,大约明年就可以同读者见面了。一氓泉下有知,也一定会感到欣慰的。

　　这本回忆录的写作过程,我是从头到尾都看到了的;有关情况他在自序中已经详细讲过,用不着我来重复。我只是想趁出版的机会,简单谈一下后来整理的情况。

　　正像一氓在自序中所说,他先前并没有写回忆录的打算,因此也就没有在收集资料方面做什么准备。只是由于许多同志和朋友的一再鼓励,加之后来工作又没原来那样繁忙,他也产生了把过去经过的事整理一下的念头,于是就改变初衷,决定动笔。但这时他已是八十多岁的人了。一氓有惊人的记忆力,而且至老不衰。一开始,他还是亲自查资料,自己动手写,内容也比较详细,可是后来不行了。先是老年白内障弄得看书写字很艰难,不能再完全亲自动手;继之心脏病日益严重,写作只能断断续续地进行。但他仍然十分认真,在心力极度衰弱的情况下,还想尽量争取时间,把回忆录再修订一遍。可惜这个愿望没有完全实现。1990 年 8 月上旬,他用了一个星期的时间修改了前八章,剩最后两章却再也支持不住了。8 月 16 日住进医院,从此一病不起,12 月 4 日凌晨心脏终于停止了跳动,永远地走了。

　　对于一氓最后费了很大心血的这部遗稿,领导上和他的生前友好都非常重视,认为应当尽快整理出版,并决定由钱李仁、何方两位同志先通读一遍,除文字校订外,对内容方面的意见可提交一定的会议上讨论。同时李志光同志对皖南新四军一章,也提出了一些很好的意见。由朱良同志召集、李侃同志主持,先后召开了两次会,讨论文稿的处理。会议决定除少数地方需要根据实际情况稍作修订外,遗稿从内容到文字都一律保持原貌,不加改动。至于书名,大家认为,《模糊的荧屏》是一氓同志生前提出的,自然有他的考虑,因此应该保留,但为了不使人一看书名误以为是小说类的书,决定加上一个《李一氓回忆录》的副标题。沈锡麟同志根据大家意见作了最后校订,并为本书编辑出版做了大量工作,人民出版社也欣然接受了出版。特别应当提到的是,乔石同志还为本书题签。对于所有关心这本书的领导和为这本书出了力的同志、朋友,我要借此机会表达我们全家人的衷心感谢。

王　仪

1991 年 12 月 4 日

重印后记

  1992 年 12 月，一氓的回忆录以他自己生前定的名字《模糊的荧屏》出版。现在人民出版社将回忆录重印出版。重印前加以校订，并增加了几幅照片和一氓手迹，丰富了回忆录的内容。应读者要求，避免发生误解，这次重印，将书名改名《李一氓回忆录》，并请乔石同志重新题写了书签。

  我要感谢人民出版社和中华书局沈锡麟同志为重印付出的努力。

王　仪

2000 年 6 月 19 日

责任编辑:马长虹
装帧设计:周涛勇

图书在版编目(CIP)数据

李一氓回忆录/李一氓 著. -北京:人民出版社,2015.8(2024.11 重印)
ISBN 978－7－01－012506－0

Ⅰ.①李… Ⅱ.①李… Ⅲ.①李一氓(1903~1990)-回忆录 Ⅳ.①K827＝7

中国版本图书馆 CIP 数据核字(2013)第 210352 号

李一氓回忆录
LI YIMANG HUIYILU

李一氓 著

人民出版社 出版发行
(100706 北京市东城区隆福寺街 99 号)

北京汇林印务有限公司印刷 新华书店经销

2015 年 8 月第 1 版 2024 年 11 月北京第 4 次印刷
开本:710 毫米×1000 毫米 1/16 印张:20.25 插页:16
字数:350 千字 印数:15,001-18,000 册

ISBN 978－7－01－012506－0 定价:78.00 元

邮购地址 100706 北京市东城区隆福寺街 99 号
人民东方图书销售中心 电话 (010)65250042 65289539